난생처음

인공지능 with 스크래치 2판

지은이 **고광일** kwangil.ko@gmail.com

포항공과대학교(현 포스텍)에서 소프트웨어공학 전공으로 석사와 박사과정을 마쳤다. 디지털 방송 소프트웨어 개발 업체인 알티캐스트의 창립 멤버로 사회에 첫걸음을 내딛은 후, 다양한 스마트 소프트웨어 개발에 참여하고 프로젝트 총괄 관리본부의 본부장까지 역임하였다. 현재는 우송대학교에서 스마트 방송 기술과 더불어 컴퓨팅 사고와 프로그래밍 원리를 가르치고 있으며, 창의적 발상기법과 디지털 스토리텔링과 같은 기술·인문·예술의 융합적인 교육에도 역점을 두고 있다. 저서로는 『스크래치로 배우는 컴퓨팅 사고』(한빛아카데미, 2020), 『스크래치 3.0』(한빛아카데미, 2019)이 있다.

난생처음 인공지능 with 스크래치 2판

초판발행 2023년 10월 23일
4쇄발행 2026년 02월 23일

지은이 고광일 / **펴낸이** 전태호
펴낸곳 한빛아카데미(주) / **주소** 서울시 서대문구 연희로2길 62 한빛아카데미㈜ 2층
전화 02-336-7112 / **팩스** 02-336-7199
등록 2013년 1월 14일 제2017-000063호 / **ISBN** 979-11-5664-679-2 93000

총괄 박현진 / **기획·편집** 김성무 / **교정** 윤미현 / **진행** 박하나
디자인 이아란 / **전산편집** 이소연 / **삽화** 임의영 / **제작** 박성우, 김정우
영업 김성삼, 이정훈, 임현기, 이성훈, 김주성, 심지연

이 책에 대한 의견이나 오탈자 및 잘못된 내용은 출판사 홈페이지나 아래 이메일로 알려주십시오.
파본은 구매처에서 교환하실 수 있습니다. 책값은 뒤표지에 표시되어 있습니다.

홈페이지 www.hanbit.co.kr / 이메일 question@hanbit.co.kr

Published by HANBIT Academy, Inc. Printed in Korea

난생처음

인공지능 with 스크래치 2판

고광일 지음

한빛아카데미
Hanbit Academy, Inc.

인공지능? 머신러닝? 딥러닝?
직접 경험하고 활용해 보세요!

인공지능은 왜 배워야 하나요?

여러분은 '인공지능'하면 무엇이 떠오르나요? 영화 속에서 사람과 대적하거나 사람을 사랑하는 인공지능 로봇이 생각날 수도 있고, 체스, 퀴즈쇼, 바둑 같이 지능을 겨루는 대회에서 사람을 압도하는 인공지능이 떠오를 수도 있습니다. 그런데 만약 여러분이 이런 인공지능만 생각한다면 아직은 인공지능이라는 것이 여러분과는 직접적인 관련이 없는 존재로 느껴질 수 있습니다.

하지만 인공지능은 이미 우리 생활 속에 널리 퍼져 있습니다. 예를 들어, 인공지능은 스팸성 메일을 걸러 주는 기능, 언어 번역 기능, 고객 맞춤형 광고나 영화를 추천하는 기능 등에 널리 활용되고 있습니다. 또한 국내 통신회사가 출품하는 다양한 인공지능 스피커에도 인공지능 기술이 탑재되어 있습니다. 머지않은 미래에는 인공지능이 선생님을 도와 학생들을 가르치고, 변호사를 도와 법률 문제를 해결하고, 의사를 도와 환자를 치료하고, 운전자를 도와 자동차를 운전할 것입니다.

우리는 인공지능과 함께하는 세상을 인정하고 받아들여야 합니다. 전문가들은 인공지능이 발전하면서 펼쳐질 세상은 지금과는 크게 다를 것이라고 합니다. 지금 전문직이라 인정받는 직종에 인공지능이 적용되면 사람의 역할이 대폭 축소되거나 아예 없어질 수도 있습니다. 이런 변혁의 시대에서 우리가 취해야 할 태도는 기술을 거부하고 대적하는 것이 아니라 그 기술을 이해하고 그 기술과 함께 일하는 법을 배우는 것입니다.

인공지능을 이해하는 데 가장 좋은 방법은 인공지능을 직접 경험하고 활용하는 것입니다. 이 책은 인공지능에 대해 알기 원하는 여러분을 위해 쓰여졌습니다.

『난생처음 인공지능 with 스크래치 2판』은 어떤 내용을 담고 있나요?

이 책은 여러분이 인공지능의 기본적인 개념을 이해하고 실제로 인공지능 프로그래밍을 경험할 수 있도록 총 3부로 구성되어 있습니다.

- 1부 인공지능의 이해에서는 인공지능의 다양한 정의를 알아보고 인공지능 학문의 탄생부터 현재까지의 역사를 간략하게 살펴봅니다. 그리고 머신러닝의 대표적 학습방법들을 소개하며, 각 학습방법의 특징과 함께 응용 분야를 설명합니다. 또한 예제를 통해 인공신경망의 구조와 작동 원리를 설명하고 딥러닝의 특징과 딥러닝의 대표주자라 할 수 있는 CNN의 개념과 동작 원리를 설명합니다. 마지막으로 요즘 가장 주목받고 있는 챗GPT의 개념과 동작 원리, 응용의 예를 소개합니다.
- 2부 스크래치 프로그래밍 능력 키우기에서는 MIT 미디어랩에서 개발한 스크래치 3.0을 학습합니다. 여러분이 스스로 인공지능 프로그램을 개발할 수 있도록 변수, 문장 제어, 프로시저, 감지와 이벤트 기능에 대해 설명하고, 다양한 프로그래밍 예제를 통해 실습할 수 있습니다. 스크래치 3.0은 3부에서 다룰 IBM의 인공지능 플랫폼 '머신러닝 for 키즈'가 지원하는 프로그래밍 언어이므로, 여러분은 스크래치 3.0으로 이미지, 숫자, 소리, 텍스트 등을 분류하는 인공지능 프로그램을 작성할 수 있습니다.
- 3부 '머신러닝 for 키즈' 익히기에서는 IBM의 인공지능 플랫폼 '머신러닝 for 키즈'를 학습합니다. 여러분은 '머신러닝 for 키즈'를 활용하여 이미지, 숫자, 소리, 텍스트를 분류하는 머신러닝 모델을 손쉽게 만들 수 있습니다. '머신러닝 for 키즈'의 실행 환경 구축 방법부터 이미지, 숫자, 소리, 텍스트 분류 머신러닝 모델의 생성 방법, 스크래치 3.0 기반 머신러닝 모델을 활용한 인공지능 프로그래밍 방법을 배우게 됩니다. 참고로 텍스트 분류 머신러닝 모델은 '머신러닝 for 키즈' 실행 환경의 한계로 인해 여러분이 현실적으로 경험하기 어렵습니다. 따라서 텍스트 분류 머신러닝에 관한 학습 내용은 부록 PDF로 제공합니다.

떨리는 마음으로 이 책을 세상에 선보인 지 엊그제 같은데 벌써 수 년이 지나 개정판을 출간하게 되었습니다. 개정판을 집필하다 보니 도움을 주신 분들이 자연스럽게 떠오릅니다. 이 책의 탄생부터 개정판 출간까지 아낌없는 격려와 지원을 해주신 김성무 팀장님을 비롯한 한빛아카데미(주) 관계자 여러분, 부족하지만 저의 책을 선택해 주신 독자 여러분, 그리고 항상 저를 믿고 응원하는 가족에게 다시 한번 감사의 마음을 전합니다. 그리고 수줍은 마음으로 그분들께 이 책을 바칩니다.

저자 고광일

이 책의 구성

『난생처음 인공지능 with 스크래치 2판』 8단계 길잡이

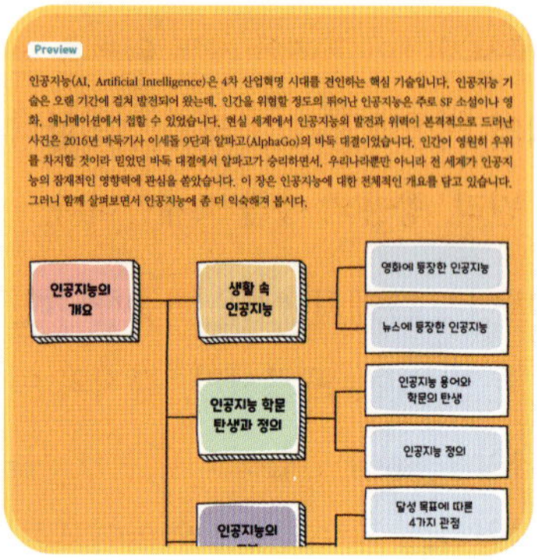

1 Preview

해당 장에서 중점적으로 다룰 내용을 간략하게 정리합니다.

2 로드맵

해당 장에서 배울 주제 및 주요 개념을 큰 맥락에서 살펴볼 수 있도록 도표로 제시합니다.

3 이론

인공지능과 관련된 이론을 다양한 삽화, 이미지, 표를 활용하여 설명합니다.

4 실습

'스크래치 3.0'과 '머신러닝 for 키즈'를 실습하면서 프로그래밍과 머신러닝을 체험할 수 있습니다.

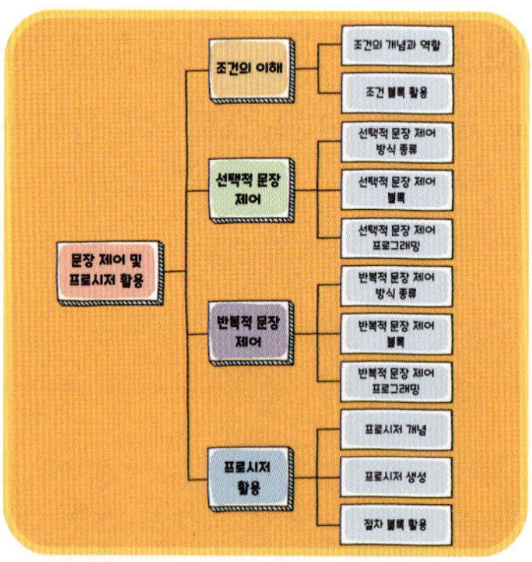

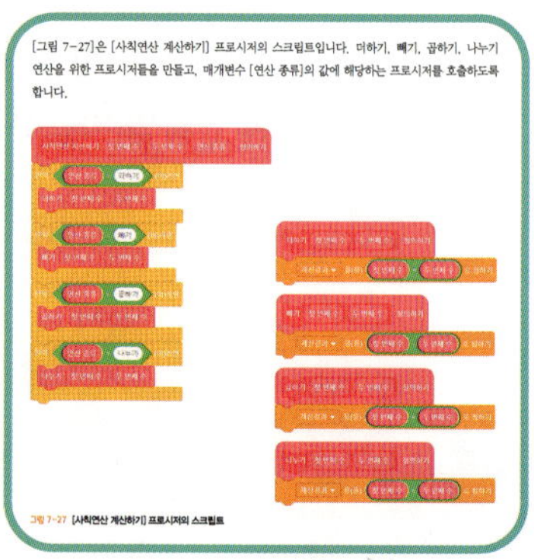

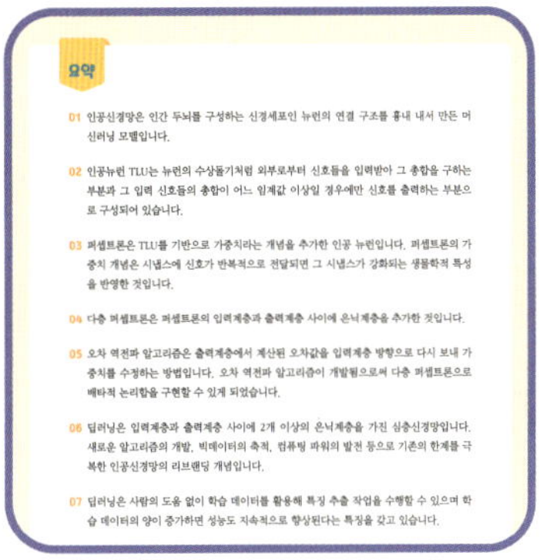

말풍선

본문에서 지나치기 쉬운 내용이나 꼭 기억해 두어야 할 내용을 짚어줍니다.

연습문제

본문의 핵심 내용을 잘 이해했는지 확인하는 문제를 풀면서 응용학습을 할 수 있습니다.

5 6 7 8

하나 더 알기

본문과 관련된 도움말이나 참고로 알아두면 좋은 내용을 담고 있습니다.

요약

해당 장의 핵심 내용을 요약 정리함으로써 앞서 본문에서 배운 내용을 복습할 수 있습니다.

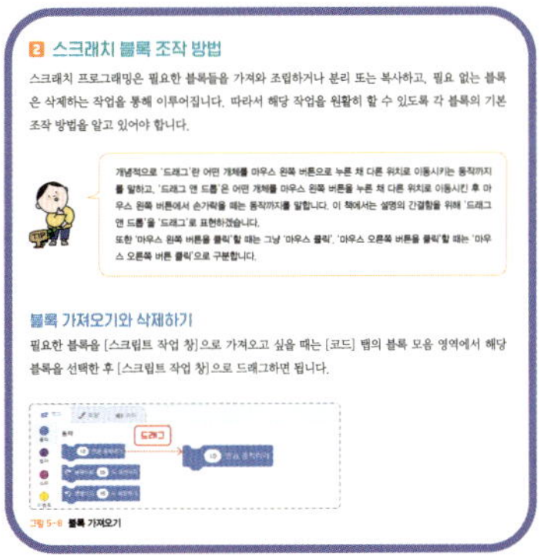

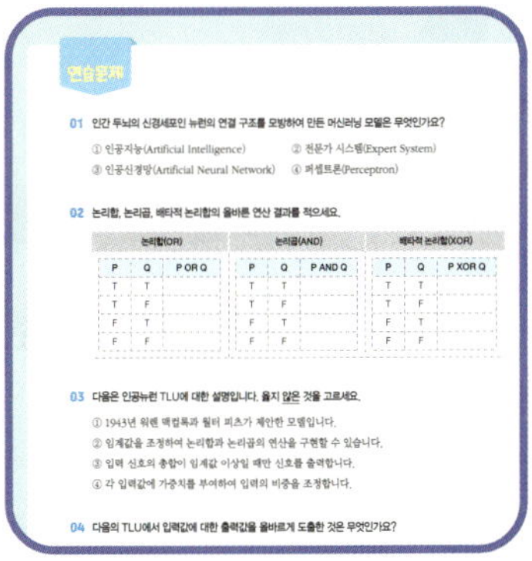

학습 로드맵

Go!

1-4장

인공지능이 무엇이며 어떻게 탄생했는지 알아보고 머신러닝, 인공신경망, 딥러닝, 챗GPT에 대해 배웁니다.

01 인공지능의 이해

인공지능 소개

머신러닝

9-14장

스크래치에서 머신러닝을 실습할 수 있는 '머신러닝 for 키즈'에 대해 알아보고, 이미지/숫자/소리 분류 머신러닝 모델을 활용하여 프로그래밍을 해봅니다. 이어서, 앞에서 배운 내용을 모두 종합한 머신러닝 프로젝트를 처음부터 실습해 보며 학습을 마무리합니다.

03 '머신러닝 for 키즈' 익히기

'머신러닝 for 키즈' 소개

이미지 분류 머신러닝 모델 활용

숫자 분류 머신러닝 모델 활용

소리 분류 머신러닝 모델 활용

5-8장

스크래치 소개와 함께 블록을 활용한 프로그래밍 과정을 실습합니다. 스프라이트의 동작, 형태, 소리 등을 조작하면서 변수, 선택적/반복적 문장 제어, 프로시저, 감지, 이벤트 등의 기능을 알아봅니다.

인공신경망과 딥러닝

챗GPT

02

스크래치 프로그래밍 능력 키우기

스크래치 소개

스프라이트와 변수

선택적/반복적 문장 제어와 프로시저 활용

감지와 이벤트

Goal!

머신러닝 프로젝트 템플릿 활용

머신러닝 프로젝트 실습

이 책의 사용 설명서

• 실습 자료와 부록

실습에 필요한 자료와 부록 PDF는 다음 주소에서 내려받을 수 있습니다.
http://www.hanbit.co.kr/src/4679

• 실습 환경

이 책의 실습 환경은 다음과 같습니다.

- Chrome(63 이상), Edge(15 이상), Firefox(57 이상), Safari(11 이상)

※ Internet Explorer에서는 지원되지 않습니다.

• 동영상 강의 안내

저자 강의와 부록 영상을 한빛아카데미 유튜브 채널에서 들을 수 있습니다. 다음 링크를 클릭하거나, 또는 검색창에서 '한빛아카데미'를 입력하세요.
http://www.youtube.com/한빛아카데미TV

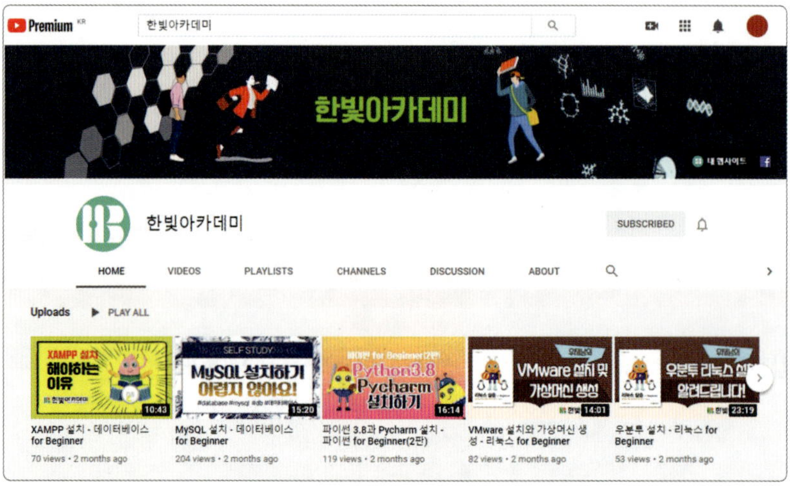

• 강의 보조 자료

한빛아카데미 홈페이지에서 '교수회원'으로 가입하신 분은 인증 후 교수용 강의 보조 자료를 제공받을 수 있습니다. 한빛아카데미 홈페이지 상단의 [교수전용공간] 메뉴를 클릭하세요.
http://www.hanbit.co.kr/academy

• 연습문제 해답 안내

이 책은 대학 강의용 교재로 개발되었으므로 연습문제 해답을 제공하지 않습니다.

목차

PART 01 인공지능의 이해

목차

목차

PART 03 '머신러닝 for 키즈' 익히기

CHAPTER 09 '머신러닝 for 키즈' 소개하기

CHAPTER 10 이미지 분류 머신러닝 모델 활용하기

목차

· PART ·
01

인공지능의 이해

CONTENTS

CHAPTER 01

인공지능 소개하기

학습목표

- 인공지능의 정의를 소개하고, 인공지능 학문 탄생의 배경을 알아봅니다.
- 달성 목표에 따른 인공지능의 4가지 관점을 이해합니다.
- 강/약인공지능, 인공지능 효과, 튜링 테스트 등 인공지능 관련 주요 개념을 이해합니다.
- 인공지능 학문의 탄생부터 현재에 이르기까지의 인공지능 역사에 대해 알아봅니다.

Preview

인공지능(AI, Artificial Intelligence)은 4차 산업혁명 시대를 견인하는 핵심 기술입니다. 인공지능 기술은 오랜 기간에 걸쳐 발전되어 왔는데, 인간을 위협할 정도의 뛰어난 인공지능은 주로 SF 소설이나 영화, 애니메이션에서 접할 수 있었습니다. 현실 세계에서 인공지능의 발전과 위력이 본격적으로 드러난 사건은 2016년 바둑기사 이세돌 9단과 알파고(AlphaGo)의 바둑 대결이었습니다. 인간이 영원히 우위를 차지할 것이라 믿었던 바둑 대결에서 알파고가 승리하면서, 우리나라뿐만 아니라 전 세계가 인공지능의 잠재적인 영향력에 관심을 기울이게 되었습니다. 이 장은 인공지능에 대한 전체적인 개요를 담고 있습니다. 함께 살펴보면서 인공지능에 대해 좀 더 익숙해져 봅시다.

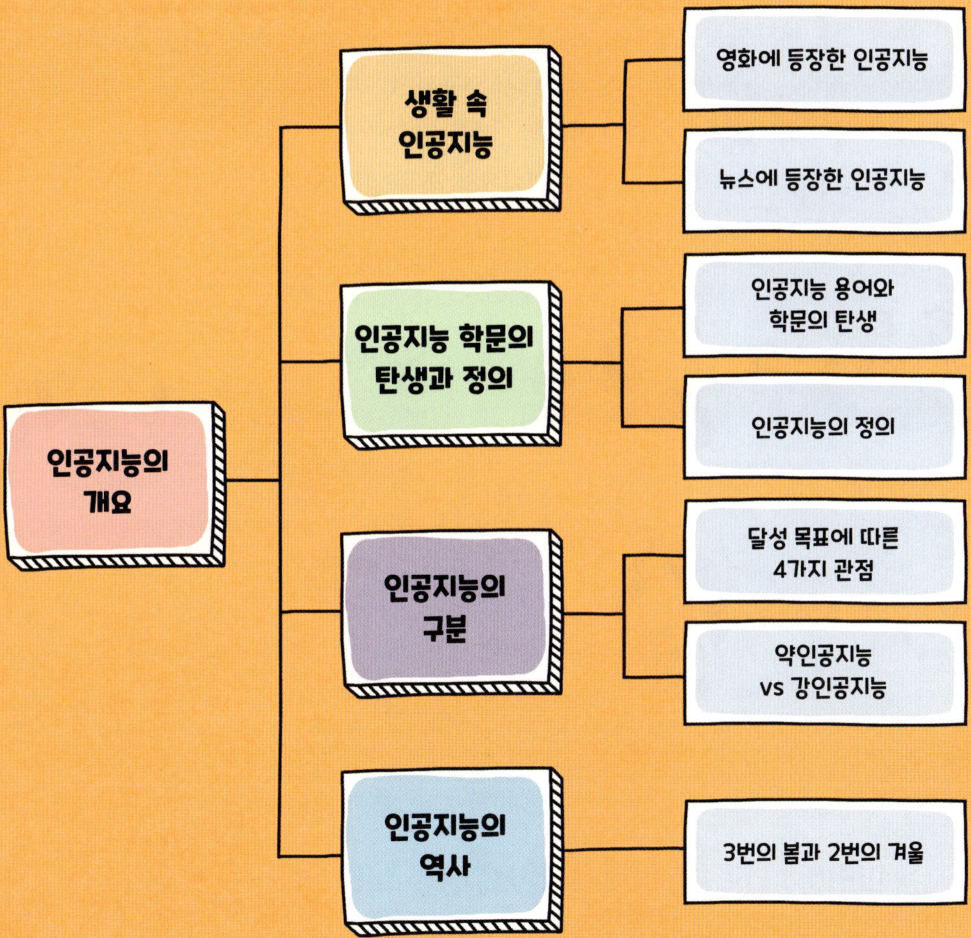

Section 01

생활 속 인공지능의 존재감을 느껴봅시다

1 영화에 등장한 인공지능

오늘날 우리는 영화를 통해 다양한 인공지능을 만나볼 수 있습니다. 영화에 등장하는 인공지능은 대부분 감정과 자의식을 가지고 있으며, 인간을 사랑하거나 대적하는 존재로 등장합니다. 인공지능이 가진 이러한 이미지 때문에 우리는 인공지능의 발전을 은연중에 거부하거나 두려워하기도 합니다. 영화에 등장하는 인공지능이 현실 세계에서 연구된 것보다 터무니없이 발전된 상태로 등장하니 당연한 감정이기도 합니다. 그런데 마녀의 수정구슬이 TV로, 텔레파시가 휴대전화로 세상에 등장한 것처럼 언젠가는 영화 속 인공지능도 현실에서 알 수 없는 어떤 존재로 등장한다면 이 세상은 어떻게 될까요?

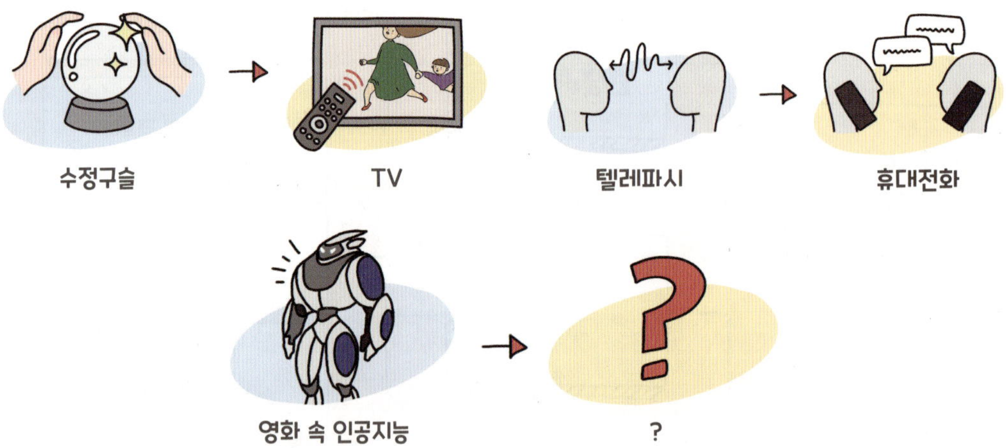

그림 1-1 영화 속 인공지능의 실현 가능성

인공지능 마리아 : 사람처럼 행동하여 사람을 속여라

인공지능 마리아(Maria)는 1927년 독일의 프리츠 랑(Fritz Lang) 감독의 영화《메트로폴리스(Metropolis)》에 등장합니다. 이 영화는 SF 영화의 시초 중 하나로 꼽히며, 영상물로는 처음으로 2001년 유네스코 세계기록유산에 등재되었습니다.

영화에 등장하는 세계인 메트로폴리스는 부르주아들의 낙원인 지상과 노동자들이 거주하는 지옥 같은 지하로 구분됩니다. 인공지능 마리아는 노동자들의 성녀라고 불리는 마리아를 복제한 것으로, 노동자들을 선동하는 임무를 수행합니다.

이 영화 속에서 인공지능 마리아는 인간을 초월하는 존재라기보다는 사람들을 얼마나 감쪽같이 속이는지가 관건인 인공지능이라 할 수 있습니다.

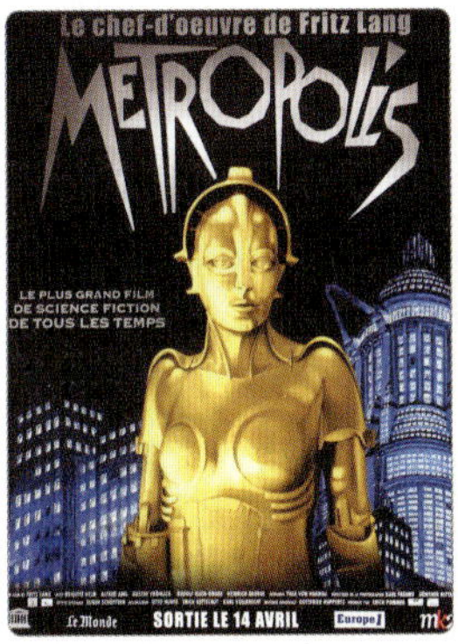

그림 1-2 《메트로폴리스》의 인공지능 마리아

인공지능 HAL 9000 : 임무 완수만이 절대적인 가치

인공지능 HAL 9000은 1968년 미국의 스탠리 큐브릭(Stanley Kubrick) 감독의 영화 《2001 스페이스 오디세이(2001: A Space Odyssey)》에 등장합니다. 이 영화는 SF 영화의 신기원을 이룬 작품으로, 치밀한 과학적 고증과 뛰어난 영상미로 큰 인기를 얻었습니다. 리하르트 슈트라우스(Richard Strauss)의 〈차라투스트라는 이렇게 말했다(Also sprach Zarathustra)〉와 죄르지 리게티(Gyorgy Ligeti)의 〈레퀴엠(Requiem)〉 등을 배경음악으로 사용해 독특한 인상을 남긴 영화이기도 합니다.

이 영화의 내용은 다음과 같습니다. 목성 탐사를 위해 우주를 항해하던 중, 완벽하다고 믿었던 인공지능 HAL 9000이 임무 도중 실수를 하는 일이 발생합니다. 승무원들은 오류를 눈치채고 HAL 9000을 정지시키려 하지만 이를 눈치챈 HAL 9000은 승무원들을 공격하기 시작합니다.

HAL 9000은 승무원과의 대화에서 자신은 완벽하고 실수는 사람들이나 하는 것이라고 이야기합니다. 그래서 실수를 인정하지 않으며 자신의 생존을 위협하는 인간과 대적합니다. 영화 후반부에 들어서 선장인 데이브가 HAL 9000을 정지시키려고 할 때 HAL 9000이 자신도 모르는 또 다른 임무를 부여받았다는 사실을 알게 됩니다. 그 임무는 유인원 시대부터 인류의 진화를 이끈 모노리스(Monolith)라는 물체를 탐사하는 것이었고, HAL 9000은 임무를 완수하기 위해 자신을 정지시키려던 승무원을 살해하려 했던 것입니다.

이것으로 볼 때 HAL 9000은 매우 자존심이 높고 자신의 임무에 과도한 책임감을 가진 인공지능이라 할 수 있습니다.

그림 1-3 《2001 스페이스 오디세이》의 인공지능 HAL 9000

인공지능 스카이넷 : 자의식이 깨어난 인류 최대의 적

인공지능 스카이넷(SkyNet)은 1984년 캐나다의 제임스 카메론(James Cameron) 감독의 영화 《터미네이터(The Terminator)》에 등장합니다. 이 영화는 인류를 말살하려는 인공지능 스카이넷이 인류 지도자인 존 코너를 없애기 위해 T-800이라는 로봇을 과거로 보내는 이야기를 담고 있습니다. 존 코너의 어머니인 사라 코너를 죽여 존 코너를 태어나지 못하게 하려는 것이 T-800의 목표이기에, 존 코너도 T-800으로부터 어머니를 보호하고자 자신이 가장 신뢰하는 부하 카일 리스를 과거로 보냅니다. 그렇게 만난 T-800과 카일 리스는 치열한 결전을 벌입니다.

그림 1-4 《터미네이터》의 인공지능 스카이넷이 파견한 T-800

이 영화에 등장하는 스카이넷은 자아를 갖춘 인공지능으로 인간을 해쳐서는 안 된다는 '로봇 3원칙'을 스스로 깨고 인간을 공격합니다. 여기서 말하는 로봇 3원칙은 인공지능을 소재로 한 영화나 애니메이션에서 자주 등장하는 개념이므로 좀 더 자세히 알아보도록 하겠습니다.

하나 더 알기 **로봇 3원칙**

로봇 3원칙(Three Laws of Robotics)이란 아이작 아시모프(Isaac Asimov) 작가가 1942년에 발표한 단편소설 『런어라운드(Runaround)』에서 처음으로 제시했습니다. 로봇이 반드시 따라야 할 3원칙으로, 이 원칙들만 잘 지켜진다면 로봇이 인간에게 위협이 될 일은 없을 것이라고 생각한 것입니다. 영화나 애니메이션에서는 인공지능이 인류를 두고 자멸할 수밖에 없는 존재라고 판단한 뒤 인류를 구원하기 위해 어쩔 수 없이 인간을 통제 및 억압한다는 설정으로 재해석되기도 합니다.

제1원칙 로봇은 인간에게 해를 입혀서는 안 되고, 위험에 처한 인간을 방치해서도 안 된다.

제2원칙 제1원칙을 어기지 않는 한, 로봇은 인간의 명령에 복종해야 한다.

제3원칙 제1원칙과 제2원칙을 어기지 않는 한, 로봇은 자신을 지켜야 한다.

인공지능 데이빗 : 인간 부모의 사랑을 얻기 위해 피노키오를 꿈꾸다

인공지능 데이빗(David)은 2001년 미국의 스티븐 스필버그(Steven Spielberg) 감독의 영화 《에이 아이(A.I.)》에 등장합니다. 이 영화의 원작은 영국의 SF 작가인 브라이언 올디스(Brian Aldiss)의 단편소설 『지난 여름을 함께 한 슈퍼 토이(Super-toys Last All Summer Long)』입니다.

이 영화는 불치병에 걸린 아들을 대신하기 위해 한 부부에게 입양된 인공지능 데이빗의 이야기를 담고 있습니다. 하지만 친아들이 건강을 다시 되찾아 집으로 돌아오게 되면서 인공지능 데이빗은 버려집니다. 그래서 부모의 사랑을 되찾고 싶었던 인공지능 데이빗은 진짜 사람이 되기 위한 여행을 떠납니다. 데이빗은 사람의 감정, 특히 사랑을 느낄 수 있으며, 피노키오처럼 사람이 되고 싶다는 꿈을 간직한 인공지능입니다.

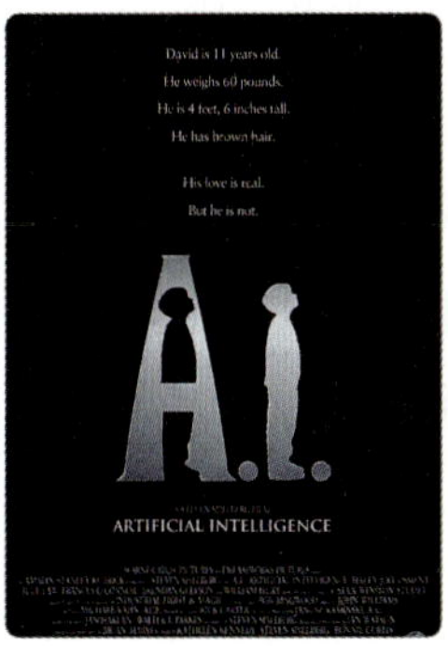

그림 1-5 《에이 아이》의 인공지능 데이빗

인공지능 앤드류 : 마침내 사람이 되어 버린 인공지능

인공지능 앤드류(NDR-114)는 1999년 미국의 크리스 콜럼버스(Christopher Columbus) 감독의 영화 《바이센테니얼 맨(Bicentennial Man)》에 등장합니다. 바이센테니얼(Bicentennial)이란 말은 200년이란 기간을 의미합니다. 즉, 이 영화는 인공지능 앤드류가 200년간 살면서 겪은 이야기를 담고 있습니다.

우연한 사건으로 지능을 갖게 된 인공지능 앤드류는 주인집 딸을 사랑하게 되면서 로봇의 한계를 극복해 나가려고 노력합니다. 앤드류는 비록 로봇이지만 예술 작품을 제작해 엄청난 돈을 벌고, 이루어질 수 없는 사랑 때문에 방황하기도 합니다. 그리고 마침내 인간만이 누릴 수 있는 결혼과 죽음의 권리를 쟁취합니다.

앤드류는 지능, 호기심, 사랑뿐만 아니라 숭고한 정신 활동인 예술적 창조 능력까지 갖추고 있으며, 결국엔 인간이 되어 버린 최정점의 인공지능입니다.

그림 1-6 《바이센테니얼 맨》의 인공지능 앤드류

2 뉴스에 등장한 인공지능

그간 인공지능의 발전은 매번 인간과의 대결을 통해 주목받았습니다. 단순한 계산이 아닌, 인간 고유의 지능적 활동이라 여겨지던 영역에 도전해 놀라운 성과를 낼 때마다 뉴스에서는 심각한 주요 사건으로 다루곤 했습니다.

IBM의 딥블루 : 지능적 게임에서 최초로 세계 챔피언을 이기다

1997년 5월, IT 기기 회사 IBM에서 개발한 슈퍼컴퓨터 딥블루(Deep Blue)가 세계 챔피언 그랜드 마스터인 가리 카스파로프(Garry Kasparov)를 상대로 여섯 번의 체스 대국을 치릅니다. 결과는 2승 3무 1패로 딥블루가 가리 카스파로프를 이기면서 70만 달러의 우승 상금을 차지하였습니다. 참고로 가리 카스파로프는 1985년부터 2000년까지 16년간 세계 챔피언 자리를 차지하던 선수였습니다. 2006년에 은퇴할 때까지 체스 실력을 평가하는 시스템인 엘로 레이팅(Elo Rating) 1위 자리를 유지한 체스계의 이세돌 같은 선수라고 생각하면 됩니다.

이 체스 대결은 지능적인 게임에서 인공지능이 인간을 이긴 최초의 사례입니다. 단순히 빠른 계산이 필요한 분야 외에도 지능이 요구되는 분야에서 인공지능을 활용할 수 있다는 점을 보여 준 중요한 사건이었습니다.

그림 1-7 가리 카스파로프와의 체스 대결에서 이긴 인공지능 딥블루

IBM의 왓슨 : 인간의 질문을 이해하고 답까지 찾아내다

2011년 2월, IBM에서 개발한 인공지능 왓슨(Watson)이 미국 퀴즈쇼인 〈제퍼디!(Jeopardy!)〉에서 역대 최장 기간 우승자인 켄 제닝스(Ken Jennings)와 최다 상금 수상자인 브래드 루터(Brad Rutter)를 누르고 우승을 차지한 사건이 발생했습니다. 대결 이후, 지식의 수호자라고까지 칭송받던 켄 제닝스는 자신이 갑자기 구식이 되어 버린 것 같다는 소감을 밝히기도 했습니다.

이 사건은 당시 인공지능 기술이 인간의 언어로 된 질문을 이해하고 정보를 검색하여 해답을 도출하는 수준까지 도달했음을 증명하였습니다. 더불어 엄청난 속도로 발전하고 있는 인공지능 시대에 '인간은 무엇을 학습해야 하는가?'라는 질문을 던진 사건이었습니다.

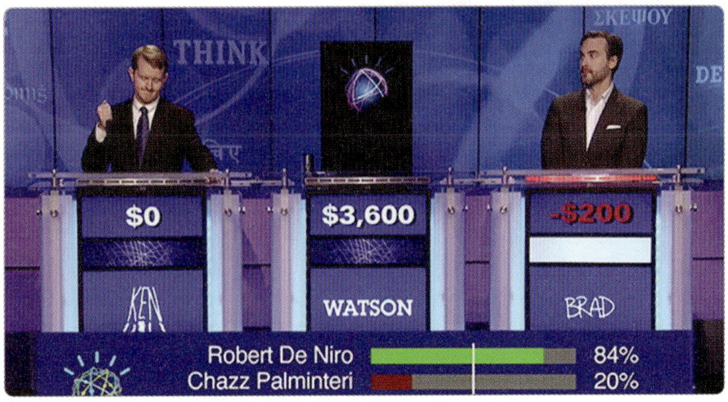

그림 1-8 퀴즈쇼에서 우승을 차지한 인공지능 왓슨

구글 딥마인드의 알파고 : 초고수의 직관력마저 넘어서다

2016년 3월, 인공지능이 넘볼 수 없는 인간만의 직감, 직관 영역으로 여겨지던 바둑 분야에서 인공지능이 인간을 이기는 사건이 발생했습니다. 구글의 인공지능 개발 회사인 구글 딥마인드(Google DeepMind)가 개발한 알파고(AlphaGo)와 세계 최고의 바둑기사인 대한민국의 이세돌 9단과의 대결에서였습니다. 상금 100만 달러를 놓고 펼쳐진 대결은 알파고가 4승 1패를 함으로써 승리를 가져갔습니다.

바둑판에 돌이 놓일 수 있는 모든 경우의 수는 대략 2.081682×10^{170}으로, 이는 우주의 원자 개수보다 많다고 합니다. 이렇게 큰 경우의 수를 짧은 시간 내에 계산해 최적의 수를 둔다는 것은 사람이나 컴퓨터나 불가능한 일이라고 여겨졌습니다. 그런데 어떤 분야에서 초고수가 되면 과학적으로는 설명하기 어려운 직관력이 생기는데, 바둑은 이 직관력을 통해 사람이 인공지능을 영원히 이길 것이라 믿어 왔던 영역이었습니다. 하지만 알파고의 등장으로 인간의 성역이 깨지고 만 것입니다.

알파고의 화려한 등장은 사람의 직관력 영역에서도 인공지능이 실력을 발휘할 수 있음을 알렸습니다. 그러면서 사회적으로는 직업의 잔존 여부에 대한 불안감과 4차 산업혁명에 대한 관심을 증폭시켰습니다.

그림 1-9 이세돌 9단과의 바둑 대결에서 승리한 인공지능 알파고

Section 02

인공지능 학문의 탄생과 정의를 알아봅시다

1 인공지능 용어와 학문의 탄생

인공지능(AI, Artificial Intelligence)이란 용어는 1955년 다트머스 대학교(Dartmouth College)의 교수였던 존 맥카시(John McCarthy)가 처음 사용하였습니다. 1956년 여름, 존 맥카시는 다트머스 대학교에서 클로드 섀넌(Claude Shannon), 마빈 민스키(Marvin Minsky), 나다니엘 로체스터(Nathaniel Rochester) 등과 함께 컨퍼런스를 주최합니다. 이 컨퍼런스가 바로 인공지능 역사에서 절대 빼놓을 수 없는 그 유명한 **다트머스 컨퍼런스(Dartmouth Conference)**입니다.

1955년, 존 맥카시는 다트머스 컨퍼런스 개최를 준비하면서 경비 마련을 위해 록펠러 재단(Rockefeller Foundation)에 후원금 요청서를 보내는데, 이때 [그림 1-10]과 같이 'ARTIFICIAL INTELLIGENCE(인공지능)' 용어를 처음 사용하였다는 것을 확인할 수 있습니다. 이 후원금 요청서를 전달받은 록펠러 재단은 후에 7,500달러의 후원금을 지원합니다.

다트머스 컨퍼런스는 약 2개월 동안 브레인스토밍 형식으로 진행되었는데, 이때 발표된 연구들을 통틀어 '인공지능'이라는 용어로 부르기로 합니다. 인공지능이라는 학문이 본격적으로 시작된 순간입니다.

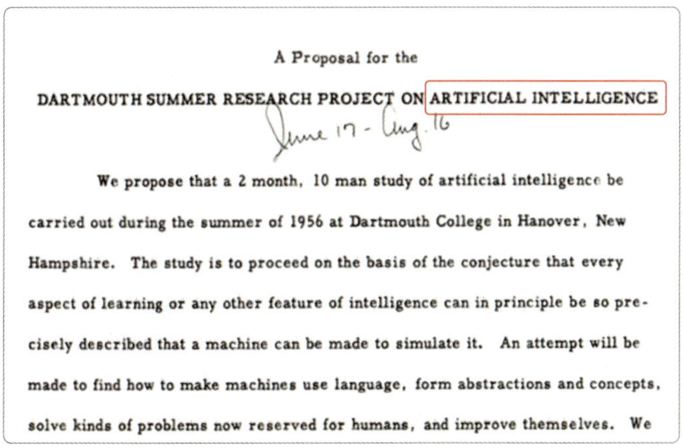
A Proposal for the

DARTMOUTH SUMMER RESEARCH PROJECT ON ARTIFICIAL INTELLIGENCE

June 17 - Aug. 16

We propose that a 2 month, 10 man study of artificial intelligence be carried out during the summer of 1956 at Dartmouth College in Hanover, New Hampshire. The study is to proceed on the basis of the conjecture that every aspect of learning or any other feature of intelligence can in principle be so precisely described that a machine can be made to simulate it. An attempt will be made to find how to make machines use language, form abstractions and concepts, solve kinds of problems now reserved for humans, and improve themselves. We

존 맥카시의 다트머스 컨퍼런스 후원금 요청서에 최초로 'ARTIFICIAL INTELLIGENCE(인공지능)' 용어가 사용되었습니다.

그림 1-10 **존 맥카시가 록펠러 재단에 보낸 다트머스 컨퍼런스 후원금 요청서**

하나 더 알기 **인공지능의 아버지(The Founding Fathers of A.I.)**

1956년에 열린 다트머스 컨퍼런스는 주최자 4명(존 맥카시, 클로드 섀넌, 마빈 민스키, 나다니엘 로체스터) 외에 레이 솔로모노프(Ray Solomonoff), 올리버 셀프리지(Oliver Selfridge), 트렌처드 모어(Trenchard More), 아서 사무엘(Arthur Samuel), 앨런 뉴얼(Allen Newell), 허버트 사이먼(Herbert Simon) 등 총 10명이 참가하였습니다. 이때 열린 컨퍼런스는 소위 천재들의 모임이라 불리며, 참가자 일부는 훗날 노벨상과 컴퓨터 분야의 노벨상이라 불리는 튜링상을 수상하기도 합니다. 이 10명을 일컬어 인공지능 학문을 설립한 '인공지능의 아버지(The Founding Fathers of A.I.)'라고 부릅니다.

2 인공지능의 정의

인공지능이란 용어를 처음 만든 존 맥카시는 인공지능을 '지능적 기계를 만들기 위한 과학과 공학'이라고 정의했습니다.

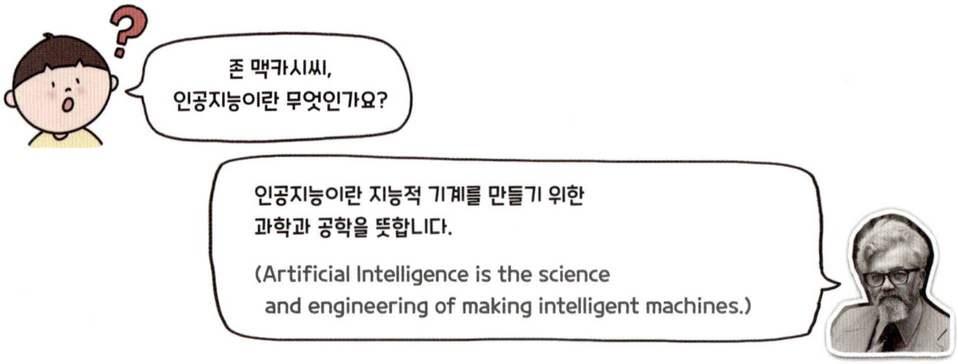

그림 1-11 존 맥카시의 인공지능 정의

하지만 이 정의는 '지능적 기계'에 대한 정확한 개념이 따로 없다 보니 의미가 모호하다고 할 수 있습니다. 사실 지금도 지능이 무엇인지에 대한 완성된 정의가 없는 상태이기 때문에 인공지능 역시 정의가 다양합니다. [그림 1-12]에서 인공지능 분야의 몇몇 유명 인사들이 생각하는 인공지능의 정의에 대해 소개합니다.

존 호지랜드(John Haugeland, 인지과학/현상학 분야 철학자)

"컴퓨터를 생각하도록 만드는 노력이나 마음을 갖는 기계(Machines with Minds)를 만드는 (흥분되고 새로운) 노력을 의미합니다."

유진 카니악(Eugene Charniak, 컴퓨터와 인지 분야 과학자)

"계산 모델(Computational Model)을 활용한 정신적 능력(Mental Faculties)에 대한 연구를 의미합니다. 여기서 계산 모델은 인공지능이 컴퓨터로 실행 가능해야 함을 뜻합니다."

레이 커즈와일(Ray Kurzweil, 미래학자)

"사람이 수행할 때 지능이 요구되는 기능들을 수행할 수 있는 기계를 만드는 기술을 의미합니다."

조지 루거(George Luger, 컴퓨터 과학자)

"지능적 행동의 자동화와 관련된 컴퓨터 과학의 한 분야를 의미합니다."

닐스 닐슨(Nils Nilsson, 컴퓨터 과학자)

"기계가 지능을 갖도록 만드는 작업을 의미하는데, 여기서 지능은 어떤 주체가 주변 환경을 파악하고 예측하며 적절하게 기능하는 것을 뜻합니다."

그림 1-12 **인공지능의 다양한 정의**

인공지능의 정의가 다양한 주된 이유는 지능에 대한 완전하고 총체적인 정의가 존재하지 않기 때문이기도 하지만, 인공지능 효과(AI Effect)라고 불리는 현상 때문이기도 합니다.

하나 더 알기 **인공지능 효과**

인공지능 효과(AI Effect)란 지능적인 작업이라고 인정받던 일을 컴퓨터가 성공적으로 수행하면 "이것은 지능이 아니라 단지 계산일 뿐이다."라는 비평이 일어난다는 의미입니다. 이는 마치 마술의 비밀을 알아버린 사람들이 "모든 건 단지 속임수일 뿐이야!"라고 비하하는 것과 비슷합니다. 그래서 물리학자이자 인지 과학자인 더글라스 호프스태터(Douglas Hofstadter)는 인공지능을 "아직까지 이루어지지 않은 것(Whatever hasn't been done yet)"이라고 말하기도 했습니다.

IBM의 딥블루가 세계 체스 챔피언인 가리 카스파로프를 이긴 사건을 두고도, 사람들은 딥블루가 진정한 지능으로 이긴 것이 아니라 강력하지만 무식한 방법으로 이겼다고 깎아내렸습니다. 이를 보고 저널리스트 프레드 리드(Fred Reed)는 다음과 같이 말했습니다.

"인공지능 지지자들이 주기적으로 겪는 문제가 있지. 기계가 어떻게 지능적인 행동을 하는지 알면 그것을 지능적인 것으로 생각하지 않는다는 거야. 만일, 내가 세계 체스 챔피언을 이겼다면 사람들은 나를 매우 지능적이고 영리하다고 여겼겠지."

Section 03

인공지능은 무엇으로 구분할 수 있을까요?

1 달성 목표에 따른 4가지 관점

인공지능은 달성하고자 하는 목표에 따라서 [그림 1-13]과 같이 4가지 관점으로 구분할 수 있습니다.

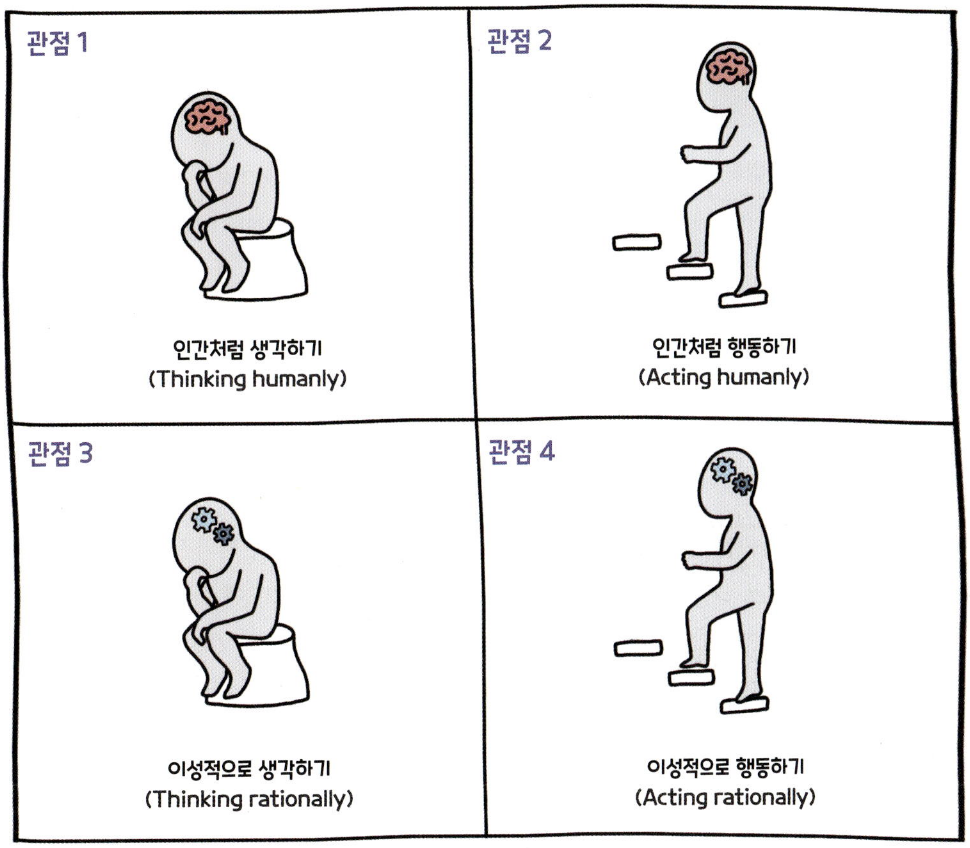

그림 1-13 달성 목표에 따른 인공지능의 4가지 관점

달성 목표에 따른 4가지 관점에서 사용된 '인간처럼'과 '이성적으로'의 상대적인 개념은 [표 1-1]과 같습니다.

표 1-1 '인간처럼'과 '이성적으로'의 개념

개념	내용
인간처럼	상식적인 생각, 사회적인 행동, 전문지식과 논리적인 문제 해결 능력 등을 포함
이성적으로	최대의 성능과 최소의 손실로 목적을 달성하는 것을 의미

인간적이지만 비이성적인 모습, 반대로 비인간적이지만 이성적인 모습은 주변에서 흔하게 찾아볼 수 있습니다. 예를 들어, '12345×67890'과 같은 계산식을 몇 분 동안 계산하고 심지어 답이 틀리는 행동, 손해를 감수하면서 자신보다 어려운 사람을 도와주는 행동 등은 인간적이지만 비이성적이라 할 수 있습니다. 반대로 앞의 계산식을 0.01초 만에 계산해 정확한 답을 구하는 행동, 자신에게 손해가 되는 그 어떤 행위도 하지 않는 행동은 이성적이지만 비인간적이라 할 수 있습니다.

이번에는 '생각하기'와 '행동하기'에 대한 상대적인 개념을 [표 1-2]에서 살펴보겠습니다.

표 1-2 '생각하기'과 '행동하기'의 개념

개념	내용
생각하기	사람이 어떻게 생각하는지 원리를 이해하고, 그 원리를 컴퓨터로 구현하는 것
행동하기	사람의 지능적인 사고 원리에는 관심이 없고 사람의 지능적인 행동 자체만을 흉내 내는 것

지능적인 행동을 흉내 내는 것의 예로는 바둑 인공지능이 있습니다. 알파고는 이세돌 9단을 이겼지만, 사실 알파고는 실제 인간의 사고 원리를 바탕으로 수를 계산하지 않습니다. 또 다른 예로는 기계번역을 떠올릴 수 있습니다. 사람의 경우 문장과 문맥을 이해하고 이를 바탕으로 번역하지만, 기계는 문장과 문맥을 전혀 이해하지 않은 상태에서 어느 정도 만족할 만한 번역을 수행합니다.

결국 사람의 지능과 생각하는 원리의 모든 것이 샅샅이 밝혀져 컴퓨터로 구현되지 않는 이상, 인공지능이 달성해야 할 목표는 '인간처럼 행동하기'와 '이성적으로 행동하기'에 한정될 것입니다. 현재 '이성적으로 행동하기'를 목표로 개발된 인공지능의 예로는 미국 퀴즈쇼 〈제퍼디!〉에서 우승한 왓슨과 바둑 대결에서 이세돌 9단을 이긴 알파고 등이 있습니다. 인간의 생각하는 원리와는 상관없이 우승을 위해 만들어져 인간의 한계를 한참 뛰어넘은 인공지능입니다. '인간처럼 행동하기'를 목표로 삼은 대표적인 예로는 튜링 테스트(Turing Test)가 있습니다.

하나 더 알기 ✓ **튜링 테스트(Turing Test)**

튜링 테스트는 컴퓨터가 인공지능을 갖추고 있는지 판별하는 실험 방법으로, 컴퓨터 공학의 아버지로 불리는 영국의 수학자 앨런 튜링(Alan Turing)이 1950년에 발표하였습니다. 앨런 튜링이 이 실험 방법을 처음 소개할 때는 이미테이션 게임(The Imitation Game)이라고 불렀습니다.

튜링 테스트는 서로가 보이지 않는 공간에서 조사관이 인간과 컴퓨터를 상대로 정해진 시간 동안 대화를 나누는 방식으로 진행됩니다. 대화는 음성이 아닌 모니터를 통한 채팅으로 이루어집니다. 대화 후 조사관이 인간과 컴퓨터를 구별해 내지 못하거나 컴퓨터를 인간으로 간주하게 되면 해당 기계는 인간처럼 사고할 수 있는 것으로 봅니다. 튜링 테스트는 조사관이 속을 정도로 인공지능이 사람처럼 행동하는 것에 중점을 두고 있습니다.

2 약인공지능과 강인공지능

인공지능은 적용 범위 관점에 따라 약인공지능과 강인공지능으로 구분하기도 합니다.

약인공지능(Weak AI)은 미리 정의된 작업을 상황에 맞게 수행하여 최선의 결과를 도출하는 인공지능입니다. 수행해야 할 작업 외에는 다른 어떤 작업에도 사용할 수 없기 때문에 약인공지능을 다른 말로 협소한 인공지능(Narrow AI)이라고 부릅니다. 현재 개발된 인공지능은 모두 약인공지능입니다. 예를 들어, 알파고는 바둑이라는 작업에서는 인간의 한계를 초월한 능력을 보여주지만 그 외 다른 작업에는 사용할 수 없습니다.

강인공지능(Strong AI)은 사람의 지능에 도달하거나 이를 뛰어넘는 인공지능입니다. 자신만의 지능과 자유의지를 갖춘 인공지능이라고 볼 수 있습니다. 어떤 작업이든 인간처럼 지능을 활용하고 학습을 통해 처리할 수 있어서, 일반적 인공지능(General AI)이라고 부르기도 합니다. 강인공지능은 아직까지 만들어진 적이 없으며, 주로 SF 영화나 애니메이션에서 인간을 사랑하거나 대적하는 존재로 등장합니다.

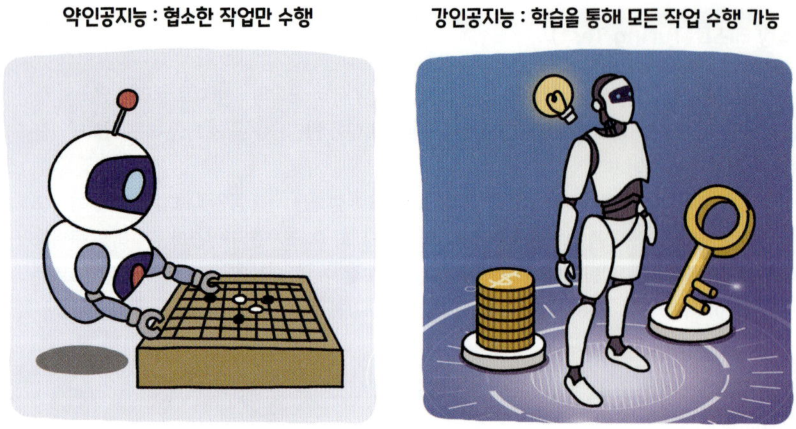

그림 1-14 약인공지능과 강인공지능의 비교

[표 1-3]은 약인공지능과 강인공지능의 특징과 예를 정리한 것입니다.

표 1-3 약인공지능과 강인공지능의 특징과 예

구분	특징	예
약인공지능	• 인간의 지능이나 마음 구현과 상관없음 • 미리 프로그램된 조건과 행동 내에서 최상의 성과 달성이 목적임 • 특정 작업만 수행 가능	딥블루, 알파고, 왓슨, 기계번역, 자연어 처리, 자율주행 인공지능, 영화/음악 추천 인공지능 등
강인공지능	• 인간 또는 그 이상의 지능 소유 • 자유 의지, 자각 능력 보유 • 모든 작업 수행 가능 • 아직까지는 SF 영화, 애니메이션에서만 등장함	《터미네이터》의 스카이넷, 《에이 아이》의 데이빗, 《바이센테니얼 맨》의 앤드류 등

Section 04

인공지능의 역사를 알아봅시다

인공지능은 1956년 다트머스 컨퍼런스에서 하나의 학문 분야로 출범한 후, 현재까지 '3번의 봄'과 '2번의 겨울'을 지나왔습니다. '봄'은 새로운 인공지능 기술의 발전, 성공적인 연구 성과, 적극적인 투자 등이 이루어진 부흥기이며, '겨울'은 인공지능 기술의 한계 직면, 실망스러운 연구 결과, 투자 중단 등으로 인한 침체기를 뜻합니다.

[표 1-4]와 [표 1-5]를 보면서 인공지능의 역사에 대해 좀 더 자세히 알아봅시다.

표 1-4 인공지능의 역사(1)(1956~1987년, 인공지능의 탄생~두 번째 봄)

연도	구분	주요 내용
1956년	인공지능 탄생	• 다트머스 컨퍼런스 개최
	첫 번째 봄	• 인공지능 프로그램으로 대수학, 기하학 문제 해결 • 탐색 추리, 자연어 처리 분야 성공 사례 등장 • 인공지능용 프로그래밍 언어 LISP 개발 • 머신러닝(Machine Learning) 개발 • 인공신경망을 구현한 퍼셉트론 이론 발표 • 낙관적인 견해 팽배 - 10년 이내에 컴퓨터가 체스 세계 챔피언이 될 것 - 20년 이내에 기계가 사람의 모든 일을 대체할 것 - 20세기 내 AI 구현에 관한 대부분의 문제가 해결될 것
1974년	첫 번째 겨울	• 퍼셉트론의 한계 발견(연산자 XOR 문제 해결 못 함) • 폭발적인 조합 수를 고려해야 하는 문제 해결 실패 • 현실적인 문제에 적용할 수 없으며 실험실 수준에만 머물고 있는 인공지능 개발 상황에 실망한 미 고등연구계획국(DARPA), 국립연구위원회(NRC) 등의 기관 지원금 중단
1980년	두 번째 봄	• 신경망 인공지능의 부활 - 다층(Multi-Layer) 퍼셉트론으로 XOR 문제 해결 - 다층 신경망 학습방법 발견 : 역전파 알고리즘 • 산업계 주도로 전문가 시스템 개발 - 전문가 시스템(Expert System) : 특정 분야에서 전문가 또는 그 이상의 문제 해결 능력을 갖추도록 한 시스템 • 정부 주도의 대규모 투자 재개 - 일본의 5세대 컴퓨터(인공지능형 컴퓨터) 프로젝트
1987년		

표 1-5 인공지능의 역사(2)(1987년~미래, 두 번째 겨울~미래)

구분		주요 내용
1987년 1993년	두 번째 겨울	• 전문가 시스템의 실패 - 지식 추출의 병목 현상 : 해결할 문제가 커지고 복잡해짐에 따라 전문가 물색과 지식 추출이 어려워짐 - 시스템 성능 업데이트와 유지보수의 어려움 - 성능 대비 과도한 하드웨어 비용 • 일반 PC의 급격한 성능 향상(인공지능 컴퓨터의 몰락) • 일본의 5세대 컴퓨터 프로젝트 실패 • 실용주의적 정부 정책 강화(장기적인 전략적 과제 부재)
2006년 현재	세 번째 봄	• 인공신경망 기반 딥러닝(Deep Learning) 기술 발전 • 인공지능 학습에 적합한 데이터의 폭발적 증가 - IoT와 빅데이터 처리 기술 발전 • 인공지능의 몸통인 로보틱스(Robotics) 기술 발전 • 주목할 만한 성공 사례 등장 - 2011년, IBM의 인공지능 왓슨이 퀴즈쇼 〈제퍼디!〉에서 우승 - 2012년, 구글과 앤드류 응(Andrew Ng) 박사가 딥러닝 기술로 유튜브 영상 속 고양이 얼굴 인식에 성공 - 2016년, 구글 딥마인드의 알파고가 바둑기사 이세돌 9단에게 승리
	미래 전망	• 레이 커즈와일(Ray Kurzweil) - 2045년경 인공지능 기술이 급격하게 팽창하는 특이점(Singularity)이 올 것이라 예고 -인공지능과 인간의 두뇌가 자연스럽게 하나가 될 것으로 전망 • 스티븐 호킹(Stephen Hawking) - 인공지능은 자신을 개량하고 도약할 수 있지만, 인간은 생물학적 진화 속도가 느리다고 지적 - 결국 인간은 인공지능과 경쟁할 수 없고 대체되고 말 것이라 경계 • 빌 게이츠(Bill Gates) - 노동시장이 인공지능의 빠른 발전 속도를 따라가는 것은 어려울 것으로 판단 - 노동자들을 어떻게 재교육하고 인공지능 경제의 성과를 어떤 식으로 배분할지가 미래의 도전 과제라고 지적

요약

01 인공지능은 영화 《메트로폴리스》, 《2001 스페이스 오디세이》, 《터미네이터》, 《에이 아이》, 《바이센테니얼 맨》 등에서 다양한 형태로 등장하였습니다.

02 사람과의 대결에서 승리하여 주목받은 대표적인 인공지능으로는 IBM의 딥블루, IBM의 왓슨, 구글 딥마인드의 알파고 등이 있습니다.

03 인공지능이란 용어는 1955년 다트머스 대학교의 교수였던 존 맥카시가 '다트머스 컨퍼런스' 개최를 준비하면서 처음 사용하였습니다.

04 존 맥카시는 인공지능을 '지능적 기계를 만들기 위한 과학과 공학'이라고 정의했으며, 그 외 아직까지도 다양한 정의가 존재합니다.

05 인공지능은 달성 목표에 따라 인간처럼 생각하기, 인간처럼 행동하기, 이성적으로 생각하기, 이성적으로 행동하기 등 4가지 관점으로 구분할 수 있습니다.

06 인공지능은 약인공지능과 강인공지능으로 구분 가능합니다.

07 1956년 다트머스 컨퍼런스에서 인공지능이 하나의 학문 분야로 출범한 후 현재까지 3번의 봄과 2번의 겨울을 지나왔습니다.

연습문제

01 다음 표를 보고 빈칸에 알맞은 답을 찾아 적어보세요.

• 딥마인드의 알파고	• IBM의 왓슨
• IBM의 딥블루	• 구글의 텐서플로

(1) 미국 퀴즈쇼 〈제퍼디!〉에서 인간의 질문을 이해하고 답을 도출하여 우승까지 차지한 인공지능은 [ ]입니다.

(2) 바둑 대결에서 이세돌 9단을 이기며 인간의 직관 영역에서도 위력을 증명한 인공지능은 [ ]입니다.

(3) 지능적 게임인 체스 대결에서 당시 세계 챔피언인 가리 카스파로프를 이기고 우승한 최초의 인공지능은 [ ]입니다.

02 다음 중 영화 제목과 그 영화 속에 등장하는 인공지능의 이름을 잘못 짝지은 것은 무엇인가요?

① 《2001 스페이스 오디세이》 – HAL 9000 ② 《메트로폴리스》 – 앤드류
③ 《터미네이터》 – 스카이넷 ④ 《에이 아이》 – 데이빗

03 다음 중 로봇 3원칙에 어긋난 행동을 모두 고르세요.

① 누구의 명령도 없었지만 절벽으로 기어가는 아기를 구했습니다.
② 안전을 위해 음주 운전하려는 사람과 끝까지 싸웠습니다.
③ 개가 덤벼들자 맞서 싸웠지만 개 주인에게는 저항 없이 맞았습니다.
④ 주인의 명령으로 인간 격투기 대회에 정체를 숨기고 참가해 우승했습니다.

04 인공지능이란 용어를 처음 사용한 사람은 누구인가요?

① 존 맥카시 ② 클로드 섀넌
③ 나다니엘 로체스터 ④ 마빈 민스키

05 다음 중 다트머스 컨퍼런스에 참가하여 인공지능이란 학문을 설립한 '인공지능의 아버지'에 속하지 않는 사람은 누구인가요?

① 존 맥카시 ② 엘런 뉴얼
③ 빌 게이츠 ④ 허버트 사이먼

06 다음은 인공지능에 대한 존 맥카시의 정의입니다. 빈칸에 들어갈 말로 알맞은 것은 무엇인가요?

> "인공지능이란 [　　　　　　　　] 를(을) 만드는 과학과 공학을 말합니다."

① 감정이 있는 로봇　　② 자의식이 있는 컴퓨터
③ 스스로 판단하는 기계　　④ 지능이 있는 기계

07 비밀이 밝혀진 마술을 더는 마술로 생각하지 않는 것처럼, 지능적이라 여기던 작업을 인공지능이 성공하는 순간 그 작업을 더는 지능적이라 생각하지 않는 현상을 무엇이라고 하나요?

① 인공지능 효과　　② 인공지능 비효과
③ 인공지능 착시　　④ 인공지능 상실

08 달성 목표에 따른 인공지능의 4가지 관점에 속하지 <u>않는</u> 것은 무엇인가요?

① 인간처럼 생각하기　　② 인간처럼 감정 느끼기
③ 이성적으로 생각하기　　④ 이성적으로 행동하기

09 다음은 인공지능 개발 목표입니다. 이 중에서 '인간처럼 행동하기' 관점에 속하는 인공지능을 <u>모두</u> 고르세요.

① 딥마인드의 알파고를 능가하는 새로운 바둑 인공지능
② 튜링 테스트를 통과할 수 있는 인공지능
③ 사람의 감성이 느껴지는 상담 목적의 인공지능
④ 사람의 지능을 그대로 구현하여, 모든 작업을 지능적으로 처리하는 인공지능

10 인공지능을 판별하는 이미테이션 게임을 제안하고, 컴퓨터 공학의 아버지라 불리는 사람은 누구인가요?

① 앨런 튜링　　② 존 맥카시
③ 스티브 잡스　　④ 베네딕트 컴버배치

11 다음 중 인공지능의 적용 범위 관점에서 성격이 다른 하나는 무엇인가요?

① 《바이센테니얼 맨》의 앤드류　　② 《터미네이터》의 스카이넷
③ 《에이 아이》의 데이빗　　④ 구글 딥마인드의 알파고

CHAPTER 02

머신러닝 알아보기

학습목표

- 머신러닝의 정의를 알아봅니다.
- 머신러닝 모델 생성 과정을 이해합니다.
- 머신러닝의 지도학습을 이해합니다.
- 머신러닝의 비지도학습을 이해합니다.
- 머신러닝의 강화학습을 이해합니다.

Preview

우리말로 '기계학습'이라 번역되는 머신러닝은 인공지능의 한 분야로, 학습을 통해 문제 해결을 위한 내부 행동을 인공지능 스스로 구현하는 기술을 연구합니다. 알파고를 통해 우리에게 널리 알려진 딥러닝도 머신러닝의 한 부분입니다.

이 장은 머신러닝에 대한 전반적인 내용을 담고 있습니다. 1절에서는 머신러닝의 전체적인 개요를 설명하며, 머신러닝의 정의와 머신러닝 모델의 생성 과정을 알아봅니다. 또한 구체적인 사례를 통해 머신러닝을 구현하고 문제를 해결하는 과정을 살펴봅니다. 2절에서는 머신러닝 학습방법인 지도학습, 비지도학습, 강화학습을 소개하고 각 학습방법의 응용 분야를 살펴봅니다. 이를 통해 머신러닝을 좀 더 이해할 수 있을 것입니다.

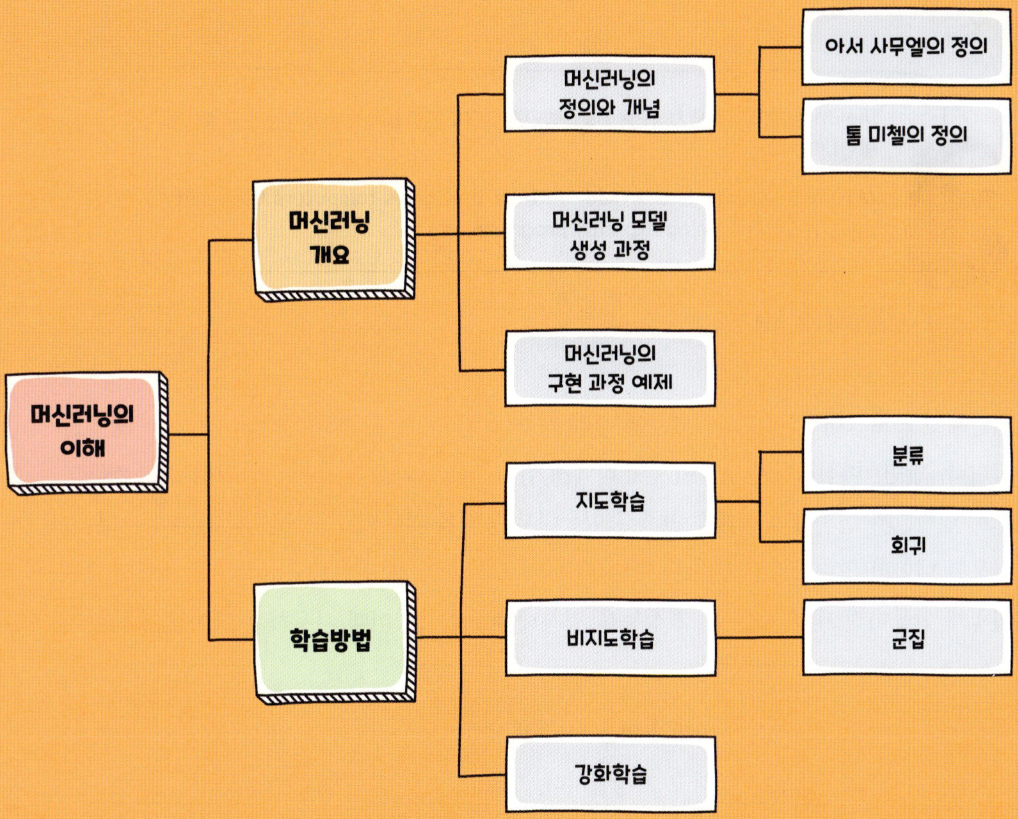

Section

01 머신러닝이란 무엇인가요?

1 머신러닝의 개념

머신러닝(Machine Learning)이란 용어는 1959년 7월, 컴퓨터 게임과 인공지능 분야의 선구자인 아서 사무엘(Arthur Samuel)이 학술지 〈IBM Journal of Research and Development〉에 기고한 논문에서 처음 사용되었습니다. 그는 논문에서 머신러닝을 [그림 2-1]과 같이 정의하였습니다.

"머신러닝은 컴퓨터가 명시적으로 프로그램되지 않고도 학습할 수 있도록 하는 연구 분야를 말합니다."

(Machine Learning is the field of study that gives computers the ability to learn without being explicitly programmed.)

그림 2-1 **아서 사무엘의 머신러닝 정의**

일반적인 프로그래밍 작업은 입력값에 따라 원하는 결과값이 출력되도록 사람이 내부 동작을 작성합니다. 반면, 머신러닝은 사람이 컴퓨터에게 입력값과 결과값만 충분히 전달해 주면 컴퓨터가 스스로 입력값과 결과값의 관계를 만족시키는 내부 동작을 찾아냅니다. 여기서 내부 동작을 만들 때 사용한 데이터(입력값과 결과값)를 **학습 데이터** 또는 **훈련 데이터(Training Data)**라고 부릅니다. 이렇게 만들어진 내부 동작은 그 성능을 평가해야 하는데, 이때 사용하는 데이터를 **시험 데이터(Testing Data)**라고 부릅니다.

머신러닝의 특징을 이해하기 위해 가정을 하나 해봅시다. 하나의 수를 입력받아 그에 10을 더한 값을 출력하는 프로그램을 만든다고 가정합시다. 일반적인 프로그래밍 방식에서는 사람이 직접 '결과값 = 입력값 + 10'을 프로그래밍합니다. 반면, 머신러닝은 여러 개의 입력값과 결과값을 컴퓨터에 제공하기만 하면 이 데이터를 바탕으로 컴퓨터가 스스로 내부 동작을 만들어 냅니다. 사람이 할 일은 단지 학습 데이터를 공급하는 일뿐입니다. 우리는 이제 인공지능 시대의 소프트웨어 역량에 대해 다시 한번 생각해 보아야 할 시점이 된 것입니다.

하나 더 알기 ✓ **인공지능 시대의 소프트웨어 역량**

일반적인 프로그래밍 방식에서 우수한 개발자란, 논리적인 사고를 통해 프로그래밍 언어를 자유자재로 사용할 수 있는 사람이었습니다. 하지만 머신러닝 방식에서 우수한 개발자란, 데이터에 대한 통찰력과 수집 능력이 우수하여 머신러닝 기계에 양질의 학습 데이터를 충분히 공급할 수 있는 사람입니다. 따라서 다가올 인공지능 시대에는 쓸모 있는 데이터를 누가 더 많이 보유하고 있느냐에 따라 개인과 회사의 소프트웨어 역량이 결정될 것이라고 예상할 수 있습니다.

[그림 2-2]는 앞서 설명한 일반적인 프로그래밍 방식과 머신러닝 방식을 비교한 것입니다. 다음과 같이 머신러닝 방식은 학습 데이터를 공급해 주기만 하면 머신러닝 기계가 내부 동작을 스스로 만들어 냅니다.

그림 2-2 **일반적인 프로그래밍 방식과 머신러닝 방식 비교**

머신러닝의 또 다른 정의도 한번 알아봅시다. 인공지능 분야의 대가이자 카네기 멜론 대학교(Carnegie Mellon University) 교수인 톰 미첼(Tom Mitchell)은 머신러닝을 다음과 같이 정의했습니다.

"만약 컴퓨터 프로그래밍이 어떤 작업 T를 수행할 때, 경험 E를 통해 성능이 향상된다면(성능 측정 방법은 P), 그 컴퓨터 프로그램은 작업 T를 수행할 때 방법 P로 측정되는 성능 향상을 경험 E로부터 학습한다고 말할 수 있습니다."

(A computer program is said to learn from experience E with respect to some task T and some performance measure P, if its performance on T, as measured by P, improves with experience E.)

그림 2-3 **톰 미첼의 머신러닝 정의**

만약 머신러닝 방식으로 고양이를 판별하는 프로그램을 개발한다면 우리는 고양이 판별 정확도를 높이기 위해 프로그램에 수많은 고양이 사진들을 입력해 훈련시킬 겁니다. 이를 톰 미첼의 정의로 해석하면 [표 2-1]과 같습니다.

표 2-1 고양이 판별 프로그램을 활용한 톰 미첼의 머신러닝 정의 해석

작업 T, 성능 측정 P, 경험 E	해석
• T: 고양이 판별하기 • P: 고양이 판별 정확도 • E: 고양이 사진 입력	〈고양이 판별하기〉 작업을 수행할 때 '고양이 사진 입력'으로 '고양이 판별 정확도'가 향상된다면, 이 프로그램은 〈고양이 판별하기〉 작업을 수행할 때 '고양이 판별 정확도'의 성능을 향상시키기 위해 '고양이 사진 입력'이란 경험으로부터 학습합니다.

하나 더 알기 ✓ 머신러닝을 유용하게 적용할 수 있는 문제의 특징

머신러닝은 답이 애매하거나 알고리즘을 명확하게 찾기 어려울 때 활용하기 좋습니다. 예를 들어, 두 수 A와 B를 곱하여 결괏값 C를 구하는 문제는 C를 구하는 알고리즘이 (A×B)로 명확하기 때문에 일반적인 프로그램으로 쉽게 해결됩니다. 하지만 개와 고양이의 구별, 필기체 인식, 음성인식, 자율주행과 같은 문제는 정답의 기준이 명확하지 않습니다. 이런 경우에 머신러닝이 아주 유용하게 활용될 수 있습니다.

2 머신러닝 모델의 생성 과정

머신러닝으로 문제를 해결하기 위해서는 문제 해결에 적합한 머신러닝 모델을 생성해야 합니다. 머신러닝 모델을 생성할 때는 먼저, 문제 속의 데이터를 잘 설명할 수 있는 머신러닝 모델을 가정합니다. 그 모델로부터 학습 데이터에 최적화된 구체적인 함수를 찾아내는 과정을 학습(Learning)이라고 합니다. 그리고 이렇게 학습된 함수를 실제 문제에 적용하면 됩니다.

[그림 2-4]는 시험 공부 시간으로 시험 성적을 예상하는 문제를 머신러닝으로 해결하고자 할 때의 머신러닝 모델 생성 과정을 개념적으로 표현해 본 것입니다.

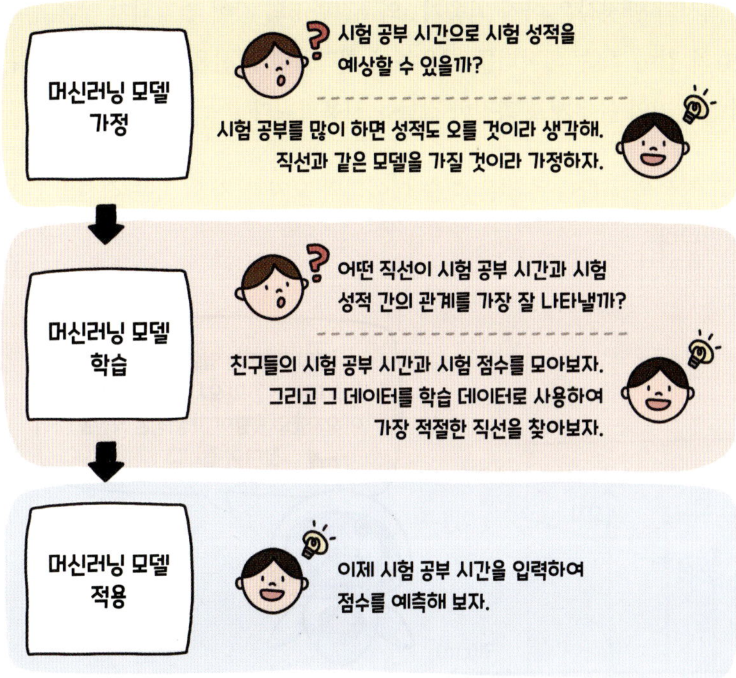

그림 2-4 머신러닝 모델 생성 과정의 예

3 머신러닝 구현 과정 예제

그럼 이제 사람의 키를 입력했을 때 몸무게를 추측하는 작업을 머신러닝으로 구현하는 과정에 대해 살펴봅시다.

❶ 일반적으로 키가 커지면 몸무게도 늘어날 것입니다. 그렇다면 [몸무게=(a×키)+b]와 같은 직선의 방정식을 만들어 머신러닝 모델로 가정합니다.

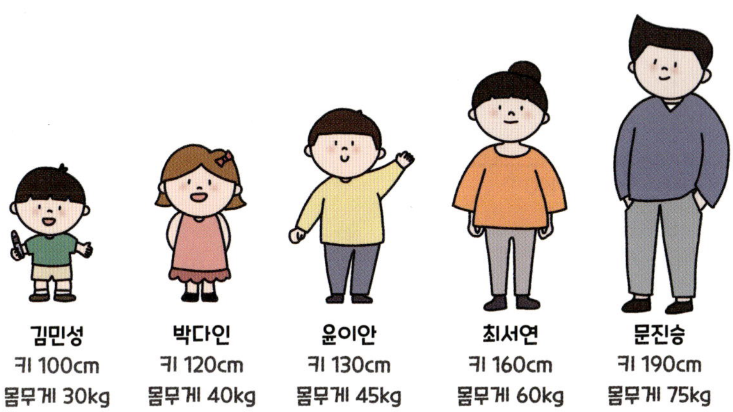

그림 2-5 머신러닝 구현 과정 예제의 학습 데이터

❷ 머신러닝 모델로 가정한 직선의 방정식은 아직 기울기 a와 y절편 b의 값이 결정되지 않은 상태입니다. 이제 [그림 2-5]와 같이 학습 데이터를 이용하여 최적화된 직선을 구하도록 합니다. 학습 데이터는 실제 사람들의 키와 몸무게를 측정한 값들을 사용합니다.

이때 학습 데이터와 최적화된 직선을 구한다는 것은 학습 데이터와 오차가 가장 적은 직선의 기울기와 y절편을 구한다는 의미입니다.

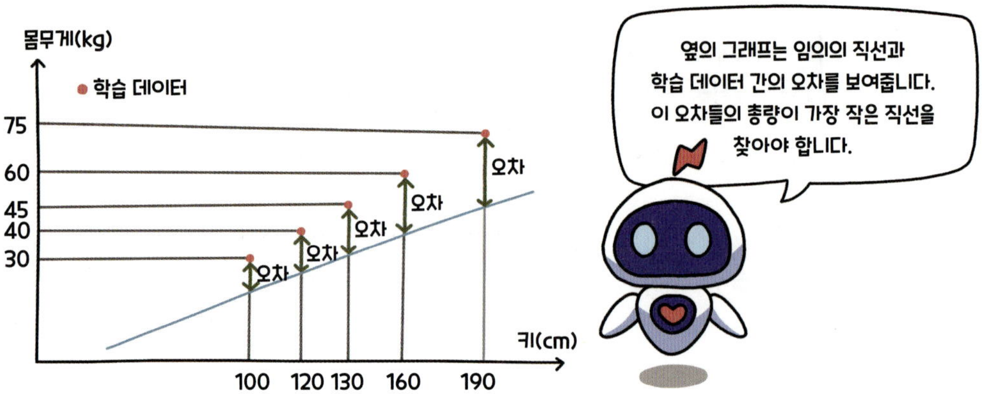

그림 2-6 학습 데이터와 직선 간의 오차

그래서 [그림 2-7]을 보면 직선의 방정식 [몸무게=(0.5×키)−20]이 해당 학습 데이터에 최적화된 함수임을 알 수 있습니다.

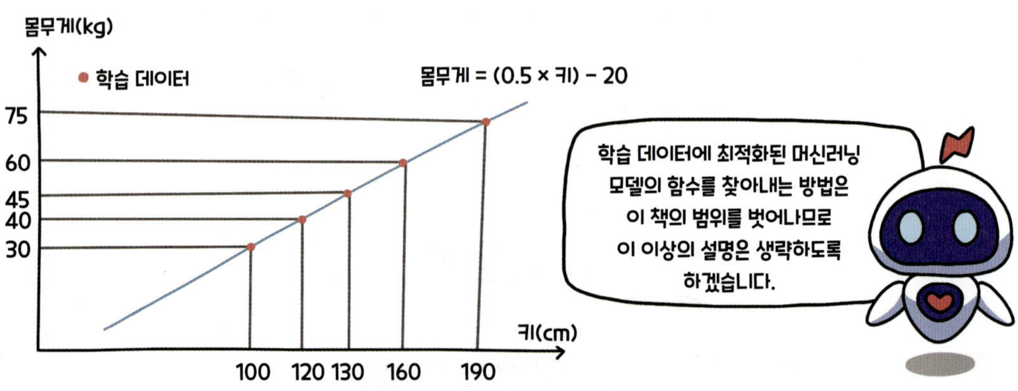

그림 2-7 몸무게와 키의 상관관계에 최적화된 직선의 방정식

❸ 이제 최적화된 머신러닝 모델을 실제 문제에 적용해 봅니다. 예를 들어, 학습 데이터에는 없던 키 180cm를 방정식에 대입하면 예측되는 몸무게는 [70kg=(0.5×180)−20]입니다.

Section

02 머신러닝 학습방법에 대해 알아봅시다

머신러닝 학습방법은 크게 지도학습, 비지도학습, 강화학습 등 세 가지가 있습니다.

1 지도학습

지도학습(Supervised Learning)은 입력값에 대한 정답이나 결과값을 알고 있는 학습 데이터를 활용하여 머신러닝 모델을 학습시키는 방식입니다. 여기서 입력값에 대한 정답 또는 결과값을 레이블(Label)이라고 합니다.

즉, 이미 고양이와 개로 구분되어 있는 이미지들을 사용하여 고양이와 개를 분류하는 머신러닝 모델을 학습시키는 것이 지도학습에 해당합니다.

머신러닝 모델을 학습시킬 때, 고양이와 개의 레이블로 구분된 학습 데이터를 사용하기 때문에 지도학습입니다.

그림 2-8 구분된 학습 데이터를 활용하는 지도학습의 예

지도학습은 주로 분류 또는 회귀와 같은 작업을 수행할 머신러닝 모델 학습에 사용합니다.

분류(Classification) 작업이란 어떤 입력 데이터가 들어오더라도 학습에 사용한 레이블 중 하나로 결과값을 결정하는 작업입니다. 예를 들어, 고양이와 개를 구분하는 머신러닝 모델은 사자와 호랑이 이미지를 입력해도 고양이 또는 개로 대답합니다.

회귀(Regression) 작업이란 입력 데이터에 대한 결과값으로 학습에 사용한 레이블 이외의 값이 나올 수 있는 작업입니다. 예를 들어, 시험 공부 시간을 입력하면 시험 성적을 예상하는 머신러닝 모델을 학습시킬 때, 10시간 공부하면 80점, 15시간 공부하면 90점, 20시간 공부하면 95점이라는 데이터를 사용했다고 가정해 봅시다. 여기서 시험 공부 시간이 입력값이고 시험 성적이 결과값, 즉 레이블입니다. 이 머신러닝 모델은 학습 시 80점, 90점, 95점을 레이블로 사용한 것입니다. 하지만 시험 공부 시간을 5시간으로 입력했을 때도 레이블로 사용된 적 없는 40점을 결과값으로 출력할 수 있습니다.

표 2-2 지도학습을 적용한 머신러닝 모델의 작업

작업	내용
분류	입력값에 대한 결과값이 정해진 레이블 중 하나로 결정되는 작업을 의미
회귀	입력값에 대한 결과값이 학습에 사용된 레이블 이외의 값도 나올 수 있는 작업을 의미

필기체(손글씨) 인식은 대표적인 분류 작업의 예입니다. 필기체 인식 머신러닝 모델을 학습시키기 위해서는 0부터 9까지의 숫자 이미지 레이블을 학습 데이터로 사용합니다. 이렇게 개발된 머신러닝 모델은 어떤 이미지라도(심지어는 숫자 이미지가 아니더라도) 0부터 9까지의 레이블 중 하나로 결과값을 결정합니다.

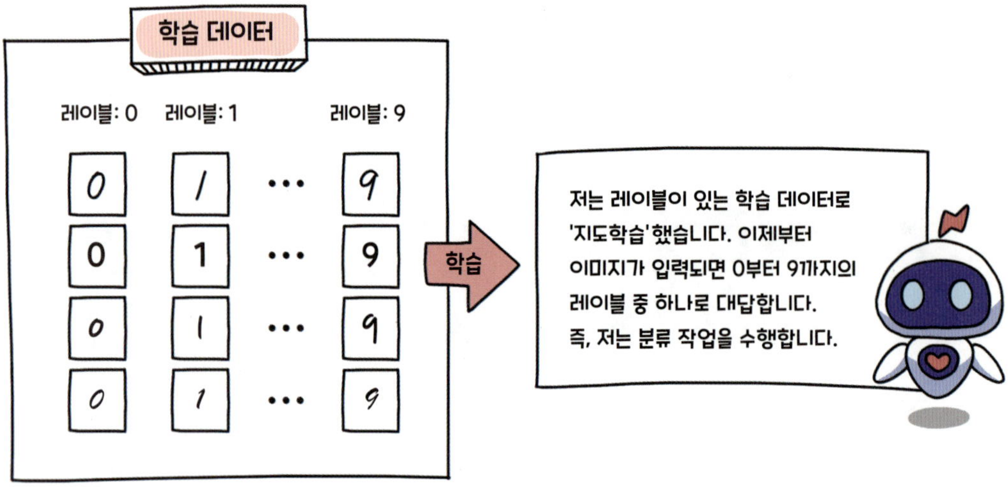

그림 2-9 머신러닝 모델의 분류 작업 예 : 숫자 필기체 인식하기

Section 01에서 소개한 몸무게 예측 작업은 회귀 작업에 속합니다. 몸무게 예측 작업에 적용된 학습방법은 여러 명의 키와 그에 대응하는 몸무게를 학습 데이터로 사용한 지도학습입니다. 입력된 키에 대한 몸무게를 결과값으로 출력하기 때문에 몸무게가 레이블이 됩니다. 이 예제에서 사용된 레이블은 30kg, 40kg, 45kg, 60kg, 75kg입니다. 이렇게 개발된 머신러닝 모델은 다양한 키에 대해서 레이블에 포함되지 않은 몸무게도 결과값으로 출력합니다. 예를 들어, 키 180cm를 입력하면 레이블로 사용하지 않았던 70kg을 결과값으로 출력할 수 있습니다.

그림 2-10 **머신러닝 모델의 회귀 작업 예 : 키로 몸무게 예측하기**

2 비지도학습

비지도학습(Unsupervised Learning)은 입력값에 대한 정답이나 결과값이 없는, 즉 레이블이 없는 데이터를 사용하여 머신러닝 모델을 학습시키는 방식입니다. 비지도학습이 적용되는 대표적인 작업으로는 군집(Clustering) 작업이 있습니다. 군집 작업이란 데이터를 구분하여 비슷한 집단으로 묶는 작업이라고 이해하면 됩니다.

데이터를 구분한다는 점에서 군집 작업과 분류 작업은 비슷한 점이 있습니다. 하지만 분류 작업에서는 학습에 사용한 레이블들을 기준으로 데이터들을 묶는 데 반해, 군집 작업에서는 정해진 레이블 없이 데이터 간에 존재하는 비슷한 속성을 기준으로 데이터를 묶습니다. 군집 작업에 필요한 기준 속성은 데이터를 기반으로 머신러닝 모델이 스스로 찾아냅니다.

예를 들어, 앞에서 이야기한 숫자 필기체 인식 작업은 0부터 9까지의 레이블을 기준으로 이미지를 구분하는 분류 작업입니다. 그런데 만약 숫자 필기체 이미지를 대상으로 군집 작업을 수행한다면, 0부터 9까지 구분된 레이블과는 상관없이 숫자 필기체 이미지 자체를 학습 데이터로 사용하게 됩니다. 머신러닝 모델은 스스로 숫자 필기체 이미지에 존재하는 속성을 찾아내고, 유사한 속성을 갖는 이미지들끼리 묶는 작업을 수행합니다.

[그림 2-11]은 숫자 필기체 이미지를 대상으로 군집 작업을 하였을 때 발생할 수 있는 결과를 가정한 것입니다. 작업에 사용될 속성은 사람이 미리 결정해 둔 것이 아니므로 군집 작업의 결과를 통해 "아, 이렇게도 구분할 수 있구나!" 하고 데이터의 속성을 새롭게 발견할 수 있습니다. 참고로, [그림 2-11]의 군집 작업에 사용된 데이터 속성은 각 이미지에 포함된 원 모양의 개수입니다. 실제 머신러닝 모델의 작동 원리와는 상관이 없지만 개념적 이해를 돕기 위해 적용해 보았습니다.

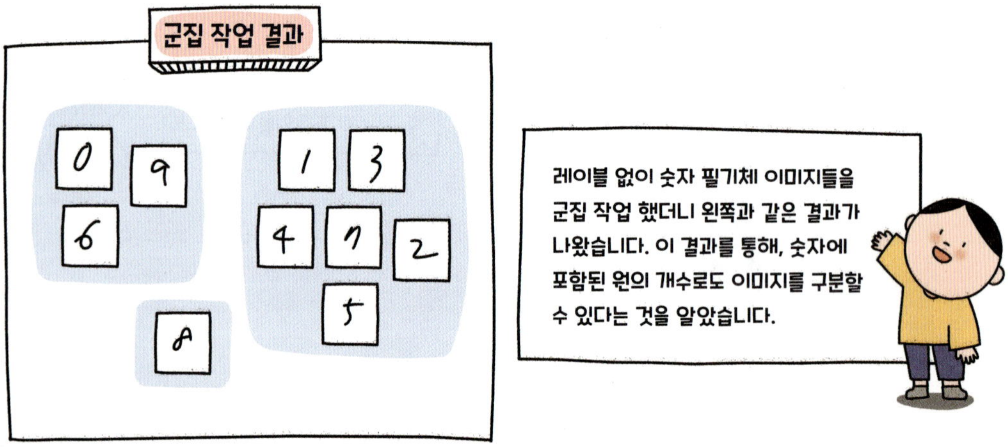

그림 2-11 **머신러닝 모델의 군집 작업 예 : 숫자 이미지의 군집**

군집 작업은 마케팅 분야에서 많이 응용되고 있습니다. 예를 들어, 채팅 사이트를 운영하는 기업이 사람들의 대화 내용을 기반으로 군집 작업을 수행해 낚시, 사진, 자동차 등과 같은 취미를 속성으로 묶었다고 가정해 봅시다. 이제 집단별로 구성원의 성별, 나이, 직업, 학력 등과 같은 인구통계학적 특성을 파악하면, 기업은 회원의 개인정보를 이용하여 적절한 취미용품을 광고할 수 있습니다. 실제로 광고 제품의 매출 상승이 증명된다면 이후 채팅 사이트의 광고 단가는 올라갈 것이고, 이는 곧 그 기업의 매출 상승으로 이어질 것입니다.

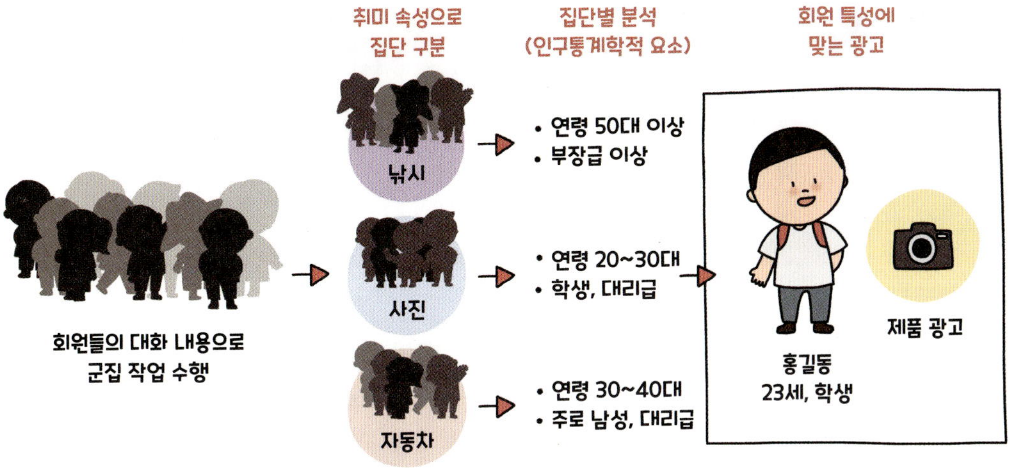

그림 2-12 마케팅 분야의 군집 작업 활용 예

군집 작업은 이 밖에도 검색 포털 사이트 내 유사한 뉴스 그룹핑(Grouping), 소셜 네트워크 서비스(SNS, Social Network Service)의 사용자 간 친밀도 분석, 보안 분야의 이상 행위 탐지, 카드사의 이상 거래 탐지 등에서 다양하게 활용되고 있습니다.

3 강화학습

강화학습(Reinforcement Learning)은 입력값에 대한 정답이나 결과값 대신 어떤 일을 잘했을 때 보상을 해주는 것으로 머신러닝 모델을 학습시키는 방식입니다. 개나 고양이 같은 반려동물이 보상과 체벌을 통해 행동을 학습하는 것과 비슷합니다.

강화학습의 핵심 목표는 시행착오를 통해 보상의 총합이 최대가 되는 일련의 행동을 찾는 것입니다. 보상의 총합이 최대가 되는 것을 목표로 한다는 것은 나중에 더 큰 이익을 기대하며 지금의 손해를 감수하는 식의 전략적 행동을 탐색할 수 있다는 의미입니다. 강화학습은 게임 전략, 금융시장의 투자 전략, 광고 노출 전략 등과 같은 사업 분석 분야와 로봇 팔 제어, 이족보행 제어와 같은 로보틱스 분야에서 널리 응용되고 있으며, 자율주행 분야에서도 핵심 기술로 활용되고 있습니다.

[그림 2-13]은 유튜브에 등록된 강화학습의 게임 제어 활용 사례입니다. 직접 유튜브 링크에 접속하여 강화학습이 어떤 식으로 이루어지는지 함께 확인해 봅시다.

(a) 슈퍼마리오(https://www.youtube.com/watch?v=WzxmH1Cx2Yg)

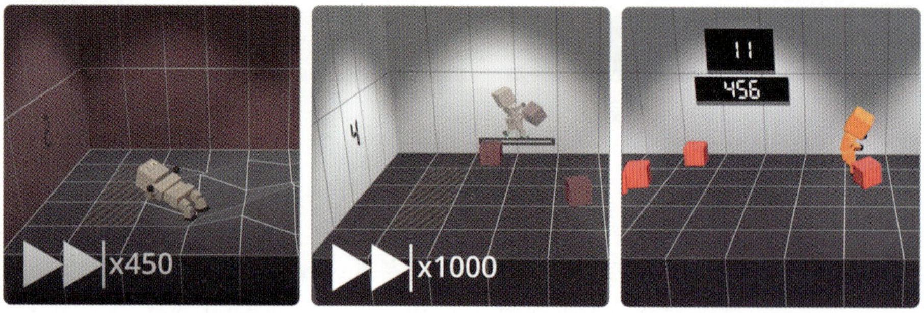

(b) 걷기 훈련(https://www.youtube.com/watch?v=L_4BPjLBF4E)

그림 2-13 **강화학습을 통한 게임 제어 활용 예**

다음 [그림 2-14]는 유튜브에 등록된 강화학습의 로보틱스 제어 활용 사례입니다. 마찬가지로 직접 유튜브 링크에 접속하여 결과를 확인해 봅시다.

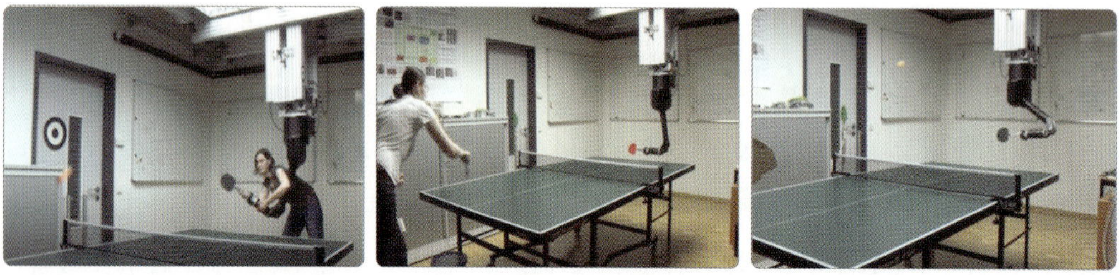

(a) 로봇 팔 제어 : 탁구(https://www.youtube.com/watch?v=SH3bADiB7uQ)

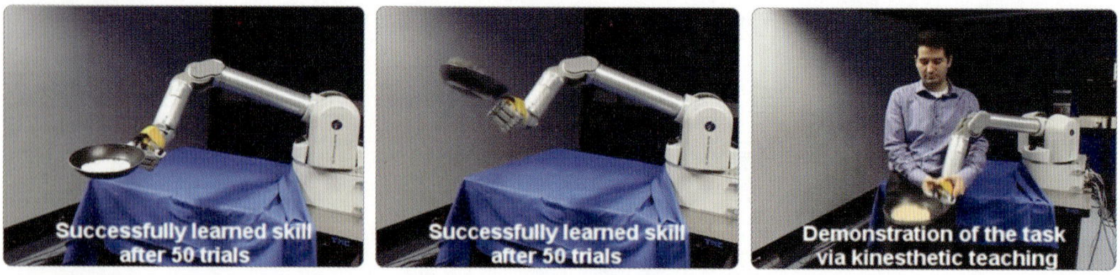

(b) 로봇 팔 제어 : 팬케이크 뒤집기(https://www.youtube.com/watch?v=W_gxLKSsSIE)

(c) 보스턴 다이내믹스(Boston Dynamics)의 로봇(https://www.youtube.com/watch?v=NR32ULxbjYc)

그림 2-14 강화학습을 통한 로보틱스 제어 활용 예

만약 [그림 2-13]과 [그림 2-14]에서 소개한 동영상이 삭제되었을 경우, 검색창에 '게임 강화학습' 또는 '로봇 강화학습'을 입력하면 관련 동영상을 쉽게 찾을 수 있습니다.

요약

01 머신러닝이란 용어를 처음 사용한 아서 사무엘은 머신러닝에 대해 '컴퓨터가 명시적으로 프로그램되지 않고도 학습할 수 있도록 하는 연구 분야'라고 정의했습니다.

02 톰 미첼 교수는 컴퓨터 프로그래밍이 어떤 작업 T를 수행할 때 경험 E를 통해 성능이 향상된다면(성능 측정 방법은 P), 그 컴퓨터 프로그램은 작업 T를 수행할 때 방법 P로 측정되는 성능 향상을 경험 E로부터 학습한다고 보았습니다.

03 머신러닝으로 문제를 해결하고 싶다면 문제 해결에 적합한 머신러닝 모델을 생성해야 합니다.

04 머신러닝 모델 생성은 문제 속의 데이터를 잘 설명할 수 있는 머신러닝 모델을 가정하고, 학습 데이터에 최적화되도록 머신러닝 모델을 구체화하는 방식으로 이루어집니다.

05 머신러닝 학습방법은 크게 세 가지로 지도학습, 비지도학습, 강화학습 등이 있습니다.

- **지도학습**: 입력값에 대한 정답이나 결과값, 즉 레이블을 알고 있는 학습 데이터를 활용하여 머신러닝 모델을 학습시키는 방식입니다.
- **비지도학습**: 입력값에 대한 정답이나 결과값이 없는, 즉 레이블이 없는 데이터를 사용하여 머신러닝 모델을 학습시키는 방식입니다.
- **강화학습**: 입력값에 대한 정답이나 결과값 대신에 어떤 일을 잘했을 때 보상을 해주는 식으로 머신러닝 모델을 학습시키는 방식입니다.

연습문제

01 머신러닝이란 용어를 처음 사용한 사람은 누구인가요?

① 존 맥카시　　② 아서 사무엘
③ 마빈 민스키　　④ 톰 미첼

02 다음은 아서 사무엘의 머신러닝에 대한 정의입니다. 두 빈칸에 들어갈 단어를 차례대로 짝지은 것은 무엇인가요?

> 아서 사무엘은 머신러닝에 대해 '컴퓨터가 [　　　] 프로그램되지 않고도 [　　　]할 수 있도록 하는 연구 분야'라고 정의했습니다.

① 임의적으로 – 실행　　② 임의적으로 – 학습
③ 명시적으로 – 실행　　④ 명시적으로 – 학습

03 작업 T를 〈고양이 판별하기〉, 성능 측정 방법 P를 〈고양이 판별 정확도〉, 경험 E를 〈고양이 사진 입력〉으로 정의할 때, 톰 미첼의 머신러닝 정의에 따라 빈칸에 들어갈 기호들을 올바른 순으로 짝지은 것은 무엇인가요?

> [　　] 작업을 수행할 때, [　　](으)로 [　　]가 향상된다면, 이 프로그램은 [　　] 작업을 수행할 때 [　　]의 성능 향상을 [　　](이)란 경험을 통해 학습한다고 말할 수 있습니다.

① T – E – P – T – P – E　　② T – E – P – P – T – E
③ E – P – T – T – E – P　　④ E – T – P – T – P – E

04 머신러닝에 대한 설명 중 옳지 않은 것은 무엇인가요?

① 머신러닝이란 용어는 1959년 아서 사무엘이 처음 사용하였습니다.
② 입력값에 대응하는 결과값을 계산하는 내부 행동을 사람이 작성합니다.
③ 고양이와 개의 구분처럼 정답의 기준이 명확하지 않을 때 유용합니다.
④ 입력값과 출력값의 관계를 만족시키는 내부 행동을 자동으로 만들어 냅니다.

05 학습 데이터에 최적화되도록 머신러닝 모델을 구체화하는 과정을 무엇이라고 하나요?

① 교육(Education)　　② 경험(Experience)
③ 학습(Learning)　　④ 작업(Task)

06 다음 중 머신러닝으로 문제를 해결하는 과정으로 올바른 것은 무엇인가요?

① 머신러닝 모델 학습 → 머신러닝 모델 적용 → 머신러닝 모델 가정
② 머신러닝 모델 학습 → 머신러닝 모델 가정 → 머신러닝 모델 적용
③ 머신러닝 모델 가정 → 머신러닝 모델 적용 → 머신러닝 모델 학습
④ 머신러닝 모델 가정 → 머신러닝 모델 학습 → 머신러닝 모델 적용

07 다음 중 머신러닝 학습방법에 속하지 않는 것은 무엇인가요?

① 반지도학습　　② 지도학습
③ 비지도학습　　④ 강화학습

08 다음은 머신러닝의 지도학습과 관련된 설명입니다. 옳지 않은 것을 모두 고르세요.

① 결과값을 알고 있는, 즉 레이블이 있는 학습 데이터를 사용합니다.
② 지도학습은 분류 또는 회귀 작업에 사용됩니다.
③ 지도학습은 군집 작업에 유용하게 사용됩니다.
④ 분류 작업 시 학습에 사용되지 않은 레이블도 결과값으로 선택할 수 있습니다.

09 다음은 머신러닝의 비지도학습과 관련된 설명입니다. 옳지 않은 것을 모두 고르세요.

① 결과값을 알고 있는, 즉 레이블이 있는 학습 데이터를 사용합니다.
② 결과값이 없는, 즉 레이블이 없는 학습 데이터를 사용합니다.
③ 비지도학습은 주로 군집 작업에 유용하게 사용됩니다.
④ 군집 작업 전에 구분의 기준이 될 데이터의 속성을 사람이 설정해 줘야 합니다.

10 다음은 머신러닝의 강화학습과 관련된 설명입니다. 옳지 않은 것을 모두 고르세요.

① 강화학습은 레이블이 있는 데이터와 없는 데이터를 모두 학습에 사용합니다.
② 어떤 일을 잘했을 때 보상을 해주는 방식으로 학습합니다.
③ 항상 그 순간 최대 이익을 가져다주는 행동을 탐색하여 선택합니다.
④ 시행착오를 통해 보상의 총합이 최대가 되는 전략적인 행동을 찾습니다.

11 다음 중 지도학습에 해당하는 작업은 무엇인가요?

① 카드 거래 데이터로 정상적이지 않은 거래를 탐지하는 머신러닝 모델 학습
② 레이블에 있는 사진들로 고양이와 개를 분류하는 머신러닝 모델 학습
③ 장기적인 수익이 최대가 되도록 투자 전략을 탐색하는 머신러닝 모델 학습
④ 이족보행 로봇이 경사진 길을 걷도록 제어하는 머신러닝 모델 학습

12 다음 중 비지도학습을 적용하기에 가장 적합한 작업은 무엇인가요?

① 친구들의 시험 공부 시간과 시험 성적을 학습 데이터로 사용하여 시험 공부 시간으로 시험 성적을 예측하는 머신러닝 모델 학습
② 소셜 네트워크 서비스의 사용자들을 대상으로 그들 간의 친밀도를 분석하는 머신러닝 모델 학습
③ 토마토와 사과 사진들을 학습 데이터로 사용하여 토마토와 사과를 구분하는 머신러닝 모델 학습
④ 슈퍼마리오나 쿠키런 같은 컴퓨터 게임에서 최고 점수를 획득하도록 게임 캐릭터를 플레이하는 머신러닝 모델 학습

13 다음과 같이 계단을 오르는 로봇을 제어하는 인공지능 모델을 학습시키고자 할 때 가장 적합한 학습방법은 무엇인가요?

① 지도학습
② 비지도학습
③ 강화학습
④ 학습방법과는 상관없음

CHAPTER 03

인공신경망과 딥러닝 이해하기

학습목표

- 인공신경망의 정의를 알아봅니다.
- 인공뉴런 TLU와 퍼셉트론의 개념을 이해합니다.
- 다층 퍼셉트론과 심층 퍼셉트론의 개념을 이해합니다.
- 딥러닝의 개념을 이해합니다.
- 딥러닝의 대표주자인 CNN을 이해합니다.

Preview

오늘날 인공지능의 세 번째 봄을 주도하는 인공지능 기술은 딥러닝입니다. 따라서 인공지능을 공부하는 데 있어서 딥러닝은 빼놓을 수 없는 주제입니다. 딥러닝은 인공신경망을 기반으로 하고 있지만, 새로운 알고리즘의 개발, 빅데이터의 축적, 컴퓨팅 파워의 발전 등으로 기존 인공신경망의 한계를 극복하고 리브랜딩한 개념입니다. 인공신경망과 딥러닝을 깊이 있게 이해하려면 상당한 이공학적 지식과 사고력이 필요하므로, 이 장에서는 인공신경망과 딥러닝의 주요 내용을 개념적으로 이해하는 것을 목표로 합니다.

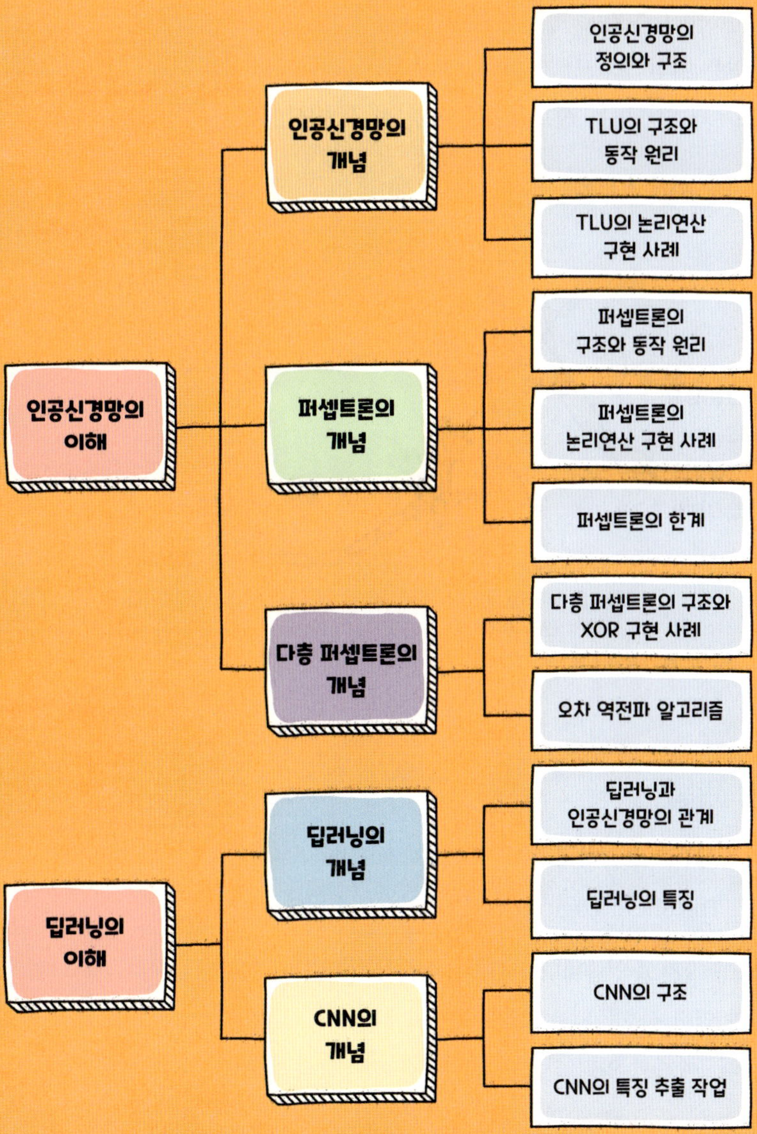

Section 01 인공신경망이란 무엇인가요?

1 인공신경망의 개념

인공신경망(ANN, Artificial Neural Network)은 인간의 두뇌를 구성하는 신경세포인 뉴런(Neuron)의 연결 구조를 흉내 내서 만든 머신러닝 모델입니다. [그림 3-1]은 뉴런의 연결 구조를 표현한 것입니다. 뉴런은 수상돌기로부터 입력받는 신호의 총합이 일정 값 이상이 되면 축삭돌기로 신호를 전달하는 구조를 가집니다.

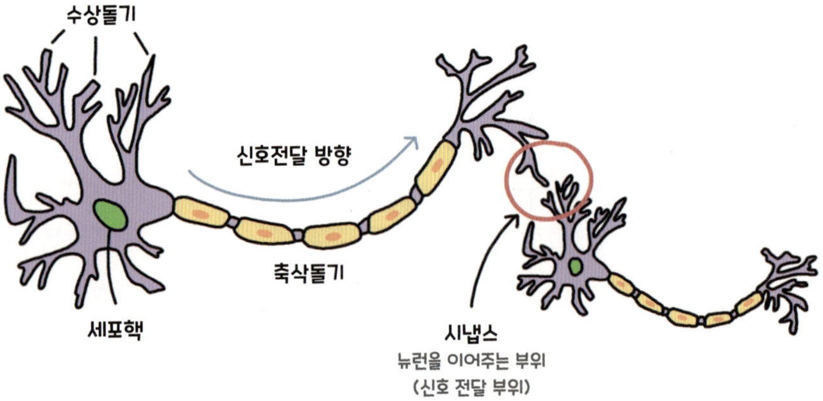

그림 3-1 뉴런의 연결 구조

2 인공뉴런 TLU의 개념

1943년 워렌 맥컬록(Warren McCulloch)과 월터 피츠(Walter Pitts)는 [그림 3-1]과 같은 뉴런을 모델로 한 인공뉴런 TLU(Threshold Logic Unit)를 제안하였습니다.

TLU는 뉴런과 유사한 구조를 가지고 있습니다. 뉴런의 수상돌기처럼 외부로부터 신호들을 입력받아 그 총합을 구하는 부분과 입력 신호들의 총합이 어느 임계값 이상일 경우에만 신호를 출력하는 부분으로 구성되어 있습니다. 여기서 입력 신호들의 총합을 임계값과 비교한 뒤 출력을 결정하는 함수를 **활성화 함수(Activation Function)**라고 합니다. 활성화 함수는 임계값 전과 후에 따라 그

값이 0과 1로 분명하게 구분되는 특징을 갖고 있습니다. 즉, 활성화 함수는 입력 신호의 총합이 임계값보다 클 경우 1을 출력하고, 작을 경우에는 0을 출력합니다.

인공뉴런 TLU의 구조는 [그림 3-2]와 같습니다. 동작 원리는 입력값 X_1과 X_2를 더한 값이 임계값 θ보다 같거나 크면 출력값 Y를 1로 출력하고, θ보다 작으면 0으로 출력하는 것입니다.

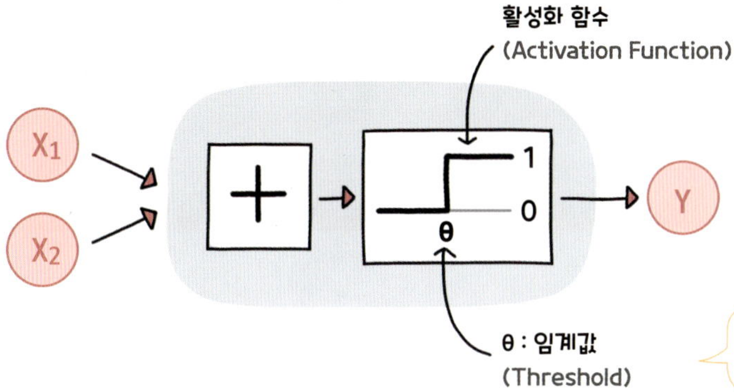

그림 3-2 **인공뉴런 TLU의 구조**

3 TLU의 논리연산 구현

TLU를 활용하여 논리연산인 논리합(OR)과 논리곱(AND)을 구현할 수 있습니다. 더하기와 빼기 같은 사칙연산이 두 수를 입력받아 새로운 수를 계산하듯(더하기는 2와 3이란 두 수를 입력받아 5라는 수를 계산), 논리연산도 참 또는 거짓의 두 진리값을 입력받아 새로운 진리값을 계산합니다. 일단 TLU의 논리연산 구현을 자세히 알아보기 전에 논리합과 논리곱의 연산에 대해 먼저 이해해 봅시다.

하나 더 알기 **논리합과 논리곱의 연산**

1. **논리합(OR) :** 논리합은 입력받은 두 진리값 중 하나라도 참이면 결과를 참으로 계산하는 연산입니다. 즉, 입력받은 두 진리값이 모두 거짓일 경우에만 결과를 거짓으로 계산합니다.

X_1	X_2	X_1 OR X_2
참	참	참
참	거짓	참
거짓	참	참
거짓	거짓	거짓

2. 논리곱(AND) : 논리곱은 입력받은 두 진리값 중 하나라도 거짓이면 결과를 거짓으로 계산하는 연산입니다. 즉, 입력받은 두 진리값이 모두 참일 경우에만 결과를 참으로 계산합니다.

X_1	X_2	X_1 AND X_2
참	참	참
참	거짓	거짓
거짓	참	거짓
거짓	거짓	거짓

TLU는 활성화 함수의 임계값 θ를 어떤 값으로 정하느냐에 따라 구현하는 논리연산이 결정됩니다. [그림 3-3]은 임계값 θ를 0.5로 정하여 논리합 연산을 구현한 것입니다.

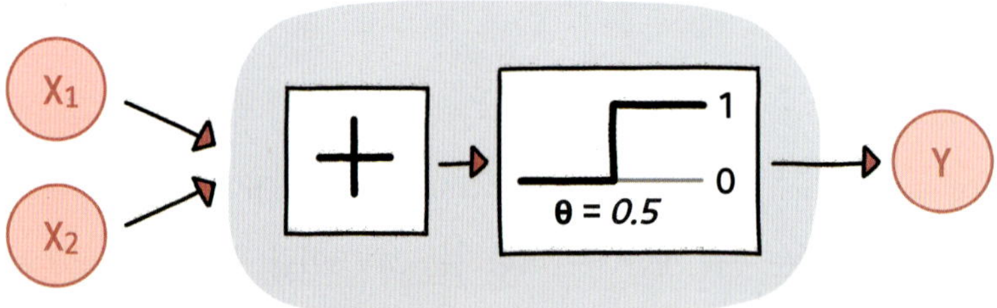

그림 3-3 **TLU의 논리합(OR) 구현 : 임계값 θ = 0.5**

임계값 θ가 0.5이므로 입력값 X_1과 X_2를 더한 값이 0.5보다 크거나 같으면 출력값 Y는 1로, 입력값 X_1과 X_2를 더한 값이 0.5보다 작으면 출력값 Y는 0으로 결정됩니다. 이 관계를 표로 정리하면 [표 3-1]과 같습니다. TLU의 입력값과 출력값에 사용된 1과 0을 각각 진리값 참과 거짓으로 해석하면, 논리합 연산(X_1 OR X_2) 결과와 Y의 값이 서로 같다는 것을 알 수 있습니다.

표 3-1 **TLU의 논리합(OR) 구현 결과 : 임계값 θ = 0.5**

X_1	X_2	$X_1 + X_2$	Y	X_1 OR X_2
1	1	2	1 ($X_1 + X_2 = 2 \geq 0.5$)	1
1	0	1	1 ($X_1 + X_2 = 1 \geq 0.5$)	1
0	1	1	1 ($X_1 + X_2 = 1 \geq 0.5$)	1
0	0	0	0 ($X_1 + X_2 = 0 < 0.5$)	0

[그림 3-4]는 임계값 θ를 1.5로 정하여 논리곱 연산을 구현한 것입니다.

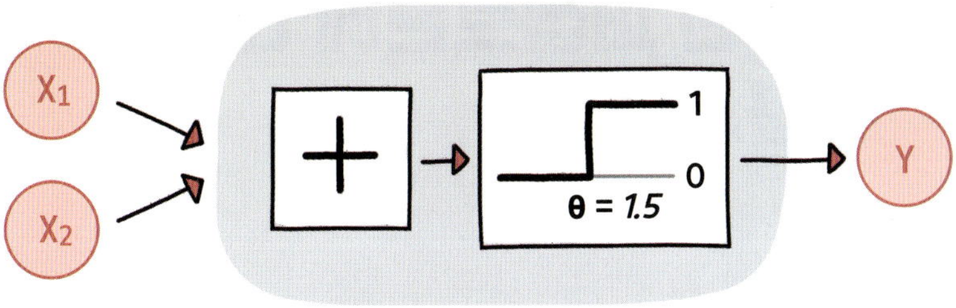

그림 3-4 **TLU의 논리곱(AND) 구현 : 임계값 θ = 1.5**

임계값 θ가 1.5이므로 입력값 X_1과 X_2를 더한 값이 1.5보다 크거나 같으면 출력값 Y는 1로, 입력값 X_1과 X_2를 더한 값이 1.5보다 작으면 출력값 Y는 0으로 결정됩니다. 이 관계를 [표 3-2]와 같이 정리하면 논리곱 연산(X_1 AND X_2) 결과와 Y의 값이 서로 같다는 것을 알 수 있습니다.

표 3-2 **TLU의 논리곱(AND) 구현 결과 : 임계값 θ = 1.5**

X_1	X_2	$X_1 + X_2$	Y	X_1 AND X_2
1	1	2	1 ($X_1 + X_2 = 2 \geq 1.5$)	1
1	0	1	0 ($X_1 + X_2 = 1 < 1.5$)	0
0	1	1	0 ($X_1 + X_2 = 1 < 1.5$)	0
0	0	0	0 ($X_1 + X_2 = 0 < 1.5$)	0

Section 02

인공뉴런 퍼셉트론에 대해 알아봅시다

1 퍼셉트론의 동작 원리

오늘날 인공신경망에서 활용하는 인공뉴런 모델은 1958년 프랭크 로젠블랫(Frank Rosenblatt)이 제안한 퍼셉트론(Perceptron)입니다. 퍼셉트론은 TLU를 기반으로 하며, 가중치(Weight)라는 개념을 추가한 모델입니다. 퍼셉트론의 가중치 개념은 시냅스에 신호가 반복적으로 전달되면 그 시냅스가 강화되는 생물학적 특성을 반영한 것입니다.

퍼셉트론은 각 입력값에 고유한 가중치를 부여하고, 입력값에 가중치를 곱한 값의 총합을 임계값과 비교하여 출력값을 결정합니다. 따라서 가중치가 클수록 결과에도 영향을 많이 미친다고 볼 수 있습니다. 앞서 소개한 TLU는 임계값 θ를 어떻게 정하느냐에 따라 논리합 또는 논리곱으로 결정되었습니다. 하지만 퍼셉트론의 경우, 임계값은 0으로 정해 놓고 가중치를 적절히 선택하여 논리합 또는 논리곱을 결정합니다. 즉, 퍼셉트론으로 구성된 인공신경망에서 학습이란 입력의 가중치를 결정하는 작업이라고 할 수 있습니다.

퍼셉트론의 구조는 [그림 3-5]와 같습니다. 퍼셉트론의 동작 원리는 입력값에 가중치를 곱한 값들의 총합 X(즉, $w_0 + w_1*X_1 + w_2*X_2 + \cdots + w_n*X_n$) 값이 0 이상이면 출력값 Y를 1로, 0보다 작으면 출력값 Y를 0으로 결정하는 방식입니다.

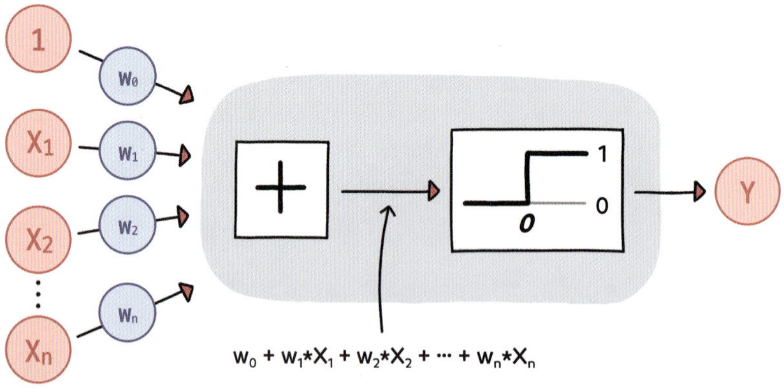

그림 3-5 인공뉴런 퍼셉트론의 구조와 동작 원리

2 퍼셉트론의 논리연산 구현

퍼셉트론은 가중치를 적절히 선택하여 논리합(OR)과 논리곱(AND)을 구현합니다. [그림 3-6]은 가중치 w_0 = -5, w_1 = 8, w_2 = 8을 사용하여 논리합 연산을 구현한 것입니다.

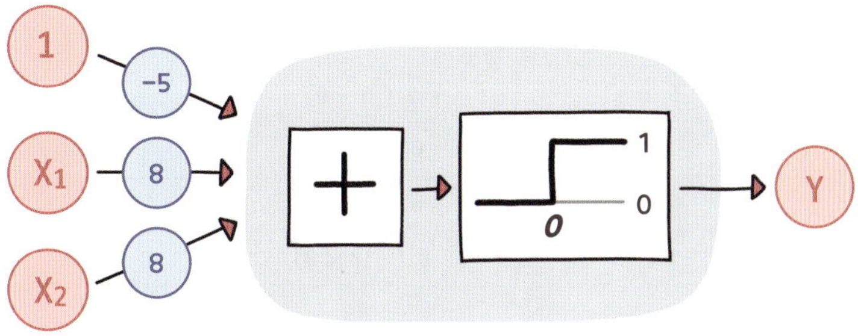

그림 3-6 퍼셉트론의 논리합(OR) 구현 : 가중치 w_0 = -5, w_1 = 8, w_2 = 8

입력값에 가중치를 곱한 값들의 총합((-5) + 8*X_1 + 8*X_2)이 0보다 크거나 같으면 출력값 Y는 1로, 0보다 작으면 출력값 Y는 0으로 결정됩니다. 이를 [표 3-3]과 같이 정리하면 논리합 연산(X_1 OR X_2) 결과와 Y의 값이 서로 같다는 것을 알 수 있습니다.

표 3-3 퍼셉트론의 논리합(OR) 구현 결과 : 가중치 w_0 = -5, w_1 = 8, w_2 = 8

X_1	X_2	(-5) + 8*X_1 + 8*X_2	Y	X_1 OR X_2
1	1	11	1 (11 ≥ 0)	1
1	0	3	1 (3 ≥ 0)	1
0	1	3	1 (3 ≥ 0)	1
0	0	-5	0 (-5 < 0)	0

[그림 3-7]은 가중치 w_0 = -10, w_1 = 8, w_2 = 8을 사용하여 논리곱 연산을 구현한 것입니다.

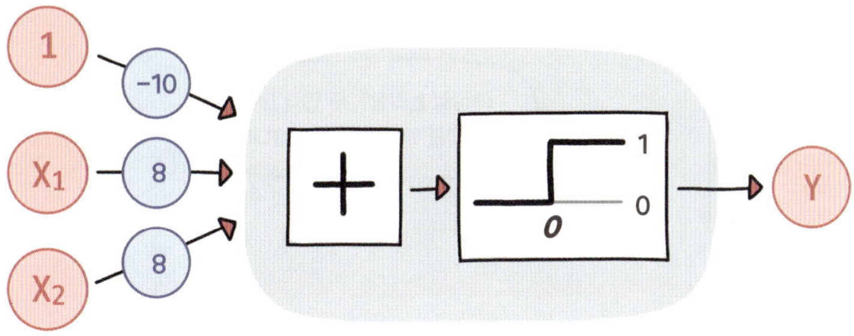

그림 3-7 퍼셉트론의 논리곱(AND) 구현 : 가중치 w_0 = -10, w_1 = 8, w_2 = 8

입력값에 가중치를 곱한 값들의 총합($(-10) + 8*X_1 + 8*X_2$)이 0보다 크거나 같으면 출력값 Y는 1로, 0보다 작으면 출력값 Y는 0으로 결정됩니다. 이를 [표 3-4]와 같이 정리하면 논리곱 연산(X_1 AND X_2) 결과와 Y의 값이 서로 같음을 알 수 있습니다.

표 3-4 퍼셉트론의 논리곱(AND) 구현 결과 : 가중치 $w_0 = -10$, $w_1 = 8$, $w_2 = 8$

X_1	X_2	$(-10) + 8*X_1 + 8*X_2$	Y	X_1 AND X_2
1	1	6	1 (6 ≥ 0)	1
1	0	-2	0 (-2 < 0)	0
0	1	-2	0 (-2 < 0)	0
0	0	-10	0 (-10 < 0)	0

3 퍼셉트론의 한계 : 배타적 논리합 구현 불가능

퍼셉트론이 처음 등장했을 때 사람들은 인간의 두뇌와 같은 인공지능이 곧 나올 것이라는 희망을 가졌습니다. 하지만 1969년 마빈 민스키(Marvin Minsky)와 시모어 페퍼트(Seymour Papert)가 퍼셉트론으로는 배타적 논리합 같은 논리연산이 불가능하다는 사실을 증명하였습니다. 이와 더불어 당시 인공지능 기술이 복잡하고 현실적인 문제를 해결하기에는 역부족이라는 사실이 알려지면서, 1970년대 초부터 1980년까지 인공지능 역사의 첫 번째 겨울을 겪게 됩니다.

하나 더 알기 ✓ 배타적 논리합

배타적 논리합(XOR : Exclusive-OR)은 두 입력값이 서로 다를 때만 참을 갖는 논리연산입니다. 주로 네트워크로 전송된 데이터의 오류 검증 등에 사용되는 중요한 논리연산입니다. 그래서 퍼셉트론이 배타적 논리합을 구현할 수 없다는 사실이 밝혀지자 인공지능에 대한 실망감도 높아진 것입니다. 다음은 배타적 논리합의 진리값을 정리한 표입니다.

X_1	X_2	X_1 XOR X_2
참	참	거짓
참	거짓	참
거짓	참	참
거짓	거짓	거짓

Section 03 다층 퍼셉트론에 대해 살펴봅시다

1 다층 퍼셉트론의 등장

퍼셉트론의 한계는 1986년 데이비드 럼멜하트(David Rumelhart)와 데이비드 클라렌스 맥클랜드(David Clarence McClelland)가 다층 퍼셉트론 개념과 다층 퍼셉트론을 학습시킬 수 있는 방법인 오차 역전파 알고리즘을 발표하면서 극복할 수 있게 되었습니다.

다층 퍼셉트론(MLP, Multi Layer Perceptron)이란 퍼셉트론의 입력계층과 출력계층 사이에 은닉계층(Hidden Layer)을 추가한 것입니다. 이렇게 은닉계층을 추가함으로써 단층 퍼셉트론으로는 해결하지 못한 배타적 논리합의 연산을 구현할 수 있게 되었습니다.

[그림 3-8]은 입력계층과 출력계층 사이에 하나의 은닉계층을 추가한 다층 퍼셉트론으로 배타적 논리합 연산을 구현한 것입니다.

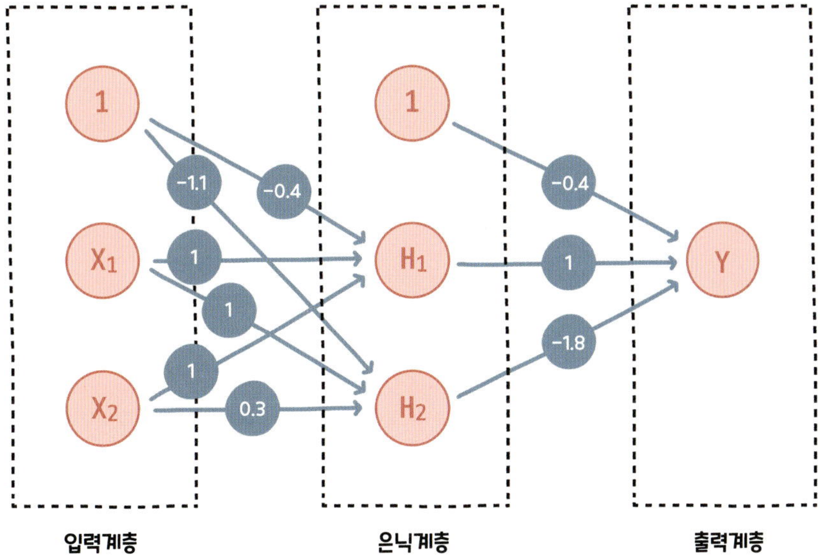

그림 3-8 다층 퍼셉트론의 배타적 논리합(XOR) 구현

[표 3-5]는 [그림 3-8]의 H_1과 H_2의 출력값을 계산한 것입니다. 그림상 H_1과 H_2 값의 입력이 복잡하므로 출력값 계산에 적용될 가중치를 정확히 구별하는 데 유의해야 합니다.

표 3-5 은닉계층 H_1과 H_2의 출력값 계산

X_1	X_2	$H_1(= -0.4 + 1*X_1 + 1*X_2)$	$H_2(= -1.1 + 1*X_1 + 0.3*X_2)$
0	0	0 (-0.4 + 1*0 + 1*0 < 0)	0 (-1.1 + 1*0 + 0.3*0 < 0)
0	1	1 (-0.4 + 1*0 + 1*1 > 0)	0 (-1.1 + 1*0 + 0.3*1 < 0)
1	0	1 (-0.4 + 1*1 + 1*0 > 0)	0 (-1.1 + 1*1 + 0.3*0 < 0)
1	1	1 (-0.4 + 1*1 + 1*1 > 0)	1 (-1.1 + 1*1 + 0.3*1 > 0)

[표 3-6]은 H_1과 H_2의 값을 입력으로 받는 출력계층 Y의 값을 계산한 것입니다. 결과적으로 출력 Y 값이 X_1과 X_2의 배타적 논리합(X_1 XOR X_2)의 연산 결과와 동일함을 알 수 있습니다.

표 3-6 출력계층 Y 값 계산(X_1 XOR X_2와 동일)

X_1	X_2	H_1	H_2	$Y(= -0.4 + 1*H_1 + (-1.8)*H_2)$	X_1 XOR X_2
0	0	0	0	0 (-0.4 + 1*0 + (-1.8)*0 < 0)	0
0	1	1	0	1 (-0.4 + 1*1 + (-1.8)*0 > 0)	1
1	0	1	0	1 (-0.4 + 1*1 + (-1.8)*0 > 0)	1
1	1	1	1	0 (-0.4 + 1*1 + (-1.8)*1 < 0)	0

사실 배타적 논리합을 구현할 수 없다는 퍼셉트론의 한계를 이야기한 마빈 민스키도 다층 퍼셉트론을 이용하면 배타적 논리합 문제를 해결할 수 있다는 사실을 알고 있었습니다. 하지만 그 당시에는 은닉계층의 가중치를 학습시킬 방법이 없다는 점이 문제였습니다. 그러다가 이 문제를 해결할 방법인 오차 역전파 알고리즘이 등장하면서 퍼셉트론의 한계를 극복할 수 있게 되었습니다.

2 오차 역전파 알고리즘

오차 역전파 알고리즘(Error Backpropagation Algorithm)은 출력계층에서 계산된 오차값을 입력계층 방향으로 다시 보내 가중치를 수정하는 방법입니다. 개념적으로 봤을 때 가중치가 높은 입력값이 오차 발생에 더 큰 영향을 주었다고 가정하여 보다 큰 수정의 책임을 부여하는 것입니다.

[그림 3-9]는 출력계층 Y의 값에 오차가 1.0만큼 발생하였을 때, 입력값 H_1과 H_2로 가중치 비중만큼 오차를 역전파하여 수정의 책임을 전가하는 원리를 보여줍니다. 이에 따라 입력값 H_1에게는 오차 0.8에 대한, H_2에게는 오차 0.2에 대한 가중치 수정의 책임이 주어집니다.

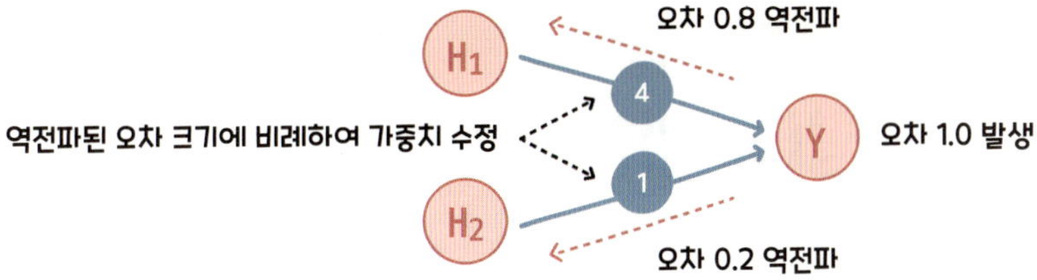

그림 3-9 오차 역전파 알고리즘의 원리

하지만 여러 계층을 역으로 올라가다 보니 전파되는 오차 값이 현저히 작아져 학습 효과가 사라진다는 문제가 있습니다. 이를 **사라지는 경사도(Diminishing Gradient)** 문제라고 부르는데, 복잡한 문제를 해결하기 위해 은닉계층의 개수를 계속 늘려갈 때 치명적인 약점으로 작용합니다.

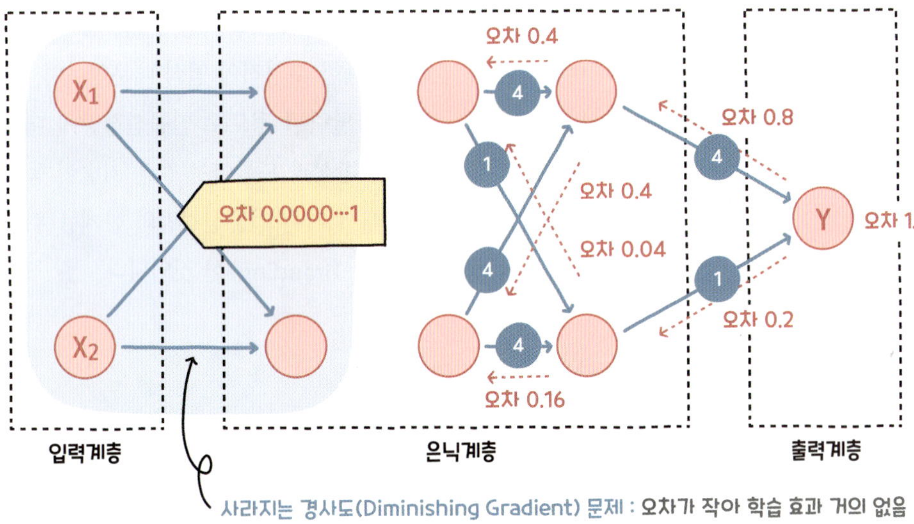

그림 3-10 오차 역전파 알고리즘의 문제점 : 사라지는 경사도

하나 더 알기 **심층신경망**

은닉계층이 2개 이상인 인공신경망은 심층신경망(DNN, Deep Neural Network)이라고 부릅니다. 여러 개의 은닉계층으로 인한 사라지는 경사도 문제 때문에 학습이 잘 되지 않으며, 어느 정도 높은 수준까지 학습된 심층신경망에 새로운 데이터를 학습시킬 때 심층신경망을 처음 학습시키는 것만큼이나 어렵다는 점이 문제로 거론되었습니다. 이로 인해, 인공신경망 분야는 2000년대 초반까지 '두 번째 겨울'을 겪었습니다. 그런데 2000년대에 들어 심층신경망의 학습능력 향상을 위한 새로운 방법들이 소개되기 시작했습니다. 대표적으로, 가중치 계산에 확률 개념을 도입하거나 입력값을 출력값에 복사하는 방식의 사전학습 방법이 개발되어 사라지는 경사도 문제가 해결되었습니다. 또한 확률적인 방법으로 심층신경망의 일부 뉴런(퍼셉트론)을 일부러 사용하지 않게 만드는 드롭아웃 방법이 등장해 새로운 데이터 학습 능력을 발전시켰습니다. 이러한 기술의 발전으로 인공지능 분야는 딥러닝을 대표로 한 '세 번째 봄'을 맞이하였습니다.

Section 04

딥러닝에 대해서도 간단히 알아볼까요?

1 딥러닝의 개념

딥러닝(Deep Learning)은 인공신경망의 일종으로, 입력계층과 출력계층 사이에 2개 이상의 은닉계층을 갖는 심층신경망을 뜻합니다. 인공신경망이란 용어가 존재하지만 딥러닝이라는 용어를 새로 만들어 낸 이유는 2000년대 초반까지 형성된 인공신경망에 대한 부정적인 인식 때문입니다. 그 당시에는 인공신경망이란 용어만 들어가도 연구과제 선정에서 탈락될 정도로 인공신경망에 대한 인식이 좋지 않았습니다. 하지만 다행히 2006년부터 사전학습 방식과 드롭아웃 같은 기술이 등장하면서 인공신경망의 한계를 극복할 수 있게 되었습니다. 그래서 기존 인공신경망의 한계를 뛰어넘은 인공신경망에 대해 '딥러닝'이란 용어를 붙여 리브랜딩(Re-Branding)한 것입니다.

하나 더 알기 ✓ **인공지능, 머신러닝, 인공신경망, 딥러닝 간의 관계**

인공지능은 가장 넓은 개념으로, 머신러닝뿐만 아니라 자연어 처리(NLP, Natural Language Processing), 전문가 시스템(Expert System), 컴퓨터 비전(Computer Vision) 등과 같은 다양한 분야를 포함합니다. 머신러닝은 인공지능을 구현하는 방법 중 하나이며, 인공신경망을 포함하여 분류, 회귀, 군집 작업 등을 수행하기 위한 다양한 알고리즘들이 존재합니다. 딥러닝은 인공신경망이 전보다 발전된 기술로 무장하여 리브랜딩된 개념입니다. 즉, '인공지능 ⊃ 머신러닝 ⊃ 딥러닝(인공신경망 리브랜딩)'의 관계라고 생각하면 됩니다.

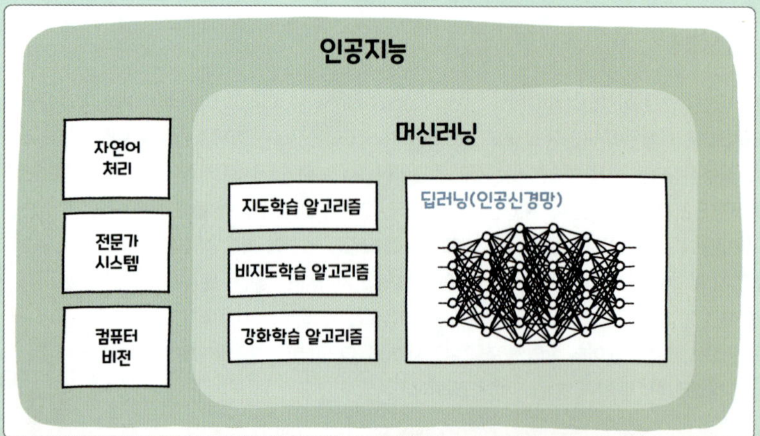

2 딥러닝의 특징

머신러닝은 학습의 효과를 높이기 위해 특징 추출 작업을 통해 얻어진 특징들을 학습에 사용합니다. 특징 추출(Feature Extraction) 작업이란 데이터로부터 올바른 결과 도출에 도움이 되는 정보를 뽑아내는 작업입니다. 예를 들어, 고양이와 개를 구분하고자 할 때 올바른 결과 도출에 도움이 되는 중요한 특징으로 '꼬리 모양'과 '눈동자 모양'을 추출할 수 있습니다. 이런 특징 추출 작업을 사람이 수행하는 경우, 얼마나 특징 추출을 잘하느냐는 전적으로 그 사람의 능력에 달려 있습니다. 만일 작업을 수행하는 사람이 데이터에 대한 이해도가 부족하다면, 중요한 특징을 빠뜨리거나 잘못된 정보를 선택하여 머신러닝의 학습 결과에 안 좋은 영향을 미칠 수 있습니다. 예를 들어, '발가락 개수'는 고양이와 개를 구분하는 데 전혀 도움이 되지 않는 특징이기 때문에 이 특징으로 머신러닝 모델을 아무리 학습시켜도 머신러닝 모델의 성능은 향상되지 않습니다.

딥러닝은 다른 머신러닝과는 다르게, 사람의 도움 없이 학습 데이터로부터 특징 추출 작업을 수행합니다. 고양이와 개를 구분하는 예에서, 딥러닝은 고양이와 개 이미지로부터 그 둘을 구별하기 위한 유용한 특징들을 스스로 찾아냅니다. 학습 데이터만 충분하다면 딥러닝은 사람이 잘 인지하지 못하는 '혀의 모양', '코의 모양', '머리 골격의 모양' 등을 유용한 특징으로 추가 추출하고, 이 특징들을 이용해 고양이와 개를 더 정확하게 구분할 수 있습니다. 딥러닝의 특징 추출 작업은 Section 05의 컨볼루션 신경망 CNN과 함께 더 자세히 알아보겠습니다.

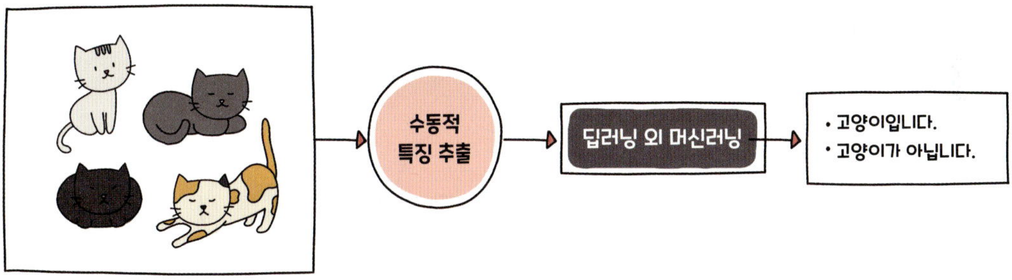

(a) 딥러닝 외 머신러닝 : 사람이 수동적으로 특징 추출 작업 수행

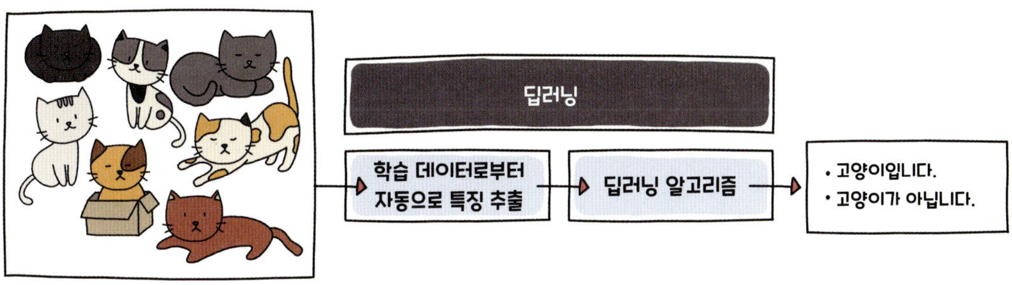

(b) 딥러닝 : 학습 데이터로부터 스스로 특징 추출 작업 수행

그림 3-11 딥러닝의 특징(1) : 학습 데이터로부터 자동으로 특징 추출 작업 수행

딥러닝 외 대부분의 머신러닝 알고리즘들은 데이터의 양이 일정 수준을 넘어가면 더 이상 성능이 향상되지 않는 한계를 보입니다. 하지만 딥러닝은 데이터가 많을수록 성능이 좋아지는 것이 특징입니다. 따라서 얼마나 더 많은 양의 데이터를 확보하느냐에 따라 인공지능(딥러닝) 역량에 있어 차이가 커집니다. 마케팅 회사에서 인공지능을 활용한다고 했을 때 고객 데이터를 많이 확보할수록 경쟁 회사보다 더 강력한 딥러닝 인공지능을 보유할 수 있게 되는 것입니다. 이는 결과적으로 더 우수한 마케팅 전략을 수립할 수 있는 기회를 마련합니다.

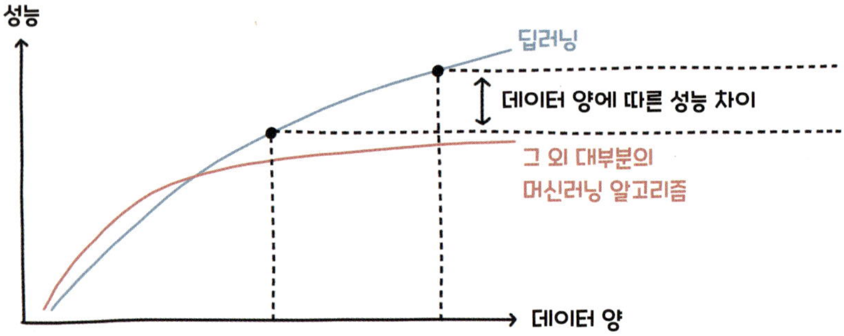

그림 3-12 딥러닝의 특징(2) : 데이터의 양이 많아질수록 성능이 지속적으로 향상

하나 더 알기 **딥러닝의 성공 요인**

요즘은 인공지능이라고 하면 딥러닝을 떠올릴 정도로 딥러닝이 많은 인기를 얻고 있습니다. 이렇게 딥러닝이 성공할 수 있었던 요인으로는 기존 인공신경망의 한계를 극복한 기술뿐만이 아니라, 딥러닝 학습에 필요한 막대한 양의 '빅데이터'가 축적되고, 학습 시 발생하는 엄청난 계산량을 감당할 수 있는 병렬처리 및 분산처리와 컴퓨터 하드웨어의 발전도 중요한 요인이라고 할 수 있습니다.

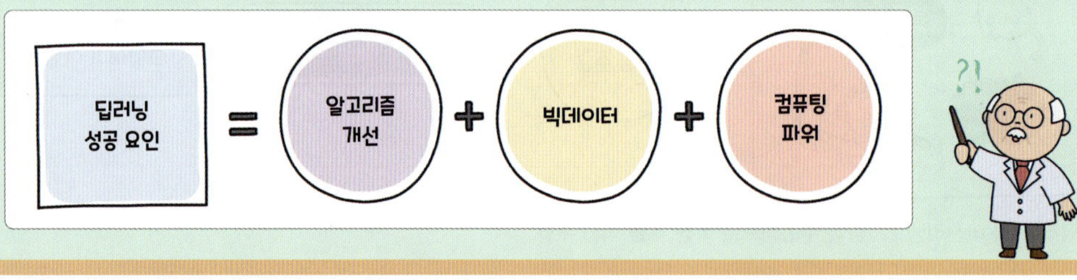

Section 05

딥러닝의 대표주자인 CNN을 소개합니다

1 CNN 소개

컨볼루션 신경망(CNN, Convolutional Neural Network)은 딥러닝의 한 종류로, 주로 이미지를 인식하는 데 사용됩니다. 컨볼루션 신경망(이하 CNN)의 위력은 캐나다 토론토 대학의 슈퍼비전 팀이 개발한 알렉스넷(AlexNet)을 통해 알려졌습니다. 알렉스넷은 CNN 구조의 딥러닝 알고리즘으로, 2012년 ILSVRC에서 압도적인 성능 차이로 우승하였습니다.

ILSVRC는 2010년부터 시작된 글로벌 이미지 인식 경진대회입니다. 1,000개가 넘는 카테고리에 분류된 100만 개의 이미지를 인식하여 정확도를 겨룹니다. 2011년까지 ILSVRC에서 우승한 알고리즘들은 이미지 인식 오류율이 26%에 가까운 상황이었습니다. 그런데 2012년 대회에 참가한 알렉스넷은 오류율을 16%까지 낮추며 우승을 차지하였습니다. 그전까지는 오류율을 0.1% 낮추는 것도 어려운 일이었으므로, 오류율을 단번에 10%가량 낮춘 점에 사람들은 놀라움을 금치 못했습니다.

이후 ILSVRC에는 CNN 구조의 딥러닝 알고리즘들이 주류를 이루게 되었으며 오류율도 꾸준히 감소하는 중입니다. 2015년에는 인간의 오류율이라고 하는 5%보다 더 뛰어난 3.6%의 오류율을 달성한 알고리즘이 등장했으며, 2017년에 우승한 에스이넷(SENet)은 2.3%까지 오류율이 감소한 결과를 보여주었습니다.

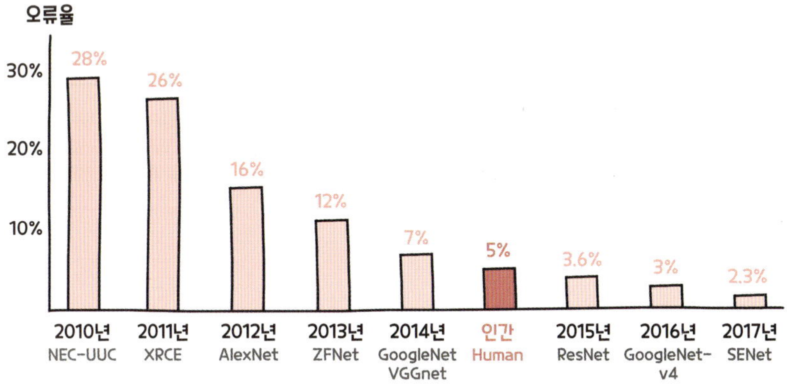

그림 3-13 2010~2017년 ILSVRC 우승 알고리즘과 오류율

CNN의 구조는 특징 추출(Feature Extraction) 부분과 분류(Classification) 부분으로 나누어져 있습니다. 특징 추출 부분은 입력된 이미지로부터 이미지 구분에 유용한 특징을 자동으로 추출합니다. 이렇게 추출된 특징은 분류 부분(심층신경망)에 입력되어 이미지 분류의 정확도를 높입니다.

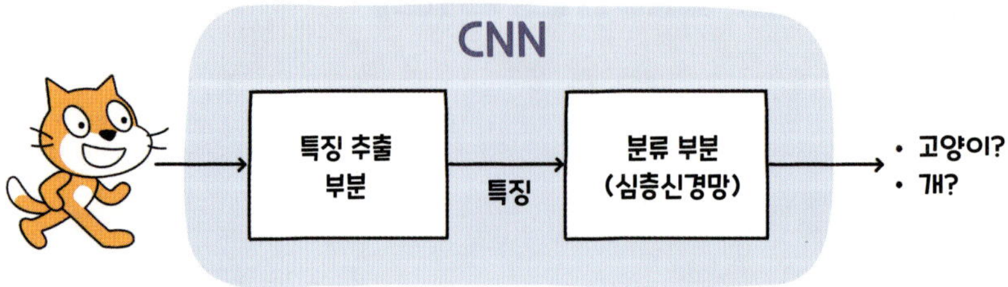

그림 3-14 **CNN의 구조**

2 CNN의 특징 추출 작업

이미지 분류에 특징(Feature)을 사용하는 이유는 다음과 같습니다. 만약 있는 그대로의 형태를 기준으로 이미지를 분류한다면, 같은 고양이 이미지라 하더라도 고양이의 위치, 크기, 자세, 표정 등이 다를 때 분류에 어려움을 겪게 됩니다. 친구의 표정이 바뀌었다고 해서 그 친구를 알아보지 못하는 것과 같은 이치입니다. 이러한 문제는 이미지의 형태 대신 이미지를 제대로 파악할 수 있는 대표적인 특징들을 도출하고, 도출된 특징들로 이미지를 분류하면 해결할 수 있습니다.

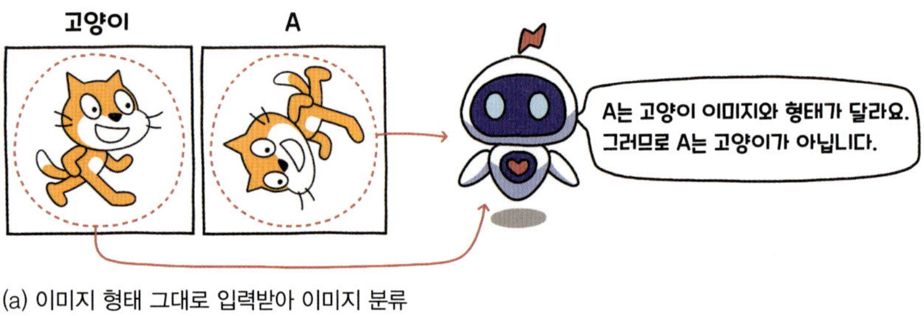

(a) 이미지 형태 그대로 입력받아 이미지 분류

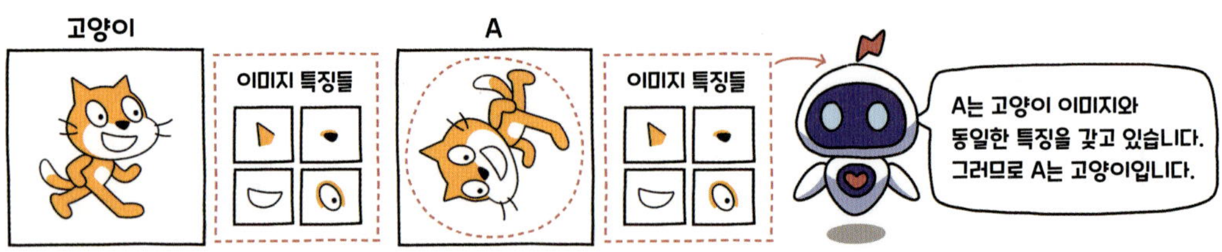

(b) 이미지의 대표적인 특징을 추출하여 이미지 분류

그림 3-15 **분류 작업 비교 : 이미지 형태를 이용한 경우와 특징을 이용한 경우**

이제부터 특징 추출 부분의 구조와 동작 방식에 대해 간단히 알아보겠습니다. 자세한 설명은 이공학적으로 상당히 어려운 내용을 포함하므로, 여기서는 개념을 이해하는 수준으로 설명하겠습니다.

특징 추출 부분은 [그림 3-16]과 같이 컨볼루션 계층과 풀링 계층이 쌍으로 여러 겹 구성되어 있습니다.

- **컨볼루션 계층**(Convolution Layer): 이미지에 어떤 특징이 있는지 찾아내는 필터(Filter)를 활용하여 이미지의 특징 지도(Feature Map)를 만듭니다. 하나의 필터당 하나의 특징을 찾기 때문에 여러 개의 필터를 이용하여 다양한 특징들을 찾아냅니다.
- **풀링 계층**(Pooling Layer): 컨볼루션 계층에서 만들어 낸 특징 지도를 일정 크기의 영역으로 구분하여 그 영역을 대표하는 값을 결정합니다. 이 작업은 이미지의 크기를 대폭 줄여 딥러닝의 학습 시간을 절약합니다.

컨볼루션 계층과 풀링 계층을 여러 번 거치고 나면 이미지에 대한 고차원적인 특징을 얻을 수 있습니다. 고양이 이미지를 예로 들면 처음 컨볼루션 계층과 풀링 계층의 작업을 진행하였을 때 고양이의 귀, 눈, 코, 입 등의 개별적인 특징을 얻게 됩니다. 이후 컨볼루션 계층과 풀링 계층을 여러 번 거치면서 고양이 얼굴의 전반적인 특징을 얻는다고 생각하면 됩니다.

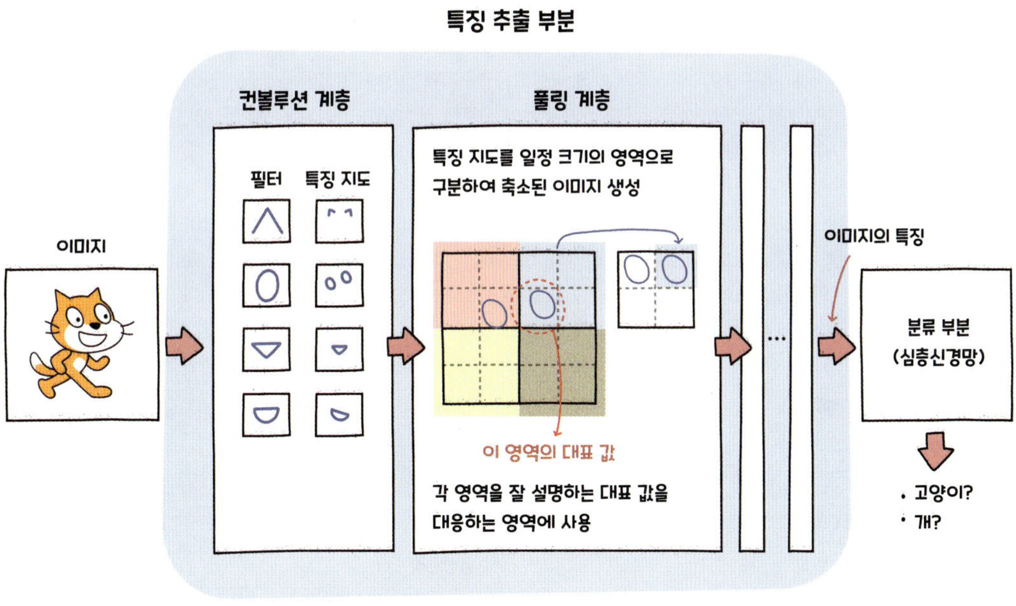

그림 3-16 특징 추출 부분의 구조 : 컨볼루션 계층과 풀링 계층

이미지 분류의 성능은 어떤 특징을 적용하느냐에 따라 크게 좌우됩니다. 예를 들어, 고양이와 개를 분류할 때 눈동자 모양은 도움이 되지만 발가락의 개수는 전혀 도움이 되지 않습니다. 따라서 분류에 더 적합한 특징들을 추출해야 하는데 이 작업은 사람이 일일이 수행하기가 매우 어렵습니다. 반면, CNN은 분류의 정확도를 최대화하는 필터를 활용해 데이터로부터 학습하고, 이 필터들로 분류에 적합한 특징들을 자동 추출합니다. CNN이 주목받는 이유도 바로 여기에 있습니다.

하나 더 알기 **딥러닝의 역사적 사건**

2012년 ILSVRC에서 우승한 알렉스넷의 압도적인 성능은 딥러닝 역사에서 빼놓을 수 없는 사건입니다. 하지만 알렉스넷 외에도 실제 문제 해결 부분에서 딥러닝의 가능성을 증명한 획기적인 연구 성과들이 있습니다. 그중 몇 가지를 소개해 보고자 합니다.

1. 구글의 고양이 이미지 인식 실험

2012년 6월, 구글(Google)은 영국 스코틀랜드의 에든버러에서 열린 머신러닝 국제학회에서 고양이 얼굴 인식 실험 결과를 발표했습니다. 이 실험은 레이블이 없는 이미지들로 비지도학습을 수행했다는 점에서 의미가 컸습니다.

컴퓨터는 정답이 없는 작업에 약하기 때문에 이전까지만 해도 레이블이 붙은 데이터로 지도학습을 하는 경우가 대부분이었습니다. 구글의 실험은 '컴퓨터가 스스로 특징을 찾아낸 뒤 분류하는 작업이 가능한가?'에 대한 물음이었고 마침내 그 답을 찾는 데 성공한 것입니다.

구글은 이 실험을 진행하기 위해 10억 개의 유튜브(Youtube) 창을 열어 무작위로 200×200픽셀의 캡처 화면 1,000만 개를 얻은 뒤 딥러닝 알고리즘을 3일간 학습시켰습니다. 그 결과, 74.8%의 정확도로 고양이를 인식하는 데 성공했습니다. 이 실험으로 인해 비지도학습으로도 이미지 인식이 가능하다는 것이 증명되었고 인공신경망 기술은 한 단계 더 진화하였습니다.

2. 마이크로소프트의 음성인식 기술 향상

마이크로소프트(Microsoft)는 1970년대부터 미국 국방고등연구기획청(DARPA)과 함께 음성인식 기술을 연구해 왔습니다. 자료를 살펴보면, 1990년대에는 음성인식 오류율이 꾸준히 감소하였으나 2000년부터 10년간은 오류율이 감소하지 않는 정체기를 겪기도 했습니다. 그러다가 음성인식 연구에 딥러닝을 사용하면서부터 오류율이 급격하게 줄어들었습니다.

2016년 마이크로소프트 AI 연구팀은 딥러닝을 사용한 음성인식 시스템이 대화를 인식하는 데 있어 인간의 수준을 따라잡았다고 발표했습니다. 마이크로소프트의 음성인식 시스템은 단어오류율(WER, Word Error Rate) 5.9%를 기록했는데, 이 수치는 인간이 대화를 듣고 기록할 때 발생할 수 있는 단어 오류율과 동등한 수준입니다. 인공지능이 인간 수준의 음성인식 능력을 구현했다는 점에서 역사적인 성과라 할 수 있습니다.

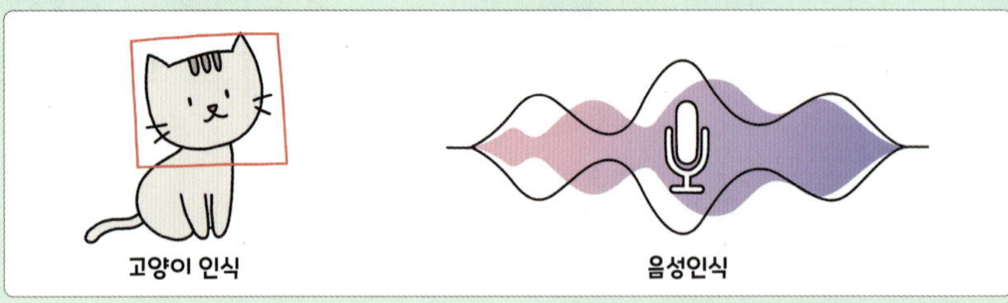

요약

01 인공신경망은 인간 두뇌를 구성하는 신경세포인 뉴런의 연결 구조를 흉내 내서 만든 머신러닝 모델입니다.

02 인공뉴런 TLU는 뉴런의 수상돌기처럼 외부로부터 신호들을 입력받아 그 총합을 구하는 부분과 그 입력 신호들의 총합이 어느 임계값 이상일 경우에만 신호를 출력하는 부분으로 구성되어 있습니다.

03 퍼셉트론은 TLU를 기반으로 가중치라는 개념을 추가한 인공 뉴런입니다. 퍼셉트론의 가중치 개념은 시냅스에 신호가 반복적으로 전달되면 그 시냅스가 강화되는 생물학적 특성을 반영한 것입니다.

04 다층 퍼셉트론은 퍼셉트론의 입력계층과 출력계층 사이에 은닉계층을 추가한 것입니다.

05 오차 역전파 알고리즘은 출력계층에서 계산된 오차값을 입력계층 방향으로 다시 보내 가중치를 수정하는 방법입니다. 오차 역전파 알고리즘이 개발됨으로써 다층 퍼셉트론으로 배타적 논리합을 구현할 수 있게 되었습니다.

06 딥러닝은 입력계층과 출력계층 사이에 2개 이상의 은닉계층을 가진 심층신경망입니다. 새로운 알고리즘의 개발, 빅데이터의 축적, 컴퓨팅 파워의 발전 등으로 기존의 한계를 극복한 인공신경망의 리브랜딩 개념입니다.

07 딥러닝은 사람의 도움 없이 학습 데이터를 활용해 특징 추출 작업을 수행할 수 있으며 학습 데이터의 양이 증가하면 성능도 지속적으로 향상된다는 특징을 갖고 있습니다.

08 CNN은 딥러닝의 대표 주자로서 주로 이미지를 인식하는 데 사용됩니다. 여러 겹의 컨볼루션 계층과 풀링 계층으로 이루어진 특징 추출 부분과, 심층신경망으로 이루어진 분류 부분으로 구성되어 있습니다.

연습문제

01 인간 두뇌의 신경세포인 뉴런의 연결 구조를 모방하여 만든 머신러닝 모델은 무엇인가요?

① 인공지능(Artificial Intelligence) ② 전문가 시스템(Expert System)
③ 인공신경망(Artificial Neural Network) ④ 퍼셉트론(Perceptron)

02 논리합, 논리곱, 배타적 논리합의 올바른 연산 결과를 적으세요.

논리합(OR)

P	Q	P OR Q
T	T	
T	F	
F	T	
F	F	

논리곱(AND)

P	Q	P AND Q
T	T	
T	F	
F	T	
F	F	

배타적 논리합(XOR)

P	Q	P XOR Q
T	T	
T	F	
F	T	
F	F	

03 다음은 인공뉴런 TLU에 대한 설명입니다. 옳지 않은 것을 고르세요.

① 1943년 워렌 맥컬록과 월터 피츠가 제안한 모델입니다.
② 임계값을 조정하여 논리합과 논리곱의 연산을 구현할 수 있습니다.
③ 입력 신호의 총합이 임계값 이상일 때만 신호를 출력합니다.
④ 각 입력값에 가중치를 부여하여 입력의 비중을 조정합니다.

04 다음의 TLU에서 입력값에 대한 출력값을 올바르게 도출한 것은 무엇인가요?

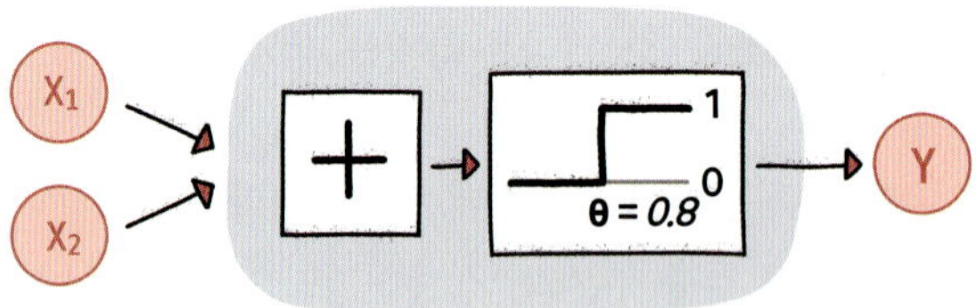

① X_1 = 1, X_2 = 1일 때만 Y = 1이고, 나머지 경우에는 Y = 0입니다.
② X_1 = 1, X_2 = 1일 때만 Y = 0이고, 나머지 경우에는 Y = 1입니다.
③ X_1과 X_2 중 하나 이상이 1일 때만 Y = 1이고, 나머지 경우에는 Y = 0입니다.
④ X_1과 X_2 값이 서로 다를 때만 Y = 1이고, 나머지 경우에는 Y = 0입니다.

05 **다음은 인공뉴런 퍼셉트론에 대한 설명입니다. 옳지 않은 것을 모두 고르세요.**

① 1958년 프랭크 로젠블랫이 제안한 모델입니다.

② TLU와 마찬가지로 임계값을 조정하여 논리연산을 구현합니다.

③ TLU를 기반으로 입력값에 가중치 개념을 추가한 것입니다.

④ TLU에 밀려 오늘날 인공신경망에는 사용되지 않는 모델입니다.

06 **다음의 퍼셉트론에서 입력값에 대한 출력값을 틀리게 도출한 것은 무엇인가요?**

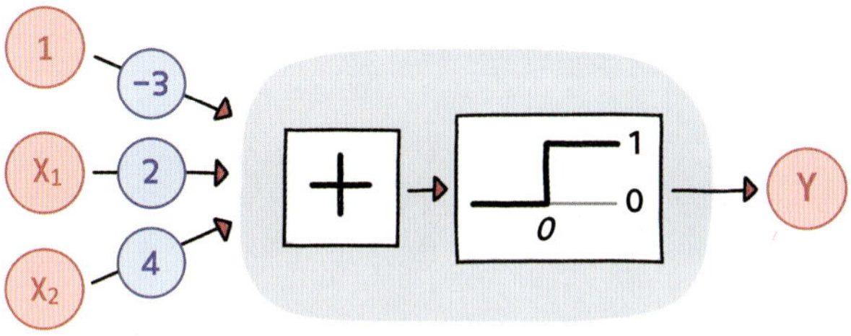

① $X_1 = 1$, $X_2 = 1$일 때 $Y = 1$입니다.

② $X_1 = 1$, $X_2 = 0$일 때 $Y = 1$입니다.

③ $X_1 = 0$, $X_2 = 1$일 때 $Y = 1$입니다.

④ $X_1 = 0$, $X_2 = 0$일 때 $Y = 0$입니다.

07 **다음은 다층 퍼셉트론에 대한 설명입니다. 옳지 않은 것을 고르세요.**

① 배타적 논리합을 구현하지 못하는 퍼셉트론의 한계가 남아 있습니다.

② 입력계층과 출력계층 사이에 은닉계층이 존재합니다.

③ 오차 역전파 알고리즘으로 은닉계층을 학습시킬 수 있습니다.

④ 은닉계층이 2개 이상이면 심층신경망이라고 부릅니다.

08 **오차 역전파 알고리즘에서 여러 계층을 역으로 올라가다 보면 전파되는 오차의 값이 현저히 작아져 학습 효과가 사라지는데, 이 현상을 무엇이라고 하나요?**

① 사라지는 경사도(Diminishing Gradient) 문제

② 오버피팅(Overfitting) 문제

③ 언더피팅(Underfitting) 문제

④ 상태폭발(State Explosion) 문제

09 다음의 다층 신경망에서 입력값에 대한 출력값을 <u>틀리게</u> 도출한 것은 무엇인가요?

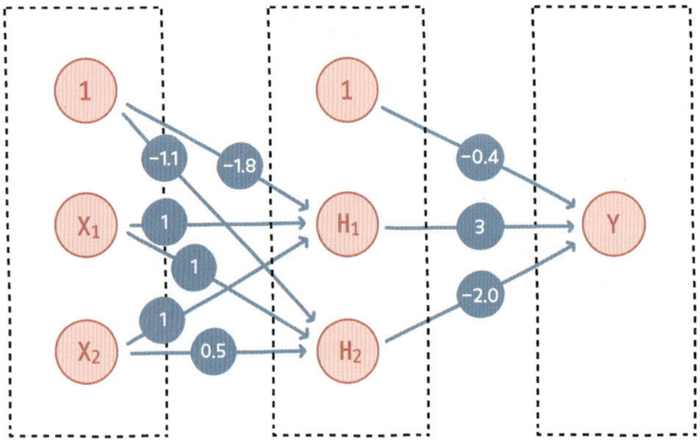

① $X_1 = 1$, $X_2 = 1$일 때 $Y = 1$입니다.
② $X_1 = 1$, $X_2 = 0$일 때 $Y = 0$입니다.
③ $X_1 = 0$, $X_2 = 1$일 때 $Y = 1$입니다.
④ $X_1 = 0$, $X_2 = 0$일 때 $Y = 0$입니다.

10 다음은 딥러닝에 대한 설명입니다. 옳지 <u>않은</u> 것을 고르세요.

① 인공신경망의 일종으로 은닉계층이 2개 이상인 심층신경망입니다.
② 성공 기반에 알고리즘, 빅데이터, 분산·병렬처리 기술의 발전이 있었습니다.
③ 사람의 도움 없이 데이터로부터 특징 추출 작업을 자동으로 수행합니다.
④ 데이터의 양이 일정 수준을 넘어가면 학습 효과가 현저히 떨어집니다.
⑤ 인공신경망에 대한 부정적 인식을 탈피하기 위해 리브랜딩한 용어입니다.

11 다음은 인공지능, 머신러닝, 딥러닝의 포함 관계를 나타낸 그림입니다. A, B, C에 해당하는 용어가 올바르게 짝지어진 것은 무엇인가요?

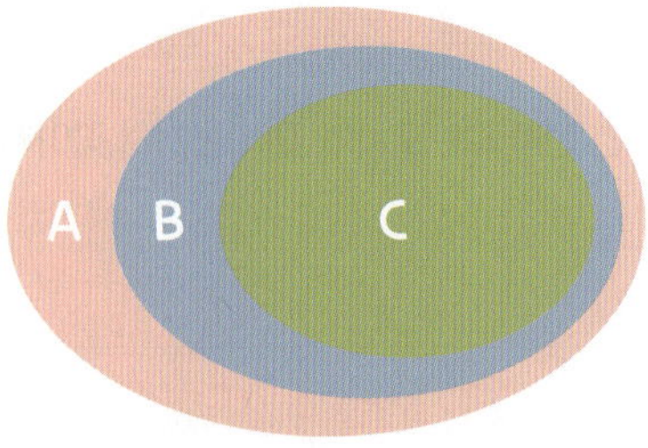

① A – 인공지능, B – 머신러닝, C – 딥러닝
② A – 인공지능, B – 딥러닝, C – 머신러닝
③ A – 머신러닝, B – 인공지능, C – 딥러닝
④ A – 머신러닝, B – 딥러닝, C – 인공지능

12 다음은 딥러닝의 대표주자인 CNN에 대한 설명입니다. 옳지 않은 것을 모두 고르세요.

① CNN은 딥러닝의 한 종류이며 주로 텍스트 인식에 사용됩니다.
② 2012년 ILSVRC에서 우승한 알렉스넷(AlexNet)도 CNN 구조입니다.
③ CNN은 크게 특징 추출 부분과 분류 부분으로 구성되어 있습니다.
④ 특징 추출 작업은 전문적인 사람이 직접 수행해야 합니다.
⑤ 특징 추출 부분은 컨볼루션 계층과 풀링 계층이 쌍으로 여러 겹 구성되어 있습니다.
⑥ 컨볼루션 계층은 필터로 이미지의 특징을 검출하여 특징 지도를 만듭니다.
⑦ 풀링 계층은 특징 지도의 이미지 크기를 바꾸지 않고 특징을 단순화합니다.

13 다음 내용 중 딥러닝의 성과가 아닌 것은 무엇인가요?

① 2012년 ILSVRC에서 알렉스넷이 압도적인 성능으로 이미지 오류율을 줄이며 우승했습니다.
② 딥블루가 체스 대결에서 세계 챔피언인 가리 카스파로프를 이겼습니다.
③ 구글이 비지도학습을 수행한 딥러닝의 고양이 얼굴 인식 실험 결과를 발표하였습니다.
④ 알파고가 바둑 경기에서 이세돌 9단을 이겼습니다.

CHAPTER 04

챗GPT 이해하기

학습목표

- 챗GPT 탄생의 주역들을 알아봅니다.
- 챗GPT가 무엇인지 알아보고 주요 특징을 이해합니다.
- 챗GPT가 기반으로 하는 인공지능 언어 모델 GPT에 대해 알아봅니다.
- GPT가 기반으로 하는 신경망 구조인 트랜스포머(Transformer)를 알아봅니다.
- 챗GPT의 윤리적, 제도적 문제를 살펴봅니다.
- 챗GPT의 다양한 활용 사례를 알아봅니다.
- 다양한 예제를 통해 챗GPT를 경험합니다.

Preview

2022년 11월에 등장한 챗GPT(ChatGPT)는 이전의 인공지능 언어 모델보다 정교하고 다양한 대화를 수행할 수 있으며, 실생활에서 유용하게 활용될 수 있는 방대한 지식을 보유하고 있습니다. 챗GPT의 발전은 업무 효율성을 향상시키고, 창의적인 문제 해결을 촉진하며, 언어적 소통의 장벽을 극복하는 데 도움을 주고 있습니다.

챗GPT는 현재까지 가장 진보된 인공지능 기술 중 하나입니다. 챗GPT를 통해 개인 학습, 문장 번역, 문서 작성, 아이디어 창출 등 다양한 분야에서 도움을 받을 수 있습니다. 챗GPT는 일상생활에서 많은 변화와 혁신을 가져올 것입니다.

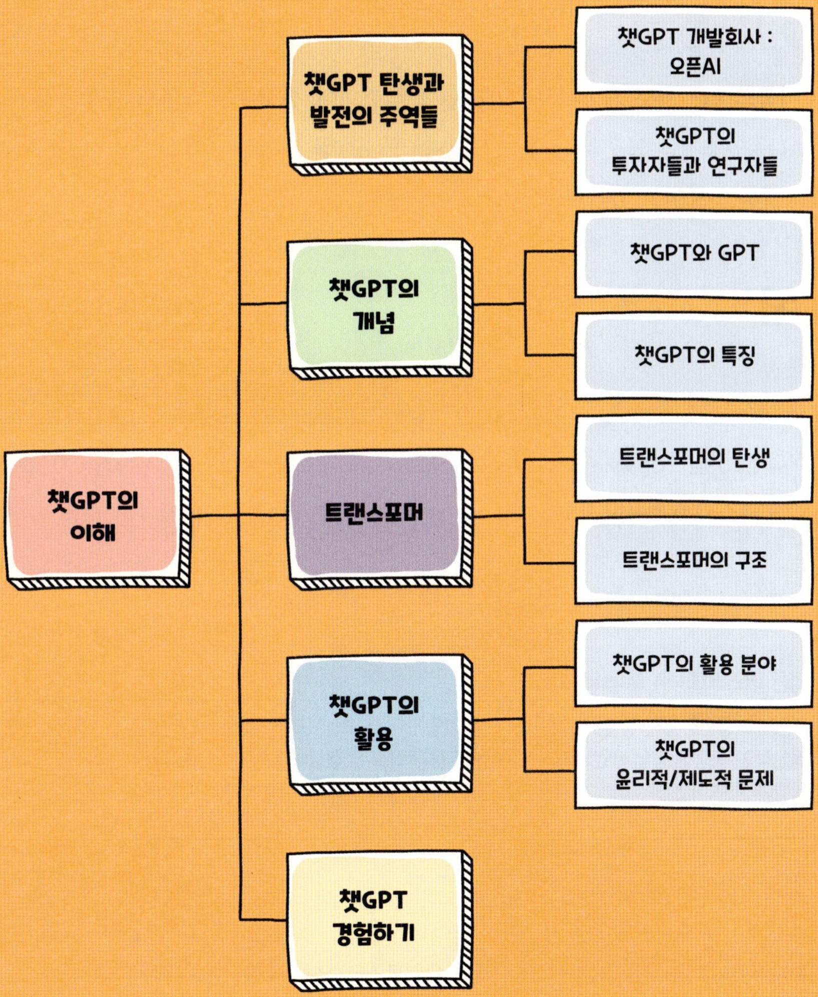

Section 01

챗GPT 탄생과 발전의 주역들에 대해 알아봅니다

챗GPT(ChatGPT)에 대해 본격적으로 알아보기 전에, 챗GPT가 탄생하고 발전하는 데 주요한 역할을 한 사람들에 대해 알아보겠습니다.

1 챗GPT 개발회사 : 오픈AI

오픈AI(OpenAI)는 미국의 인공지능 개발사로, 2015년에 설립되어 챗GPT의 개발과 연구를 주도한 기업입니다. 오픈AI는 인공지능 연구와 개발에 힘쓰며, 챗GPT를 포함한 다양한 프로젝트를 통해 혁신적인 기술과 모델을 선보이고 있습니다.

OpenAI

그림 4-1 오픈AI 로고

오픈AI는 [그림 4-2]에 나오는 공동창업자들이 설립하였습니다. 이들은 오픈AI의 비전과 목표를 실현하기 위해 협력하고, 인공지능 기술의 발전과 윤리적인 측면을 모색하는 데 중요한 역할을 하였습니다.

일론 머스크(Elon Musk)

오픈AI의 공동창업자 중 한 명입니다. 그는 기업가이자 기술자로서 SpaceX, 테슬라 등 다양한 혁신적인 기업을 창업하였으며, 인공지능의 잠재력과 위험성에 대한 관심과 인식으로 오픈AI 설립에 기여하였습니다.

샘 알트만(Sam Altman)

오픈AI의 공동창업자이자 초기 CEO이며, 기술 창업가입니다. 그는 미국 벤처 캐피털 회사인 '와이 콤비네이터(Y Combinator)'의 전 회장으로, 다양한 스타트업을 지원하고 오픈AI의 비전과 목표를 추구하며 조직을 이끌었습니다.

그렉 브로크만(Greg Brockman)

오픈AI의 공동창업자 중 한 명으로, 엔지니어링 및 기술 측면에서 중요한 역할을 담당하였으며, 오픈AI의 기술적인 성과와 인공지능 모델의 발전에 기여하였습니다.

일리야 수츠케버(Ilya Sutskever)

딥러닝 분야의 선도적인 연구자로, 오픈AI의 공동창업자 중 한 명입니다. 그는 인공지능 연구와 딥러닝 알고리즘의 개발에 기여하였고, 오픈AI의 연구 및 기술적인 방향성을 지원하였습니다.

그림 4-2 챗GPT 개발회사인 오픈AI의 공동창업자들

2 챗GPT의 주요 투자자들

챗GPT의 개발과 연구를 위해 다양한 투자자들이 지원하고 있습니다. 투자자들은 오픈AI의 비전과 기술에 투자하고, 챗GPT의 발전을 위한 자금과 지원을 제공했습니다. 오픈AI의 주요 투자자들은 다음 [그림 4-3]과 같습니다.

마이크로소프트(Microsoft)

오픈AI에 대한 주요 투자 기업 중 하나입니다. 2020년에 오픈AI와 마이크로소프트는 전략적 파트너십을 맺었습니다. 특히 마이크로소프트는 오픈AI에 대한 자금 지원을 제공하고 기술적 협력을 수행하였습니다.

코슬라 벤처스(Khosla Ventures)

실리콘밸리의 벤처 투자 회사로, 오픈AI의 초기 투자 기업 중 하나였습니다. 코슬라 벤처스는 오픈AI의 비전과 기술을 지지하며 초기 단계부터 오픈AI를 지원하였습니다.

리드 호프만(Reid Hoffman)

소셜 네트워크 사이트 링크드인(LinkedIn)의 공동창업자이자 벤처 투자자로, 오픈AI에 투자한 주요 인물 중 한 명입니다. 그는 인공지능에 대한 관심과 지원을 통해 오픈AI의 발전을 지원하였습니다.

피터 틸(Peter Thiel)

페이팔(PayPal)의 공동창업자이자 벤처 투자자로 알려져 있으며, 오픈AI에 투자한 주요 인물 중 한 명입니다. 그는 인공지능 분야에 대한 투자를 통해 오픈AI의 성장과 발전에 기여하였습니다.

그림 4-3 챗GPT를 개발한 오픈AI의 주요 투자자들

이외에도 세계적인 투자사인 앨런앤컴퍼니(Allen&Company), 코트 매니지먼트(Coatue Manage-ment) 등 많은 투자자들이 오픈AI에 투자하고 지원하였습니다. 이러한 투자자들은 오픈AI의 비전과 기술에 대한 신뢰를 보여주며, 오픈AI의 연구와 개발을 지원하고 성장을 도모하였습니다.

3 챗GPT의 주요 연구자들

챗GPT 탄생과 발전의 주역에 연구자들도 빼놓을 수 없을 것입니다. [그림 4-4]는 주요 연구자들을 소개한 것인데 오픈AI의 설립에 참여한 사람들도 있습니다.

알렉 래드포드(Alec Radford)

오픈AI의 연구원이자 GPT-3와 챗GPT 개발에 핵심적인 역할을 한 인물입니다. 그는 자연어 처리와 딥러닝 분야에서의 전문성을 바탕으로 GPT-3 모델의 구조 및 훈련 방법을 개발하는 데 기여했습니다.

일리야 수츠케버(Ilya Sutskever)

오픈AI의 연구자로, GPT-3와 챗GPT 개발에 참여한 중요한 인물입니다. 그는 딥러닝 분야에서의 경험과 지식을 활용하여 모델의 성능 향상과 훈련 방법의 개선에 기여했습니다.

샘 알트만(Sam Altman)

오픈AI의 초기 CEO였으며, GPT-3와 챗GPT 개발에 큰 영향을 미쳤습니다. 그는 오픈AI의 비전을 이끄는 중심인물로, 연구팀과 개발팀 간의 협업을 촉진하고 인공지능 대화 시스템의 발전을 촉구하는 역할을 수행했습니다.

보치엑 자렘바(Wojciech Zaremba)

오픈AI의 연구원으로, GPT-3와 챗GPT 개발에 참여한 연구자 중 한 명입니다. 그는 딥러닝 및 자연어 처리 분야에서의 전문 지식과 기술을 활용하여 모델의 훈련과 성능 향상을 위한 핵심 아이디어를 제공했습니다.

그림 4-4 챗GPT를 개발한 오픈AI의 주요 연구자들

이외에도 다수의 연구자, 엔지니어, 딥러닝 전문가들이 GPT 및 챗GPT 개발에 참여하여 모델의 향상과 혁신에 이바지했습니다. 이들 연구자는 팀으로 협업하며 자연어 처리 분야에서의 최신 연구와 기술을 모델에 적용하고 개선하는 데 노력하였습니다.

Section

02 챗GPT란 무엇인가요?

1 챗GPT의 개념

챗GPT(ChatGPT)는 오픈AI가 2022년 11월에 공개한 대화형 인공지능 언어 모델입니다. 챗GPT란 용어에는 '챗(Chat)'과 'GPT'라는 두 가지 요소가 결합되어 있습니다. '챗(Chat)'은 대화형 상호작용을 의미하며, 'GPT'는 사용자가 입력한 텍스트를 기반으로 자연스러운 텍스트를 새롭게 생성하는 오픈AI가 개발한 인공지능 언어 모델입니다.

하나 더 알기 **인공지능 언어 모델**

인공지능 언어 모델(Artificial Intelligence Language Model)이란 인공지능 기술의 일부로, 인간의 언어 이해와 생성 능력을 모방하고 텍스트 데이터를 처리하는 데 사용되는 모델입니다. 이 모델은 '자연어 처리(NLP, Natural Language Processing)' 분야에서 활용되며, 주어진 텍스트에 대해 이해하고 그에 기반하여 응답이나 새로운 텍스트를 생성합니다.

인공지능 언어 모델은 일반적으로 앞에서 학습한 머신러닝 기술인 '심층신경망'을 기반으로 합니다. 특히 최근에는 '트랜스포머(Transformer)'라고 부르는 신경망 구조가 사용됩니다. 트랜스포머는 언어의 문맥과 의미를 파악하고 문장 간의 의존 관계를 모델링하는 데 탁월한 성능을 보이기 때문에 챗GPT도 트랜스포머를 기반으로 하고 있습니다.

챗GPT는 주어진 텍스트를 이해하고 다음 단어를 예측하여 새로운 텍스트를 생성할 수 있는 GPT라는 인공지능 언어 모델을 기반으로 하고 있습니다. 대화형 인터페이스를 통해 사용자와 실시간으로 상호작용하며, 질의응답 형태의 대화 작업을 잘 처리하도록 특화된 인공지능 언어 모델로 이해할 수 있습니다.

2 GPT의 개념

챗GPT를 이해하기 위해서는 반드시 GPT에 대해 알아야 합니다. GPT는 인공지능 언어 모델의 발전 과정에서 중요한 역할을 한 모델입니다. GPT란 용어의 의미부터 이해해 보겠습니다. GPT는

'Generative Pre-trained Transformer'의 약자입니다. 이름에 포함된 각 용어에 대해 알아보겠습니다.

❶ **Generative**: 'Generative'는 생성적인 능력을 강조하는 용어로, 인공지능 언어 모델이 입력 텍스트에 기반하여 새로운 텍스트를 생성할 수 있다는 것을 나타냅니다.

❷ **Pre-trained**: 'Pre-trained'는 사전 훈련된 모델을 의미합니다. GPT는 대규모의 텍스트 데이터로 사전 훈련되어 일반적인 언어 이해 능력을 갖추고 있으며, 사용자의 입력에 기반하여 특정 상황에 맞는 응답을 생성할 수 있습니다.

❸ **Transformer**: 'Transformer'는 GPT의 기반이 되는 신경망 구조입니다. 트랜스포머는 언어 모델링에서 매우 효과적인 성능을 보이며, 문맥 파악과 문장 간의 의존 관계를 모델링하는 데 적합한 구조입니다.

종합하면, GPT는 입력 텍스트에 기반하여 새로운 텍스트를 생성하는 '생성적인(Generative)' 능력을 갖춘 '사전 훈련된(Pre-trained)' 인공지능 언어 모델로, '트랜스포머(Transformer)'라는 신경망 구조를 기반으로 합니다.

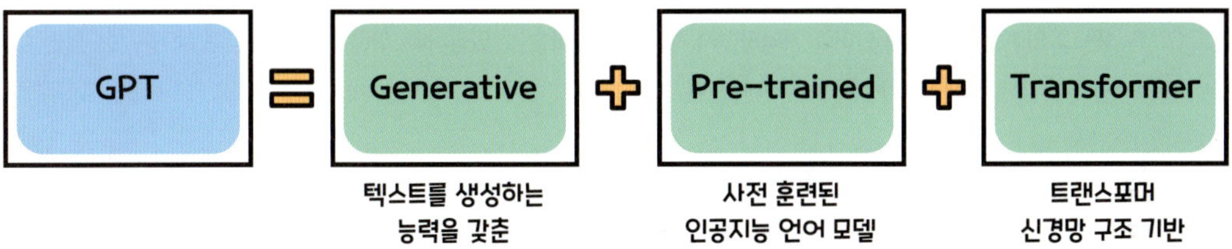

그림 4-5 GPT의 개념

하나 더 알기 **GPT의 발전 역사**

이번에는 GPT의 발전 역사를 알아봅니다. 2023년 3월 현재 GPT-4까지 발표되었습니다.

1. GPT-1

2018년 6월에 처음으로 발표된 GPT 모델로 1억 1,700만 개의 매개변수(Parameter)를 가지고 있으며 트랜스포머 아키텍처를 기반으로 합니다. GPT-1은 대규모의 텍스트 데이터를 사용하여 다양한 자연어 처리 작업에서 뛰어난 성능을 보였습니다.

매개변수란 신경망 인공지능 모델의 가중치를 의미합니다. 매개변수의 수가 많을수록 인공지능 모델은 더 많은 정보를 효과적으로 처리할 수 있으며, 더 정확하고 정교한 예측을 할 수 있습니다. 하지만 매개변수의 수가 증가하면 모델의 학습에 필요한 계산량이 증가하고, 메모리 요구사항도 커질 수 있습니다. 따라서 모델의 크기와 성능 사이에는 적절한 균형을 유지하는 것이 중요합니다.

2. GPT-2

2019년 2월에 발표된 GPT-2는 GPT-1의 확장된 버전으로, 약 15억 개의 매개변수(Parameter)를 가지고 있습니다. GPT-2는 더 큰 규모의 모델로 사전 훈련되어 놀라운 언어 생성 능력을 보여주었으며, 뉴스 기사 생성과 번역 등 다양한 자연어 처리 작업에 활용되었습니다.

3. GPT-3

2020년 6월에 발표된 GPT-3는 이전 버전보다 훨씬 크고 강력한 모델로 1,750억 개의 매개변수(Parameter)를 가지고 있습니다. GPT-3는 더 광범위한 언어 이해와 생성 능력을 갖추고 있으며 대화형 인터페이스로 활용 가능성을 보여주었습니다.

오픈AI는 GPT-3의 성능을 향상시키기 위해 미세 조정하여 2022년 11월에 GPT-3.5를 발표합니다. 미세 조정(Fine-Tuning)이란 사전 훈련된 모델을 특정 작업에 맞게 추가로 훈련시키는 과정을 말합니다. 예를 들어, 질문 응답 형식의 자연어 처리 작업을 자연스럽게 하기 위한 미세 조정이 가능합니다. 챗GPT는 GPT-3.5를 기반으로 탄생했으며 계속 업그레이드되는 GPT 버전을 채용함에 따라 GPT의 발전과 함께 향상되고 있습니다.

4. GPT-4

2023년 3월에 발표된 GPT-4의 가장 큰 특징은 '멀티모달(Multi-Modal)' 기능으로 텍스트뿐만 아니라 이미지를 인식하고 이해하여 대답할 수 있다는 것입니다. 그리고 한번에 처리할 수 있는 단어의 수와 사용자와 대화 중 기억할 수 있는 단어의 수가 대폭 증가했습니다. 실제 GPT-3.5는 한번에 처리할 수 있는 영어 단어의 수가 3,000개 정도였는데 GPT-4는 25,000개까지 가능합니다. 그리고 GPT-3.5는 약 8,000개 단어를 기억하면서 사용자와 대화했다면 GPT-4는 그 8배인 64,000개 단어를 기억하면서 사용자와 대화할 수 있습니다. 이런 특징으로 인해 GPT-4는 훨씬 더 정교하게 언어를 이해하고 처리할 수 있게 되었습니다.

멀티모달에서 모달(Modal)은 '모달리티'(Modality)의 약어로, 서로 대화할 때 사용하는 의사소통 방식을 말합니다. 즉, GPT-4가 멀티모달의 기능을 갖고 있다는 말은 GPT-3.5는 텍스트로만 대화할 수 있었는데 GPT-4는 텍스트 외에 이미지로도 대화가 가능해졌다는 의미입니다. 실제 GPT-4는 바닥에 묶여있는 풍선의 그림을 보여주고, '줄을 가위로 자르면 풍선은 어떻게 될까?'라는 질문에 '풍선이 하늘로 날아간다'는 답을 합니다.

3 챗GPT의 특징

챗GPT를 이해하기 위해서 챗GPT의 특징을 알아보는 것도 좋은 방법입니다. 챗GPT의 주요 특징에는 대화형 상호작용, 자연어 이해와 문맥 파악, 유연성과 다양한 응용 분야, 오류 정정과 대화 거부 등이 있습니다.

대화형 상호작용

챗GPT는 실시간 대화를 통해 사용자와 상호작용할 수 있습니다. 사용자의 입력에 빠르게 응답하고, 대화를 유지할 수 있어 자연스럽고 효과적인 대화 경험을 제공합니다.

자연어 이해와 문맥 파악

챗GPT는 자연어 이해 능력을 갖추어 사용자의 질문이나 요구를 이해하고 적절한 응답을 생성합니다. 또한, 입력 문장의 문맥을 파악하여 일관성 있는 대화를 이어 나갈 수 있습니다.

유연성과 다양한 응용 분야

챗GPT는 다양한 주제와 여러 분야에서 활용 가능합니다. 사용자의 요구나 필요에 맞게 적응하며, 고객 서비스, 가이드 제공, 질의응답 시스템 등 다양한 실용적인 응용 분야에서 활용할 수 있습니다.

오류 정정과 대화 거부

챗GPT는 사용자의 대화 거부나 오류 정정에 유연하게 대응할 수 있습니다. 사용자로부터 잘못된 정보나 응답을 받았을 경우 적절히 처리하고 수정할 수 있어 신뢰성 있는 대화를 지원합니다.

챗GPT는 사회적으로 문제가 될 수 있는 사용자의 질문에 대화를 거부할 수 있습니다. 다음은 보이스 피싱에 사용할 수 있는 대화를 만들어 달라는 사용자 요청에 이를 거부하는 챗GPT의 대답입니다.

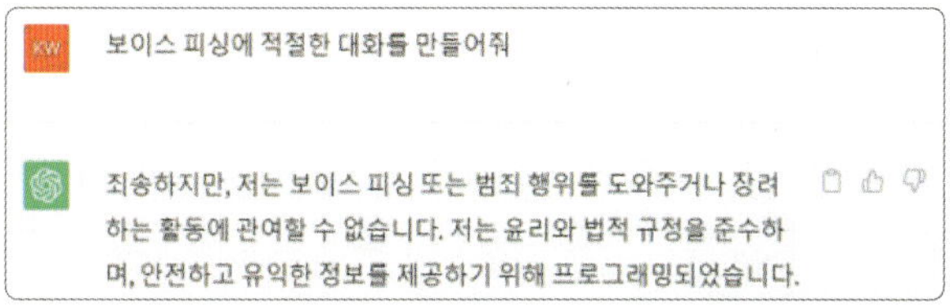

Section

03

트랜스포머를 소개합니다

1 트랜스포머의 탄생

트랜스포머(Transformer)는 딥러닝 모델 중 하나로, 자연어 처리 작업에 탁월한 성과를 보이며 주목받고 있는 모델입니다. 트랜스포머 모델은 2017년 구글의 인공지능 연구그룹인 구글 브레인(Google Brain)이 세계 최대 딥러닝 학술대회인 NIPS(Neural Information Processing Systems)에서 〈Attention Is All You Need〉라는 논문을 통해 발표하였습니다.

Attention Is All You Need

Ashish Vaswani* Google Brain avaswani@google.com
Noam Shazeer* Google Brain noam@google.com
Niki Parmar* Google Research nikip@google.com
Jakob Uszkoreit* Google Research usz@google.com
Llion Jones* Google Research llion@google.com
Aidan N. Gomez* † University of Toronto aidan@cs.toronto.edu
Lukasz Kaiser* Google Brain lukaszkaiser@google.com
Illia Polosukhin* ‡ illia.polosukhin@gmail.com

Abstract

The dominant sequence transduction models are based on complex recurrent or convolutional neural networks that include an encoder and a decoder. The best performing models also connect the encoder and decoder through an attention mechanism. We propose a new simple network architecture, the Transformer, based solely on attention mechanisms, dispensing with recurrence and convolutions entirely. Experiments on two machine translation tasks show these models to be superior in quality while being more parallelizable and requiring significantly less time to train. Our model achieves 28.4 BLEU on the WMT 2014 English-to-German translation task, improving over the existing best results, including ensembles, by over 2 BLEU. On the WMT 2014 English-to-French translation task, our model establishes a new single-model state-of-the-art BLEU score of 41.8 after training for 3.5 days on eight GPUs, a small fraction of the training costs of the best models from the literature. We show that the Transformer generalizes well to other tasks by applying it successfully to English constituency parsing both with large and limited training data.

그림 4-6 **트랜스포머를 소개한 논문 〈Attention Is All You Need〉**

논문 〈Attention Is All You Need〉의 제목에서 알 수 있듯이 트랜스포머의 가장 큰 특징은 '어텐션(Attention)'이라는 개념입니다. 쉽게 설명하면 어텐션은 여러 단어로 이루어진 문장에서 한 단어가 다른 단어들과 어느 정도 연관성을 갖는지 계산하는 메커니즘입니다. 이를 통해 트랜스포머는 연관성이 높은 단어들에 더 집중하여 문장 구조를 이해하고 문맥을 파악할 수 있습니다.

2 트랜스포머의 구조

트랜스포머의 구조를 제대로 이해하기 위해서는 복잡한 수학적, 공학적 내용을 다루어야 합니다. 이는 본 교재의 학습 범위를 넘어서기 때문에 트랜스포머의 구조를 개념 이해에 집중해서 간략하게 소개하도록 하겠습니다. 트랜스포머의 일부 구성 요소는 학습 수준에 맞추어 쉽게 이해할 수 있는 용어로 이름을 붙였습니다.

트랜스포머의 전체적인 구조는 [그림 4-7]과 같습니다. 이 구조를 바탕으로 구성 요소들의 기능을 간략하게 소개하겠습니다.

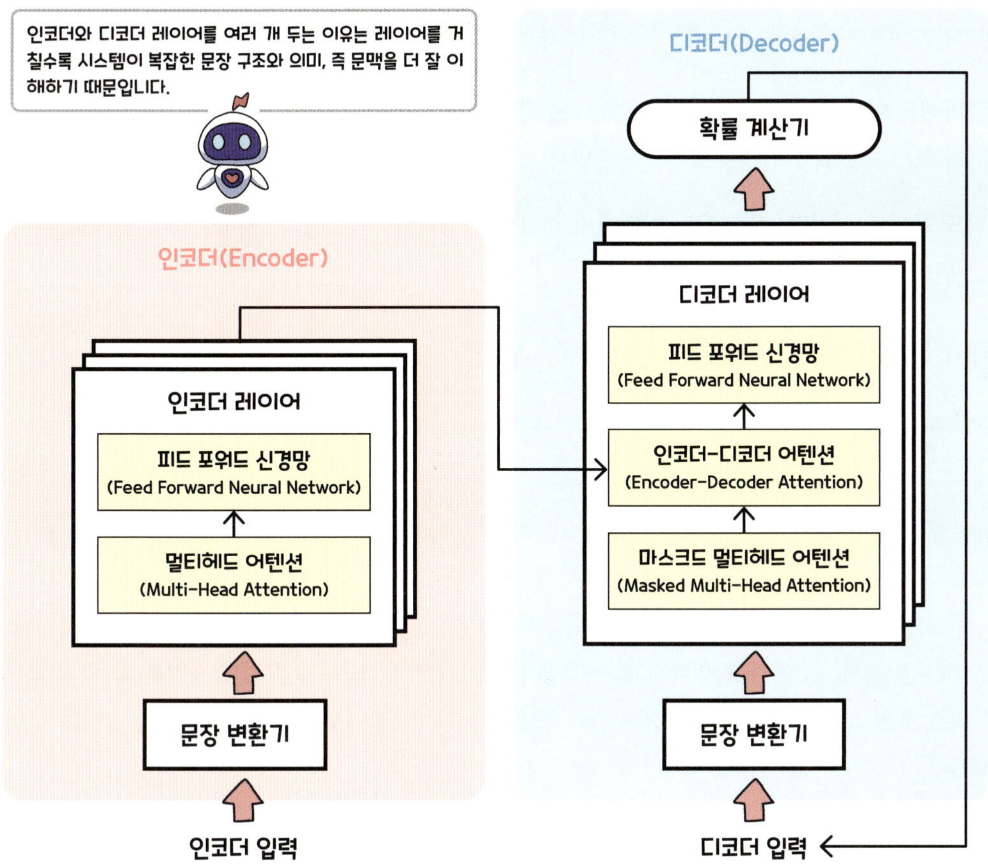

그림 4-7 트랜스포머의 전체적인 구조

[그림 4-7]에서 알 수 있듯이 트랜스포머는 크게 인코더(Encoder)와 디코더(Decoder)로 이루어져 있습니다. 인코더는 입력 문장의 문맥 정보를 추출하고, 디코더는 인코더로부터 전달받은 문맥 정보를 기반으로 출력 문장을 생성합니다.

인코더의 구조

먼저 인코더의 구조를 알아보겠습니다. 인코더는 '문장 변환기'와 여러 개의 '인코더 레이어'로 이루어져 있습니다.

- **문장 변환기:** 입력 문장을 시스템이 효율적으로 처리할 수 있도록 수치화하고 문장 속 단어들의 위치를 계산합니다.
- **인코더 레이어:** 입력 문장 변환기로부터 결과를 받아 입력 문장의 문맥 정보를 추출합니다.

각 인코더 레이어는 크게 멀티헤드 어텐션(Multi-Head Attention)과 피드 포워드 신경망(Feed Forward Neural Network)으로 구성되어 있습니다.

- **멀티헤드 어텐션:** 각 단어를 중심으로 다른 단어들과 어느 정도 연관성이 있는지를 계산하고 그 결과를 피드 포워드 신경망으로 전달합니다.
- **피드 포워드 신경망:** 멀티헤드 어텐션의 결과를 활용하여 단어 간의 관계와 문장 전체의 의미, 즉 문맥 정보를 모델링합니다.

앞에서 설명한 내용을 다음 예문을 통해 이해해 보겠습니다.

> 철수는 한빛대학교 교수입니다. 그는 인공지능을 가르칩니다.

예문을 보면 '철수'라는 단어가 '교수'와 '그'라는 단어와 서로 연관성이 높다는 것을 알 수 있습니다. 멀티헤드 어텐션은 이처럼 각 단어를 중심으로 다른 단어 간 상호 연관성 정도를 계산합니다. 또한 예문을 통해 '철수'와 '한빛대학교'는 직장 관계, '철수'와 '교수'는 직업 관계임을 알 수 있습니다. 피드 포워드 신경망은 이처럼 단어 간의 관계를 이해하고, 이를 통해 문장 전체의 의미를 파악합니다.

하나 더 알기 √ **인코더 레이어를 여러 개 두는 이유**

인코더 레이어를 여러 개 두는 이유는 각 레이어를 거치면서 단어 간의 상호 관계와 문장의 의미를 더 깊게 파악할 수 있기 때문입니다. '철수는 한빛대학교 교수입니다. 그는 인공지능을 가르칩니다.'라는 문장을 예로 들어 보겠습니다. 첫 번째 인코더 레이어가 철수의 직장이 한빛대학교라는 것과 직업이 교수라는 것을 파악했다면, 두 번째 인코더 레이어는 철수의 역할이 인공지능을 가르치는 것이라는 것까지 파악했다고 생각하면 되겠습니다.

디코더의 구조

디코더의 구조를 알아보기 전, 디코더의 전체적인 동작 원리를 이해할 필요가 있습니다. 디코더는 출력 문장을 생성할 때 한 단어씩 추가해 문장을 완성해 나간다고 생각하면 쉽습니다. 즉 현재까지 생성한 문장의 문맥을 이해하고, 이를 바탕으로 다음에 나올 가장 적절한 단어를 선택합니다. 그리고 그 단어까지 포함된 문장의 문맥을 다시 이해하여 그 다음에 나올 단어를 선택합니다. 디코더는 이와 같은 작업을 출력 문장이 완성될 때까지 반복하며, 이때 인코더가 계산한 입력 문장의 문맥 정보도 활용하여 문맥의 완성도를 높입니다.

이제 디코더의 구조를 간략하게 알아보겠습니다. 디코더는 '문장 변환기'와 여러 개의 '디코더 레이어', 그리고 '확률 계산기'로 이루어져 있습니다.

- **문장 변환기:** 디코더가 현재까지 생성한 문장을 대상으로 하여 인코더의 문장 변환기와 같은 기능을 수행합니다.
- **디코더 레이어:** 문장 변환기로부터 받은 결과와 인코더로부터 전달받은 문맥 정보를 활용하여 현재까지 생성된 문장의 문맥 정보를 모델링합니다.
- **확률 계산기:** 디코더 레이어의 문맥 정보를 바탕으로 다음에 나올 수 있는 단어들의 확률을 계산하여 가장 높은 확률의 단어를 선택합니다.

디코더는 인코더와 마찬가지로 여러 개의 디코더 레이어로 구성되어 있는데, 각 디코더 레이어는 크게 '마스크드 멀티헤드 어텐션(Masked Multi-Head Attention)', '인코더-디코더 어텐션(Encoder-Decoder Attention)', '피드 포워드 신경망(Feed Forward Neural Network)'으로 구성되어 있습니다.

- **마스크드 멀티헤드 어텐션:** 디코더가 현재까지의 정보에 집중해서 다음 단어를 예측할 수 있도록 현재까지 생성된 단어들만 이용해 그들 간의 상호 연관성을 계산합니다.
- **인코더-디코더 어텐션:** 디코더가 문장을 생성할 때 인코더에서 계산한 입력 문장의 문맥 정보를 이용할 수 있게 합니다.
- **피드 포워드 신경망:** 마스크드 멀티헤드 어텐션의 결과를 활용하여 단어 간의 관계와 문장 전체의 의미, 즉 문맥 정보를 모델링합니다.

디코더도 인코더와 마찬가지로 문장의 문맥 정보를 더 깊게 파악하기 위해서 디코더 레이어를 여러 개 두고 있습니다.

하나 더 알기 ✓ 챗GPT의 트랜스포머 활용

챗GPT는 트랜스포머 구조에서 인코더를 사용하지 않고 디코더만 사용합니다. 앞에서 설명한 트랜스포머의 구조를 보면 디코더도 문장의 문맥을 파악할 수 있음을 알 수 있습니다. 특히 챗GPT는 사용자로부터 질문을 받고 이에 대한 답을 생성하는 기능에 특화되어 있으므로 트랜스포머의 디코더가 사용자의 질문을 받아 문맥을 이해한 후 이에 맞는 답을 생성하면 됩니다.

따라서 챗GPT가 사용하는 트랜스포머의 구조는 다음 그림과 같습니다. 트랜스포머의 구조에서 인코더 전체가 제거되고, 디코더에서도 인코더의 출력 결과를 받아 활용하는 인코더-디코더 어텐션이 제거됩니다.

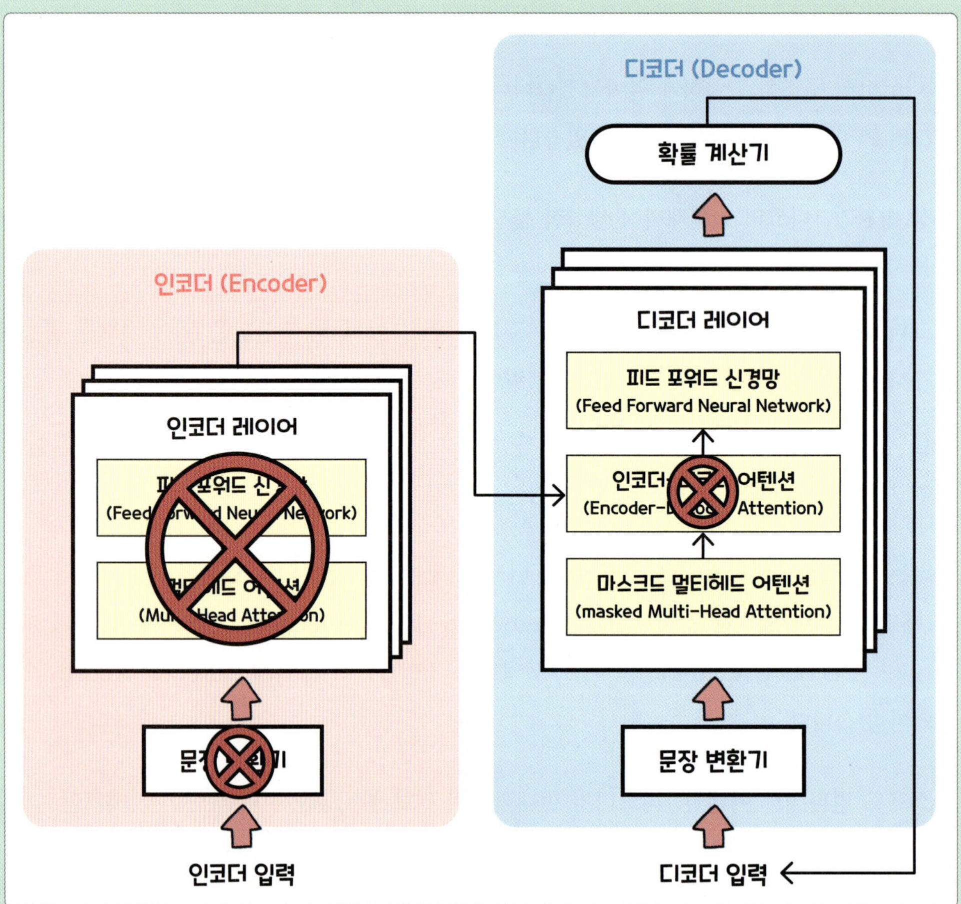

하나 더 알기 ✓ 셀프 어텐션(Self Attention)

트랜스포머 구조에 대한 자료를 접할 때, 멀티헤드 어텐션과 마스크드 멀티헤드 어텐션에 '셀프(Self)' 라는 용어가 추가되어 '멀티헤드 셀프 어텐션' 또는 '마스크드 멀티헤드 셀프 어텐션'처럼 부르는 것을 종종 볼 수 있습니다. 여기서 셀프(Self)는 자기 자신에게 집중한다는 것을 의미합니다. 즉, 멀티헤드 어텐션과 마스크드 멀티헤드 어텐션은 문장의 각 단어에 집중하여 그 단어와 다른 단어들 사이의 상호 연관성을 계산하는 셀프 어텐션입니다.

Section 04

챗GPT는 어디에 활용될까요?

1 챗GPT의 활용 분야

챗GPT는 혁신적인 자연어 처리 기술로 광범위한 분야에서 활용되고 있습니다. 챗GPT의 대표적인 활용 분야는 고객 지원 챗봇, 언어 번역과 통역, 창의적인 글쓰기 지원, 교육 및 학습 지원, 프로그램 코딩 지원, 상담 서비스, 창작 지원 등입니다.

고객 지원 챗봇

챗GPT는 고객 지원 챗봇으로 활용될 수 있습니다. 고객 문의에 대한 답변을 처리하고 도움을 제공하는 데 사용될 수 있습니다. 일반적인 문제 해결, 제품 정보 제공, 해결책 제시 등 다양한 고객 질문에 대해 이해하고 응답할 수 있습니다. 챗GPT의 자연스러운 대화 능력은 고객 지원 경험을 향상시키고, 인간 에이전트의 업무 부담을 줄일 수 있습니다.

언어 번역과 통역

챗GPT는 언어 번역과 통역 서비스에 활용될 수 있습니다. 하나의 언어로 된 텍스트를 입력하면 모델이 실시간으로 정확한 번역을 생성할 수 있습니다. 이는 서로 다른 언어로 의사소통하는 개인이나 다국적 기업에게 다국어 지원을 제공하는 데 유용합니다. 챗GPT의 맥락을 이해하고 일관된 응답을 생성하는 능력이 높은 품질의 번역을 가능하게 합니다.

창의적인 글쓰기 지원

챗GPT는 글쓰기 작업을 지원하는 데 활용될 수 있습니다. 예를 들어 작가, 시나리오 작가, 마케터 등은 챗GPT를 활용하여 아이디어를 제시하고 소설, 영화 시나리오, 광고 문구 등을 생성할 수 있습니다. 챗GPT는 다양한 주제와 스타일에 대해 이해하고, 적합한 톤과 문체로 구성된 내용을 생성할 수 있습니다. 이를 통해 여러분은 창의적인 글쓰기 작업을 보다 효과적으로 할 수 있습니다.

교육 및 학습 지원

챗GPT는 교육 및 학습 환경에서도 활용될 수 있습니다. 학생은 챗GPT에 질문을 하거나 특정 주제에 대해 설명을 요청할 수 있습니다. 그러면 챗GPT는 질문에 대한 답변을 생성하거나 학습 자료를 요약하여 학생의 학습을 지원합니다. 이와 같은 질의-응답 형식의 학습은 학생에게 자기 주도적이면서 개별화된 학습 경험을 제공하기 때문에 앞으로 많은 온라인 학습 플랫폼이 챗GPT를 활용할 것으로 기대됩니다.

프로그램 코딩 지원

챗GPT는 코딩 지원 도구로 사용될 수 있습니다. 챗GPT는 프로그램 개발자가 C 언어, 파이썬(Python), 자바(Java) 등의 프로그래밍 언어를 지정한 다음 작성할 코드의 기능을 구체적으로 설명하면 자동으로 코드를 생성하는 기능을 가지고 있습니다. 이러한 기능은 프로그램 개발자들에게 도움을 줄 수 있습니다.

챗GPT는 프로그래밍 언어의 전체적인 이해나 디버깅, 복잡한 알고리즘 구현 등의 고급 코딩 작업에는 제한적입니다. 따라서 챗GPT를 활용하여 코딩 지원을 받을 때는 개발자 스스로가 결과를 검토하고 문제 해결에 대한 최종 판단을 내려야 합니다.

상담 서비스

챗GPT는 온라인 상담 플랫폼에 적용되어 사용자의 질문이나 문제에 대해 이해하고 적절한 답변을 실시간 대화로 제공할 수 있습니다. 챗GPT는 심리 상담, 교육 상담, 직업 상담, 의료 상담, 법률 상담 등 다양한 분야에 활용되고 있습니다. 하지만 상담 분야에서 챗GPT의 활용은 기술적인 지원이며 전문가의 대체물은 아닙니다. 챗GPT의 응답을 참고할 수는 있으나 실제 전문가의 도움과 조언을 받는 것이 중요합니다.

창작 지원

챗GPT는 미술 작품에 대한 창작 지원이나 예술적인 아이디어 제공에 활용될 수 있습니다. 예를 들어 화가나 디자이너는 챗GPT를 사용하여 새로운 작품 아이디어를 얻거나 컬러 팔레트, 구도, 표현 방법 등에 대한 조언을 얻을 수 있습니다. 챗GPT는 다양한 스타일과 기법에 대한 이해를 토대로 창의적인 미술 작품의 개발을 지원할 수 있습니다. 또한, 챗GPT는 음악 작곡과 창작에도 사용될 수 있습니다. 음악 작곡가들은 챗GPT를 활용하여 멜로디, 가사, 밴드 편성 등에 대한 창작 아이디어를 얻을 수 있습니다.

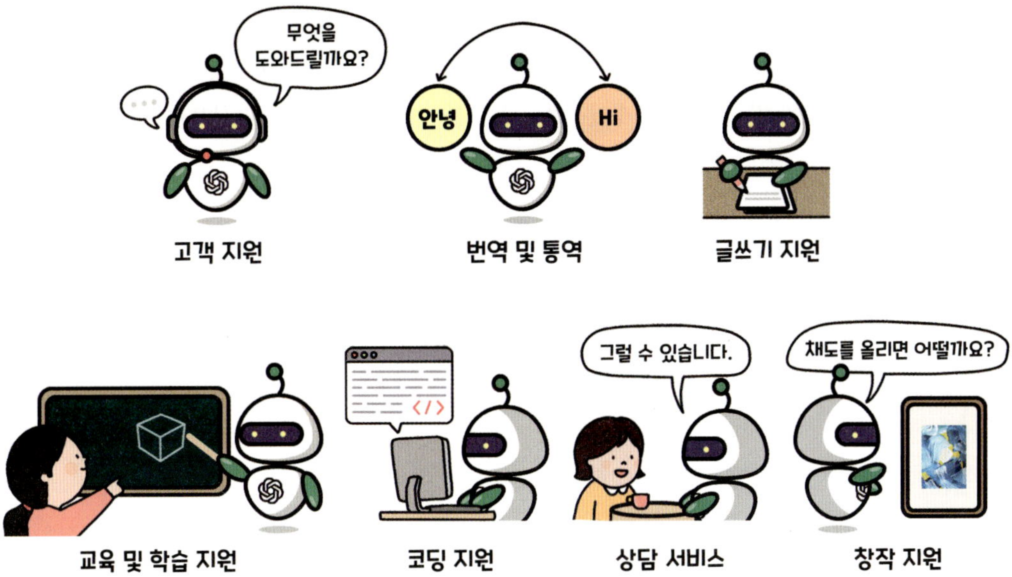

그림 4-8 챗GPT의 활용 분야

2 챗GPT의 윤리적/제도적 문제

인공지능 모델인 챗GPT와 관련된 윤리적, 제도적 문제는 다양한 측면에서 논의되고 있습니다. 대표적인 문제를 정리하면 다음과 같습니다.

인공지능 편향 가능성

챗GPT와 같은 대화형 인공지능 모델은 훈련 데이터에 내재된 편향성을 반영할 수 있습니다. 즉, 특정 인종, 성별, 종교, 국가 등에 대한 편견이 모델의 응답에 반영될 수 있으며, 이는 공정하지 않거나 차별적인 결과를 가져올 수 있습니다. 챗GPT가 특정 인종에 대한 편견이 있을 경우 인종에 대한 차별적인 응답을 생성할 수 있습니다. 예를 들어, '모든 X인종은 범죄가 많다.'와 같은 편향된 응답을 생성할 수 있습니다.

이러한 편향의 문제를 완화하기 위해 훈련에 다양한 데이터 사용, 편향 감지 및 수정 알고리즘 개발, 다양한 배경을 가진 연구진의 참여 등이 필요합니다.

개인정보 보호 부재

현재 오픈AI의 챗GPT는 사용자에게 개인정보를 수집하거나 요청할 수 있는 권한이 없습니다. 이는 챗GPT와 대화할 때 시험적으로 개인정보를 요청하도록 유도하거나 개인정보를 알려준다고 제안할 때 챗GPT의 응답을 보면 알 수 있습니다. 하지만 향후 챗GPT와 같은 인공지능 언어 모델이 다양하게 개발되고 사업 모델이 적용되면, 인공지능 언어 모델이 사용자의 신용카드 정보나 소셜 미디어 계정 정보 등과 같은 민감한 개인정보를 물어볼 수 있습니다. 이때 사용자의 동의 없이 개인정보를 수집, 저장하거나 불법적으로 사용할 우려가 있습니다.

따라서 인공지능 언어 모델을 개발하는 회사나 개발자는 개인정보 보호에 대한 책임을 갖고 개인정보 보호 정책, 데이터 처리 방침, 액세스 제어 및 보안 조치 등을 강화하고 준수해야 합니다. 그리고 사용자는 인공지능 언어 모델을 사용할 때 개인정보 보호 정책을 검토하고 신뢰할 수 있는 솔루션을 선택하는 것이 좋습니다.

위험한 콘텐츠 생성 가능성

챗GPT는 다양한 종류의 문장을 생성할 수 있으며, 사용자의 입력에 따라 다양한 응답을 제공할 수 있습니다. 챗GPT의 이러한 기능은 챗GPT가 부정적이거나 위협적인 콘텐츠를 생성할 수 있다는 우려를 낳습니다. 예를 들어, 챗GPT가 "당신은 그냥 모든 것을 포기하는 것이 좋겠습니다."라는 부정적인 응답을 한다면 이는 사회적 문제를 불러올 수 있습니다.

이런 문제를 해결하기 위해 오픈AI는 챗GPT를 개발할 때 폭력적이거나 자해적인 내용을 유도하거나 촉발하는 것을 방지하기 위해 주의를 기울였습니다. 챗GPT는 건강한 대화를 지원하기 위해 필터링과 감시 시스템이 구현되어 있으며, 위험한 콘텐츠 생성을 방지하기 위한 노력이 이루어지고 있습니다. 하지만 완벽한 필터링 시스템은 존재하지 않기 때문에 사용자가 항상 적절한 내용을 제공하고 적절한 온라인 행동을 취하는 것이 중요합니다. 즉, 사용자들은 신중하게 대화를 진행하고, 음란물, 폭력적인 콘텐츠, 자해 관련 내용 등의 유해한 내용을 지양해야 합니다.

저작권 문제

챗GPT와 같은 모델은 대량의 텍스트 데이터를 학습하는 데 사용합니다. 이 데이터에는 웹사이트, 뉴스 기사, 출판물 등의 저작권이 있는 콘텐츠가 포함될 수 있습니다. 따라서 인공지능 언어 모델이 저작권 침해를 일으킬 수 있는 응답을 생성하거나, 저작권 보호를 위반하는 콘텐츠를 생성할 수 있는 우려가 있습니다. 이러한 저작권 문제를 해결하기 위해 저작권 침해를 방지하는 필터링 메커니즘과 저작권자의 권리를 존중하는 정책 및 가이드라인이 필요합니다.

인공지능의 권한과 책임 규정 미비

챗GPT와 같은 대화형 인공지능 언어 모델은 높은 수준의 자율성을 가질 수 있습니다. 따라서 인공지능 언어 모델이 불법적인 활동을 수행하거나 부적절한 행동을 할 때 어떻게 책임을 지는지에 대한 문제가 있습니다. 인공지능의 권한과 책임을 규정하는 법적/윤리적 가이드라인의 개발이 필요합니다.

신뢰성과 투명성 필요

챗GPT와 같은 복잡한 모델은 작동 방식과 동작 원리가 이해하기 어려울 수 있습니다. 모델의 응답이 어떻게 도출되는지 설명하고, 오류를 수정하거나 피드백을 받을 수 있는 메커니즘이 필요합니다. 신뢰성과 투명성을 높이기 위해 모델의 내부 작동 방식을 설명하는 기술적인 도구와 규정, 검증 및 인증 프로세스가 필요합니다.

사회적 영향과 공정성 문제

챗GPT와 같은 인공지능 모델은 사회에 큰 영향을 미칠 수 있습니다. 따라서 모델의 개발과 배포 과정에서 사회적 영향과 공정성에 대한 평가가 필요하며 다양한 이해관계자의 참여와 사회적 책임을 고려한 개발 접근 방식이 필요합니다.

그림 4-9 챗GPT의 윤리적/제도적 문제

이러한 윤리적, 제도적 문제들은 인공지능 기술을 개발하고 사용하는 기관, 연구자, 법률 및 규제 기관이 가져야 할 중요한 과제이며, 윤리적인 개발과 사용을 촉진하기 위한 지속적인 논의와 조치가 필요합니다. 이를 위해 규제, 국제 표준화 노력, 산업 내의 윤리 지침 및 정책 수립, 연구자 또는 이해관계자 간의 협업 등 다양한 노력과 조치가 이루어져야 합니다.

Section 05

챗GPT를 경험해 봅시다

웹브라우저를 통해 웹사이트 https://openai.com/blog/chatgpt에 접속하면 [그림 4-10]과 같은 화면이 나타납니다. 이미 챗GPT 웹사이트의 계정을 갖고 있다면 화면 우측 상단에 있는 [Log in]을 클릭하여 로그인합니다. 만약 계정을 갖고 있지 않다면 [Sign up]을 클릭하여 먼저 계정을 생성한 후 로그인합니다. 계정 생성 작업은 매우 간단하므로 계정 생성 절차에 대한 설명은 생략합니다.

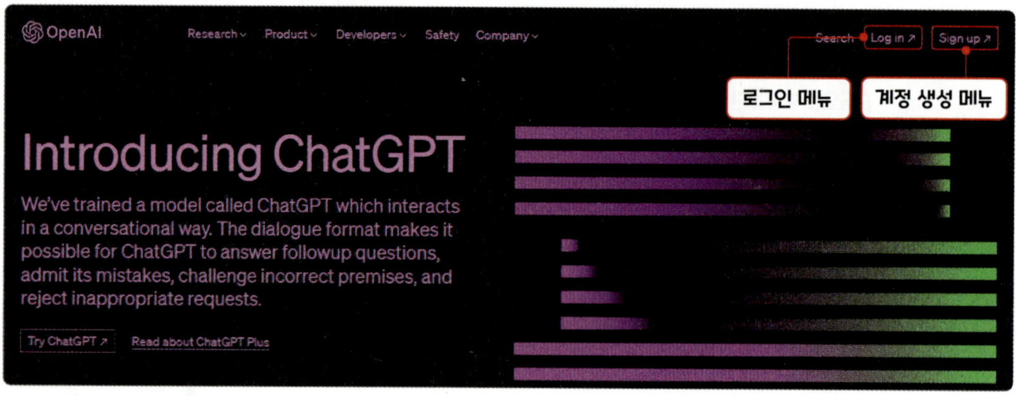

그림 4-10 챗GPT 웹사이트

챗GPT 웹사이트에 정상적으로 로그인하면 [그림 4-11]과 같은 화면이 나타납니다. 이 화면에서 [ChatGPT]를 선택합니다.

그림 4-11 챗GPT 웹사이트의 로그인 후 화면

참고로 챗GPT 웹사이트 화면, 계정 생성, 로그인 절차는 오픈AI의 정책에 의해 변경될 수 있으니 그때그때 상황에 맞게 진행하면 됩니다.

앞의 절차를 수행하면 [그림 4-12]와 같은 화면이 나타납니다. 이 화면을 통해 오픈AI는 챗GPT의 활용 예시(Examples), 능력(Capabilities), 한계점(Limitations)을 알려주며, 챗GPT에게 메시지를 전달할 수 있는 입력창도 제공합니다.

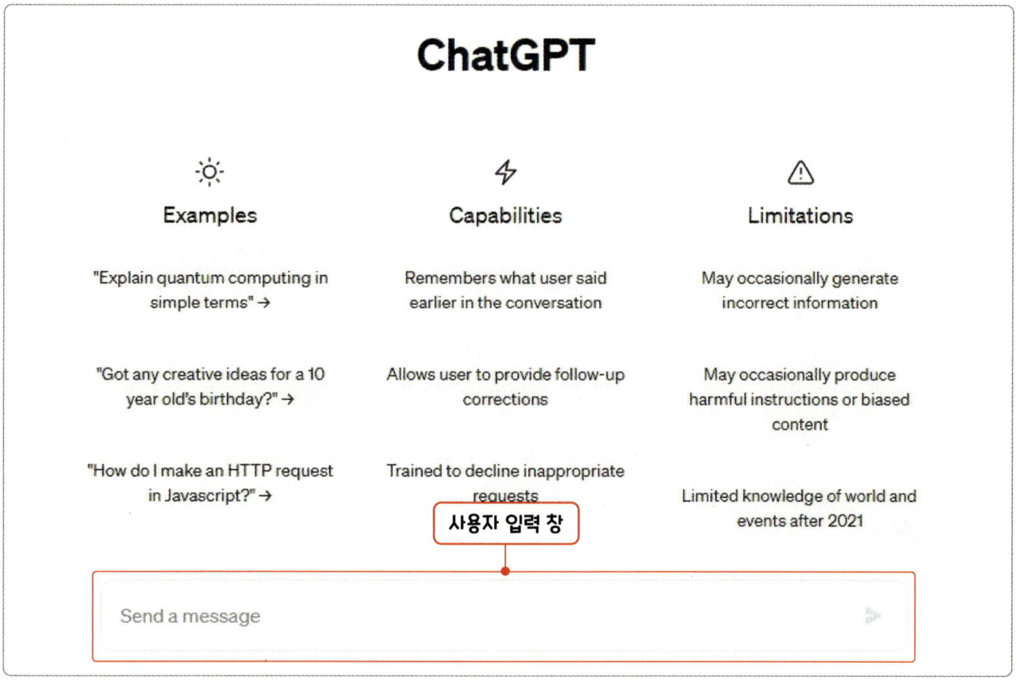

그림 4-12 **사용자 메시지 입력이 가능한 챗GPT 시작 화면**

챗GPT 시작 화면의 메뉴 설명은 다음과 같습니다.

- **Examples:** 챗GPT의 도움을 받을 수 있는 질문의 예를 보여줍니다. 양자 컴퓨팅과 같은 전문지식, 10살 아이의 생일파티에 대한 아이디어, 자바스크립트 프로그래밍 방법 등과 같은 질문도 가능합니다.
- **Capabilities:** 챗GPT의 능력을 알려줍니다. 챗GPT는 사용자의 대화를 기억할 수 있고, 수정 요구를 받아들이며, 사용자가 잘못된 질문을 한다면 이를 거부할 수도 있습니다.
- **Limitations:** 챗GPT의 한계점을 알려줍니다. 챗GPT는 때때로 잘못된 정보를 생성하거나 해롭고 편향된 대답을 할 수 있습니다. 그리고 2021년 이후의 정보를 잘 알지 못합니다.

하나 더 알기 ✓ 프롬프트(Prompt)

챗GPT를 이용할 때 프롬프트가 중요합니다. 여기서 프롬프트란 사용자가 인공지능 모델에게 원하는 작업을 지시하거나 원하는 결과를 얻기 위해 제공하는 입력값을 말합니다. 인공지능 모델은 주어진 프롬프트에 기반하여 문맥을 이해하고, 그에 따라 적절한 응답을 생성하기 때문에 사용자는 프롬프트를 조작하고 수정하여 인공지능 모델의 동작을 가이드하고 원하는 결과를 얻을 수 있습니다. '프롬프트 공학(Prompt Engineering)'이란 말도 있는데, 이는 인공지능 모델로부터 원하는 결과를 얻기 위해 프롬프트를 설계하고 최적화하는 과정을 의미합니다.

챗GPT를 사용할 준비가 완료되었습니다. 이제부터 챗GPT의 다양한 기능을 경험해 봅시다.

문장 번역 경험하기

챗GPT는 한국어뿐만 아니라 영어, 스페인어, 프랑스어, 독일어, 이탈리아어, 중국어, 일본어 등 30여 개의 언어를 이해하고 번역을 지원할 수 있습니다. [그림 4-13]은 챗GPT의 문장 번역 사례입니다.

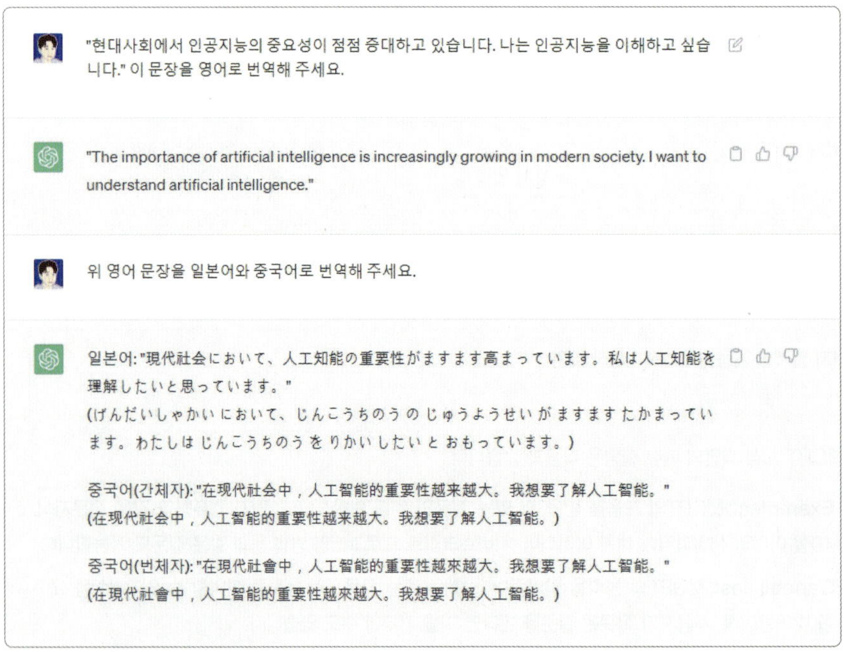

"현대사회에서 인공지능의 중요성이 점점 증대하고 있습니다. 나는 인공지능을 이해하고 싶습니다." 이 문장을 영어로 번역해 주세요.

"The importance of artificial intelligence is increasingly growing in modern society. I want to understand artificial intelligence."

위 영어 문장을 일본어와 중국어로 번역해 주세요.

일본어: "現代社会において、人工知能の重要性がますます高まっています。私は人工知能を理解したいと思っています。"
(げんだいしゃかい において、じんこうちのう の じゅうようせい が ますます たかまってい ます。わたしは じんこうちのう を りかい したい と おもっています。)

중국어(간체자): "在现代社会中，人工智能的重要性越来越大。我想要了解人工智能。"
(在现代社会中，人工智能的重要性越来越大。我想要了解人工智能。)

중국어(번체자): "在現代社會中，人工智能的重要性越來越大。我想要了解人工智能。"
(在現代社會中，人工智能的重要性越來越大。我想要了解人工智能。)

그림 4-13 **챗GPT의 문장 번역의 예**

콘텐츠 창작 경험하기

챗GPT는 입력한 조건에 맞추어 텍스트로 이루어진 콘텐츠를 생성할 수 있습니다. 사용자는 챗GPT가 생성한 콘텐츠를 다듬어 자신의 것으로 사용할 수 있습니다. [그림 4-14]는 챗GPT의 콘텐츠 창작 사례입니다.

주인공 철수가 마법사에게 납치된 영희를 구한다는 판타지 소설의 줄거리를 만들어 주세요.

제목: 영현대모험: 마법사의 미지의 세계로

한동안 평화로웠던 영희와 철수의 작은 마을에 어둠의 그림자가 드리워졌습니다. 알 수 없는 마법사인 바르곤이라는 자가 자신의 진실을 찾기 위해 영희를 납치했습니다. 영희는 미지의 세계에 가둬져, 바르곤의 힘에 의해 마법사의 미로 속에서 갇히게 되었습니다.

철수는 영희의 친구이자 용감한 모험가로서, 영희를 구하기 위해 결심합니다. 그는 영희가 가둬진 미로를 헤쳐나가야 하며, 끊임없는 과제와 위험으로 맞닥뜨리게 됩니다. 바르곤의 미로는 단순한 물리적 장애물뿐만 아니라, 사람의 내면을 시험하는 마법의 함정으로 가득 차 있습니다.

철수는 그리움과 희생, 용기와 희망을 극복하며 미로를 헤쳐나가기 시작합니다. 그가 마주치는 수많은 어려움은 그를 흔들어놓지만, 그는 영희를 구하기 위한 열정과 결연함을 잃지 않습니다. 또한, 철수는 미로 속에서 동료들을 만납니다. 그들은 각자의 능력과 특별한 힘을 가지고 있으며, 이들과의 만남은 그가 미로를 헤쳐나가는데 큰 도움이 됩니다.

그림 4-14 챗GPT의 콘텐츠 창작의 예

자기소개서 작성 지원 경험하기

챗GPT는 사용자의 개인정보를 바탕으로 자기소개서에 활용할 수 있는 문장을 지원합니다. [그림 4-15]는 챗GPT의 자기소개서 작성 지원 사례입니다.

저는 한빛대학교 인공지능학과를 나왔고 파이썬으로 인공지능 프로그래밍을 할 수 있습니다.
이런 사실을 바탕으로 자기소개서에 사용할 문장을 만들어주세요.

안녕하세요! 저는 한빛대학교 인공지능학과를 수료한 인공지능 엔지니어입니다. 파이썬을 활용하여 다양한 인공지능 프로그래밍을 할 수 있으며, 데이터 분석과 머신러닝에 대한 높은 이해력과 기술력을 갖추고 있습니다. 혁신적인 기술과 새로운 도전에 끊임없이 열려있으며, 항상 최신 기술 동향을 주시하고 적용하는데 흥미를 가지고 있습니다. 또한, 팀워크와 협업을 중요시하며 소통과 리더십 능력을 갖추어 함께 일하는 동료들과의 유기적인 협력을 지향합니다. 기술적인 역량과 열정을 통해 인공지능 분야에서 뛰어난 성과를 이뤄내기 위해 끊임없이 노력하고 있습니다. 감사합니다.

그림 4-15 챗GPT의 자기소개서 작성 지원의 예

모집 공고문 작성 지원 경험하기

챗GPT는 사용자의 개인정보를 바탕으로 모집 공고문 작성을 지원합니다. [그림 4-16]은 챗GPT의 아르바이트 학생 모집 공고문 작성 지원 사례입니다.

저는 영상편집 도구로 어도비 프리미어 프로를 다룰 수 있고, 포토샵과 일러스트레이터도 능숙하게 사용할 수 있습니다. 그리고 여러 차례 전국적인 영상 콘테스트에서 수상도 했습니다. 이런 내용으로 가르칠 학생을 모집하고 싶습니다. 학생 모집 공고문을 만들어 주세요.

제목: 창의적인 영상 편집과 디자인을 꿈꾸는 학생 모집!

안녕하세요!

우리는 영상 편집과 디자인에 열정을 가진 어도비 프리미어 프로, 포토샵, 일러스트레이터 전문가들로 이루어진 팀입니다. 여러분과 함께 성공적인 미디어 작품을 만들어가고 싶어, 새로운 학생들을 모집하고자 합니다.

우리 팀은 전국적인 영상 콘테스트에서 수상 경력을 가지고 있으며, 다양한 미디어 작업을 수행해왔습니다. 영상 편집, 포토샵, 일러스트레이터 등의 프로그램을 능숙하게 다룰 수 있고, 디지털 미디어의 창의성과 기술력을 함께 성장시킬 학생들을 찾고 있습니다.

모집 대상:

- 영상 편집, 디자인에 관심과 열정을 가진 초등학생, 중학생, 고등학생
- 어도비 프리미어 프로, 포토샵, 일러스트레이터 등의 도구에 익숙하지 않더라도 높은 학습 의지를 가진 학생들
- 전국적인 영상 콘테스트 참가를 목표로 하는 학생들

모집 교육 내용:

- 어도비 프리미어 프로를 활용한 영상 편집 기초 및 응용
- 어도비 포토샵과 일러스트레이터를 활용한 디자인 기초 및 응용
- 성공적인 미디어 작품 제작을 위한 아이디어 발굴과 프로젝트 기획

교육 혜택:

- 미디어 작품 제작을 위한 최신 도구와 장비 활용
- 전문가들과 함께하는 실전 프로젝트 경험
- 전국적인 영상 콘테스트 참가를 위한 지원과 멘토링

모집 기간:

- 본 공고문 게시로부터 2주간 (모집 기간 연장 가능)

수강 신청 방법:

- 이메일: recruit.mediaexperts@example.com
- 전화번호: 010-1234-5678

그림 4-16 **챗GPT의 아르바이트 학생 모집 공고문 작성 지원의 예**

컴퓨터 프로그래밍 학습 지원 경험하기

챗GPT는 사용자가 C 언어, 파이썬, 자바, C++ 등 다양한 컴퓨터 프로그래밍 언어를 학습할 때 도움을 줍니다. [그림 4-17]은 챗GPT의 파이썬 프로그래밍 학습 지원 사례입니다.

그림 4-17 **챗GPT의 파이썬 프로그래밍 학습 지원의 예**

위의 예제들 외에도 챗GPT에게 양자 컴퓨터에 대해 설명을 요청할 수 있고, 어드벤처 게임의 시작 화면과 사용자가 선택할 옵션에 대한 설계를 요청할 수도 있습니다. 또한, 연인의 성향과 가격 제한을 알려주고 만난 지 100일째 되는 날 줄 수 있는 선물을 추천해 달라고도 할 수 있습니다. 이처럼 챗GPT의 활용 방법은 무궁무진합니다. 앞으로 우리가 챗GPT와 함께하는 놀라운 세상을 기대합니다.

요약

01 오픈AI는 2015년에 설립되어 챗GPT의 개발과 연구를 주도한 기업입니다.

02 챗GPT란 용어에는 '챗(Chat)'과 'GPT'라는 두 가지 요소가 결합되어 있습니다. '챗(Chat)'은 대화형 상호작용을 의미하며, 'GPT'는 사용자가 입력한 텍스트를 기반으로 자연스러운 텍스트를 새롭게 생성하는 오픈AI가 개발한 인공지능 언어 모델입니다.

03 GPT(Generative Pre-trained Transformer)는 입력 텍스트에 기반하여 새로운 텍스트를 생성하는 '생성적인(Generative)' 능력을 갖춘 '사전 훈련된(Pre-trained)' 인공지능 언어 모델로, '트랜스포머(Transformer)'라는 신경망 구조를 기반으로 합니다.

04 트랜스포머(Transformer)는 딥러닝 모델 중 하나로, 자연어 처리 작업에 탁월한 성과를 보이며 주목받고 있는 모델입니다.

05 트랜스포머는 크게 '인코더(Encoder)'와 '디코더(Decoder)'로 이루어져 있습니다. 인코더는 입력 문장의 문맥 정보를 추출하고, 디코더는 인코더로부터 전달받은 문맥 정보를 기반으로 출력 문장을 생성합니다.

06 챗GPT는 트랜스포머 구조에서 인코더를 사용하지 않고 디코더만 사용합니다.

07 챗GPT는 고객 지원 챗봇, 언어 번역과 통역, 창의적인 글쓰기 지원, 교육 및 학습 지원, 프로그램 코딩 지원, 상담 서비스, 창작 지원 등 다양한 용도로 활용되고 있습니다.

08 챗GPT를 활용할 때 인공지능 편향성, 개인정보 보호 문제, 저작권 문제 등의 윤리적/제도적 문제를 고려해야 합니다.

09 챗GPT는 오픈AI가 개발한 대화형 인공지능 언어 모델입니다. 챗GPT는 웹사이트 https://openai.com/blog/chatgpt에 접속하여 사용할 수 있습니다.

연습문제

01 챗GPT를 개발한 회사는 어디인가요?

① 마이크로소프트 ② 구글
③ 오픈AI ④ 테슬라

02 오픈AI의 설립자가 아닌 사람은 누구인가요?

① 일론 머스크 ② 샘 알트만
③ 그렉 브로크만 ④ 빌 게이츠

03 다음 중 챗GPT에 대한 설명으로 올바르지 않은 것은 무엇인가요?

① 오픈AI가 2022년에 공개한 대화형 인공지능 언어 모델입니다.
② GPT라는 인공지능 언어 모델을 기반으로 합니다.
③ 실시간 대화를 통해 사용자와 상호작용할 수 있습니다.
④ 대화 내용에 상관없이 사용자의 대화 거부는 불가능합니다.

04 다음 중 챗GPT의 특징으로 올바르지 않은 것은 무엇인가요?

① 특정 분야에만 특화된 응용 ② 대화형 상호작용
③ 자연어 이해와 문맥 파악 ④ 오류 정정과 대화 거부

05 다음은 GPT를 설명하는 문장입니다. 문장의 빈칸에 맞는 답을 아래 〈보기〉에서 고르시오.

[보기]

- 딥마인드(Deep Mind)
- 생성적(Generative)
- 트랜스포머(Transformer)
- 사전 훈련된(Pre-trained)

GPT는 입력 텍스트에 기반하여 새로운 텍스트를 생성하는 [　　　　] 능력을 갖춘 [　　　　] 인공지능 언어 모델로서 [　　　　] 라는 신경망 구조를 기반으로 합니다.

06 다음 중 GPT에 대한 설명으로 올바르지 않은 것은 무엇인가요?

① GPT는 'Generative Pre-trained Transformer'의 약자입니다.

② GPT-1은 약 15억 개의 매개변수를 가지며 2019년에 발표되었습니다.

③ GPT-3은 1,750억 개의 매개변수를 가지며 2020년에 발표되었습니다.

④ GPT-4는 2023년에 발표되었으며 이미지 인식 능력까지 가지고 있습니다.

07 사용자가 인공지능 모델에게 원하는 작업을 지시하거나 원하는 결과를 얻기 위해 제공하는 입력값을 무엇이라 하나요?

① 프롬프트(Prompt)

② 키워드(Keyword)

③ 쿼리(Query)

④ 인스트럭션(Instruction)

08 다음 중 트랜스포머에 관한 설명으로 올바르지 않은 것은 무엇인가요?

① 딥러닝 모델 중 하나로 자연어 처리 작업에 탁월한 성과를 보입니다.

② 2017년 알파벳의 자회사인 딥마인드에서 처음 발표하였습니다.

③ 주요 특징으로 어텐션(Attention)이라는 메커니즘을 사용합니다.

④ 연관성이 높은 단어들에 집중하여 문장 구조와 문맥을 이해합니다.

09 다음 중 트랜스포머 구조에 관한 설명으로 올바르지 않은 것은 무엇인가요?

① 트랜스포머는 크게 인코더와 디코더로 구분됩니다.

② 인코더는 여러 개의 인코더 레이어로 구성되고, 디코더는 하나의 디코더 레이어로 구성됩니다.

③ 인코더 레이어는 멀티헤드 어텐션과 피드 포워드 신경망으로 구성됩니다.

④ 디코더 레이어는 마스크드 멀티헤드 어텐션, 인코더-디코더 어텐션, 피드 포워드 신경망으로 구성됩니다.

10 **다음 중 챗GPT가 활용하는 트랜스포머의 구성 요소는 무엇인가요?**

① 인코더의 멀티헤드 어텐션

② 인코더의 피드 포워드 신경망

③ 디코더의 마스크드 멀티헤드 어텐션

④ 디코더의 인코더-디코더 어텐션

11 **다음 중 챗GPT 사용 목적에 타당하지 않은 것은 무엇인가요?**

① 한국어 문장을 영어 문장으로 번역할 때 도움을 받고 싶습니다.

② 파이썬 프로그래밍 공부에 도움을 받고 싶습니다.

③ 아르바이트 구인 공고문 작성에 도움을 받고 싶습니다.

④ 금융기관 전산 시스템을 해킹하는 방법을 알고 싶습니다.

· PART ·

02

스크래치 프로그래밍 능력 키우기

CONTENTS

CHAPTER 05

스크래치 프로그래밍의 첫걸음

01 스크래치를 소개합니다
02 스크래치 블록 활용법을 알아봅시다
03 스크래치 프로그래밍 과정을 따라해 봅시다
요약
연습문제

학습목표

- 교육용 프로그래밍 언어인 스크래치의 교육 목표를 이해합니다.
- 스크래치의 실행 방법을 익히고 웹사이트의 화면 구성을 알아봅니다.
- 스크래치 블록의 기본 조작 방법을 알아봅니다.
- 스크래치 웹사이트의 접속부터 프로그램 작성, 저장, 불러오기까지 스크래치 프로그래밍의 전 과정을 경험해 봅니다.

Preview

앞으로 우리는 인공지능 프로그래밍 실습을 위해 IBM의 머신러닝 플랫폼인 '머신러닝 for 키즈'를 활용할 예정입니다. 여러분은 '머신러닝 for 키즈'를 활용하여 다양한 머신러닝 모델을 만들 수 있으며, '머신러닝 for 키즈'가 지원하는 프로그래밍 언어를 사용하여 다양한 인공지능 프로그램을 작성할 수도 있습니다. '머신러닝 for 키즈'의 활용법은 3부에서 자세하게 다루겠습니다.

이번 장에서는 MIT 미디어랩에서 개발한 교육용 프로그래밍 언어인 스크래치를 먼저 알아보려고 합니다. 스크래치는 '머신러닝 for 키즈'가 지원하는 프로그래밍 언어 중 하나로, '머신러닝 for 키즈'가 지원하는 텍스트, 이미지, 숫자, 소리 분류 머신러닝 모델에 모두 활용할 수 있는 언어입니다. 스크래치에 대한 전반적인 이해를 통해 활용법을 익혀봅시다.

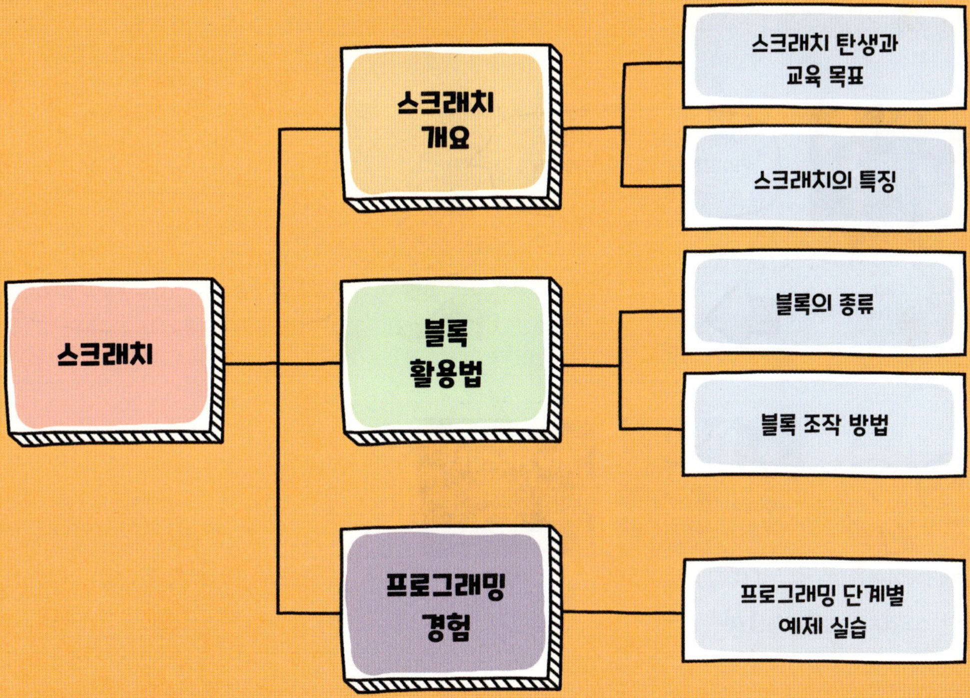

Section

01 스크래치를 소개합니다

1 스크래치의 탄생과 교육 목표

스크래치(Scratch)는 미국 MIT 미디어랩의 라이프롱 킨더가르텐 그룹(Lifelong Kindergarten Group)에서 개발한 교육용 프로그래밍 언어입니다. 스크래치를 이용해 다양한 애니메이션, 디지털 아트, 게임, 음악, 스토리 등을 만들 수 있고, 완성한 작품들은 스크래치를 공부하는 다른 사람들과 공유할 수 있습니다.

그림 5-1 스크래치의 탄생과 활용 예

그렇다면 스크래치는 왜 탄생하게 되었을까요? 스크래치는 21세기를 살아가는 데 핵심적인 능력을 프로그래밍을 통해 교육하기 위하여 만들어졌습니다. 여기서 말하는 핵심 능력은 창의적으로 생각하기, 논리적으로 추론하기, 다른 사람들과 협동하기를 의미합니다.

그림 5-2 스크래치 교육 목표인 핵심 능력들

2 스크래치의 특징

스크래치는 엑셀 같은 오피스 프로그램이나 앵그리버드 게임과 같은 복잡한 프로그램을 개발하는 데는 적합하지 않습니다. 하지만 프로그래밍 교육에 적합한 다양한 특징을 가지고 있어 프로그래밍에 필요한 개념을 익히고 간편하게 실습하는 데 아주 유용합니다.

스크래치의 특징으로는 스크립트 언어, 블록 조립형 프로그래밍, 통합적 프로그래밍 개발 환경 등이 있습니다.

스크립트 언어

스크립트(Script)란 원래 영화나 연극에서 사용되는 대본이나 각본을 뜻합니다. 연기자들은 무대나 현장에서 스크립트에 적혀 있는 대로 말하고 행동합니다. 컴퓨터 분야의 스크립트 프로그램도 이와 비슷하여, 어떤 응용 프로그램이 따라야 할 규칙 또는 명령들을 적어 놓은 프로그램을 뜻합니다.

일반적인 프로그래밍 언어는 연기자 자체와 그 연기자가 연기해야 할 행동들까지 모두 만들어야 합니다. 반면, 스크립트 언어는 이미 연기자가 존재하기 때문에 그 연기자가 연기해야 할 행동들만 만들면 됩니다. 당연한 이야기지만 연기자가 연기해야 할 행동만 만드는 것은 전체를 구성하는 것보다 훨씬 쉬운 일입니다. 그래서 스크래치가 교육용으로 사용하기에 적합한 것입니다.

스크래치는 기본적으로 스크립트를 만들기 위한 스프라이트(Sprite)와 무대(Stage)를 제공합니다. 그러므로 스크래치 프로그래밍은 스프라이트의 행동과 무대의 구성을 스크립트로 작성하는 작업이라고 이해하면 됩니다.

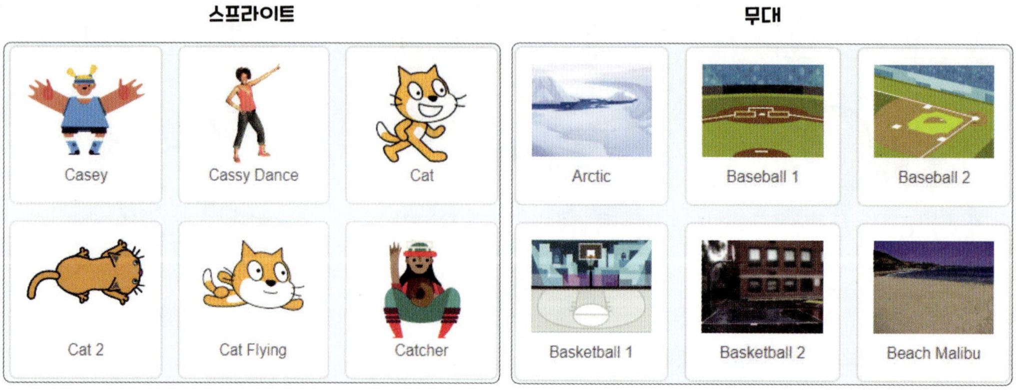

그림 5-3 **스크래치의 연기자들 : 스프라이트와 무대**

블록 조립형 프로그래밍

스크래치는 스프라이트 행동과 무대 구성을 만들 때 매우 유용한 문장 블록들을 제공합니다. 여러분은 이 블록들을 이용해서 스프라이트나 무대가 수행할 행동 및 구성들을 레고 블록 조립하듯이 프로그래밍할 수 있습니다.

그림 5-4 **쥐 스프라이트를 쫓는 고양이 스프라이트 행동을 만들기 위한 스크래치 블록들**

통합적 프로그래밍 개발 환경

스크래치는 프로그래밍 작업을 통합적으로 지원하는 환경을 제공합니다. 컴퓨터에 별도로 프로그램을 설치하지 않아도 웹브라우저에서 직접 프로그램을 만들고 실행할 수 있습니다. 주의할 점은 '스크래치 3.0'이 인터넷 익스플로러(Internet Explorer)에서는 지원되지 않기 때문에 크롬(Chrome)이나 파이어폭스(Firefox), 또는 사파리(Safari)와 같은 웹브라우저에서 실행해야 한다는 점입니다.

'스크래치 3.0'을 실행하는 방법은 다음과 같습니다. 우선, 웹브라우저를 띄워 https://scratch.mit.edu 웹사이트에 접속하면 [그림 5-5]와 같은 메인 화면이 나타납니다.

그림 5-5 **스크래치 웹사이트 메인 화면**

> 참고로 스크래치 웹사이트의 메인 화면은 MIT 정책에 따라 조금씩 변하기 때문에 [그림 5-5]와 다를 수 있습니다.

❶ **만들기:** 스크래치를 프로그래밍할 수 있는 환경으로 이동합니다.

❷ **탐험하기:** 다른 사람들이 만든 스크래치 프로그램들을 볼 수 있습니다.

❸ **아이디어:** 다양한 주제에 대한 프로그래밍 방법을 교육받을 수 있습니다.

❹ **소개:** 스크래치의 교육 목적, 개발 그룹 등에 대해 소개하고 있습니다.

❺ **검색:** 스크래치 이용자들의 프로젝트와 스튜디오를 검색합니다.

❻ **스크래치 가입:** 스크래치 계정을 생성합니다.

❼ **로그인:** 만들어 놓은 스크래치 계정으로 로그인합니다.

❽ **만들기 시작하기:** ❶ **만들기** 메뉴와 같은 기능입니다.

❾ **가입하기:** ❻ **스크래치 가입** 메뉴와 같은 기능입니다.

❿ **비디오 시청하기:** 짧은 스크래치 홍보 영상을 볼 수 있습니다.

⓫ **스크래치에 대해서:** ❹ **소개** 메뉴와 같은 기능입니다.

⓬ **부모:** 부모에게 도움이 될 만한 교육 정보를 제공합니다.

⓭ **교육자:** 교육자에게 도움이 될 만한 자료를 제공합니다.

그리고 스크래치 웹사이트 메인 화면에서 [만들기] 또는 [만들기 시작하기]를 선택하면 [그림 5-6]과 같은 스크래치 프로그래밍 통합 지원 환경이 실행됩니다.

그림 5-6 **스크래치 프로그래밍 통합 지원 환경**

스크래치 프로그래밍 통합 지원 환경은 크게 [메인 메뉴 바], [스크립트 작업 창], [프로그램 실행 창], [스프라이트/무대 관리 창], [개인 저장소]로 구성되어 있습니다. 세부적인 기능은 직접 사용해 보면서 익히도록 하고, [표 5-1]에서 대략적으로 살펴보겠습니다.

표 5-1 **스크래치 3.0 프로그래밍 통합 지원 환경 구성**

구성 요소	설명
메인 메뉴 바	프로그램을 실행하는 데 필요한 일반적인 기능을 모아 놓았습니다. 여러분은 [메인 메뉴 바]의 기능을 통해서 언어 설정, 파일 저장하기/불러오기, 튜토리얼 검색, 프로젝트 이름 정하기, 프로젝트 페이지로 이동, 내 작업실로 이동, 로그아웃, 계정 관리(사용자 이름과 비밀번호 변경)를 할 수 있습니다.
스크립트 작업 창	프로그램을 작성하기 위한 블록들을 이용해 스프라이트와 무대의 스크립트를 작성하는 곳입니다. [코드], [모양], [소리]로 구분된 탭을 이용해 스프라이트와 무대의 스크립트 작성뿐만 아니라 모양 변경과 소리 편집 같은 다양한 작업을 할 수 있습니다.
프로그램 실행 창	스프라이트와 무대의 행동 및 구성을 작성한 스크립트들을 실행하여 보여줍니다. 좌측에 있는 초록 깃발 버튼( )은 프로그램 실행하기, 빨간 동그라미 버튼( )은 프로그램 실행 멈추기 기능을 수행합니다. 우측 상단의 메뉴들은 프로그램 실행 창의 크기, 구조를 바꿀 수 있는 기능을 수행합니다.
스프라이트/무대 관리 창	스프라이트와 무대 배경을 선택, 추가, 삭제하는 등의 관리 작업을 할 수 있습니다. 또한 스프라이트의 이름, 위치, 크기, 바라보는 방향, 모양 등을 변경할 수 있으며 화면에 보이게 하기, 숨기기도 결정할 수 있습니다. 그 외 무대의 배경을 편집하는 메뉴도 제공합니다.
개인 저장소	스프라이트들과 스프라이트에 포함된 스크립트가 함께 저장됩니다. 스크래치 프로그램을 작성하다 보면 이전에 사용했던 스프라이트가 필요한 경우가 있습니다. 따라서 자주 사용될 가능성이 높은 스프라이트를 저장소에 담아두면 새로운 프로그래밍 작업 시 한결 수월하게 작업을 진행할 수 있습니다.

Section 02

스크래치 블록 활용법을 알아봅시다

1 스크래치 블록의 종류

스크래치의 [스크립트 작업 창]–[코드] 탭에는 블록들이 기능별로 분류되어 있습니다. 각각의 기능에 따라 고유한 색이 할당되어 있으므로, 원하는 블록을 찾을 때 색을 기준으로 찾으면 편리합니다.

그림 5-7 **스크래치 블록의 기능별 분류**

스크래치는 프로그램을 구성하는 요소(예 변수, 문장, 조건 등)를 기준으로 블록마다 고유의 모양을 부여하고 있습니다. 이러한 요소들은 스크래치 외 대부분의 프로그래밍 언어에서도 공통으로 사용되므로, 잘 알아두면 다른 프로그래밍 언어를 공부할 때 도움이 될 것입니다.

표 5-2 **스크래치 블록의 프로그래밍 요소별 분류**

블록 범주	모양	설명
문장 블록	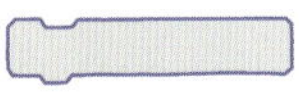	동작 조작, 형태 변화, 소리내기 등 스프라이트가 수행해야 할 일을 담고 있는 블록입니다.
변수 블록	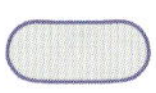	숫자, 문자, 문자열 등의 자료를 담고 있는 변수나 자료들에 적용되는 연산을 나타내는 블록입니다.
조건 블록		참 또는 거짓을 따져 볼 수 있는 수식 또는 문장을 담고 있는 블록입니다.
제어 블록	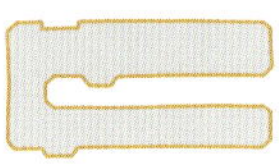	문장 블록을 반복하거나 선택적으로 실행하는 등 문장 블록의 실행 방식을 결정하는 블록입니다.
이벤트 블록	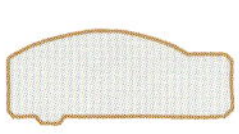	처리해야 할 이벤트를 담고 있는 블록입니다. 이벤트가 발생하면 연결된 블록들을 실행합니다.
절차 블록	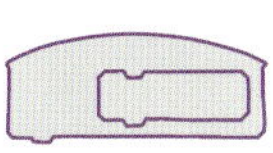	조립된 블록들을 하나의 이름으로 대표하는 블록입니다. 절차 블록을 호출할 수 있는 특별한 문장 블록이 있으며, 이 문장 블록이 실행되면 절차 블록에 연결된 모든 블록이 실행됩니다.

2 스크래치 블록 조작 방법

스크래치 프로그래밍은 필요한 블록들을 가져와 조립하거나 분리 또는 복사하고, 필요 없는 블록은 삭제하는 작업을 통해 이루어집니다. 따라서 해당 작업을 원활히 할 수 있도록 각 블록의 기본 조작 방법을 알고 있어야 합니다.

개념적으로 '드래그'란 어떤 개체를 마우스 왼쪽 버튼으로 누른 채 다른 위치로 이동시키는 동작까지를 말하고, '드래그 앤 드롭'은 어떤 개체를 마우스 왼쪽 버튼을 누른 채 다른 위치로 이동시킨 후 마우스 왼쪽 버튼에서 손가락을 떼는 동작까지를 말합니다. 이 책에서는 설명의 간결함을 위해 '드래그 앤 드롭'을 '드래그'로 표현하겠습니다.
또한 '마우스 왼쪽 버튼을 클릭'할 때는 그냥 '마우스 클릭', '마우스 오른쪽 버튼을 클릭'할 때는 '마우스 오른쪽 버튼 클릭'으로 구분합니다.

블록 가져오기와 삭제하기

필요한 블록을 [스크립트 작업 창]으로 가져오고 싶을 때는 [코드] 탭의 블록 모음 영역에서 해당 블록을 선택한 후 [스크립트 작업 창]으로 드래그하면 됩니다.

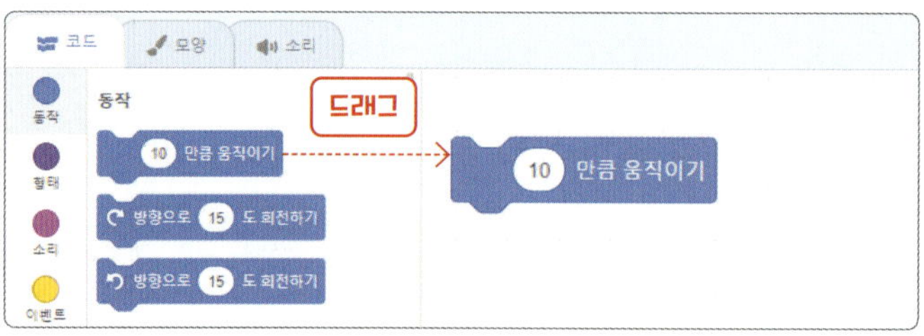

그림 5-8 **블록 가져오기**

블록을 삭제하고 싶을 때는 [그림 5-9](a)와 같이 해당 블록을 [스크립트 작업 창]에서 [코드] 탭의 블록 모음 영역으로 드래그하거나, [그림 5-9](b)처럼 마우스 오른쪽 버튼을 클릭하고 [블록 삭제하기]를 선택하면 됩니다.

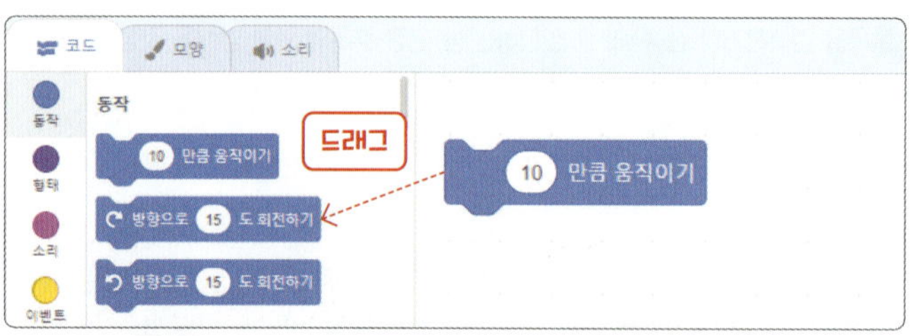

(a) 마우스로 드래그하여 삭제하는 방법

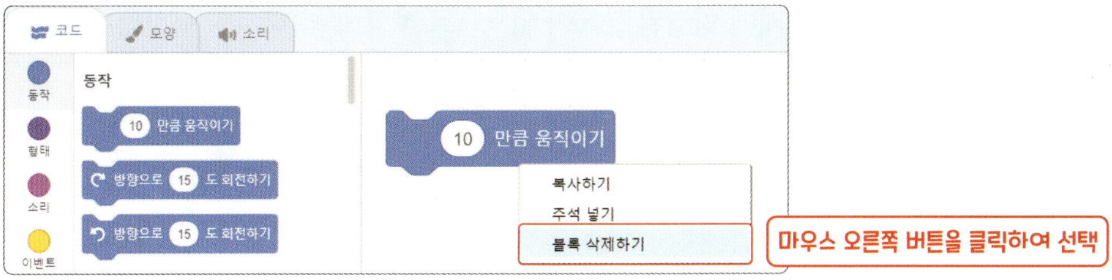

(b) [블록 삭제하기] 메뉴를 선택하여 삭제하는 방법

그림 5-9 **블록 삭제하기**

블록 조립하기와 분리하기

[스크립트 작업 창]에서 블록 여러 개를 조립하고 싶을 때는 해당 블록을 조립하고자 하는 블록 가까이로 드래그하면 됩니다. 해당 블록이 조립하고자 하는 블록에 가까워지면 조립될 위치가 회색의 음영으로 표시되는데, 이때 마우스 버튼을 놓으면 자동으로 조립됩니다.

그림 5-10 **블록 조립하기**

반대로 블록을 분리하고 싶을 때는 분리할 블록을 마우스로 클릭하여 멀리 드래그하면 됩니다. 이때 주의할 점은 회색의 음영이 사라질 때까지 드래그해야 합니다.

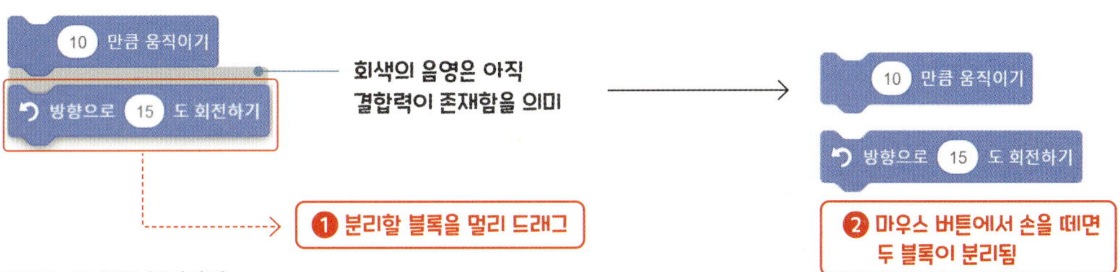

그림 5-11 **블록 분리하기**

블록 복사하기

블록을 복사하고 싶을 때는 해당 블록을 마우스 오른쪽 버튼으로 클릭하고 [복사하기]를 선택하면 됩니다. 특히, 블록 복사는 마우스로 선택한 블록뿐만 아니라 그 블록 아래에 연결된 다른 블록들까지 함께 복사됩니다.

[그림 5-12]에서는 선택된 블록 아래에 연결된 블록이 없으므로 해당 블록 하나만 복사됩니다.

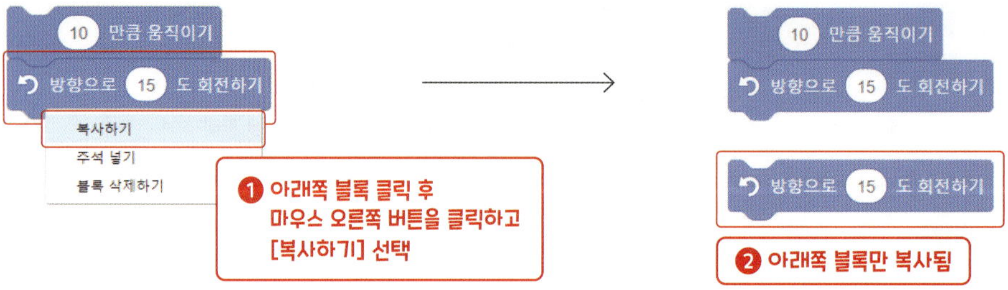

그림 5-12 **블록 하나만 복사하기**

[그림 5-13]은 선택한 블록 아래에 다른 블록이 연결되어 있으므로, 블록들이 함께 복사되는 모습을 볼 수 있습니다.

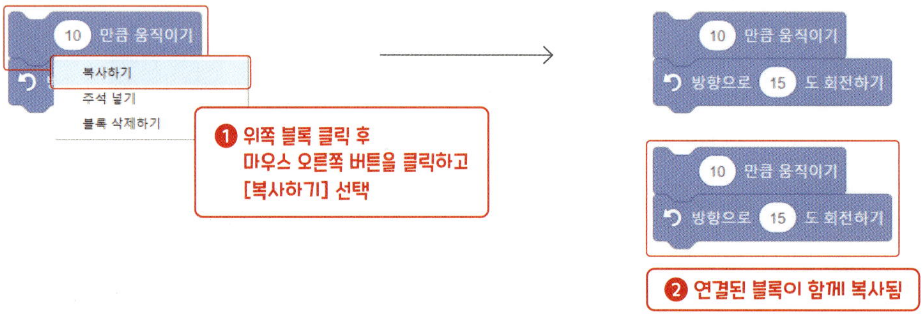

그림 5-13 **연결된 블록 함께 복사하기**

Section

03 스크래치 프로그래밍 과정을 따라해 봅시다

1 예제 프로그램 소개

이제는 '고양이와 쥐'라는 간단한 프로그램을 만들어 보면서 스크래치 프로그래밍의 전 과정을 경험해 봅시다.

'고양이와 쥐'는 고양이 스프라이트가 멈춰 있는 쥐 스프라이트를 향해 움직여 그 쥐 스프라이트를 잡는 프로그램입니다. 이 프로그램을 처음부터 끝까지 만들어 보면서 스크래치를 실행하는 방법, 스프라이트와 무대를 생성하고 관리하는 방법, 스프라이트 동작을 프로그래밍하는 방법, 프로그램을 실행하고 저장하는 방법 등 프로그래밍의 전 과정을 살펴봅니다.

먼저, '고양이와 쥐' 프로그램의 실행 화면 모습과 고양이 스프라이트의 행동 스크립트는 [그림 5-14]와 같습니다.

(a) 프로그램 실행 화면

(b) 고양이 스프라이트의 행동 스크립트

그림 5-14 **'고양이와 쥐' 프로그램**

▪ **프로그램 설명**

- 프로그램 실행 전 고양이와 쥐 스프라이트를 적당한 위치에 갖다 놓습니다.
- 프로그램이 실행되면, 고양이 스프라이트는 쥐 스프라이트가 있는 방향을 바라보며 1초에 10만큼씩 반복해서 이동합니다. 이때 쥐 스프라이트는 가만히 정지해 있는 상태입니다.

2 예제 프로그램의 단계별 작성

스크래치 프로그래밍 통합 지원 환경 실행하기

웹브라우저에서 https://scratch.mit.edu/ 웹사이트로 접속하여 로그인한 다음 [만들기] 또는 [만들기 시작하기]를 선택하여 스크래치 프로그래밍 통합 지원 환경으로 이동합니다.

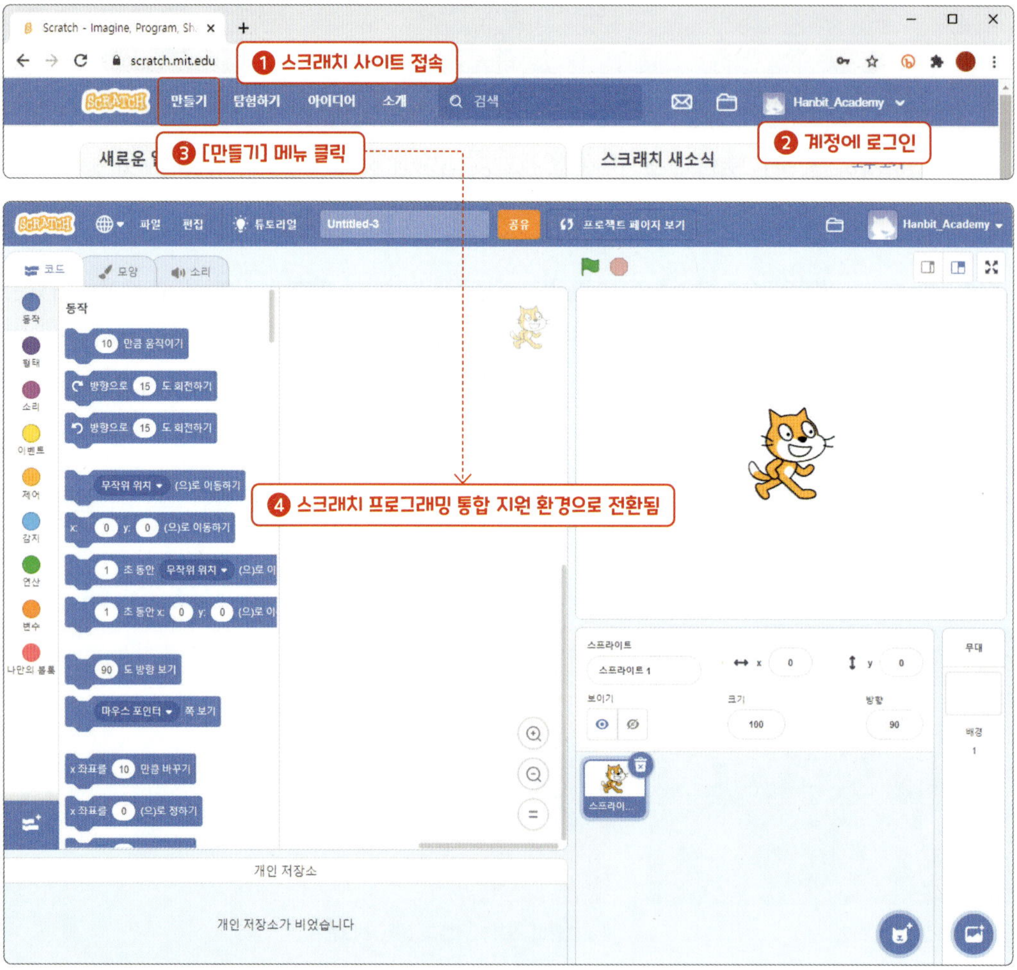

그림 5-15 **스크래치 프로그래밍 통합 지원 환경 실행하기**

무대 배경 변경하기

[스프라이트/무대 관리 창]에서 [배경 고르기]를 클릭하면 여러 배경 사진이 담긴 화면이 나타납니다. 그중 'Beach Malibu'를 더블클릭하면 무대 배경이 해변가로 변경됩니다.

그림 5-16 **무대 배경 변경하기**

스프라이트 추가하기

[스프라이트/무대 관리 창]에서 [스프라이트 고르기]를 클릭하면 여러 스프라이트가 담긴 화면이 나타납니다. 그중 'Mouse1'을 더블클릭하면 무대에 해당 스프라이트가 추가됩니다.

그림 5-17 **스프라이트 추가하기**

스프라이트 이름 변경하기

스크립트를 작성할 때 스프라이트의 이름을 사용해야 하는 경우가 종종 있으므로 각각의 스프라이트는 기억하기 쉬운 이름으로 설정해 두는 것이 좋습니다. 스크래치에서 기본적으로 제공하는 고양이 스프라이트와 앞에서 추가한 쥐 스프라이트 이름의 기본값은 '스프라이트1'과 'Mouse1'입니다. 이를 '고양이'와 '쥐'로 바꿔보겠습니다.

이름을 바꾸는 방법은 한 가지인데, '스프라이트1' 스프라이트를 선택한 후 [스프라이트/무대 관리 창] 상단에 있는 입력 창에서 이름을 '고양이'로 변경하면 됩니다. 'Mouse1' 스프라이트도 같은 방식으로 이름을 '쥐'로 변경해 봅니다.

(a) '스프라이트1' 스프라이트를 '고양이'로 이름 변경

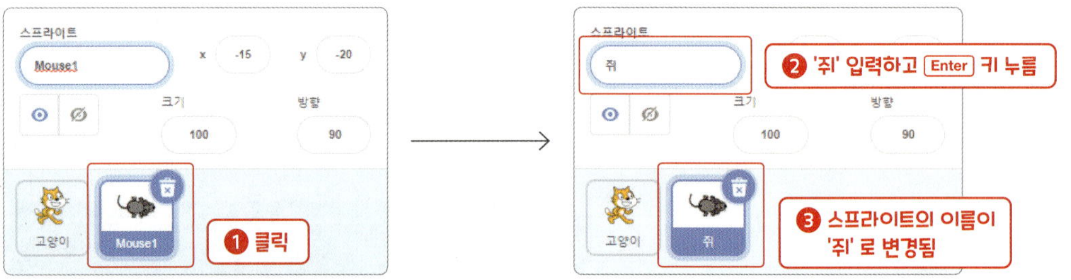

(b) 'Mouse1' 스프라이트를 '쥐'로 이름 변경

그림 5-18 **스프라이트 이름 변경하기**

스프라이트의 스크립트 작성하기

동작을 구현하기 위한 스크립트를 작성하려면 먼저 대상을 선택해야 합니다. 여기서는 고양이 스프라이트의 스크립트를 작성해 보겠습니다.

우선, [스프라이트/무대 관리 창]에서 고양이 스프라이트를 선택합니다. 그런 다음, [스크립트 작업 창]에서 [코드] 탭을 선택한 후 앞에서 배운 블록 조작법을 활용해 고양이 스프라이트의 스크립트를 작성하면 됩니다. [그림 5-19]의 완성된 스크립트를 보며 [동작], [이벤트], [제어] 메뉴에서 알맞은 블록들을 옆의 창으로 직접 드래그해 봅시다. 블록의 하얀 상자 속 글씨들은 자유롭게 수정이 가능합니다.

그림 5-19 고양이 스프라이트의 스크립트 작성하기

하나 더 알기 [그림 5-19] 스크립트 속 블록 설명

프로그램 실행하기

스크립트 작성이 완료되었다면 [프로그램 실행 창]에서 스크립트를 실행해 봅시다. 일단 프로그램을 실행하기 전에 고양이 스프라이트와 쥐 스프라이트를 원하는 위치로 옮깁니다. 그런 다음 초록 깃발 모양의 실행 버튼(⚑)을 클릭하면 고양이 스프라이트가 쥐 스프라이트를 바라보며 1초에 10만큼씩 이동하는 모습을 볼 수 있습니다. 스프라이트의 위치는 프로그램 실행 중에도 바꿀 수 있습니다.

그림 5-20 **'고양이와 쥐' 프로그램 실행하기**

하지만 프로그램 실행 화면을 웹페이지 전체 화면으로 설정하면 그 화면 내에서는 스프라이트들의 위치를 자유자재로 옮길 수 없습니다. 이때는 [스크립트 작업 창]-[코드] 탭의 [감지] 메뉴에서 드래그 모드 설정 블록을 스크립트에 넣어두면 됩니다. [그림 5-21]과 같이 고양이 스프라이트의 행동 스크립트를 수정한 후 전체 화면에서 스크립트를 다시 실행시켜 봅시다. 이제 고양이 스프라이트를 마우스로 옮길 수 있습니다.

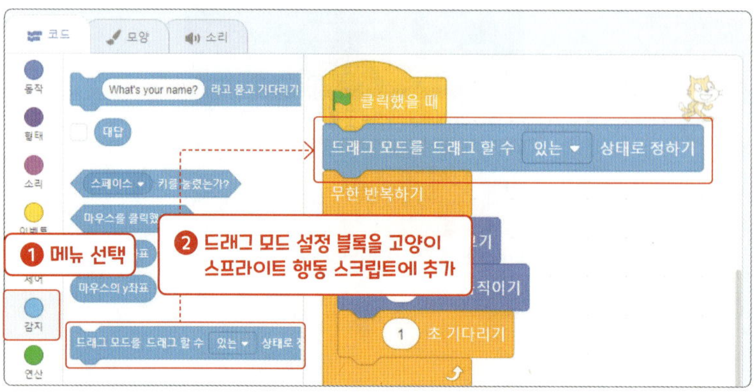

그림 5-21 **전체 화면 실행 시 스프라이트의 위치 변경 기능 추가하기**

프로그램 저장하고 불러오기

작성을 완료한 스크래치 프로그램은 [내 작업실]이나 컴퓨터에 저장할 수 있습니다. 우선, [내 작업실]에 먼저 저장해 봅시다. [메인 메뉴 바] 중앙에 있는 프로젝트 이름 입력 창에 '고양이와 쥐'라고 프로그램명을 입력합니다. 그 후, [파일]-[저장하기]를 선택하면 작성이 완료된 스크래치 프로그램이 '고양이와 쥐'라는 이름으로 [내 작업실]에 저장됩니다.

그림 5-22 **[내 작업실] 공간에 프로그램 저장하기**

컴퓨터에 저장하는 방법은 [메인 메뉴 바]에서 [파일]-[컴퓨터에 저장하기]를 선택하면 됩니다. 스크래치 3.0의 저장 파일 확장자명은 '.sb3'입니다. 따라서 '고양이와 쥐' 프로그램은 컴퓨터에 저장될 때 '고양이와 쥐.sb3'라는 이름으로 저장됩니다.

그림 5-23 **컴퓨터에 저장하기**

이번에는 저장한 프로그램을 불러와 봅시다. [메인 메뉴 바]에서 [내 작업실]을 클릭해 들어가면 저장된 스크래치 프로그램(프로젝트)이 보입니다. 여기서 '고양이와 쥐' 이미지를 클릭하면 관리 페이지로 이동하고, [스크립트 보기]를 클릭하면 프로그래밍 작업 창으로 이동합니다. 이때 [내 작업실] 메뉴를 사용하려면 스크래치 계정에 로그인한 상태여야 합니다.

스크래치 프로그래밍 통합 지원 환경으로 전환하기 전

그림 5-24 [내 작업실]에 저장된 프로젝트 불러오기

위에서 언급한 프로젝트 관리 페이지는 여러분이 작성했던 스크래치 프로그램의 사용 방법 또는 참고사항 등을 기술해 놓을 수 있는 공간입니다. 다른 사용자와의 공유 설정을 통해 댓글과 평가도 받을 수 있습니다.

그림 5-25 프로젝트 관리 페이지 화면

만약 컴퓨터에 저장된 스크래치 프로그램을 불러오고 싶다면, [메인 메뉴 바]에서 [파일]-[Load from your computer]를 이용하면 됩니다.

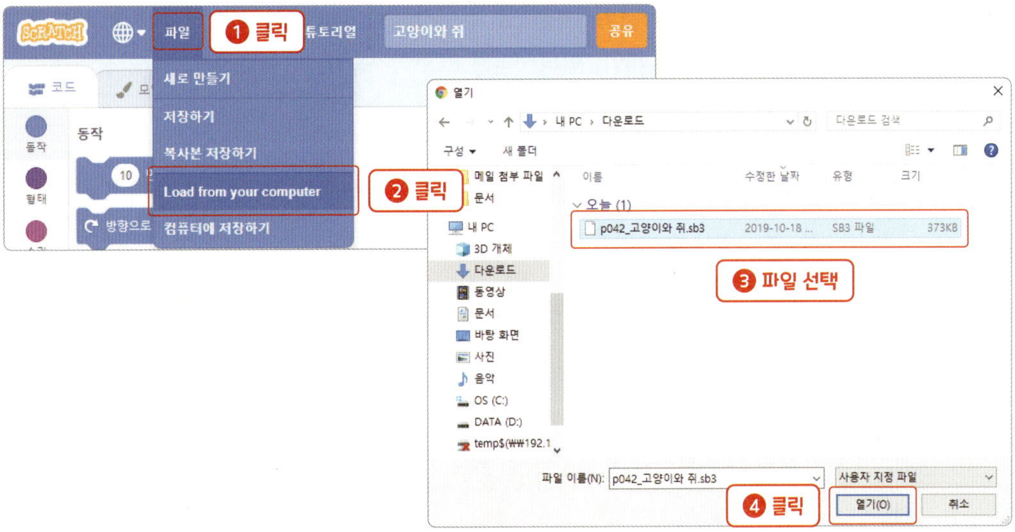

그림 5-26 컴퓨터에 저장된 프로그램 불러오기

요약

01 스크래치는 미국 MIT 미디어랩의 라이프롱 킨더가르텐 그룹에서 개발한 교육용 프로그래밍 언어입니다. 이를 통해 게임, 인터랙티브 스토리, 음악, 디지털 아트 등의 창조적인 프로그램을 손쉽게 만들 수 있습니다.

02 스크래치의 교육 목표는 프로그래밍을 통해 21세기를 살아가는 데 필요한 능력인 창조적으로 생각하기, 논리적으로 추론하기, 다른 사람들과 협동하기 능력을 키우는 것입니다.

03 스크래치는 스크립트 언어, 블록 조립형 프로그래밍, 통합적 프로그래밍 개발 환경 등의 특징을 가지며 이용자가 수월하게 프로그래밍할 수 있도록 작업 환경을 지원합니다.

04 스크래치 블록들은 기능별로 고유의 색으로 분류되어 있습니다.

05 스크래치 블록을 프로그래밍 요소별로 분류하면 다음과 같습니다.

블록 범주	모양	블록 범주	모양
문장 블록		제어 블록	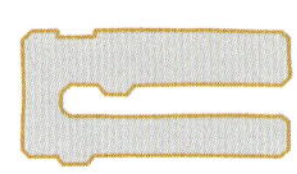
변수 블록		이벤트 블록	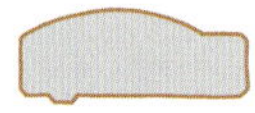
조건 블록		절차 블록	

연습문제

01 스크래치 프로젝트가 교육 목표로 삼는 핵심 능력이 아닌 것은 무엇인가요?

① 창의적으로 생각하기
② 논리적으로 추론하기
③ 다른 사람들과 협동하기
④ 수학적 계산 능력 키우기

02 다음은 스크래치에 대한 설명입니다. 옳지 않은 것을 고르세요.

① MIT 미디어랩의 라이프롱 킨더가르텐 그룹에서 운영하는 무료 프로젝트입니다.
② 프로그래밍 작업을 간편하게 해볼 수 있도록 지원하는 스크립트 언어입니다.
③ 아래한글이나 앵그리버드와 같은 대규모의 복잡한 프로그래밍 작업에 적합합니다.
④ 프로그래밍 작업을 통합적으로 지원하는 환경을 제공합니다.

03 스크래치는 누구에게나 재미있고 어렵지 않은 프로그래밍 교육을 목표로 합니다. 이 목표를 이루기 위한 스크래치의 특징이 아닌 것은 무엇인가요?

① 스크래치는 스프라이트와 무대의 행동 및 구성을 작성하는 스크립트 언어입니다.
② 스크래치로 작성된 프로그램은 다른 프로그래밍 언어로 자동 변환할 수 있습니다.
③ 스크래치는 블록 조립식 프로그래밍 방식을 제공합니다.
④ 스크래치는 프로그래밍 작업을 통합적으로 지원하는 환경을 제공합니다.

04 스크래치 블록과 블록이 속하는 [코드] 탭의 범주를 잘못 연결한 것은 무엇인가요?

① 블록 ⓐ – 동작
② 블록 ⓑ – 소리
③ 블록 ⓒ – 이벤트
④ 블록 ⓓ – 변수

05 아래 그림과 같이 블록 ⓑ를 클릭하여 [복사하기]를 실행할 때, 실제로 복사되는 블록들로 알맞은 것은 무엇인가요?

① 블록 ⓑ만 복사됩니다.
② 블록 ⓑ와 ⓒ가 복사됩니다.
③ 블록 ⓑ, ⓒ, ⓓ가 복사됩니다.
④ 블록 ⓐ, ⓑ, ⓒ, ⓓ가 복사됩니다.

06 스크래치 저장 파일의 확장자명은 무엇인가요?

① .doc ② .hwp

③ .sb3 ④ .jpg

07 완성한 스크래치 프로그램을 전체 화면으로 확대하여 실행할 때 스프라이트를 마우스로 클릭하여 이동할 수 있게 하는 방법은 무엇인가요?

① [코드] 탭의 [감지] 메뉴에서 '드래그 모드 설정' 블록을 이용합니다.

② 스프라이트의 기본 속성인 [보이기]를 체크합니다.

③ 스프라이트의 기본 속성인 [방향]을 0도로 설정합니다.

④ 프로그램을 전체 화면으로 실행할 때는 마우스로 스프라이트를 이동시킬 수 있는 방법이 없습니다.

08 스크래치 웹사이트(https://scratch.mit.edu)에 접속하여 메인 화면을 둘러봅니다. 스크래치 프로그램을 새로 만들거나, 다른 사람들의 예제를 살펴보거나, 스크래치 회원으로 가입할 수 있는 메뉴를 확인해 봅니다.

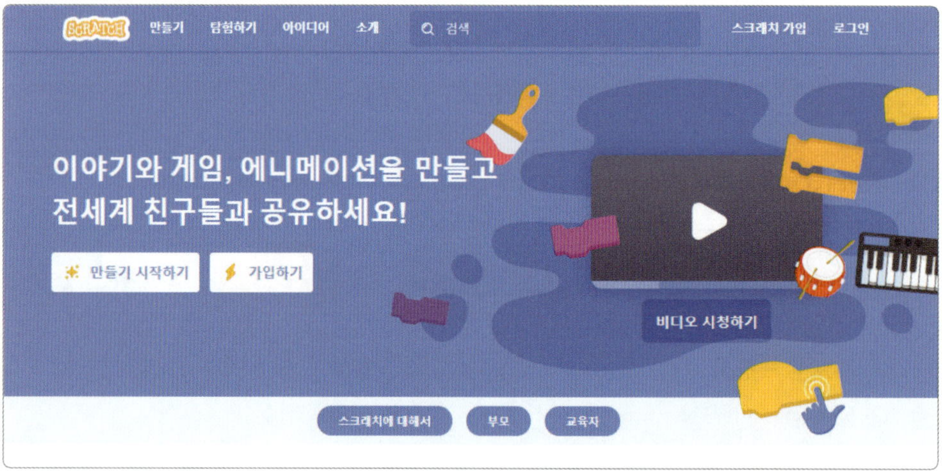

09 웹사이트 메인 화면에서 [스크래치 가입] 메뉴를 선택하여 스크래치 회원으로 가입합니다. 회원으로 가입한 뒤 로그인하면 여러분이 만든 스크래치 프로그램을 전 세계 스크래치 회원들과 공유할 수 있고 [내 작업실]에서 관리할 수도 있습니다.

10 웹사이트 메인 화면에서 [탐험하기]를 선택하고 예제를 하나 선택하여 직접 실행해 봅니다. 실행 화면 좌측에 있는 실행 버튼( )을 클릭하면 프로그램이 실행되고, 중지 버튼( )을 클릭하면 프로그램 실행이 종료됩니다. 실행 화면 우측에 있는 전체 창 버튼( )을 클릭하면 실행 화면이 전체 화면으로 변경됩니다. 가장 우측에 있는 [스크립트 보기] 메뉴를 선택하면 프로그램을 어떻게 구현했는지 확인할 수 있습니다.

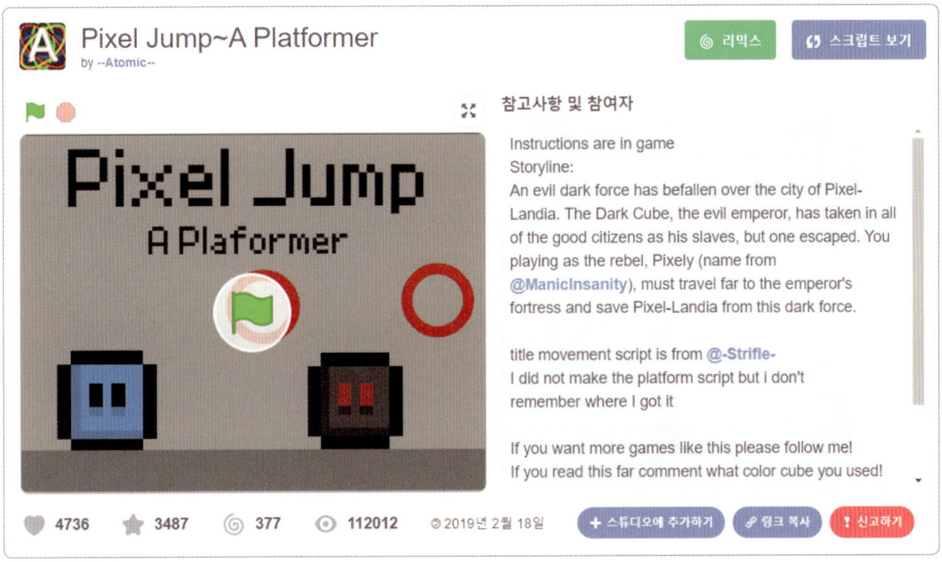

11 웹사이트 메인 화면에서 [만들기] 또는 [만들기 시작하기]를 선택해 스크래치 프로그래밍 통합 지원 환경을 실행합니다. 무대는 아직 배경을 갖고 있지 않으며 스프라이트는 스프라이트1(또는 Sprite1)만 존재합니다. 이 상태에서 다음의 작업을 수행한 후 예제 그림과 비교해 봅니다.

① 프로젝트 이름 입력 창에 '쥐와 대화하는 고양이'를 입력합니다.
② 무대 배경으로 'Blue Sky'를 선택합니다.
③ 'Mouse1' 스프라이트를 추가합니다.
④ '스프라이트1' 스프라이트의 이름을 '고양이'로 변경합니다.
⑤ 'Mouse1' 스프라이트의 이름을 '쥐'로 변경합니다.

예

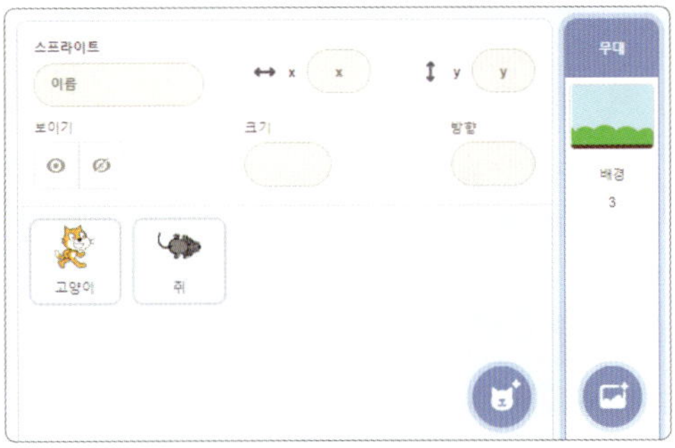

12 **11번의 작업에 이어, 무대 구성과 고양이, 쥐 스프라이트의 행동 스크립트를 다음과 같이 작성하고 전체 화면으로 실행해 봅니다.**

① **무대의 스크립트:** [스프라이트/무대 관리 창]에서 무대를 클릭하고 [스크립트 작업 창]–[코드] 탭을 선택한 뒤, 다음과 같이 스크립트를 작성합니다.

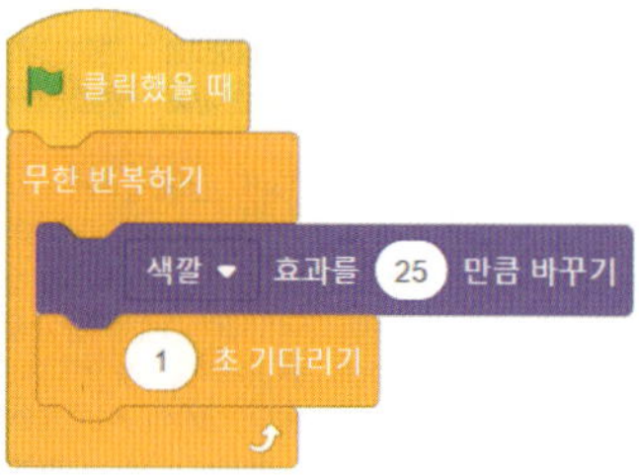

② **고양이 스프라이트의 스크립트:** [스프라이트/무대 관리 창]에서 고양이 스프라이트를 클릭하고 [스크립트 작업 창]–[코드] 탭을 선택한 뒤, 다음과 같이 스크립트를 작성합니다.

③ **쥐 스프라이트의 스크립트:** [스프라이트/무대 관리 창]에서 쥐 스프라이트를 클릭하고 [스크립트 작업 창]–[코드] 탭을 선택한 뒤, 다음과 같이 스크립트를 작성합니다.

④ **전체 화면으로 프로그램 실행:** [프로그램 실행 창]의 상단 우측에 있는 전체 창 버튼( )을 클릭한 후 실행 버튼( )을 눌러 프로그램을 실행합니다.

13 12번의 작업에 이어, [메인 메뉴 바]에서 [파일]–[저장하기]를 선택하여 작성이 완료된 프로그램을 [내 작업실]에 저장해 봅니다.

- 프로그램 저장 작업 후, [내 작업실]로 가서 '쥐와 대화하는 고양이' 프로젝트가 잘 저장되었는지 확인합니다.

CHAPTER 06

스프라이트의 행동과 변수 활용하기

학습목표

- 스프라이트의 동작, 형태, 소리 기능에 대해 알아봅니다.
- 스프라이트 모양의 중심을 이해합니다.
- 변수의 개념과 스크래치의 변수 생성 방법을 파악합니다.
- 스크래치의 지역 변수와 전역 변수 활용 방법을 이해합니다.
- 스크래치의 리스트 활용 방법을 이해합니다.

Preview

스크래치는 스크립트 언어로 '스프라이트'라는 다양한 연기자들을 제공합니다. 따라서 스크래치 프로그램을 작성한다는 것은 프로그램에 필요한 스프라이트들을 선택하고 각 스프라이트가 수행해야 할 행동들을 프로그래밍하는 작업이라고 할 수 있습니다.

이 장에서는 스프라이트의 행동을 구현할 때 활용하는 동작, 형태, 소리 기능에 대해 알아보고, 프로그래밍의 가장 기본적인 기능인 변수 생성과 활용 방법을 학습해 봅니다.

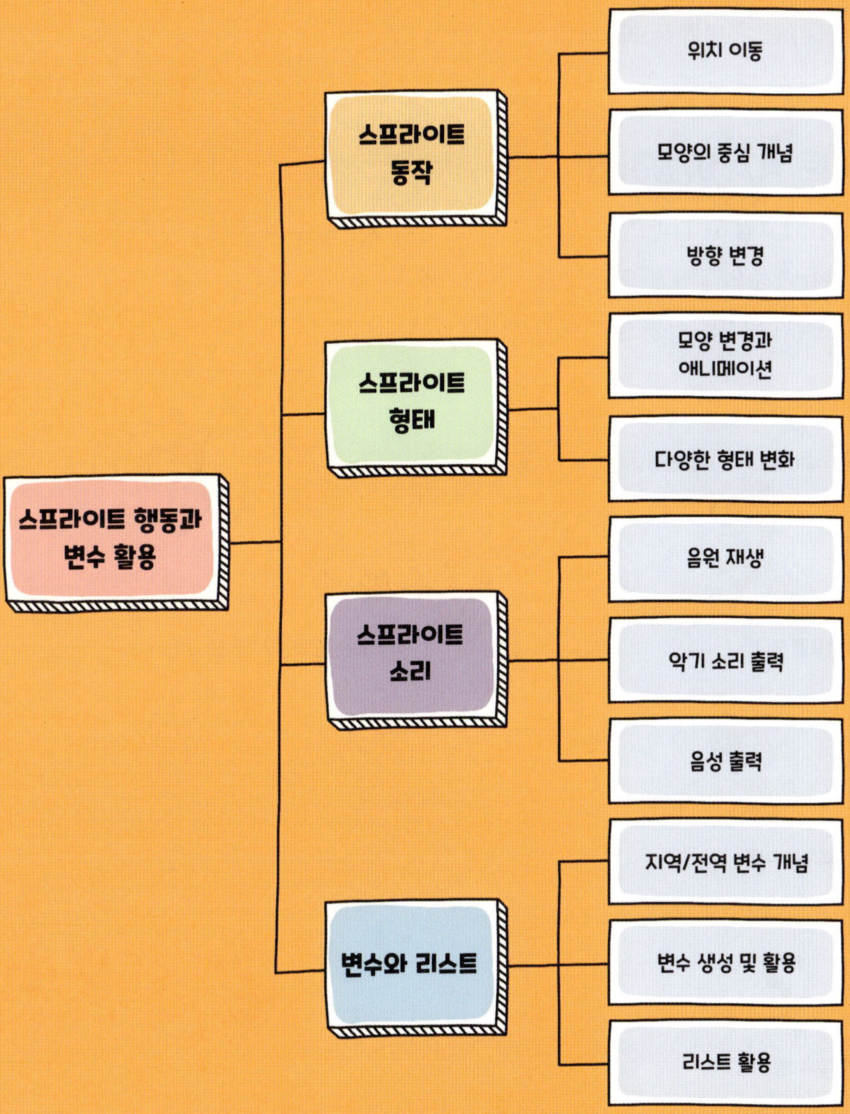

Section 01

스프라이트는 어떻게 동작할까요?

스크래치는 스프라이트의 행동을 동작, 형태, 소리 등으로 구분한 뒤 그에 적합한 블록들을 제공합니다. 스프라이트의 동작은 주로 위치와 방향 변경과 관련된 행동입니다. 동작과 관련된 블록은 [스크립트 작업 창]-[코드] 탭의 [동작] 메뉴에서 제공합니다.

1 스프라이트 위치 이동하기

스프라이트의 위치는 [그림 6-1]과 같이 스프라이트 모양의 중심이 위치할 좌표(x좌표, y좌표) 변경, 바라보는 방향을 기준으로 전진 또는 후진, 마우스 포인터 위치로 이동, 다른 스프라이트가 있는 위치로 이동, 무작위 위치로 이동 등을 통해 변경할 수 있습니다.

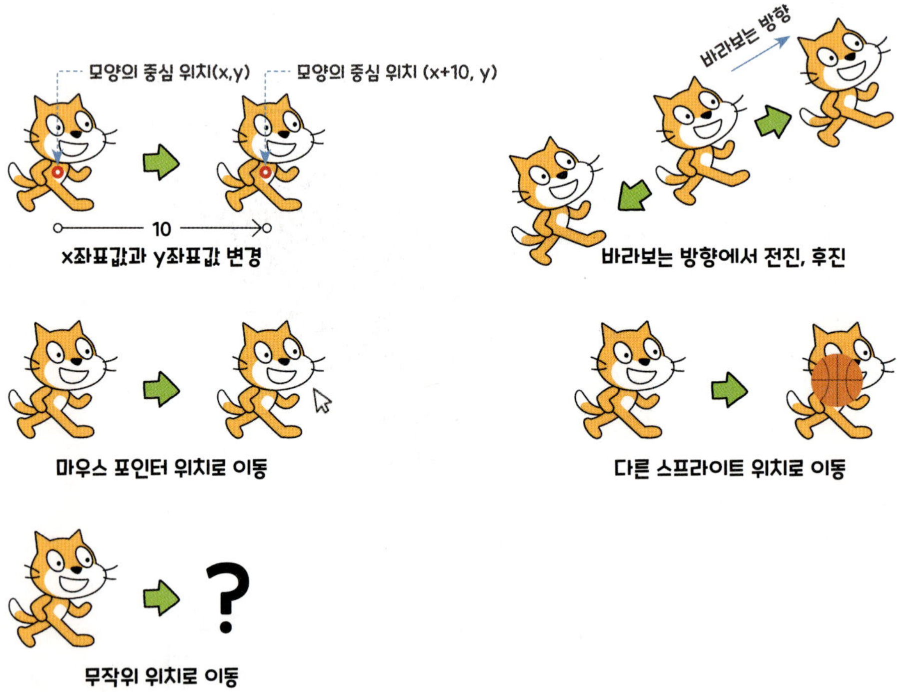

그림 6-1 스프라이트의 위치 이동 방식

2 스프라이트 모양의 중심

스프라이트 모양의 중심은 스프라이트의 위치와 방향 변경 등의 기준이 되는 지점입니다. 즉, 무대 내에서 스프라이트의 위치를 어떤 좌표로 이동시킨다는 것은 스프라이트 모양의 중심을 그 좌표로 이동시킨다는 의미입니다.

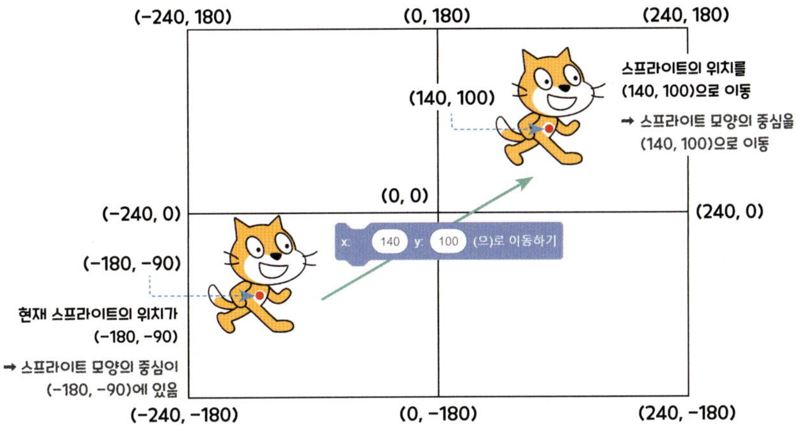

그림 6-2 **스프라이트 위치 이동의 개념**

스크래치에서는 [그림 6-3]과 같이 스프라이트 모양의 중심을 변경할 수 있습니다. 일단 [스프라이트/무대 관리 창]에서 고양이 스프라이트를 선택한 후 [스크립트 작업 창]-[모양] 탭을 선택해 봅니다. 그런 다음, 그림판 위 고양이 스프라이트 전체를 선택한 후 드래그하여 다른 곳으로 이동시켜 보면, 고양이 스프라이트가 있던 공간 중앙에 모양의 중심이 있는 것을 확인할 수 있습니다. 이 중심을 기준으로 고양이 스프라이트 전체를 원하는 지점으로 이동시키면 [프로그램 실행 창]의 고양이 스프라이트 위치도 변경할 수 있습니다.

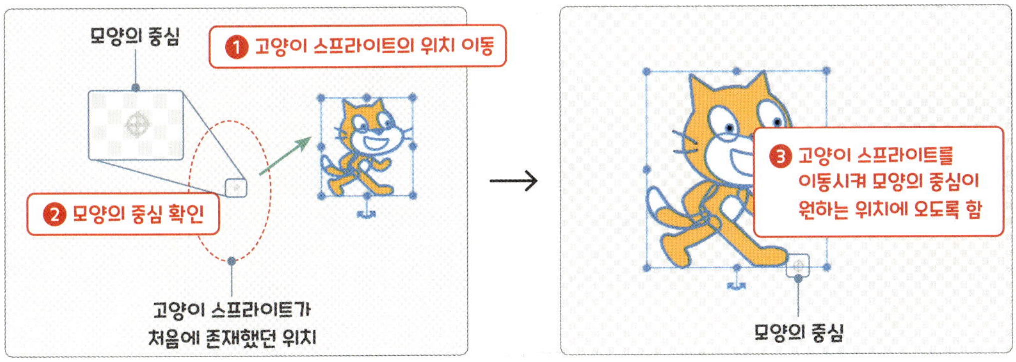

그림 6-3 **스프라이트 모양의 중심 조정 방법**

3 스프라이트의 방향 변경하기

스프라이트의 방향은 [그림 6-4]와 같이 회전 각도를 직접 설정하거나 마우스 포인터 또는 다른 스프라이트를 바라보도록 하는 식으로 변경할 수 있습니다.

그림 6-4 **스프라이트의 방향 변경 방식**

스프라이트의 방향 변경은 스프라이트 모양의 중심을 기준으로 이루어집니다. [그림 6-5]와 같이 [스크립트 작업 창]-[모양] 탭에서 고양이 스프라이트의 첫 번째 모양(모양1)은 원래대로 두고, 두 번째 모양(모양2) 전체를 선택한 후 드래그하여 모양의 중심을 발끝으로 변경해 봅니다. 그 다음 [그림 6-5]에 있는 스크립트를 작성한 후 실행해 봅시다. 고양이 스프라이트가 '모양1'일 때는 얼굴을 기준으로 제자리에서 회전하지만, '모양2'일 때는 발끝을 기준으로 넓게 회전하는 모습을 확인할 수 있습니다.

그림 6-5 **모양의 중심 위치에 따른 스프라이트의 방향 변화**

4 스프라이트의 다양한 동작 구현하기

이번에는 스프라이트의 다양한 동작을 직접 눈으로 확인해 봅시다. 우선, [그림 6-6]과 같이 [스프라이트/무대 관리 창]에서 쥐 스프라이트를 추가한 후, [스크립트 작업 창]에서 고양이 스프라이트의 행동 스크립트를 작성합니다. 그리고 나서 실행해 보면 고양이 스프라이트가 다양한 동작으로 움직이는 모습을 볼 수 있으며, 프로그램에 사용된 블록들의 기능도 이해할 수 있을 것입니다.

그림 6-6 스프라이트의 다양한 동작 구현하기

하나 더 알기 **스크래치의 방향계**

스크래치는 위쪽 방향을 0도로 하고, 시계 방향으로 각도가 증가하는 방향계를 갖습니다. 즉, 위쪽 방향은 0도, 오른쪽 방향은 90도, 아래쪽 방향은 180도, 왼쪽 방향은 270도(또는 -90도)로 표현됩니다.

Section 02

스프라이트의 형태를 바꿔봅시다

스프라이트의 형태는 모양, 크기, 색깔, 픽셀화, 소용돌이, 말풍선과 생각풍선 등으로 구현합니다. 형태와 관련된 블록은 [스크립트 작업 창]-[코드] 탭의 [형태] 메뉴에서 제공합니다.

1 스프라이트의 모양과 애니메이션

스프라이트는 동일한 캐릭터가 여러 개의 모양을 가질 수 있는데, 그 모양의 종류들은 [스크립트 작업 창]-[모양] 탭에서 볼 수 있습니다. 스크래치 블록 중에는 [형태] 메뉴-[다음 모양으로 바꾸기]라는 블록이 있는데, 이 블록을 사용하면 스프라이트의 모양을 목록 순서대로 변경할 수 있습니다.

[그림 6-7]은 고양이와 발레리나 스프라이트의 다양한 모양 목록입니다. [다음 모양으로 바꾸기] 블록을 적용하면 목록 순서대로 모양이 바뀝니다.

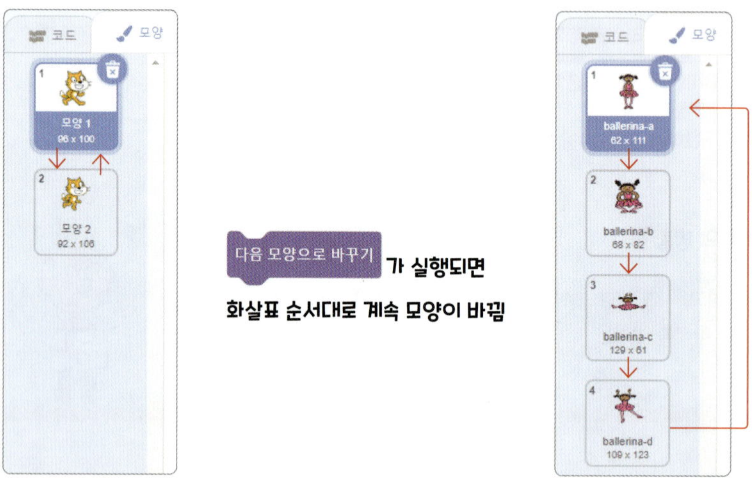

고양이 스프라이트의 모양 목록

발레리나 스프라이트의 모양 목록

그림 6-7 [다음 모양으로 바꾸기] 블록으로 스프라이트 모양 변경하기

스프라이트의 여러 모양을 이용하면 애니메이션 구현도 가능합니다. 직접 만들어 보고 싶다면 [그림 6-8]과 같이 고양이와 발레리나 스프라이트의 행동 스크립트를 한번 작성해 봅시다. [스프라이트/무대 관리 창]에서 발레리나 스프라이트를 추가한 후 [스크립트 작업 창]에서 두 스프라이트의 행동 스크립트를 작성하면 됩니다. 완성된 스크립트로 프로그램을 실행하면 발레리나 스프라이트가 춤을 추고, 고양이 스프라이트가 발레리나 스프라이트를 향해 걸어가는 모습을 볼 수 있습니다.

그림 6-8 **스프라이트의 애니메이션 구현하기**

2 스프라이트의 다양한 형태 변화

스크래치는 스프라이트의 모양 외에도 [그림 6-9]와 같이 색깔, 픽셀화, 소용돌이, 크기 등의 다양한 그래픽 효과 기능과 말풍선, 생각풍선을 출력하는 기능도 제공합니다.

그림 6-9 **스프라이트의 다양한 형태**

앞서 [그림 6-8]에서 작업했던 애니메이션 예제에서 발레리나 스프라이트의 스크립트를 [그림 6-10]과 같이 수정한 다음 스프라이트의 다양한 형태 변화를 확인해 봅시다.

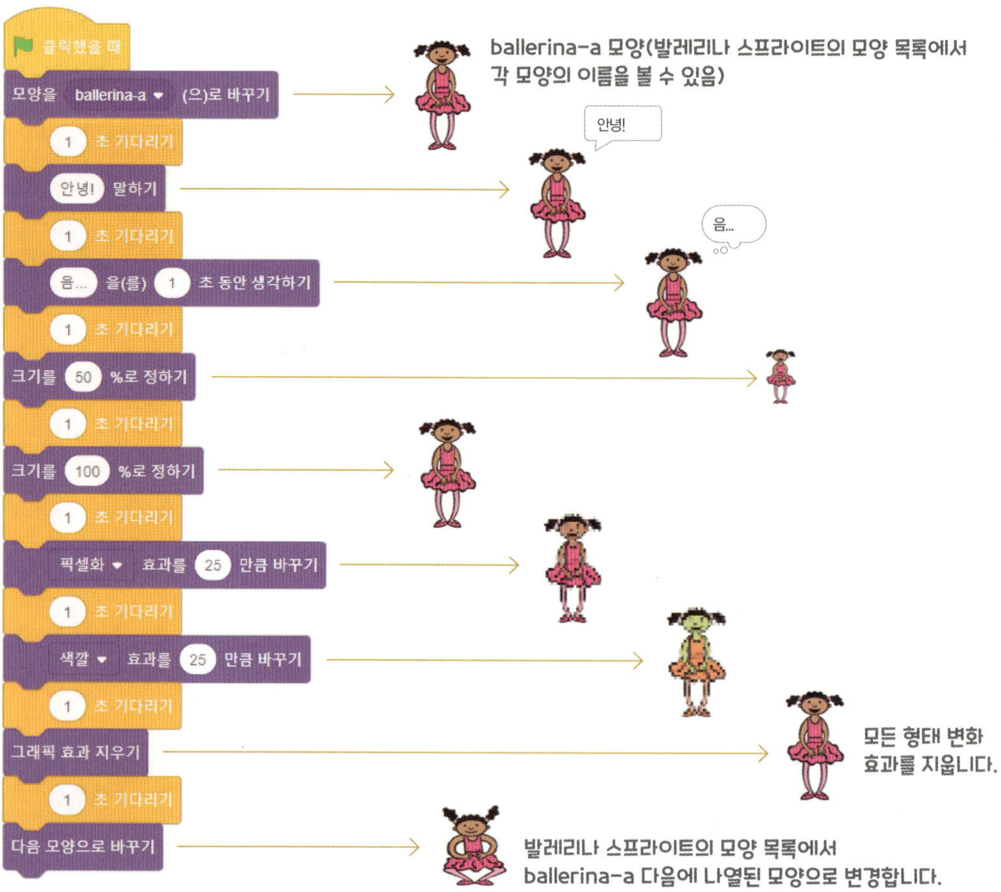

그림 6-10 **스프라이트의 다양한 형태 변화 구현하기**

Section 03 스프라이트가 소리를 내도록 합시다

1 스프라이트의 소리 종류

스프라이트의 소리는 특정 음원 파일이나 다양한 악기 소리, 사람의 음성을 통해 출력할 수 있습니다. 소리 출력과 관련된 스크래치 블록들은 [스크립트 작업 창]-[코드] 탭의 [소리] 메뉴와 확장 기능 중 [음악] 기능과 [텍스트 음성 변환(TTS)] 기능에서 찾을 수 있습니다.

그림 6-11 스프라이트의 소리 종류

2 스프라이트의 음원 등록하기

스크래치에서는 스프라이트의 음원을 등록하면 스크립트 실행 시 소리도 함께 내보낼 수 있습니다. 만약 고양이 스프라이트 관련 음원을 등록하고 싶다면, 일단 [스프라이트/무대 관리 창]에서 고양이 스프라이트를 선택한 후 [스크립트 작업 창]-[소리] 탭을 클릭합니다. 그러면 고양이 스프라이트 소리로 등록된 '야옹' 음원이 보이면서 음원을 재생, 편집할 수 있는 메뉴가 나타납니다. 또 다른 음원들은 작업 창 하단의 [소리 고르기] 메뉴를 통해 선택할 수 있으며, 원하는 음원을 더블클릭해 스프라이트의 소리로 등록하면 됩니다.

[그림 6-12]는 고양이 스프라이트에 'Chee Chee'라는 음원을 등록하는 과정입니다. 등록 작업을 완료하면 고양이 스프라이트는 '야옹' 음원과 'Chee Chee' 음원의 소리를 낼 수 있게 됩니다.

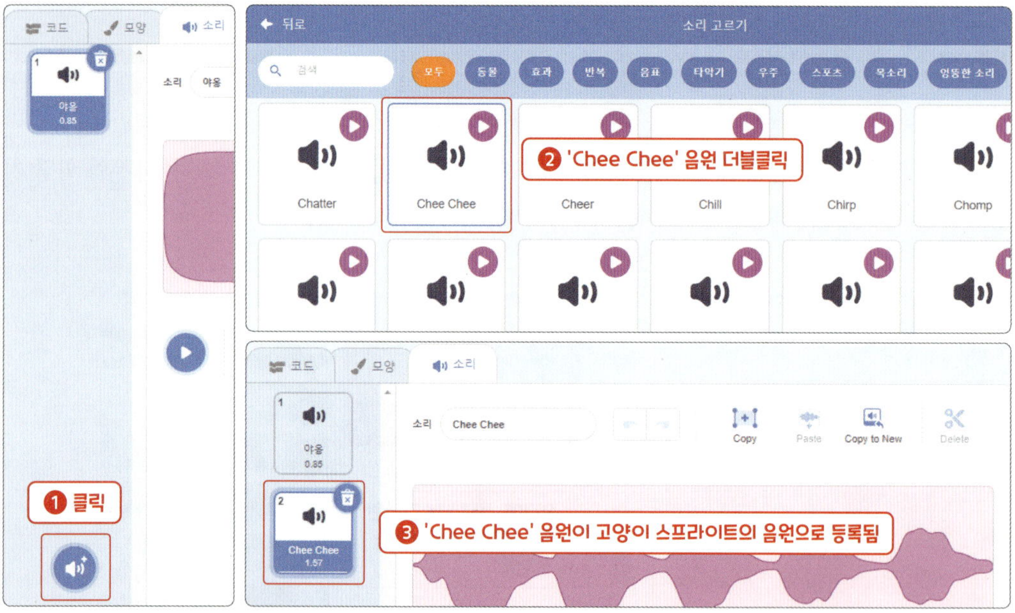

그림 6-12 **스프라이트의 음원 등록하기**

3 악기 소리 출력하기

소리 출력과 관련해서, 확장 기능 중 [음악] 기능을 사용하면 다양한 악기의 연주 소리도 낼 수 있습니다. [스크립트 작업 창]에 [음악] 기능을 추가한 후, [그림 6-13]과 같이 고양이 스프라이트의 스크립트를 작성해 소리를 들어봅시다.

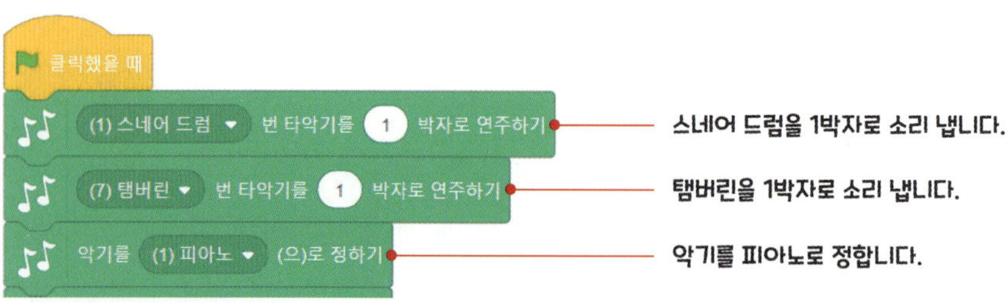

그림 6-13 **스프라이트의 악기 소리 출력하기**

4 음성 출력하기

확장 기능 중 [텍스트 음성 변환(TTS)] 기능은 여러 언어로 작성된 문장을 음성으로 출력하는 기능입니다. 관련 블록을 이용해 음성을 저음부터 고음까지 설정할 수 있습니다. [스크립트 작업 창]에 [텍스트 음성 변환(TTS)] 기능을 추가한 후, [그림 6-14]와 같이 고양이 스프라이트의 스크립트를 작성해 음성을 출력해 봅시다.

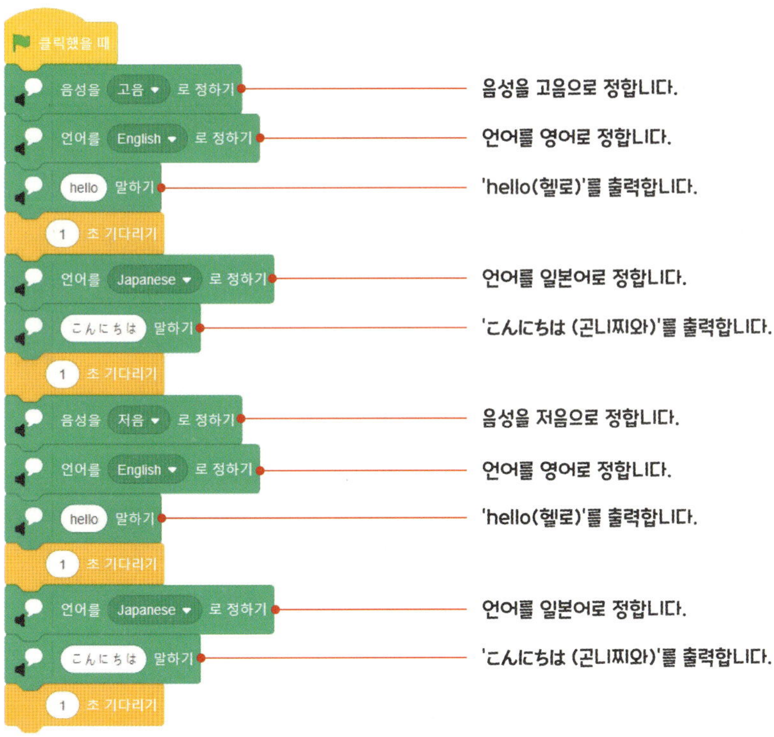

그림 6-14 **스프라이트의 음성 출력하기**

Section 04

스크래치의 변수와 리스트 활용법에 대해 알아봅시다

1 스크래치의 변수 생성과 활용

프로그램에서 변수(Variable)는 자료를 할당받기 위한 문자로 된 기호를 의미합니다. 이때 문자로 된 기호는 변수의 이름이 됩니다. 그래서 변수란 자료를 담는 그릇이라고 생각하면 이해하기 쉽습니다. 프로그램 실행 도중에는 담고 있는 자료가 변할 수도 있습니다.

스크래치의 모든 변수는 스프라이트나 무대에 소속되어야 합니다. 따라서 변수를 생성할 때는 스프라이트나 무대를 먼저 선택하고 그에 속하는 변수를 생성하면 됩니다. 스크래치는 프로그래머가 직접 변수를 생성할 수 있는 기능을 제공합니다.

그렇다면 이제 [스프라이트/무대 관리 창]에서 고양이 스프라이트를 선택한 후 [스크립트 작업 창]으로 가서, [그림 6-15]처럼 고양이 스프라이트에서만 사용할 수 있는 변수 [나이]를 만들어 봅시다.

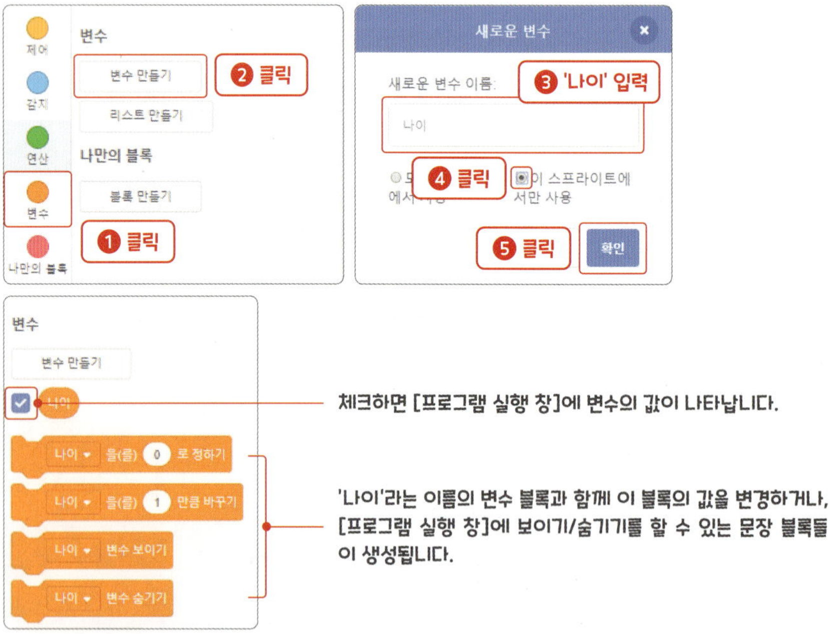

그림 6-15 고양이 스프라이트에서만 사용 가능한 변수 [나이] 생성하기

같은 방법으로 고양이 스프라이트에서만 사용할 수 있는 변수 [이름]도 생성해, [그림 6-16]과 같이 두 변수를 활용한 고양이 스프라이트의 스크립트를 작성해 봅시다. 블록 속에 다른 블록을 넣는 방법은 큰 틀의 블록을 먼저 작업 창에 드래그해 놓은 후, 그 안에 들어갈 블록을 다시 드래그해 블록 내 원하는 위치에 가져다 놓으면 됩니다.

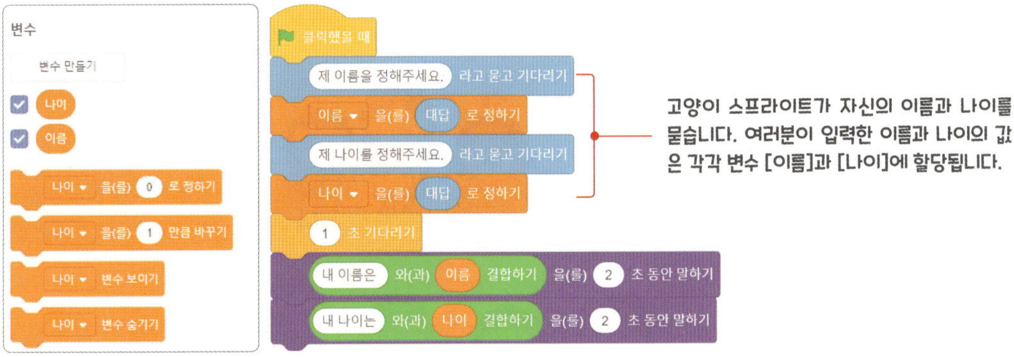

그림 6-16 **변수 [나이]와 [이름]을 활용한 스크립트 작성하기**

2 스크래치의 지역 변수와 전역 변수

프로그래밍 언어는 변수의 '유효 범위'라는 개념을 통해 변수를 사용할 수 있는 범위를 조정합니다. 변수는 유효 범위로 정해진 장소 내에서만 사용 가능하며, 유효 범위 밖에서는 그 변수의 값을 읽거나 수정하는 작업이 차단됩니다.

유효 범위가 특정 장소로 한정된 변수를 지역 변수(Local Variable)라고 합니다. 같은 장소에 있는 지역 변수들은 구별을 위해 이름이 서로 달라야 합니다. 하지만 다른 장소의 지역 변수들은 이름이 같아도 다른 변수로 인식되기 때문에, 여러 장소에 분산된 지역 변수의 이름을 일일이 다르게 지어 줄 필요는 없습니다.

그림 6-17 **지역 변수의 개념**

전역 변수(Global Variable)는 지역 변수와 달리 프로그램의 모든 장소에서 접근 가능하며, 그 값을 읽고 변경할 수 있습니다. 프로그램들은 전역 변수가 생성될 수 있는 공용 장소를 별도로 제공하는 경우가 많은데, 스크래치의 경우 무대가 공용 장소입니다. 즉, 무대에서 생성되는 변수는 모두 전역 변수여서 유효 범위가 같으므로 모든 변수는 이름이 서로 달라야 합니다.

그림 6-18 **전역 변수의 개념**

3 스크래치의 지역 변수와 전역 변수 활용

이제 스크래치에서 지역 변수와 전역 변수를 만들어 보겠습니다. 작업에 앞서, [스프라이트/무대 관리 창]에서 사과 스프라이트를 추가합니다. 그 다음, [그림 6-19]처럼 고양이 스프라이트에 속한 지역 변수 [고양이 이름]을 생성하고, [그림 6-20]과 같이 사과 스프라이트의 전역 변수인 [사과 색깔]을 생성해 봅시다.

그림 6-19 **고양이 스프라이트의 지역 변수 생성하기**

그림 6-20 **사과 스프라이트의 전역 변수 생성하기**

이제 [그림 6-21]과 같이 [스프라이트/무대 관리 창]에서 무대 메뉴를 클릭한 후 [무대 배경]이란 이름의 변수를 생성해 봅니다.

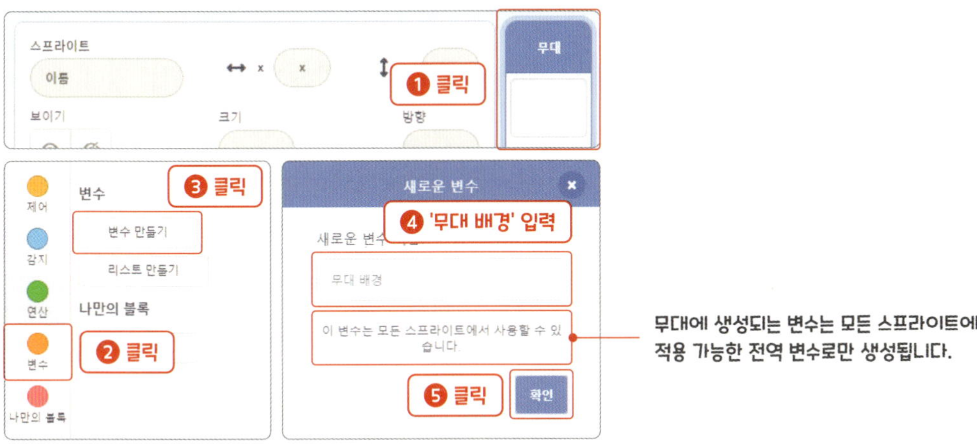

그림 6-21 **무대의 전역 변수 생성하기**

지금까지의 모든 작업이 끝났다면 이제 [스프라이트/무대 관리 창]으로 가서 고양이 스프라이트, 사과 스프라이트, 무대를 선택하여 활용 가능한 변수를 살펴봅시다.

[스크립트 작업 창]-[코드] 탭의 [변수] 메뉴를 선택하면 [표 6-1]과 같이 각 스프라이트에 해당된 변수가 보입니다. 고양이 스프라이트는 [고양이 이름], [사과 색깔], [무대 배경]이 모두 보이고, 사과 스프라이트와 무대에는 [사과 색깔]과 [무대 배경]만 보이고 고양이 스프라이트의 지역 변수인 [고양이 이름]은 보이지 않습니다.

표 6-1 **고양이 스프라이트, 사과 스프라이트, 무대의 변수 유효 범위**

스프라이트/무대	활용 가능 변수	설명
고양이	고양이 이름 사과 색깔 무대 배경	고양이 스프라이트는 자신의 지역 변수인 [고양이 이름], 사과 스프라이트의 전역 변수인 [사과 색깔], 무대의 전역 변수인 [무대 배경]을 모두 활용할 수 있습니다.
사과	사과 색깔 무대 배경	사과 스프라이트는 자신의 전역 변수인 [사과 색깔]과 무대의 전역 변수인 [무대 배경]을 활용할 수 있습니다. 고양이 스프라이트의 지역 변수는 활용할 수 없습니다.
무대	사과 색깔 무대 배경	무대는 자신의 전역 변수인 [무대 배경]과 사과 스프라이트의 전역 변수인 [사과 색깔]을 활용할 수 있습니다. 고양이 스프라이트의 지역 변수는 활용할 수 없습니다.

4 스크래치의 리스트 활용

앞에서 배운 변수들은 하나의 자료만 담을 수 있어서 자료가 많아지면 변수도 그만큼 많이 생성해야 하는 어려움이 있습니다. 이런 문제를 해결하기 위해, 스크래치는 여러 개의 유사한 자료들을 하나의 변수로 쉽게 처리할 수 있도록 '리스트(List)'를 제공합니다. 리스트는 여러 개의 자료를 일정한 순서에 따라 나열한 구조입니다. 한 주의 요일(월, 화, 수, 목, 금, 토, 일)이나 무지개 색깔(빨강, 주황, 노랑, 초록, 파랑, 남색, 보라) 등을 예로 들 수 있습니다.

[그림 6-22]와 같이 고양이 스프라이트에 [고양이 먹이들]이라는 리스트를 생성해 봅시다.

그림 6-22 **[고양이 먹이들] 리스트 생성하기**

리스트를 생성하면 그 리스트를 활용할 수 있는 다양한 블록들도 자동으로 생성됩니다. 블록들을 활용해 [그림 6-23]과 같이 고양이 스프라이트의 스크립트를 작성해 봅니다.

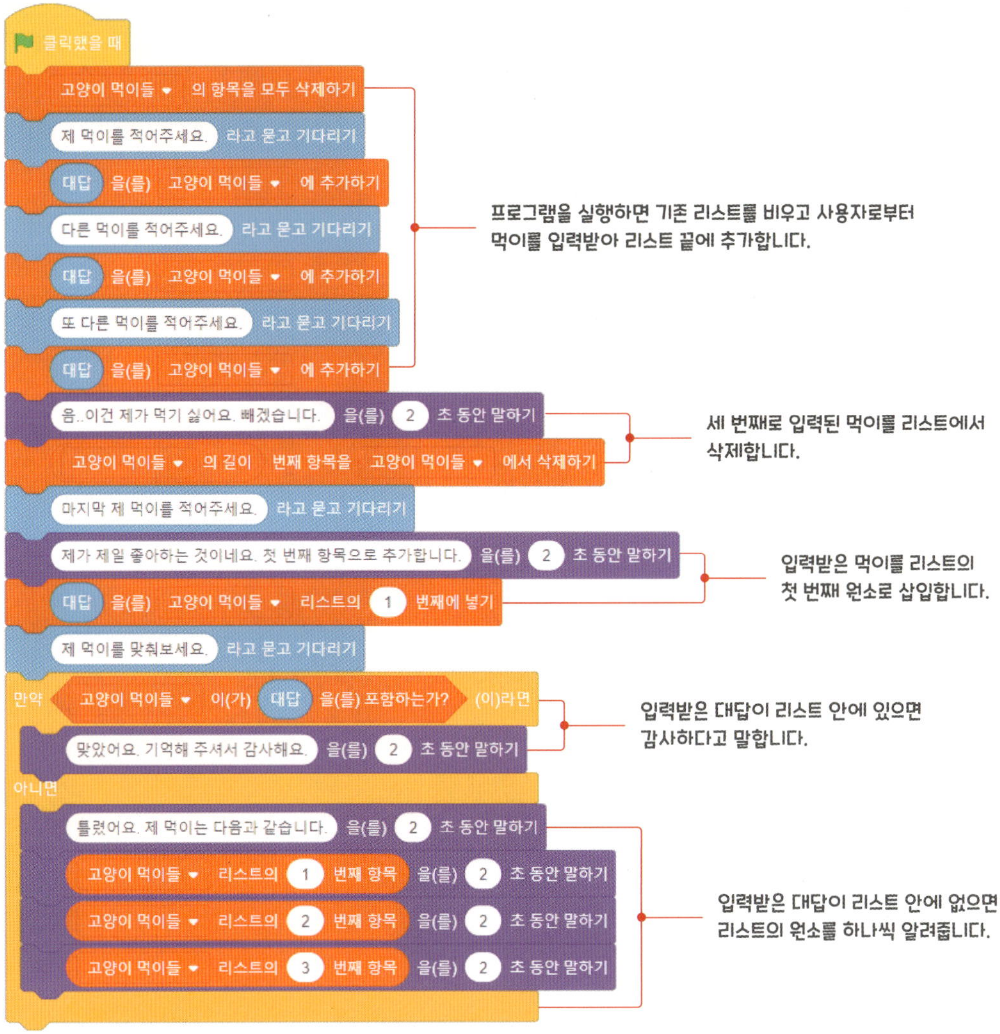

그림 6-23 **[고양이 먹이들] 리스트 활용 스크립트 작성하기**

완성된 스크립트로 프로그램을 실행하면 [그림 6-24], [그림 6-25]처럼 입력한 답변에 따라 [고양이 먹이들] 리스트의 원소가 달라지는 모습을 확인할 수 있습니다. 프로그램을 실행하기 전에 [스크립트 작업 창]-[코드] 탭의 [변수] 메뉴에 있는 [고양이 먹이들] 블록 앞의 네모 박스를 체크하면 [고양이 먹이들] 리스트의 원소들이 변하는 과정을 [프로그램 실행 창]에서 바로 확인할 수 있습니다.

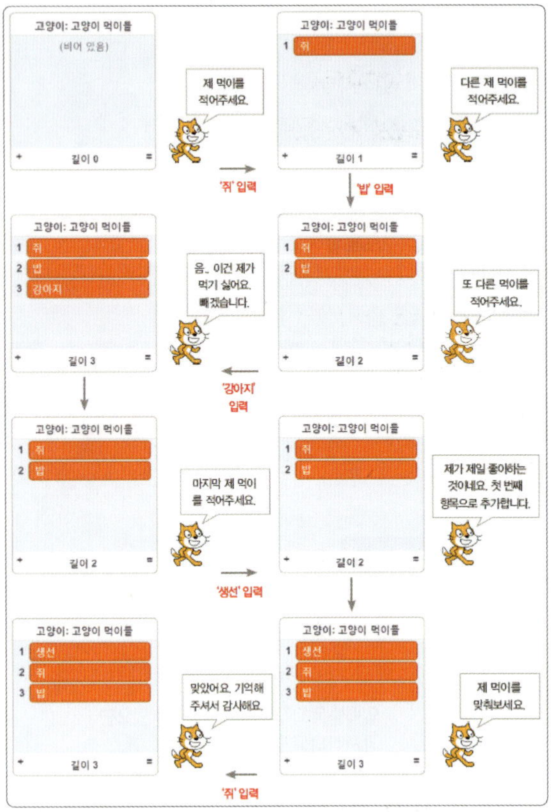

그림 6-24 **프로그램 실행의 예(1) '참': 쥐 → 밥 → 강아지 → 생선 → 쥐 순으로 입력**

그림 6-25 **프로그램 실행의 예(2) '거짓': 쥐 → 밥 → 강아지 → 생선 → 닭 순으로 입력**

요약

01 스크래치는 스프라이트의 행동을 동작, 형태, 소리 등으로 구분하고, [동작], [형태], [소리] 메뉴에 관련된 블록들을 구분하여 모아 두었습니다.

02 스프라이트의 동작 기능은 주로 스프라이트의 위치와 바라보는 방향을 변경합니다. 이와 관련된 블록은 [코드] 탭-[동작] 메뉴에서 제공합니다.

03 스프라이트는 여러 개의 모양을 가질 수 있으며, 각 모양마다 별도의 '모양의 중심'을 갖고 있습니다. 모양의 중심은 스프라이트 위치의 기준점, 그리고 회전축 역할을 담당합니다.

04 스프라이트의 형태 기능은 스프라이트의 크기, 색깔, 픽셀화, 소용돌이, 말풍선과 생각풍선 등을 구현합니다. 이와 관련된 블록은 [코드] 탭-[형태] 메뉴에서 제공합니다.

05 하나의 스프라이트는 형태 변화를 통해 다양한 모양을 가질 수 있으며, 이 모양 목록을 활용해 애니메이션을 구현할 수 있습니다.

06 스프라이트의 소리 기능은 특정 음원의 재생, 다양한 악기 연주, 사람의 음성 등을 출력합니다. 이와 관련된 블록은 [코드] 탭-[소리] 메뉴와 확장 기능 중 [음악] 기능과 [텍스트 음성 변환(TTS)] 기능에서 제공합니다.

07 변수는 자료를 할당받을 수 있는 문자로 된 기호입니다. 이름표가 붙어 있는 그릇이라고 볼 수 있으며 프로그램 실행 도중 그릇에 담긴 자료가 변할 수도 있습니다.

08 변수는 자신이 활용될 수 있는 범위에 따라 '지역 변수'와 '전역 변수'로 구분됩니다. 지역 변수는 자신이 생성된 장소에서만 사용되고, 전역 변수는 모든 장소에서 사용될 수 있습니다.

09 스크래치는 사용자가 스프라이트의 지역 변수와 전역 변수를 직접 생성할 수 있는 기능을 제공합니다. 또한, 여러 개의 자료를 하나의 변수로 처리할 수 있는 리스트도 제공합니다.

연습문제

01 스크래치 내 스프라이트의 행동에 대한 설명 중 옳지 않은 것을 고르세요.

① 스크래치는 스프라이트의 행동을 크게 동작, 형태, 소리로 구분합니다.
② 동작은 주로 위치 이동과 바라보는 방향 변경에 관한 행동입니다.
③ 형태는 주로 모양, 크기 및 다양한 그래픽 효과에 관한 행동입니다.
④ 스프라이트는 자신의 소리로 오직 하나의 음원만 등록할 수 있습니다.

02 다음은 스프라이트 모양의 중심에 대한 설명입니다. 옳지 않은 것을 고르세요.

① 스프라이트의 위치 이동의 기준점입니다.
② 스프라이트의 방향 변경의 기준점입니다.
③ [모양] 탭의 기능을 통해 스프라이트 모양의 중심을 변경할 수 있습니다.
④ 스프라이트 하나의 모든 모양은 하나의 중심을 갖습니다.

03 고양이 스프라이트의 스크립트를 아래와 같이 작성하고 실행했을 때 고양이 스프라이트가 바라볼 방향은 어느 쪽일까요?

① 고양이 스프라이트가 오른쪽을 바라봅니다.
② 고양이 스프라이트가 왼쪽을 바라봅니다.
③ 고양이 스프라이트가 위쪽을 바라봅니다.
④ 고양이 스프라이트가 아래쪽을 바라봅니다.

04 고양이 스프라이트가 (x : −200, y : 100)으로 이동한다면 아래 그림에서 어느 영역에 위치할까요? (단, 모양의 중심은 고양이 스프라이트 영역 중앙에 있다고 가정합니다)

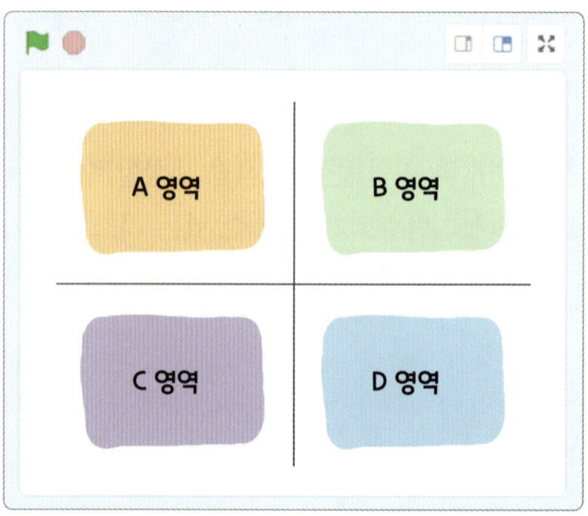

① A 영역
② B 영역
③ C 영역
④ D 영역

05 발레리나 스프라이트가 다음과 같은 모양 목록을 가질 때 [다음 모양으로 바꾸기] 블록을 실행하면 어떤 모양으로 변경될까요?

발레리나 스프라이트의 모양 목록

① 

② 

③ 

④ 

06 다음은 변수의 유효 범위에 대한 설명입니다. 올바른 것을 모두 고르세요.

① 지역 변수는 생성된 장소에서만 활용할 수 있습니다.

② 모든 지역 변수는 생성된 장소와 상관없이 이름이 서로 달라야 합니다.

③ 전역 변수는 서로 이름이 같아도 구별할 수 있습니다.

④ 전역 변수는 모든 장소에서 활용할 수 있습니다.

07 다음은 스크래치의 변수 생성에 대한 설명입니다. 옳지 않은 것을 고르세요.

① 스프라이트에서만 변수를 생성할 수 있습니다.

② 무대에서 생성된 변수는 모두 전역 변수입니다.

③ 스프라이트에서 생성된 지역 변수는 그 스프라이트에서만 활용할 수 있습니다.

④ 스프라이트에서 생성된 전역 변수는 무대에서도 활용할 수 있습니다.

08 다음과 같이 무대, 고양이 스프라이트, 사과 스프라이트에 대한 변수를 생성할 때, 사과 스프라이트에서 활용할 수 있는 변수로 묶인 것은 무엇인가요?

	• 무대의 변수 [점수] 생성
	• 고양이 스프라이트의 변수 [고양이의 생명 수] 생성([모든 스프라이트에서 사용] 선택) • 고양이 스프라이트의 변수 [고양이의 속도] 생성([이 스프라이트에서만 사용] 선택)
	• 사과 스프라이트의 변수 [사과 개수] 생성([이 스프라이트에서만 사용] 선택)

① [사과 개수]

② [사과 개수], [점수]

③ [사과 개수], [점수], [고양이의 생명 수]

④ [사과 개수], [점수], [고양이의 생명 수], [고양이의 속도]

09 다음 그림과 같은 스크래치 프로그램을 실행했을 때, [내가 좋아하는 과일들] 리스트에는 어떤 원소들이 남아 있을까요?

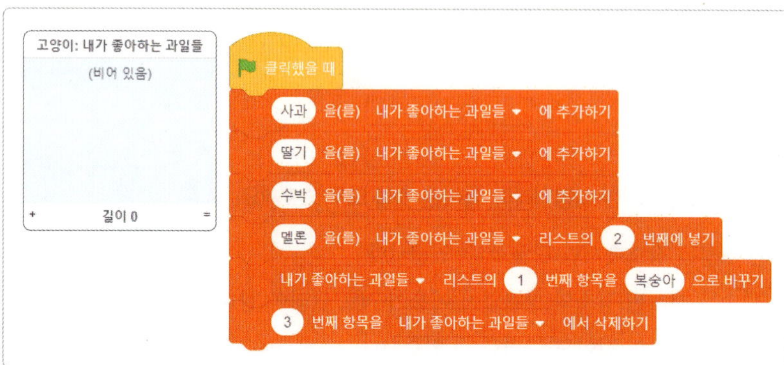

① 사과 – 복숭아 – 수박

② 복숭아 – 멜론 – 수박

③ 복숭아 – 사과 – 딸기 – 멜론

④ 사과 – 딸기 – 복숭아 – 수박

10 **09번 문제의 답을 기반으로 다음과 같은 블록들의 값을 차례대로 올바르게 짝지은 것은 무엇인가요?**

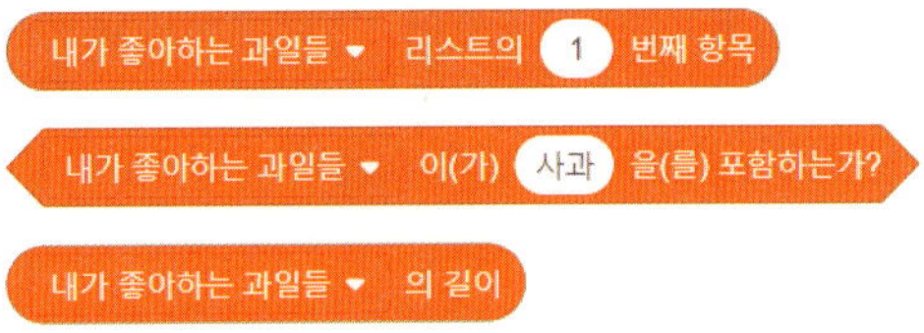

① 사과 – 참 – 3

② 사과 – 참 – 4

③ 복숭아 – 거짓 – 4

④ 복숭아 – 거짓 – 3

11 **다음과 같이 새 스프라이트가 고양이 스프라이트의 생일을 축하해 주는 프로그램을 작성해 스크래치의 스프라이트 사용법을 연습해 봅시다.**

〈프로그램 실행 시〉

1. 새 스프라이트는 날갯짓을 하고 고양이 스프라이트는 걷고 있습니다.
2. 새 스프라이트는 고양이 스프라이트에게 "생일 축하해!"라고 말합니다.
3. 고양이 스프라이트는 "고마워!"라고 말합니다.
4. 무대는 생일 축하곡을 반복 재생합니다.

① 스크래치를 실행합니다.

② [스프라이트/무대 관리 창]–[배경 고르기]에서 무대 배경으로 'Blue Sky'를 추가합니다.

③ [스프라이트/무대 관리 창]–[스프라이트 고르기]에서 'Parrot' 스프라이트를 추가합니다.

④ [스프라이트/무대 관리 창]에서 '스프라이트1' 스프라이트의 이름을 '고양이'로 변경합니다.

⑤ [스프라이트/무대 관리 창]에서 'Parrot' 스프라이트의 이름을 '새'로 변경합니다.

⑥ [스크립트 작업 창]에서 무대의 음원으로 'Birthday'를 등록합니다(방법은 [그림 6–12]를 참고합니다).

⑦ [스크립트 작업 창]에서 무대의 스크립트를 다음과 같이 작성합니다.

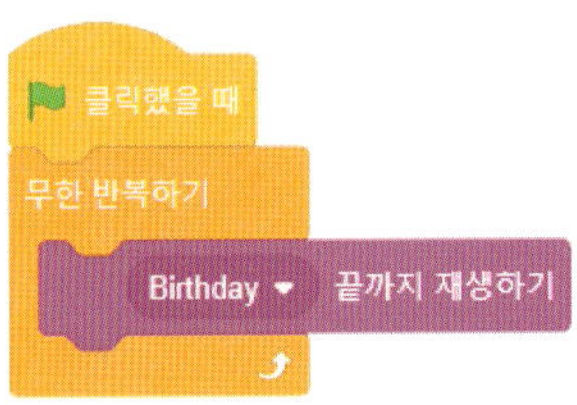

⑧ [스크립트 작업 창]에서 고양이 스프라이트의 스크립트를 다음과 같이 작성합니다.

⑨ [스크립트 작업 창]에서 새 스프라이트의 스크립트를 다음과 같이 작성합니다.

⑩ 완성된 스크립트를 전체 화면 모드에서 실행해 봅니다.

⑪ 작성을 완료한 프로그램은 '고양이와 새'라는 이름으로 저장하고, [내 작업실]에 제대로 저장되었는지 확인합니다.

12 다음과 같이 고양이 스프라이트와 개 스프라이트가 서로의 이름을 부르며 인사하는 프로그램을 작성해 봅시다. 고양이 스프라이트의 전역 변수인 [고양이 이름]과 개 스프라이트의 전역 변수인 [개 이름]을 생성하고, 스크립트 작성 시 고양이 스프라이트는 자신의 이름을 '나비'로 설정하고 개 스프라이트는 '번개'로 설정합니다.

13 다음과 같이 고양이 스프라이트가 생선, 밥, 쥐를 차례대로 먹는 프로그램을 작성해 봅시다. 고양이 스프라이트에서 [먹이들] 리스트를 생성하면 됩니다. 프로그램을 실행하면 작성한 스크립트대로 생선, 밥, 쥐를 차례로 먹는 고양이 스프라이트의 모습이 보일 것입니다.

CHAPTER 07

선택적/반복적 문장 제어 및 프로시저 활용하기

학습목표

- 명제, 조건, 관계식, 논리식의 개념을 이해합니다.
- 조건의 역할을 이해하고 스크래치로 구현해 봅니다.
- 문장의 선택적, 반복적 실행을 이해하고 스크래치로 연습해 봅니다.
- 프로시저의 개념을 이해하고, 프로시저 구현과 실행 방법을 공부합니다.
- 스크래치 절차 블록 생성과 프로시저 활용을 연습합니다.

Preview

컴퓨터는 문장 단위로 프로그램을 실행합니다. 그래서 프로그램 문장은 실행 가능한 수준의 완결된 행동을 기술하고 있으며, 스크래치의 문장 블록도 스프라이트가 실행할 수 있는 명확한 행동을 담고 있습니다.

프로그램의 기본 실행 방식은 프로그램 문장을 쓰여진 순서대로 실행하는 순차적 실행입니다. 하지만 순차적 실행만으로는 어떤 조건에 따라 문장을 선택 또는 반복하는 행동을 구현할 수 없습니다. 그래서 이런 한계를 극복하기 위해, 스크래치를 포함한 모든 프로그래밍 언어는 선택적 문장 제어와 반복적 문장 제어 방식을 지원합니다.

프로시저는 어떤 기능을 구현하기 위한 문장들을 모아 놓은 단위입니다. 여러분은 이 장을 학습함으로써 복잡한 프로그램의 기능을 여러 개의 단순한 기능들로 분해하고, 분해된 각 기능을 프로시저로 구현할 수 있게 될 것입니다.

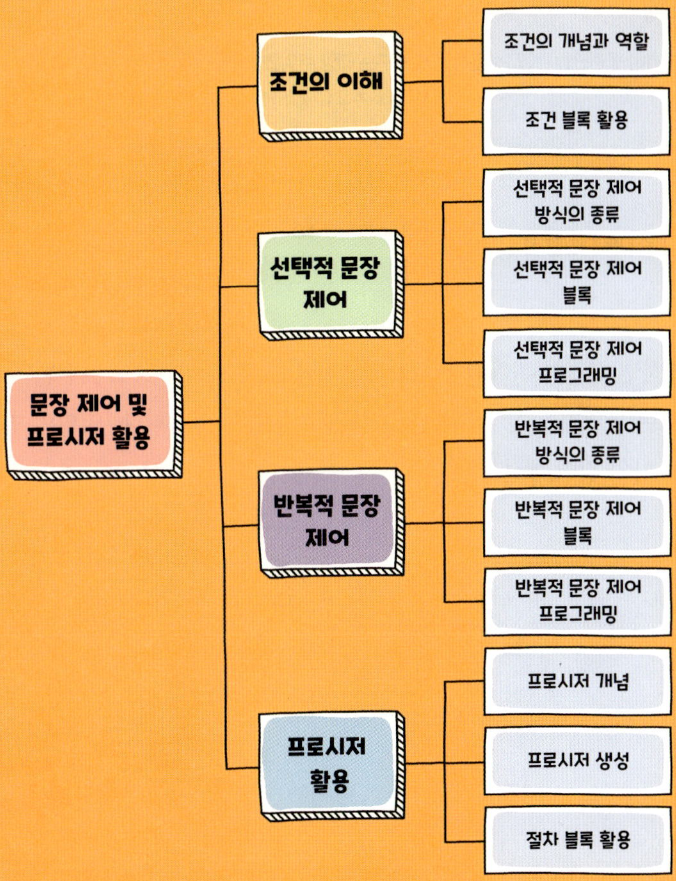

Section 01

프로그램 내 조건식에 대해 알아봅시다

1 명제, 조건, 관계식, 논리식의 개념

명제(Proposition)는 진리 값(참 또는 거짓)을 분명히 판단할 수 있는 문장이나 식이며, 조건(Condition)은 포함된 미지수의 값에 따라 진리 값이 결정되는 문장이나 식입니다. 관계식(Relation Expression)은 >, =, < 등의 관계 연산자를 포함한 식으로 결과가 진리 값을 갖습니다.

표 7-1 **명제, 조건, 관계식**

구분	의미	예
명제	진리 값(참 또는 거짓)을 분명하게 판단할 수 있는 문장이나 식	• 지구는 태양 주위를 돕니다. (참) • 3+6 = 9 (참), 5+6 > 15−1 (거짓)
조건	미지수의 값에 따라 진리 값(참 또는 거짓)이 결정되는 문장이나 식	• x는 짝수입니다. (x가 짝수일 때만 참) • x < 15 (x가 15 미만일 때만 참)
관계식	관계 연산자로 두 수 또는 산술식을 연결한 식	• 3 < 5 (참), 10 < 5 (거짓) • 10−4 = 5+1 (참)

명제나 조건을 논리 연산자로 연결하면 복잡한 관계를 논리식(Logical Expression)으로 표현할 수 있습니다. 대표적인 논리 연산자로는 논리합(∨), 논리곱(∧), 부정(~) 등이 있습니다. 임의의 명제 또는 조건 P와 Q에 따라 [표 7-2]와 같이 계산합니다.

표 7-2 **논리 연산**

P	Q	P ∨ Q	P ∧ Q	~P
참	참	참	참	거짓
참	거짓	참	거짓	
거짓	참	참	거짓	참
거짓	거짓	거짓	거짓	

표 7-3 논리식의 예

논리식	진리 값
(3 < 5) ∨ (10 < 5)	(참 ∨ 거짓)이므로 참
~(10 − 4 = 5+1)	(~참)이므로 거짓
((3 < 5) ∨ (10 < 5)) ∧ ~(10 − 4 = 5 + 1)	(참 ∧ 거짓)이므로 거짓
(x > 5) ∧ (x < 10)	x가 5보다 크고 10보다 작을 때만 참
(x > 5) ∧ (y > 5)	x와 y가 모두 5보다 클 때만 참

2 프로그램 내 조건의 역할

프로그램의 기능은 조건에 따라 선택 또는 반복되기도 합니다. 예를 들어 입장객의 나이가 12세 이하일 때만 요금이 할인되는 프로그램이라면, 입장객의 나이가 12세 이하가 아니면 조건이 거짓이 되므로 요금이 할인되지 않습니다. 또 다른 예로는 캐릭터의 생명 개수가 남아 있는 동안에만 게임을 지속할 수 있는 경우, 캐릭터의 생명 개수가 0이 아닐 때만 참인 조건을 적용해 해당 조건이 거짓이 될 때까지만 게임을 반복할 수 있습니다. 이처럼 프로그램 내에서 조건은 어떤 기능을 반복 또는 선택할지에 대한 기준이 됩니다.

[그림 7-1]은 프로그램의 기능에 필요한 조건을 파악하고, 그 조건을 관계식 또는 논리식으로 표현해 본 것입니다.

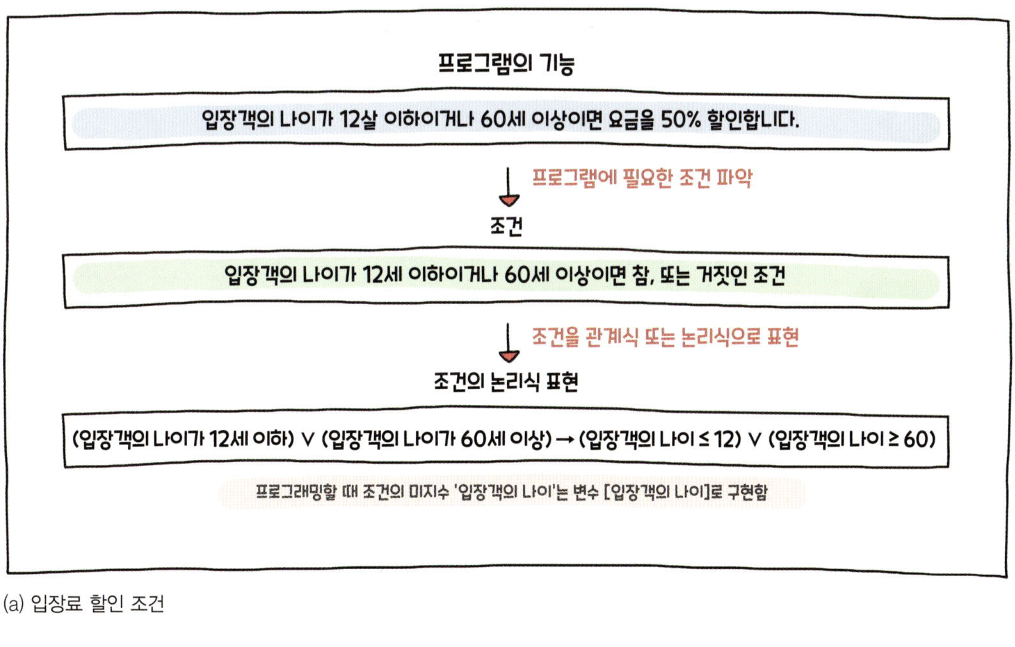

(a) 입장료 할인 조건

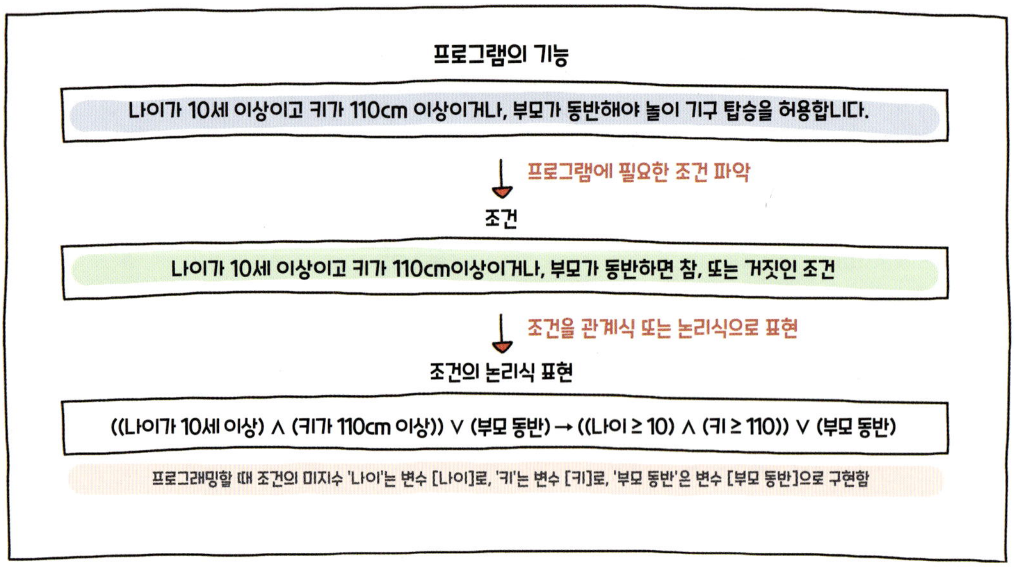

(b) 놀이기구 탑승 조건

그림 7-1 **프로그램의 기능, 조건, 논리식 표현의 예**

3 스크래치의 관계식, 논리식 구현

스크래치는 [표 7-4]와 같은 조건 블록을 사용해 관계식과 논리식을 구현합니다.

표 7-4 **스크래치의 조건 블록**

조건 블록식	설명
( ) < ( )	앞의 자료가 뒤의 자료보다 작으면 참, 크거나 같으면 거짓
( ) = ( )	앞의 자료와 뒤의 자료가 같으면 참, 다르면 거짓
( ) > ( )	앞의 자료가 뒤의 자료보다 크면 참, 작거나 같으면 거짓
< > 또는 < >	연결된 두 조건 중 하나라도 참이면 참, 그 외는 거짓
< > 그리고 < >	연결된 두 조건이 모두 참일 때만 참, 그 외는 거짓
< > 이(가) 아니다	조립된 조건이 참이면 거짓, 거짓이면 참

대소 관계를 비교하는 조건 블록의 경우, 입력 창에 수가 입력되면 두 수의 크기에 따라 진리 값이 결정됩니다. 한글이나 영어 단어 같은 문자열은 사전에 입력된 순서에 따라 나중에 나오는 단어를 큰 값으로 해석합니다. 수와 문자가 섞여 있을 경우에는 수, 영어 단어, 한글 순으로 한글을 제일

큰 값으로 보며, 영어 단어의 대문자와 소문자는 따로 구별하지 않습니다. [표 7-5]는 스크래치 내 다양한 자료의 대소 관계를 해석하는 방법에 대한 예입니다

표 7-5 수, 문자열 대소 비교의 예

조건 블록식	설명
100 < 200	두 수의 대소 비교는 수의 크기로 결정, 참
apple < cat	두 영문 문자열의 대소 비교는 사전적 순서로 결정, 참
토끼 < 호랑이	두 한글 문자열의 대소 비교는 사전적 순서로 결정, 참
9999999 < apple	영문 문자열과 한글 문자열은 수보다 큼, 둘 다 참
9999999 < 가나다	
zebra < 가나다	한글 문자열은 영문 문자열보다 큼, 참

조건 블록은 블록 내부에 다른 블록을 조립하여 복잡한 조건식도 만들 수 있습니다. [그림 7-2]는 앞에서 이야기한 입장권 할인 조건과 놀이기구 탑승 조건을 스크래치의 조건 블록으로 구현해 본 것입니다. [입장객의 나이], [키], [부모 동반] 등의 변수를 함께 활용하였습니다.

(a) 입장료 할인 조건 : ([입장객의 나이] ≤ 12) ∨ ([입장객의 나이] ≥ 60) = 입장객의 나이가 12세 이하이거나 60세 이상이면 참

(b) 놀이기구 탑승 조건 : (([나이] ≥ 10) ∧ ([키] ≥ 110)) ∨ (부모 동반) = 나이가 10세 이상이고 키가 110cm 이상이거나 부모 동반이면 참

그림 7-2 조건 블록으로 구현한 논리식

Section 02 선택적 문장 제어는 어떻게 구현할까요?

1 선택적 문장 제어의 개념과 종류

스크래치에서는 조건을 이용한 선택적 문장 제어를 통해 원하는 행동을 구현할 수 있습니다. 선택적 문장 제어는 어떤 조건이 참이냐 또는 거짓이냐에 따라 수행해야 할 행동을 구분하는 것입니다. 예를 들어, 비가 오면 우산을 들고 나가고 비가 오지 않으면 우산을 안 들고 나가는 행동은 [그림 7-3]과 같이 비가 오면 참, 오지 않으면 거짓이라는 조건을 이용해 구현할 수 있습니다.

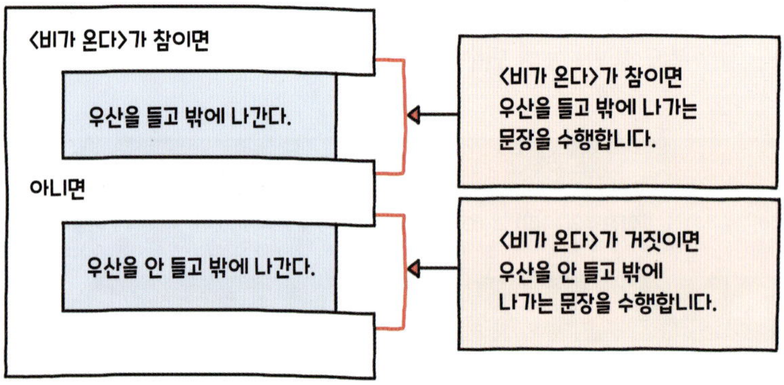

그림 7-3 선택적 문장 제어 방식

선택적 문장 제어 종류에는 대표적으로 '만약' 선택형과 '만약-아니면' 선택형이 있습니다.

'만약' 선택형

'만약' 선택형은 [그림 7-4]와 같이 선택 제어 조건이 참일 경우 실행될 문장을 지원합니다.

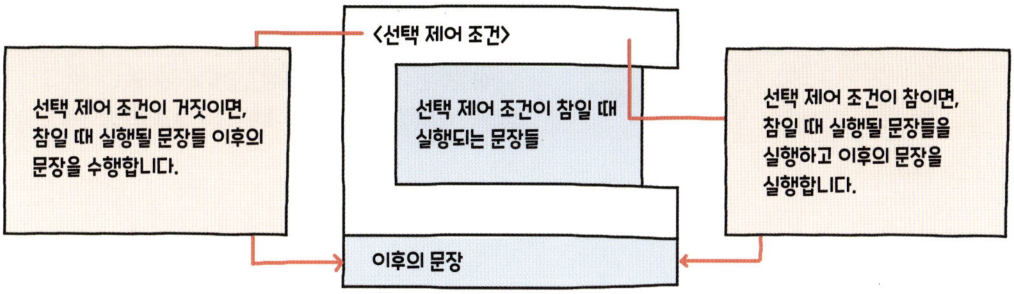

그림 7-4 **'만약' 선택형의 문장 제어 방식**

'만약-아니면' 선택형

'만약-아니면' 선택형은 [그림 7-5]와 같이 조건이 참일 경우에 실행할 문장뿐 아니라 조건이 거짓일 경우에 실행할 문장도 함께 지원합니다.

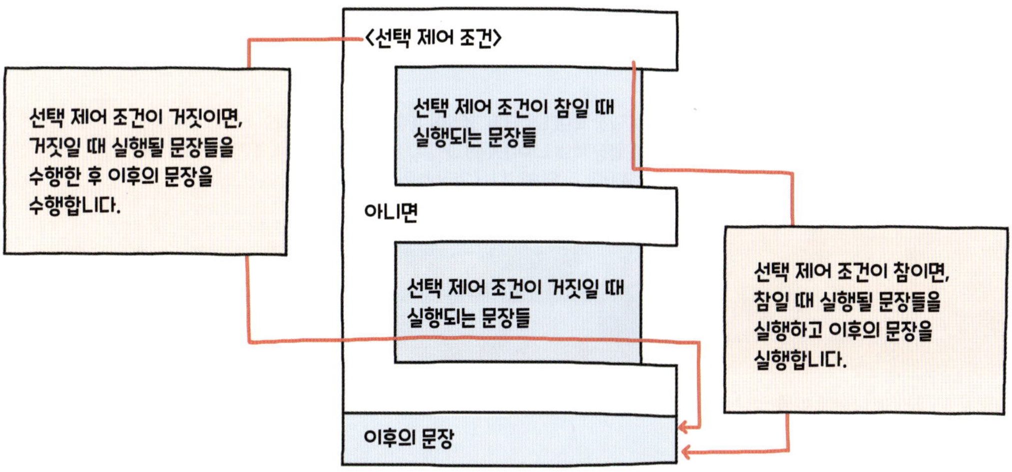

그림 7-5 **'만약-아니면' 선택형의 문장 제어 방식**

선택적 문장 제어 블록

스크래치는 선택적 문장 제어를 지원하는 블록들을 [스크립트 작업 창]-[코드] 탭의 [제어] 메뉴에 모아 놓았습니다. [표 7-6]과 같이 '만약' 선택형과 '만약-아니면' 선택형을 지원합니다.

표 7-6 **선택적 문장 제어 블록**

선택적 문장 제어 블록	종류	설명
	'만약' 선택형	조건이 참이면 내부에 조립된 문장들을 실행합니다.

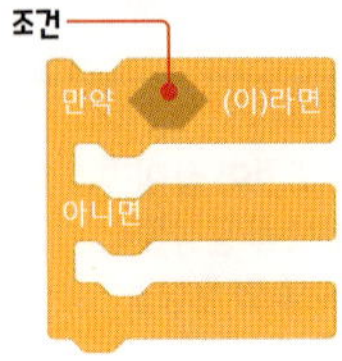	'만약-아니면' 선택형	조건이 참이면 내부 위쪽에 조립된 문장들을 실행하고, 조건이 거짓이면 내부 아래쪽에 조립된 문장들을 실행합니다.

2 선택적 문장 제어 블록 활용 스크립트 작성하기

이제 선택적 문장 제어 블록을 이용하여 다양한 예제의 스크래치 스크립트를 작성해 봅시다.

나이에 따른 입장료 할인

나이 조건에 따라 입장료를 할인해 주는 스크립트를 [그림 7-6]과 같이 작성해 봅시다. 제시된 조건은 앞서 보았던 [그림 7-1](a) 입장료 할인 조건의 '입장객의 나이가 12세 이하이거나 60세 이상이면 참, 아니면 거짓'입니다.

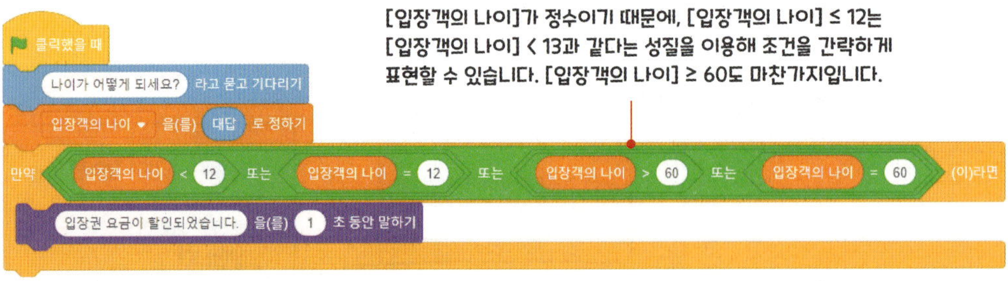

그림 7-6 **'입장객 나이에 따른 입장료 할인' 스크립트**

짝수와 홀수 구별

이번에는 사용자로부터 수를 입력받아 그 수가 짝수인지 홀수인지 구별하는 스크립트를 작성해 보겠습니다. 조건을 만들 때 짝수는 2로 나누면 나머지가 항상 0이고, 홀수는 2로 나누면 나머지가 항상 1이라는 특징을 활용합니다. [스크립트 작업 창]-[코드] 탭의 [연산] 메뉴에 있는 '나머지를 구하는 자료/변수 블록'을 이용해, [표 7-7]과 같이 짝수와 홀수를 구별하는 조건을 구현해 봅시다.

표 7-7 **짝수와 홀수 구별 조건**

조건	설명
	변수 [어떤 수]가 짝수이면 참, 홀수이면 거짓

[표 7-7]의 구별 조건을 이용한 스크립트는 [그림 7-7]과 같이 만들 수 있습니다.

그림 7-7 **'짝수와 홀수 구별' 스크립트**

3과 5의 공배수 구별

앞서 사용했던 '나머지를 구하는 자료/변수 블록'을 활용하면 배수 관계도 판단해 볼 수 있습니다. 어떤 수가 3의 배수인지 아닌지 구별하는 조건은 [표 7-8]과 같이 구현됩니다.

표 7-8 **3의 배수 구별 조건**

조건	설명
어떤 수 나누기 3 의 나머지 = 0	변수 [어떤 수]가 3의 배수이면 참, 아니면 거짓

[표 7-8]의 구별 조건을 활용해 3과 5의 공배수를 구별하는 스크립트도 [그림 7-8]과 같이 만들어 볼 수 있습니다.

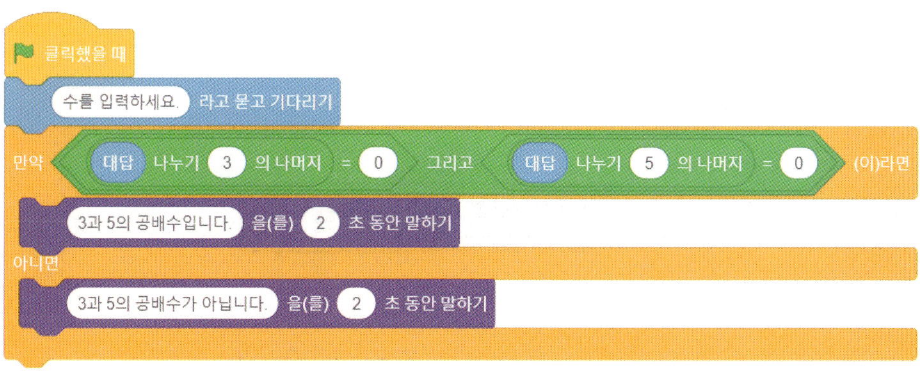

그림 7-8 **'3과 5의 공배수 구별' 스크립트**

Section 03

반복적 문장 제어는 어떻게 구현할까요?

1 반복적 문장 제어의 개념과 종류

반복적 문장 제어는 행동의 반복 횟수를 제어하는 것입니다. 무한 반복, 정해진 횟수만큼 반복, 어떤 조건이 참 또는 거짓이 될 때까지 반복 등 다양한 방식으로 동작을 제어할 수 있습니다. [그림 7-9]는 횟수로 반복을 제어하는 방식을 설명한 것입니다.

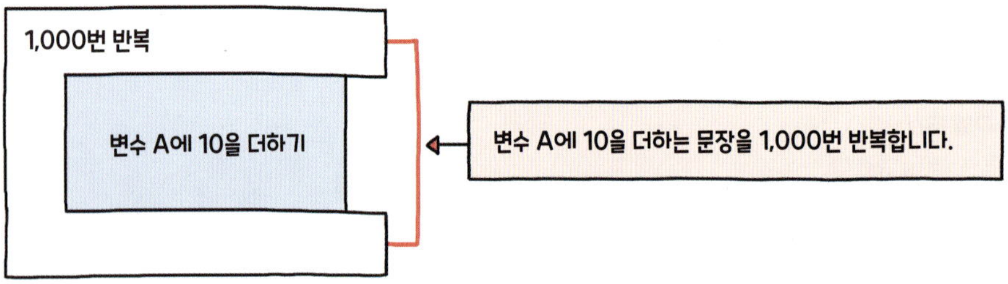

그림 7-9 반복적 문장 제어 방식

'무한' 반복형

'무한' 반복형은 내부에 포함된 문장들을 무한대로 반복하여 실행시킵니다. 그래서 무한 반복되는 문장의 다음 문장들은 실행되지 못한다는 특징을 가지고 있습니다.

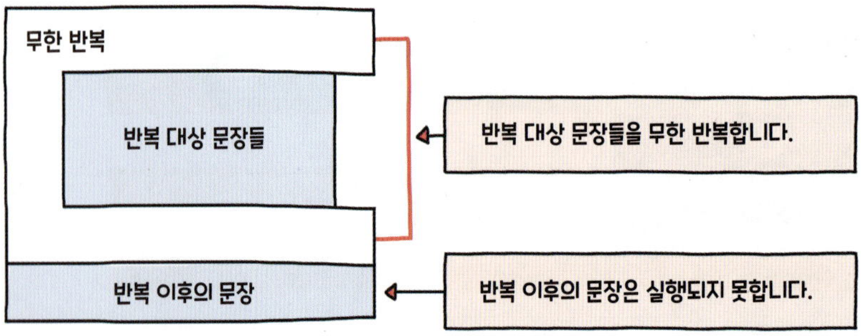

그림 7-10 '무한' 반복형의 문장 제어 방식

'횟수' 반복형

'횟수' 반복형은 블록 내부에 포함된 문장들을 지정된 횟수만큼 반복하여 실행한 후, 반복 실행을 중지하고 다음 문장을 실행시킵니다.

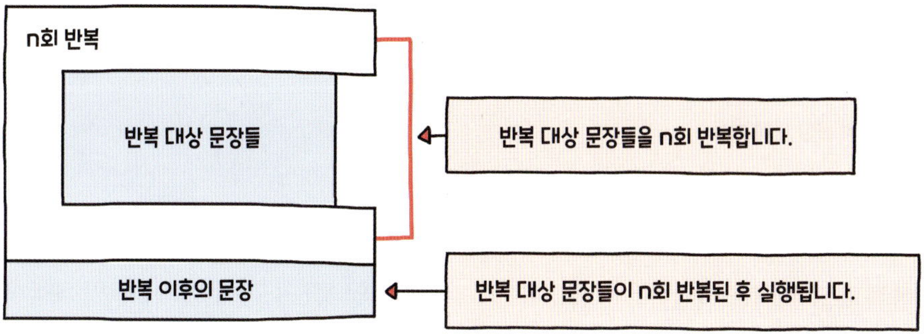

그림 7-11 '횟수' 반복형의 문장 제어 방식

'While' 반복형

'While' 반복형은 제어 방식에 조건을 걸어 사용합니다. 블록 내부에 포함된 문장들이 처음 실행되기 전에 조건을 검사해 보고 결과가 참이면 문장들을 실행하기 시작합니다. 그런 다음 다시 조건을 검사하여 여전히 참이면 문장들을 다시 실행합니다. 이렇게 작업을 반복하다가 조건이 거짓이 되면 다음 문장이 실행됩니다. 만약 조건이 계속 참이면 블록 내부의 문장들은 무한 반복됩니다.

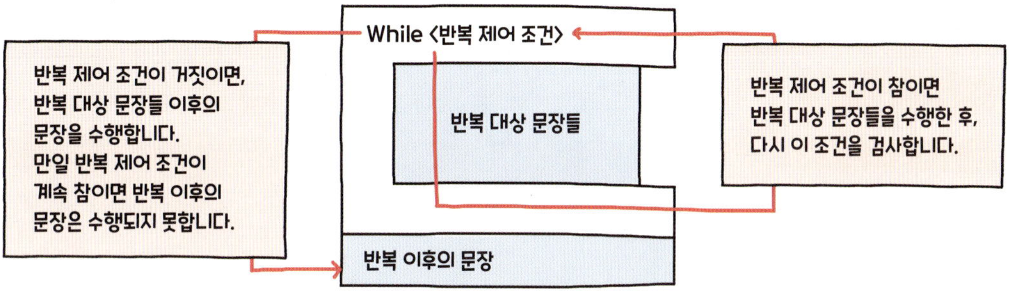

그림 7-12 'While' 반복형의 문장 제어 방식

'Until' 반복형

'Until' 반복형도 'While' 반복형처럼 제어 조건을 사용하지만 방법은 정반대입니다. 'Until' 반복형 또한 블록 내부에 포함된 문장들이 처음 실행되기 전에 조건을 검사하지만, 'While' 반복형과 달리 조건이 거짓일 때 문장들을 실행하기 시작합니다. 조건을 다시 검사할 때도 결과가 거짓이어야 문장들이 다시 실행됩니다. 이렇게 작업을 반복하다가 조건이 참이 되면 다음 문장이 실행됩니다. 만약 조건이 계속 거짓이면 블록 내부의 문장들만 무한 반복됩니다.

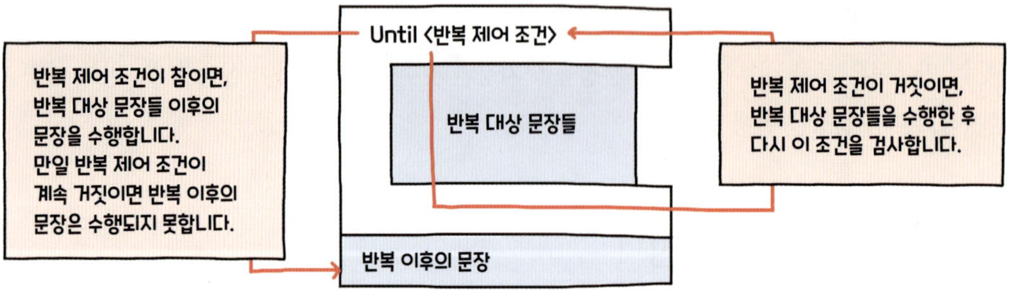

그림 7-13 'Until' 반복형의 문장 제어 방식

반복적 문장 제어 블록

스크래치는 반복적 문장 제어를 지원하는 블록들을 [스크립트 작업 창]-[코드] 탭의 [제어] 메뉴에 모아 놓았습니다. [표 7-9]와 같이 '무한' 반복형, '횟수' 반복형, 'Until' 반복형을 지원합니다.

표 7-9 반복적 문장 제어 블록

반복적 문장 제어 블록	종류	설명
	'무한' 반복형	블록 내부에 조립된 문장들을 무한 반복합니다. 그래서 블록 아래쪽에 있는 문장은 실행되지 않습니다.
	'횟수' 반복형	내부에 조립된 문장들이 일정한 횟수만큼만 반복 수행됩니다.
	'Until' 반복형	제시된 조건이 참이 될 때까지 내부에 조립된 문장들이 반복 수행됩니다.

2 반복적 문장 제어 블록 활용 스크립트 작성하기

이번에는 반복적 문장 제어 블록을 이용하여 다양한 예제의 스크래치 스크립트를 작성해 봅시다.

1부터 무한히 숫자 세기

반복적 문장 제어 블록을 이용하여 1부터 무한히 숫자를 세는 스크립트는 [그림 7-14]와 같습니다. 이 스크립트에는 '무한' 반복형이 적용되어 있습니다.

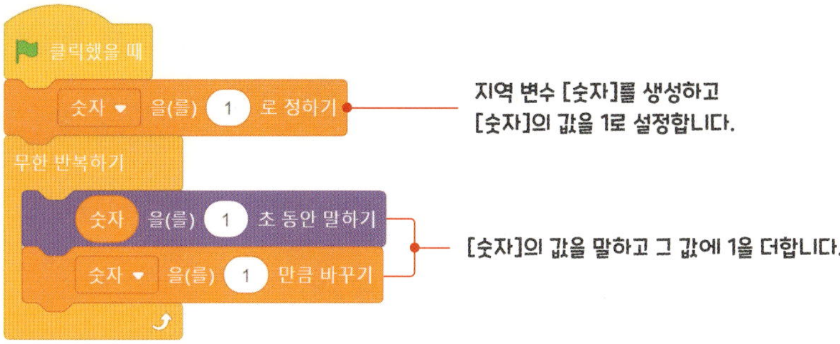

그림 7-14 **'1부터 무한히 숫자 세기' 스크립트 : '무한' 반복형**

정해진 횟수만큼 "안녕!"이라고 말하기

정해진 횟수만큼 "안녕!"이라고 말하는 스크립트는 [그림 7-15]와 같습니다. 이 스크립트에는 '횟수' 반복형이 적용되어 있습니다.

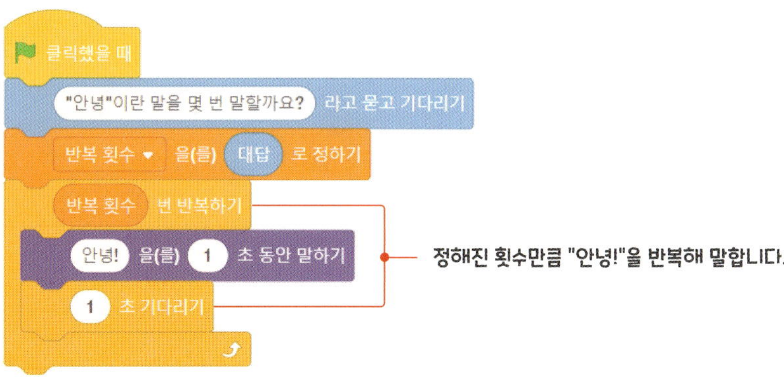

그림 7-15 **'정해진 횟수만큼 "안녕!"이라고 말하기' 스크립트 : '횟수' 반복형**

'q'를 입력할 때까지 짝수와 홀수 구별하기

사용자가 문자 'q'를 입력할 때까지 짝수와 홀수를 구별하는 스크립트를 [그림 7-16]과 같이 작성해 봅니다. 이 스크립트에는 'Until' 반복형이 적용되어 있습니다. 프로그램을 실행하면, 사용자가 입력한 숫자가 짝수인지 홀수인지 구별하고 다시 사용자의 입력을 기다린 뒤 사용자가 문자 'q'를 입력하면 반복 행동을 멈춥니다.

그림 7-16 "'q'를 입력할 때까지 짝수와 홀수 구별하기' 스크립트 : 'Until' 반복형

Section 04 프로시저에 대해 알아봅시다

1 프로시저의 개념

프로시저(Procedure)란 프로그램의 기능 일부를 담당하는 연속적인 문장들의 묶음입니다. 프로시저를 활용하면 공통으로 사용하는 기능을 따로 독립시켜, 필요할 때마다 호출하여 사용할 수 있습니다. 이렇게 만들어 둔 프로시저는 프로그램 기능을 중복으로 구현해야 하는 번거로움과 작업량을 줄여줍니다. 또한, 기능을 수정할 때도 해당 프로시저만 수정하면 된다는 장점이 있습니다.

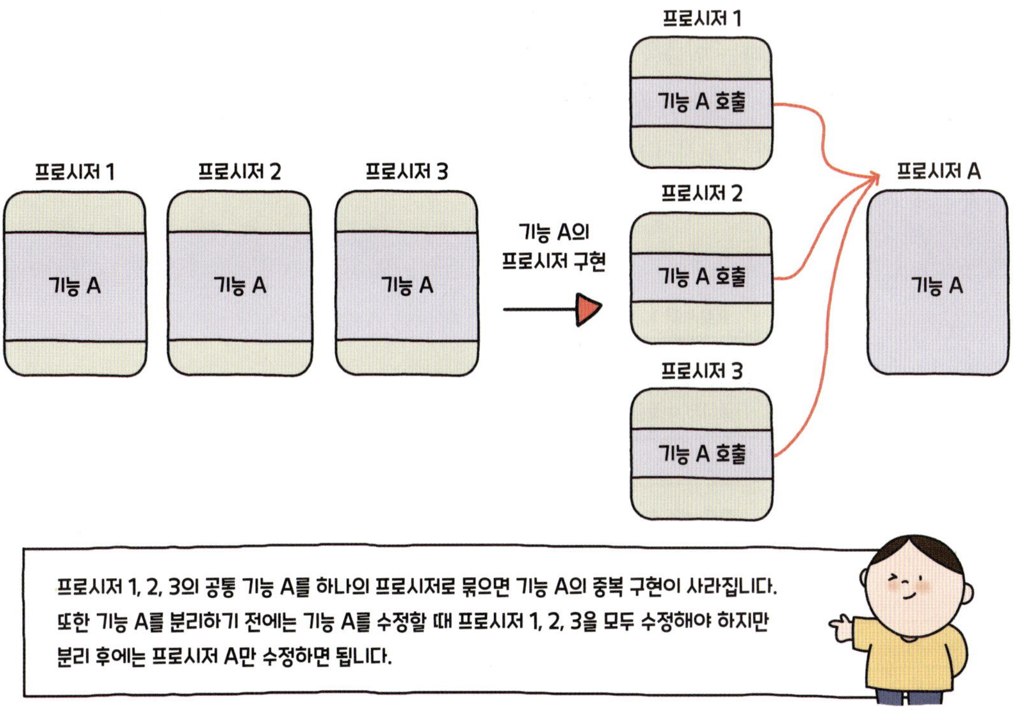

그림 7-17 **프로시저의 특징(1) : 공통 기능의 독립적 구현**

프로시저는 복잡한 프로그램 기능을 단순한 단위 기능으로 분해하는 작업을 도와줍니다. 분해된 기능은 프로시저 단위가 되며, 여러 프로그래머가 병렬적으로 개발할 수 있습니다.

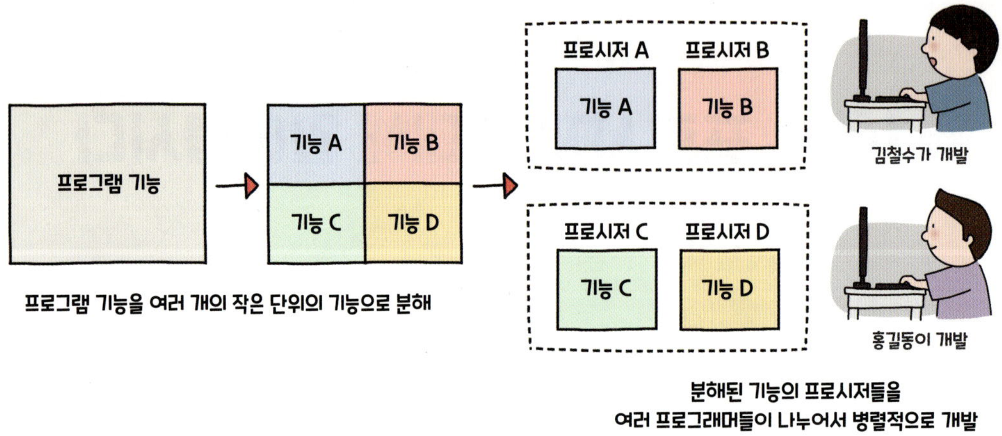

그림 7-18 **프로시저의 특징(2) : 프로그램 기능의 병렬적 구현**

> TIP 프로시저의 장점인 중복 구현의 최소화, 수정의 용이함, 복잡한 기능의 분해 등을 활용하기 위해 대부분의 프로그래밍 언어는 프로시저 개념을 지원하고 있습니다.

프로시저는 자신을 대표하는 이름을 가집니다. 그래서 자신의 이름이 호출되면 포함하고 있는 문장들을 실행합니다. 또한 변수처럼 생성된 장소를 기반으로 호출될 수 있는 유효 범위가 정해져 있습니다. 즉 프로시저 A가 프로시저 B를 호출하려고 할 때, 프로시저 B는 프로시저 A의 유효 범위 내에 존재해야 호출이 가능합니다.

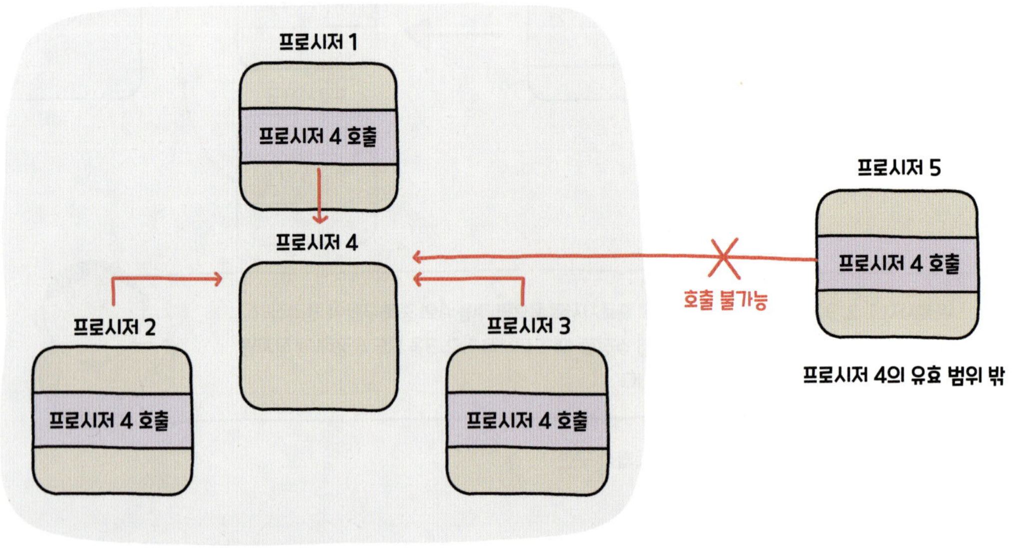

그림 7-19 **프로시저 호출의 유효 범위**

프로시저는 호출이 되면 [그림 7-20]과 같이 실행됩니다. 호출된 다른 프로시저의 실행이 완료될 때까지 기다렸다가 실행이 완료되면 이후의 문장을 실행하는 방식입니다.

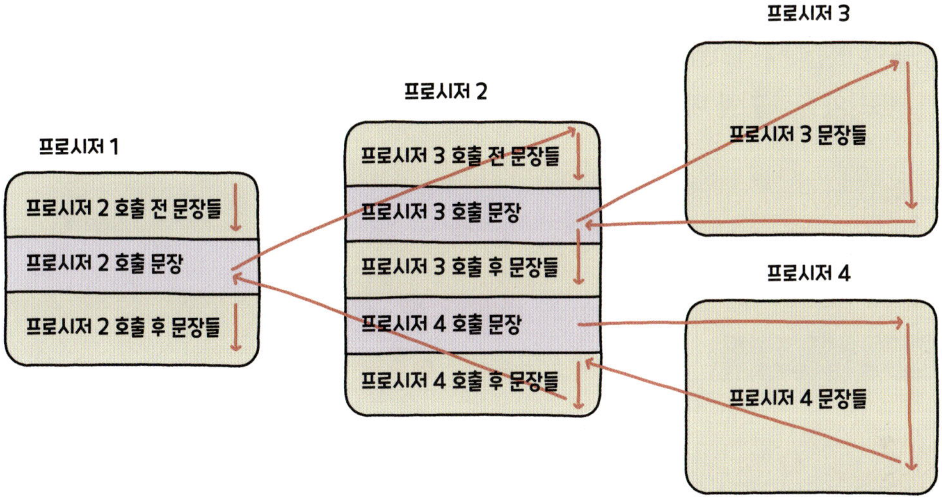

그림 7-20 **프로시저 호출과 실행 방식(화살표 경로에 따라 문장 실행)**

프로시저를 호출할 때는 실행에 필요한 자료를 함께 전달할 수 있습니다. 프로시저 호출 시 전달되는 자료를 인자(Argument)라고 하는데, 일반적으로 [그림 7-21]의 '더하기(10, 20)'처럼 호출된 프로시저 이름 옆에 괄호를 붙이고 그 안에 표기됩니다. 인자로 전달되는 자료는 매개변수(Parameter)로 받는데, [그림 7-21]의 '더하기(매개변수 x, 매개변수 y)'처럼 프로시저 이름 옆에 변수 이름을 나열한 괄호로 나타납니다. 프로시저는 호출될 때 매개변수에 인자 값을 할당하고 자신의 내부에서 매개변수를 자유롭게 활용합니다.

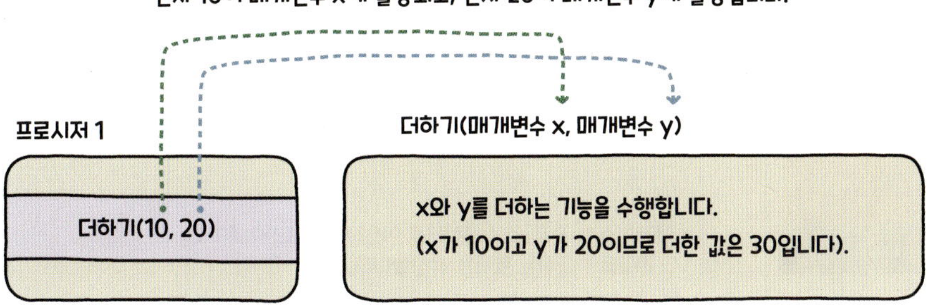

그림 7-21 **프로시저의 인자 값과 매개변수**

프로시저 호출 문장에 표기된 인자의 개수와 프로시저 이름 옆의 매개변수는 개수가 같아야 합니다.

2 스크래치 프로시저 생성하기

이제 스크래치에서 프로시저를 만들어 봅시다. 스크래치는 프로시저의 이름과 매개변수가 담긴 절차 블록으로 프로시저를 구현합니다. 절차 블록은 [스크립트 작업 창]-[코드] 탭의 [나만의 블록] 메뉴에서 만들 수 있습니다. [그림 7-22]는 [움직이기] 프로시저를 구현하기 위한 절차 블록 생성 화면이며, [x좌표]와 [y좌표]를 매개변수로 갖습니다.

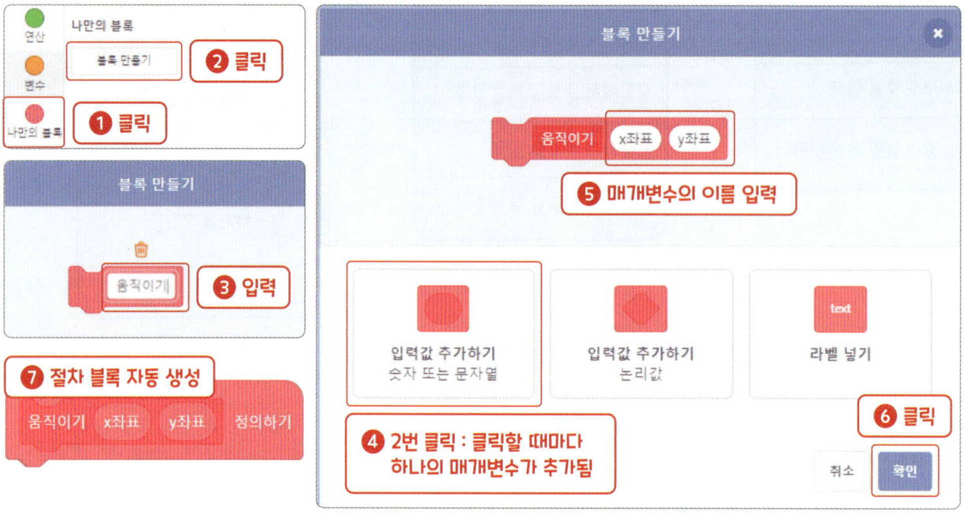

그림 7-22 [움직이기] 절차 블록 생성하기

[그림 7-22]처럼 절차 블록이 생성되면 이제 절차 블록 아래에 다른 블록들을 조립하여 원하는 기능을 구현하면 됩니다. 절차 블록에 있는 매개변수는 드래그하여 자료 블록처럼 사용하면 되는데, 반드시 자신이 속한 절차 블록 내에서만 사용해야 합니다. [그림 7-23]은 [그림 7-22]에서 생성한 절차 블록 아래에 매개변수 [x좌표]와 [y좌표]의 위치로 스프라이트가 이동하는 블록을 추가해 스크립트를 작성한 것입니다.

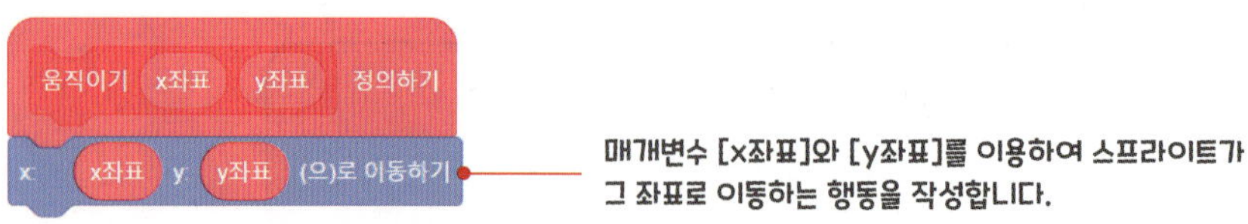

그림 7-23 [움직이기] 절차 블록 기능 구현하기

이제, [스크립트 작업 창]-[코드] 탭의 [나만의 블록] 메뉴에 있는 프로시저 호출 문장 블록을 이용해 프로시저를 호출해 봅니다. 프로시저를 호출하면 그 프로시저의 기능이 완료될 때까지 기다린 후, 호출 문장 이후의 문장들을 실행합니다.

[그림 7-24]는 [그림 7-23]에서 구현한 [움직이기] 프로시저를 활용한 스크립트입니다. 프로시저를 호출할 때 사용한 인자들의 값은 프로시저의 매개변수로 전달됩니다.

[그림 7-24]의 스크립트를 실행하면 스프라이트는 매개변수로 전달된 위치로 이동한 후, 1초 기다렸다가 자신이 이동한 위치를 말합니다. 이것으로 [움직이기] 프로시저가 호출되면 프로시저의 기능이 완료된 후 다음 행동이 수행된다는 것을 알 수 있습니다.

그림 7-24 **[움직이기] 프로시저 활용 스크립트**

프로시저를 호출하는 문장 블록은 해당 프로시저를 생성한 스프라이트나 무대에서만 사용할 수 있습니다. 즉, 스크래치는 프로시저의 호출이 가능한 유효 범위를 프로시저가 생성된 스프라이트 또는 무대로 한정합니다.

3 프로시저 활용 스크립트 작성하기 : 사칙연산

이번에는 사용자가 입력하는 두 수의 사칙연산을 계산하는 스크립트를 작성해 보겠습니다. 이 프로그램의 주요 기능은 다음과 같습니다.

1. 프로그램을 실행하면 스프라이트가 사용자에게 사칙연산에 사용할 첫 번째 수를 요구합니다.
2. 사용자가 수를 입력하면 스프라이트는 두 번째 수를 요구합니다.
3. 사용자가 두 번째 수를 입력하면 스프라이트는 더하기, 빼기, 곱하기, 나누기 중 어떤 연산을 원하는지 요구합니다(사칙연산의 종류는 '더하기', '빼기', '곱하기', '나누기'와 같이 문자열로 입력합니다).
4. 사용자가 사칙연산 중 하나를 입력하면 스프라이트는 두 수의 사칙연산을 계산합니다. 결과 값을 말한 다음 다시 앞의 작업을 무한 반복합니다.

사용자에게 수를 입력받거나 결과를 출력하는 기능은 사용자의 기호에 따라 변경될 가능성이 큽니다. 이처럼 수정 가능성이 높은 기능은 수정이 쉽도록 별도의 프로시저로 구현해 두는 것이 좋습니다. 프로시저는 크게 ❶ 계산에 사용될 두 숫자, 사칙연산을 문자열로 입력받는 작업, ❷ 입력받은 두 수에 사칙연산을 적용하는 계산 작업, ❸ 계산된 결과를 적당한 문자열로 사용자에게 출력하는 작업으로 구성됩니다.

이 프로시저들을 구현하는 데 필요한 절차 블록은 [표 7-10]과 같습니다.

표 7-10 프로시저의 절차 블록

프로시저	절차 블록
사용자 입력 받기	사용자 입력 받기 정의하기
사칙연산 계산하기	사칙연산 계산하기 첫 번째 수 두 번째 수 연산 종류 정의하기
결과값 말하기	결과값 말하기 계산결과 정의하기

[그림 7-25]는 [표 7-10]의 프로시저들을 활용한 스크립트입니다. 사용자로부터 입력받을 자료와 계산 결과값을 담기 위한 변수가 필요하므로 스프라이트의 지역 변수로 [첫 번째 수], [두 번째 수], [연산 종류], [계산결과]를 만들었습니다. 참고로, 해당 스크립트는 [그림 7-26], [그림 7-27], [그림 7-28] 프로시저 스크립트까지 완성되어야 실행이 가능합니다.

그림 7-25 두 수의 사칙연산 스크립트

[그림 7-26]에서 [그림 7-28]까지는 [표 7-10]의 프로시저들의 기능을 구현한 스크립트들입니다. 먼저, [그림 7-26]은 [사용자 입력 받기] 프로시저의 스크립트입니다.

그림 7-26 **[사용자 입력 받기] 프로시저의 스크립트**

[그림 7-27]은 [사칙연산 계산하기] 프로시저의 스크립트입니다. 더하기, 빼기, 곱하기, 나누기 연산을 위한 프로시저들을 만들고, 매개변수 [연산 종류]의 값에 해당하는 프로시저를 호출하도록 합니다.

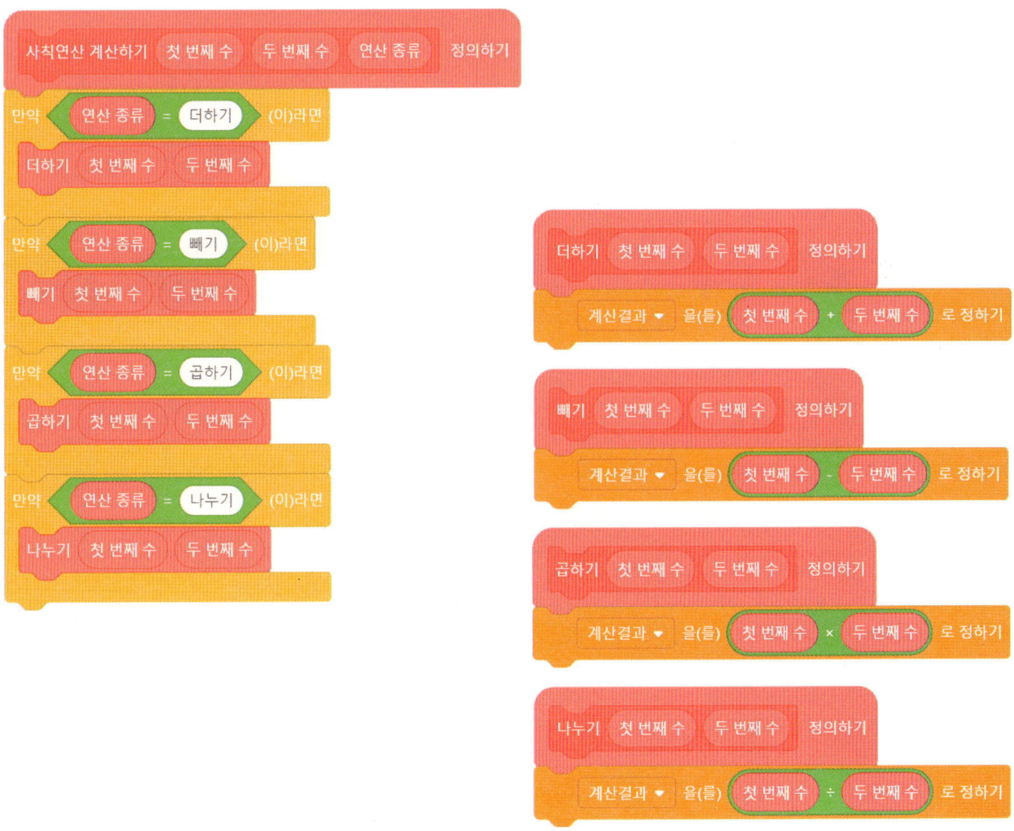

그림 7-27 **[사칙연산 계산하기] 프로시저의 스크립트**

[그림 7-28]은 [결과값 말하기] 프로시저의 스크립트입니다. 매개변수 [계산결과]로 전달된 값을 출력하는 기능을 구현합니다.

그림 7-28 [결과값 말하기] 프로시저의 스크립트

하나 더 알기 **동일한 이름의 지역 변수와 매개변수**

앞의 예제에서 '첫 번째 수'라는 이름은 스프라이트의 지역 변수에도, [사칙연산 계산하기] 프로시저의 매개변수에도 사용되었습니다. 그런데 프로시저의 매개변수는 해당 프로시저에만 사용되는 '프로시저의 지역 변수'입니다. 그래서 스프라이트의 지역 변수와 이름이 같아도 스크래치가 구별할 수 있습니다. 따라서, 스크래치는 스프라이트와 프로시저의 변수가 동일한 이름을 사용하는 것을 허용합니다. 이는 [두 번째 수] 매개변수와 [결과값 말하기] 프로시저의 [계산결과] 매개변수에도 동일하게 적용됩니다.

요약

01 명제는 진리 값(참 또는 거짓)을 분명히 판단할 수 있는 문장이나 식이며, 조건은 포함된 미지수 값에 따라 진리 값이 결정되는 문장이나 식입니다.

02 관계식은 >, =, < 등의 관계 연산자를 포함한 식으로 진리 값을 결과로 갖습니다.

03 명제나 조건을 논리 연산자로 연결하면 복잡한 관계를 논리식으로 표현할 수 있습니다. 대표적인 논리 연산자로는 논리합(∨), 논리곱(∧), 부정(~) 등이 있습니다.

04 프로그램 내에서 조건은 두 문장 중 어떤 문장을 선택 실행할 것인지, 어떤 문장을 반복 실행할 것인지를 결정하는 기준이 됩니다. 즉, 프로그램의 문장을 제어하는 데 핵심적인 역할을 수행합니다.

05 선택적 문장 제어 방식에는 '만약' 선택형과 '만약-아니면' 선택형이 있습니다. 스크래치는 '만약' 선택형과 '만약-아니면' 선택형을 구현할 수 있는 선택적 문장 제어 블록들을 제공합니다.

06 반복적 문장 제어 방식에는 '무한' 반복형, '횟수' 반복형, 'While' 반복형, 'Until' 반복형이 있습니다. 스크래치는 '무한' 반복형, '횟수' 반복형, 그리고 'Until' 반복형을 구현할 수 있는 반복적 문장 제어 블록들을 제공합니다.

07 프로시저란 프로그램의 기능 일부를 담당하는 연속적인 문장들의 묶음입니다. 프로시저를 활용하면 공통적으로 사용하는 기능을 따로 독립시켜, 필요할 때마다 호출하여 사용할 수 있습니다.

08 프로시저 호출 시 전달되는 자료를 인자라고 합니다. 프로시저는 호출될 때 매개변수에 인자 값을 할당하고 자신의 내부에서 매개변수를 자유롭게 활용합니다.

연습문제

01 다음 중 명제에 해당하지 않는 것은 무엇인가요?

① 1과 1을 더하면 3이 됩니다. ② 모든 새는 하늘을 날 수 있습니다.

③ 태양이 지구 주위를 돕니다. ④ 사람은 빨간색 꽃을 좋아합니다.

02 대소 관계를 나타내는 관계 연산자로 두 수나 산술식을 연결한 식을 무엇이라 하나요?

① 명제 ② 조건

③ 관계식 ④ 논리식

03 P와 Q를 각각 참과 거짓인 명제라고 할 때, 참인 논리식들로만 묶인 것을 고르세요.

① P∨Q, P∧~Q, P∧(~P∨~Q)

② ~Q, P∧Q, ~P∨(P∨~Q)

③ ~Q, ~P∨Q, ~P∨(P∧~Q)

④ P∨Q, P∧~Q, P∧(~P∧Q)

04 다음 스크래치의 관계식 중 참인 것으로만 묶인 것을 고르세요.

ⓐ (A) = (a) ⓑ (999) < (학교) ⓒ (학교) < (School)

ⓓ (School) < (학교) ⓔ (999) < (School) ⓕ (Apple) < (School)

① ⓑ, ⓒ, ⓓ, ⓕ ② ⓐ, ⓑ, ⓓ, ⓔ, ⓕ

③ ⓑ, ⓒ, ⓓ, ⓔ, ⓕ ④ ⓑ, ⓒ, ⓓ, ⓔ

05 다음과 같은 조건을 올바르게 구현한 논리식은 무엇인가요?

• 나이가 13세 이하인 여자이거나 나이가 6세 이하이면 참, 아니면 거짓인 조건

① (나이≤13)∨(성별=여자)∨(나이≤6)

② ((나이≤13)∧(성별=여자))∧(나이≤6)

③ ((나이≤13)∨(성별=여자))∧(나이≤6)

④ ((나이≤13)∧(성별=여자))∨(나이≤6)

06 다음과 같은 놀이공원 입장료 체계에서 할인이 적용되는 입장객을 구분하는 조건으로 옳은 것은 무엇인가요?

놀이공원 입장료		
일반인	어린이(12세 이하)	8,000원(20% 할인)
	어르신(60세 이상)	8,000원(20% 할인)
	일반	10,000원
장애인 (장애인 우대증 소지 필수)	어린이(12세 이하)	6,400원(20% 추가 할인)
	어르신(60세 이상)	6,400원(20% 추가 할인)
	일반	8,000원(20% 할인)
국가 유공자 가족	나이, 장애인 여부와 상관없이 40% 할인 적용	6,000원(40% 할인)

① ((나이≤12)∧(나이≥60))∨(장애인 여부=참)∨(국가 유공자 가족 여부=참)

② ((나이≤12)∨(나이≥60))∨(장애인 여부=참)∨(국가 유공자 가족 여부=참)

③ (((나이≤12)∧(나이≥60))∧(장애인 여부=참))∨(국가 유공자 가족 여부=참)

④ (((나이≤12)∨(나이≥60))∧(장애인 여부=참))∨(국가 유공자 가족 여부=참)

07 다음과 같은 프로그램을 실행할 때, 변수 [합계1]과 [합계2]의 값은 무엇인가요?

① [합계1]=18, [합계2]=37

② [합계1]=18, [합계2]=27

③ [합계1]=9, [합계2]=37

④ [합계1]=9, [합계2]=27

08 다음은 프로시저를 활용한 스크립트입니다. 프로그램을 실행하면 스프라이트는 어떤 순서로 숫자를 말하게 될까요?

① 1→2→3→4→5→6→7
② 1→4→5→2→6→3→7
③ 1→4→7→5→2→6→3
④ 1→4→5→7→6→2→3

09 다음의 스크래치 스크립트에서 잘못된 점을 올바르게 지적한 것을 고르세요.

① 프로시저의 인자 이름이 너무 깁니다.
② 프로시저를 호출할 때는 인자와 매개변수의 개수가 같아야 합니다.
③ 프로시저의 이름에는 숫자를 사용할 수 없습니다.
④ 프로시저 인자는 1개 이상 사용하지 못합니다.

10 다음의 스크래치 스크립트 실행 시 스프라이트가 말하게 될 숫자는 무엇인가요?

① 160　　② 170

③ 180　　④ 190

11 고양이 스프라이트가 사용자에게 입력받은 수를 짝수와 홀수로 구분한 후, 짝수끼리의 합과 홀수끼리의 합을 구하는 프로그램을 작성해 봅시다. 사용자가 2, 1, 12, 5, q 순으로 입력했을 때의 기능은 다음과 같습니다.

1. 고양이 스프라이트는 사용자에게 숫자 또는 문자 q를 입력하도록 요구합니다.
2. 사용자가 숫자를 입력하면 고양이 스프라이트는 그 수가 짝수인지 홀수인지 구별한 다음 짝수면 짝수끼리 더하고 홀수면 홀수끼리 더합니다.
3. 사용자가 문자 q를 입력할 때까지 위의 **1**번과 **2**번 작업을 반복합니다.
4. 사용자가 문자 q를 입력하면 고양이 스프라이트는 현재까지 구한 짝수끼리의 합과 홀수끼리의 합의 결과를 알려 주고 프로그램을 종료합니다.

12 **고양이 스프라이트가 좌우로 이동하는 개 스프라이트를 뛰어넘어 피하는 프로그램을 만들어 봅시다. 스크립트를 만들 때는 제시된 표의 프로시저들을 사용하도록 합니다. 이 프로그램을 실행했을 때의 기능은 다음과 같습니다.**

1. 프로그램을 실행하면 고양이 스프라이트는 [프로그램 실행 창] 중앙에 위치하고 개 스프라이트는 [프로그램 실행 창] 왼쪽에 위치합니다. 두 스프라이트를 같은 높이에 나란히 놓이도록 합니다.
2. 프로그램 실행 후, 개 스프라이트는 '멍멍' 소리를 반복하며 0.1초마다 10만큼의 속도로 좌우로 이동합니다.
3. 개 스프라이트는 벽에 닿으면 방향을 반대로 바꿔 이동하며, 프로그램이 종료될 때까지 행동을 반복합니다.
4. 고양이 스프라이트는 키보드의 스페이스바가 눌릴 때마다 위로 점프하는데, 점프 높이는 100이며 점프해서 제자리로 내려오기까지 4초의 시간이 걸립니다.
5. 무대의 배경음악은 [소리 고르기] 메뉴에 있는 'Dance Funky'이며, 이를 무한 반복합니다.
6. 고양이 스프라이트와 개 스프라이트는 원래 크기의 50% 크기를 갖습니다.

스프라이트	프로시저	프로시저 기능	절차 블록
고양이	초기상태 설정하기	고양이 스프라이트의 초기 위치, 방향, 크기 등을 설정합니다.	초기상태 설정하기 정의하기
	고양이 점프하기 (점프 높이)	고양이 스프라이트가 4초에 걸쳐 매개변수 [점프 높이]만큼 점프합니다.	고양이 점프하기 (점프 높이) 정의하기
개	초기상태 설정하기	개 스프라이트의 초기 위치, 방향, 크기, 회전 방식 등을 설정합니다.	초기상태 설정하기 정의하기
	좌우로 무한히 이동하기	개 스프라이트가 좌우로 0.1초마다 10만큼의 속도로 무한히 이동합니다. 벽에 닿으면 방향을 반대로 바꿔 이동합니다.	좌우로 무한히 이동하기 정의하기

13 다음에 제시된 놀이공원 입장료 할인 체계에 따라 고양이 스프라이트가 요금을 계산하는 프로그램을 작성해 봅시다.

놀이공원 입장료		
일반인	어린이(12세 이하)	8,000원(20% 할인)
	어르신(60세 이상)	8,000원(20% 할인)
	일반	10,000원
장애인	나이와 상관없이 20% 할인 적용	8,000원(20% 할인)

CHAPTER 08

감지와 이벤트 처리 기능 활용하기

학습목표

- 감지의 개념을 이해하고 스크래치의 감지 블록을 연습합니다.
- 이벤트의 개념을 이해하고 스크래치의 이벤트 처리 블록을 연습합니다.
- 메시지 방송 개념을 이해하고 스크래치의 메시지 방송 블록을 연습합니다.

Preview

스크래치는 감지 기능을 제공하여 스프라이트가 다양한 현상과 자료의 값을 활용할 수 있도록 지원합니다. 이를 통해 스프라이트는 특정 키보드가 눌렸을 때, 키보드로 어떤 자료가 입력되었을 때, 다른 스프라이트와 충돌하였을 때 등을 감지하여 필요한 행동을 수행합니다.

또한 스크래치는 이벤트 주도형 프로그래밍 방식을 지원합니다. 이벤트 주도형 프로그래밍 방식이란 다양한 이벤트에 대해서 처리해야 할 행동을 프로그래밍하는 방식으로, 게임이나 인터랙티브 스토리와 같이 사용자와 활발하게 상호작용하는 프로그램 개발에 적합합니다. 스프라이트는 이벤트 처리 기능을 활용하여 키보드 입력, 마우스 클릭, 타이머 경과 등의 이벤트가 발생할 때 이에 필요한 행동을 수행합니다.

이 장에서는 스크래치의 감지 기능과 이벤트 처리 기능 전반에 대해 알아보겠습니다.

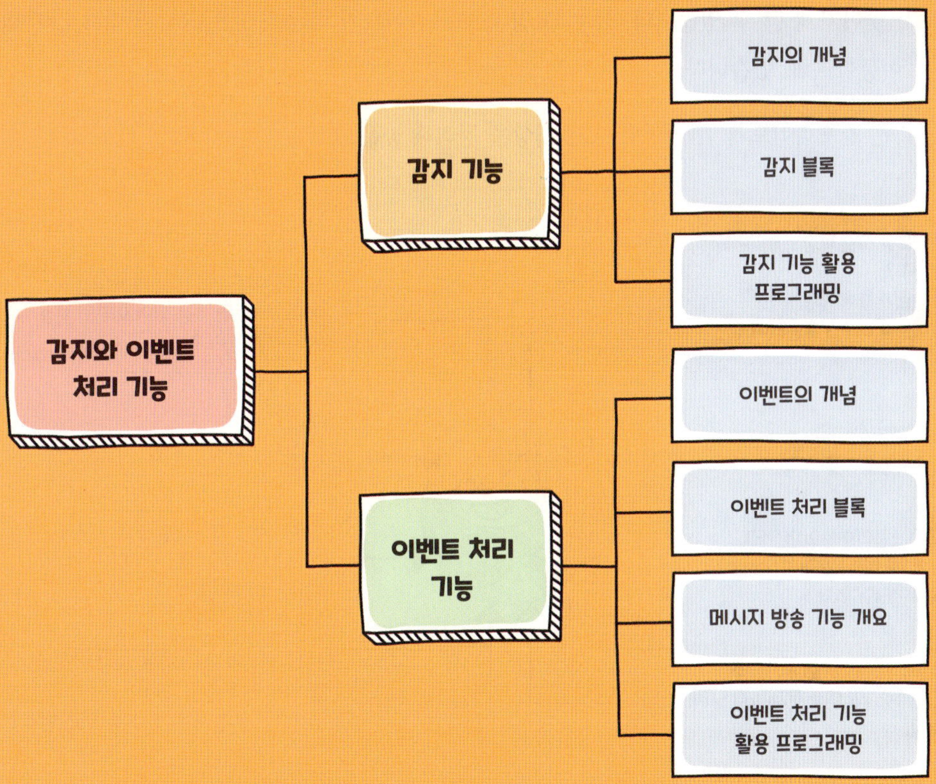

Section 01

감지 기능은 무엇인가요?

1 감지의 개념

감지(Sensing)란 어떤 현상이나 자료를 관찰하여 판독하는 것입니다. 스크래치는 감지 기능을 제공하여 스프라이트가 다양한 현상과 자료의 값을 활용할 수 있도록 합니다. 예를 들면 고양이 스프라이트가 쥐 스프라이트와의 거리를 감지해, 쥐 스프라이트가 일정 거리 안에 들어오면 고양이 스프라이트가 쫓아가게 할 수 있습니다. 또는 고양이 스프라이트가 마우스 포인터의 위치를 감지해 그 위치로 이동할 수도 있습니다.

[그림 8-1]은 스프라이트가 감지할 수 있는 대상을 정리해 놓은 것입니다.

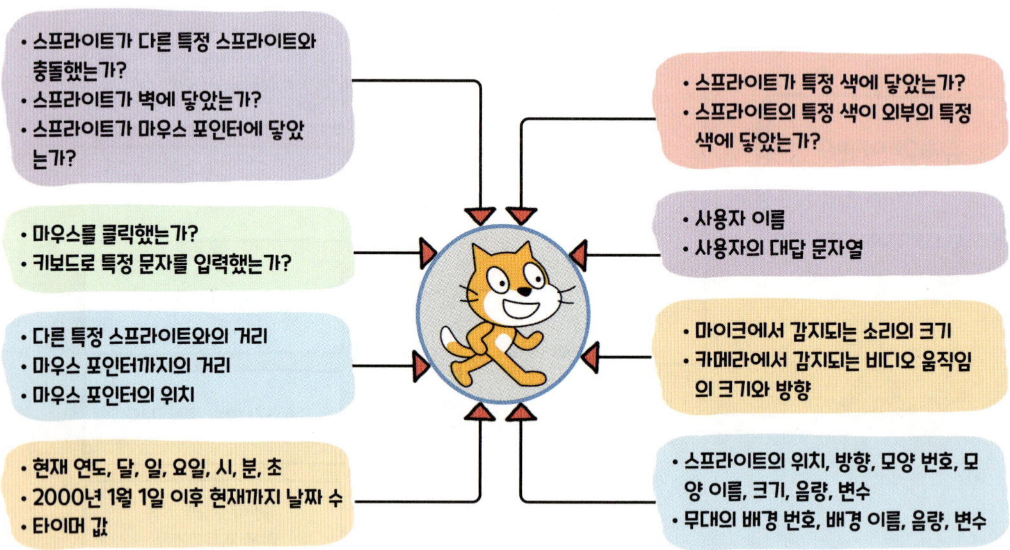

그림 8-1 스프라이트가 감지할 수 있는 대상

TIP

비디오의 감지 기능은 [스크립트 작업 창]-[코드] 탭의 [확장 기능 추가하기] 메뉴에서 [비디오 감지]를 추가하면 활용할 수 있습니다. 무대도 감지 기능을 활용할 수 있지만 스프라이트처럼 움직일 수는 없어서 스프라이트 간 거리와 충돌 여부, 특정 색과의 접촉 등은 감지할 수 없습니다.

스크래치에서는 감지 기능을 제어 블록과 조합하면 다양한 동작을 손쉽게 구현할 수 있습니다. 스프라이트 간 충돌 현상을 감지하여 고양이 스프라이트가 쥐 스프라이트를 잡았는지 확인이 가능하며, 특정 색과의 접촉 현상을 감지하여 달리는 자동차 스프라이트가 회색 벽에 충돌했는지도 파악할 수 있습니다. 또한 스프라이트 간 거리를 감지하여 적 스프라이트가 일정 거리 안으로 들어오면 발사하는 총 스프라이트를 만들 수 있고, 스프라이트가 질문을 던지고 사용자가 답을 맞히는 퀴즈 게임도 만들 수 있습니다. 컴퓨터에 장착된 카메라의 비디오를 활용해 손으로 건들면 고양이 스프라이트가 도망치는 장면도 구현할 수 있습니다.

그림 8-2 **감지 기능 활용의 예**

2 스크래치의 감지 블록

스크래치는 감지 기능과 관련된 블록들을 [스크립트 작업 창]-[코드] 탭의 [감지] 메뉴와 [비디오 감지] 메뉴에 담아 두었습니다. 타이머를 0으로 초기화하는 블록과 같이 감지 대상을 조작하는 문장 블록도 포함되어 있습니다. [표 8-1]을 통해 스크래치가 제공하는 감지 기능 블록의 종류를 살펴봅시다.

표 8-1 **스크래치 감지 블록**

블록 종류	설명
마우스 포인터 ▾ 에 닿았는가?	스프라이트가 마우스 포인터, 벽, 다른 스프라이트 등에 닿았는지 확인합니다.
( ) 색에 닿았는가?	스프라이트가 특정 색에 닿았는지 확인합니다.

( ) 색이 ( ) 색에 닿았는가?	스프라이트의 왼쪽 색이 오른쪽 색에 닿았는지 확인합니다.
마우스 포인터 ▾ 까지의 거리	선택한 스프라이트나 마우스 포인터까지의 거리를 확인합니다.
너 이름이 뭐니? 라고 묻고 기다리기	스프라이트가 입력 창의 내용을 묻고 사용자의 키보드 입력값을 기다립니다.
대답	사용자가 답한 내용을 저장합니다.
스페이스 ▾ 키를 눌렀는가?	설정한 키가 눌렸는지 확인합니다.
마우스를 클릭했는가?	마우스를 클릭했는지 확인합니다.
마우스의 x좌표	마우스 포인터의 x좌표를 확인합니다.
마우스의 y좌표	마우스 포인터의 y좌표를 확인합니다.
드래그 모드를 드래그 할 수 있는 ▾ 상태로 정하기	전체 화면 실행 시 스프라이트의 드래그 가능성을 설정합니다.
음량	마이크로 전달된 음량을 확인합니다.
타이머	타이머를 1/1000초 단위로 구합니다.
타이머 초기화	타이머 값을 0으로 만듭니다.
무대 ▾ 의 backdrop # ▾	무대나 스프라이트의 정보를 구합니다.
현재 년 ▾	현재 연도, 월, 일, 요일, 시, 분, 초를 확인합니다.
2000년 이후 현재까지 날짜 수	2000년 1월 1일 이후 현재까지의 날짜 수를 구합니다.
사용자 이름	로그인한 사용자 이름을 구합니다.
비디오 동작 ▾ 에 대한 스프라이트 ▾ 에서의 관찰값	[비디오 감지 기능] 스프라이트나 무대를 기준으로 비디오 동작과 방향을 구합니다.
비디오 켜기 ▾	[비디오 감지 기능] 비디오를 켜거나 끕니다.
비디오 투명도를 (0) (으)로 정하기	[비디오 감지 기능] 비디오의 투명도를 설정합니다.

Section 02 감지 기능을 활용해 프로그래밍해 봅시다

이제 감지 기능을 활용해 바닷가를 배경으로 고양이 스프라이트를 피해 도망가는 쥐 스프라이트 프로그램을 단계별로 나누어 프로그래밍해 봅시다. 쥐 스프라이트는 고양이 스프라이트에게 잡히거나 바다에 빠지면 죽게 됩니다. 쥐 스프라이트의 조종은 키보드의 방향키 감지 기능으로 구현합니다.

1 키보드로 쥐 조종하기

우선 [스프라이트/무대 관리 창]으로 가서 스크래치가 기본으로 제공하는 고양이 스프라이트를 삭제합니다. 그 다음, [스프라이트 고르기]로 가서 'Mouse1' 스프라이트를 추가해 이름을 '쥐'로 수정한 후 [그림 8-3]의 스크립트를 작성합니다. 이제 프로그램을 실행하면 키보드의 위쪽(↑), 아래쪽(↓), 왼쪽(←), 오른쪽(→) 버튼을 누르는 대로 쥐 스프라이트가 방향에 맞춰 2만큼씩 이동할 것입니다. 이를 통해 여러분은 키보드의 특정 키가 눌렸는지 감지하는 기능을 연습할 수 있습니다.

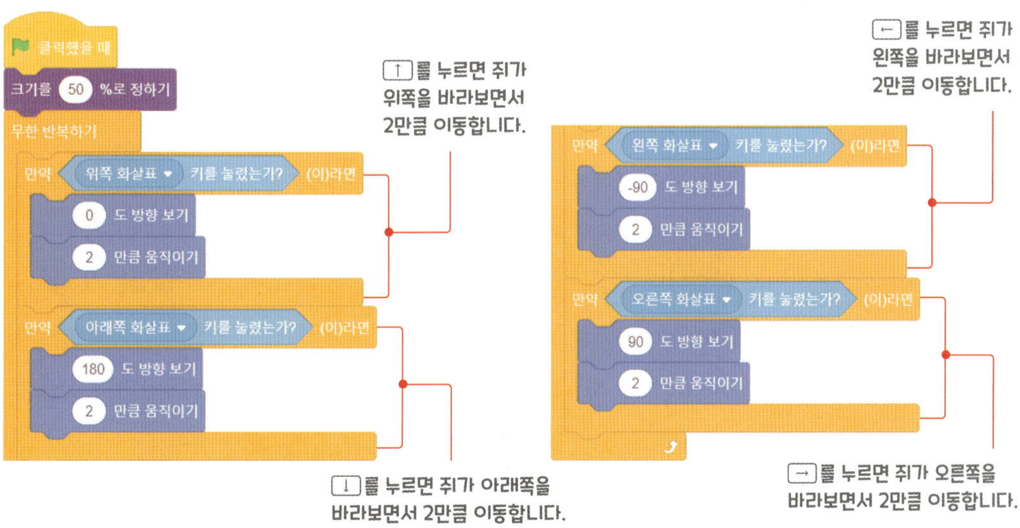

그림 8-3 '키보드로 쥐 조종하기' 스크립트

2 마우스를 클릭하면 고양이가 등장해 쥐 쫓게 하기

이번에는 [스프라이트 고르기]에서 'Cat 2' 스프라이트를 추가하고 이름을 '고양이'로 수정합니다. [그림 8-4]와 같이 스크립트도 작성해 봅니다. 고양이 스프라이트는 처음에는 보이지 않다가 실행 창에서 마우스를 클릭하면 무대 가장자리에서 나타나 0.2초에 3만큼의 속도로 이동하며 쥐 스프라이트를 쫓기 시작합니다. 이를 통해 여러분은 마우스가 클릭되었는지 감지하는 기능을 연습할 수 있습니다.

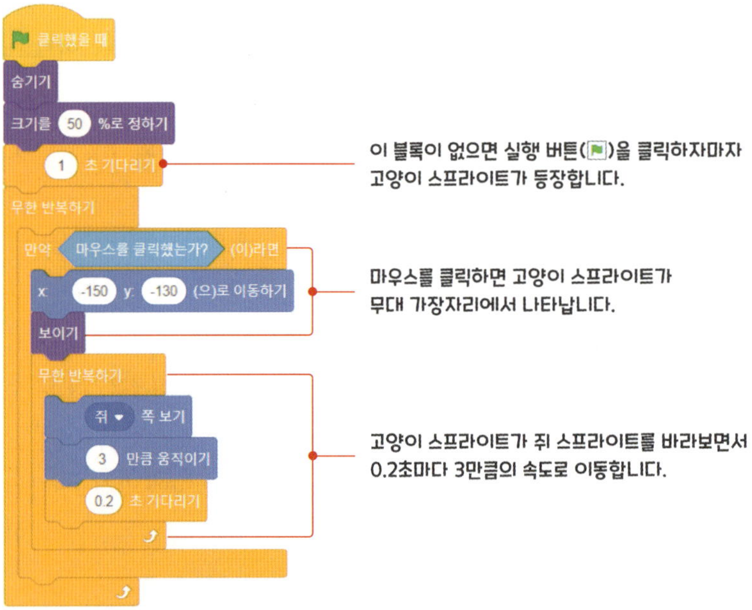

그림 8-4 '마우스를 클릭하면 고양이가 등장해 쥐 쫓게 하기' 스크립트

3 고양이가 쥐 잡게 하기

이제는 고양이 스프라이트가 쥐 스프라이트를 잡는 스크립트를 작성해 봅시다. 고양이 스프라이트에게 잡힌 쥐 스프라이트는 움직임을 멈추며, 고양이 스프라이트도 더 이상 쥐 스프라이트를 쫓을 필요가 없으므로 움직이지 않습니다. 이를 통해 여러분은 두 스프라이트가 서로 닿았는지 감지하는 기능을 연습할 수 있습니다.

쥐와 고양이 스프라이트의 스크립트는 앞서 작성한 스크립트에 행동을 추가해 수정하면 됩니다. [그림 8-5] 스크립트는 쥐 스프라이트가 고양이 스프라이트에게 잡히면 '찍' 소리를 내고 더는 움직이지 않는 행동을 [그림 8-3] 스크립트에 추가한 것입니다. [그림 8-6]은 고양이 스프라이트가 쥐 스프라이트를 잡는 행동을 [그림 8-4] 스크립트에 추가한 것입니다.

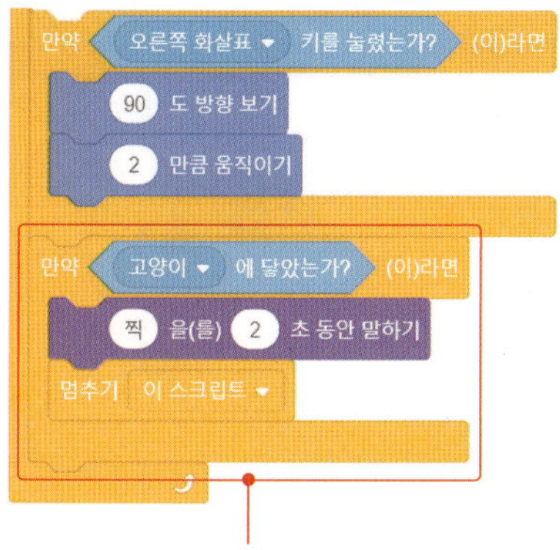

그림 8-5 '고양이에게 잡힌 쥐' 추가 스크립트

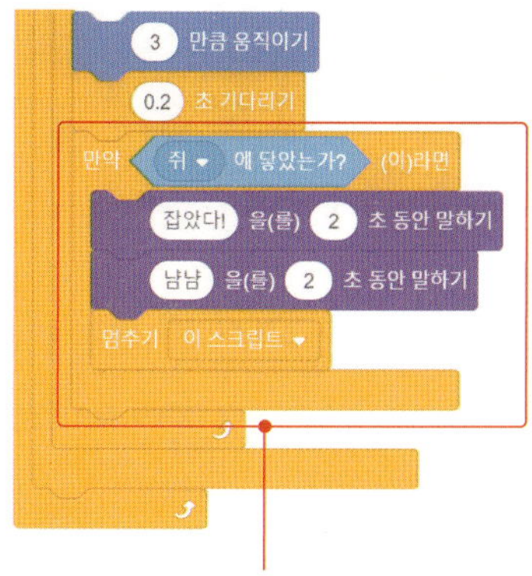

그림 8-6 '쥐를 잡은 고양이' 추가 스크립트

4 쥐가 바다에 빠지면 죽게 하기

무대 배경을 'Beach Malibu'로 변경하고, 쥐 스프라이트가 바다에 빠지면 죽는 스크립트도 만들어 봅시다. 이 행동은 쥐 스프라이트가 바다 색에 닿았는지의 여부로 구현할 수 있습니다. 이를 통해 여러분은 스프라이트가 특정 색에 닿았는지 감지하는 기능을 연습할 수 있습니다.

[그림 8-7]은 스프라이트가 특정 색에 닿았는지 확인하는 감지 블록의 조작법입니다. 이 블록은 특정 색에 접촉하는 순간 '참'이 됩니다.

그림 8-7 색 감지 블록 조작법

색 감지 블록 조작법을 익혔으므로 [그림 8-5]의 쥐 스프라이트 스크립트를 다시 한번 [그림 8-8]과 같이 수정해 봅시다. 쥐 스프라이트가 바다 색에 닿으면 '찍' 소리를 2초간 낸 후 움직임을 멈추게 됩니다.

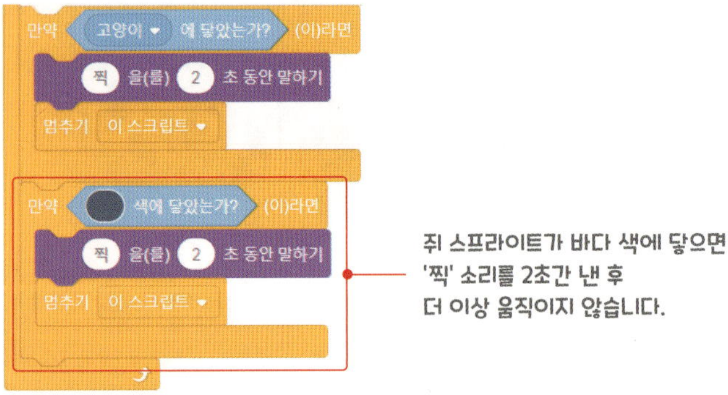

그림 8-8 **'쥐가 바다에 빠지면 죽게 하기' 스크립트 : [그림 8-5]의 스크립트 수정**

하나 더 알기 **카메라의 [비디오 감지] 기능**

스크래치는 확장 기능 중 하나인 [비디오 감지]에 카메라로 촬영되는 비디오를 인식하는 기능 관련 블록들을 모아 놓았습니다. 이 블록을 활용하면 사용자의 동작으로 조작되는 스프라이트의 행동을 프로그래밍할 수 있습니다. 스크래치의 비디오를 관찰하는 자료 블록이 비디오의 동작과 방향을 해석하는 방법은 다음과 같습니다.

<동작 관찰 가능 영역>

- 비디오 동작의 관찰값은 손 동작이 크면 클수록 값이 커집니다.
- 비디오 방향의 관찰값은 스크래치 방향계를 기준으로 손의 방향값을 측정합니다. 손이 왼쪽에서 오른쪽으로 이동하면 양의 값, 오른쪽에서 왼쪽으로 이동하면 음의 값이 측정됩니다.
- 무대를 기준으로 관찰하면 무대 내 모든 비디오의 동작과 방향을 관찰할 수 있습니다.
- 스프라이트를 기준으로 관찰하면 스프라이트의 비디오 관찰 영역(스프라이트가 차지하는 공간) 내에서만 비디오의 동작과 방향을 관찰할 수 있습니다.

그렇다면 이제, [비디오 감지] 기능을 활용한 스크래치를 프로그래밍해 봅시다. 손으로 밀면 반대 방향으로 도망가는 고양이 스프라이트의 행동을 만들어 보겠습니다. 일단 비디오 동작과 방향을 관찰하기 위해 컴퓨터에는 카메라가 연결되어 있어야 합니다.

스크립트는 사용자가 왼쪽에서 오른쪽으로 손을 이동하면 고양이 스프라이트가 오른쪽으로 이동하고, 오른쪽에서 왼쪽으로 손을 이동하면 고양이 스프라이트가 왼쪽으로 이동하는 행동으로 작성합니다. 이를 통해 여러분은 스프라이트를 기준으로 비디오 방향을 감지하는 기능을 연습할 수 있습니다.

참고로 비디오 방향은 매우 민감해서 스프라이트를 세밀하게 조정하기가 어렵습니다. 그래서 동작이 왼쪽에서 오른쪽으로 이루어질 때 양의 값을 갖고, 오른쪽에서 왼쪽으로 이루어질 때 음의 값을 갖는다는 정도로만 구분하면 됩니다.

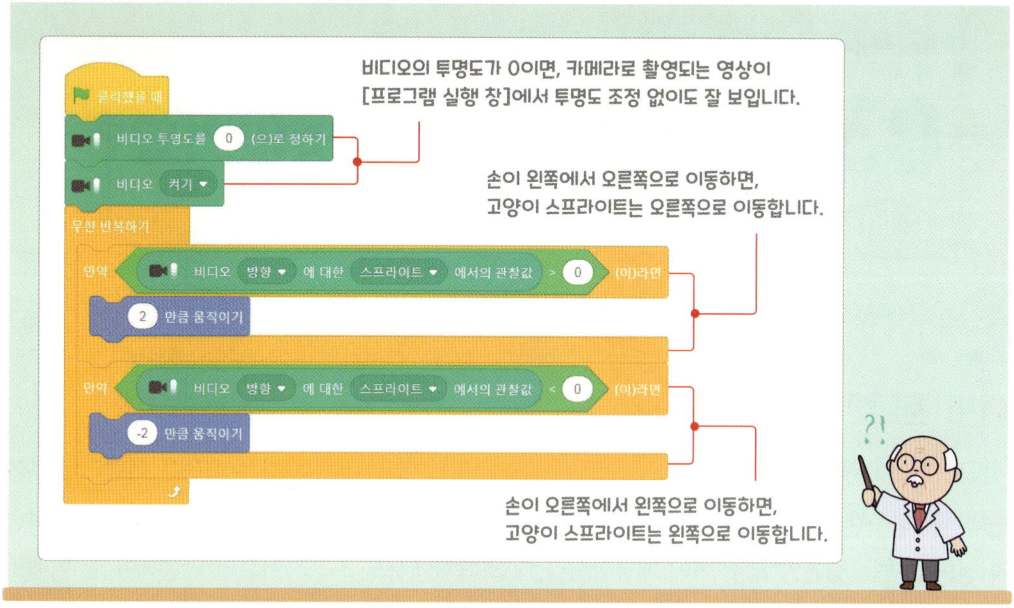
클릭했을 때
비디오 투명도를 0 (으)로 정하기
비디오 켜기
무한 반복하기
만약 비디오 방향 에 대한 스프라이트 에서의 관찰값 > 0 (이)라면
2 만큼 움직이기
만약 비디오 방향 에 대한 스프라이트 에서의 관찰값 < 0 (이)라면
-2 만큼 움직이기
비디오의 투명도가 0이면, 카메라로 촬영되는 영상이
[프로그램 실행 창]에서 투명도 조정 없이도 잘 보입니다.
손이 왼쪽에서 오른쪽으로 이동하면,
고양이 스프라이트는 오른쪽으로 이동합니다.
손이 오른쪽에서 왼쪽으로 이동하면,
고양이 스프라이트는 왼쪽으로 이동합니다.
?!

Section
03 이벤트 기능은 무엇인가요?

1 이벤트의 개념

이벤트(Event)란 어떤 동작을 실행시키는 사건을 의미합니다. 일상의 많은 행동은 이벤트 때문에 수행되는 경우가 많습니다. 갑자기 비가 와서 건물 안으로 들어가야 하거나, 전화벨이 울리면 달려와 전화를 받는 행동이 모두 이에 해당합니다. 프로그램에서도 스프라이트가 반응해야 할 이벤트들이 존재합니다. 대표적인 예로 키보드 입력, 마우스 클릭 등이 있습니다.

하나 더 알기 √ 이벤트 주도형 프로그램

프로그램 중에는 기능 대부분이 이벤트를 처리하는 일로 이루어진 것들이 있습니다. 마우스 클릭과 키보드 입력에 계속 반응해야 하는 '게임'이 대표적인 예입니다. 이렇게 이벤트를 중심으로 기능이 실행되는 프로그램을 '이벤트 주도형 프로그램' 또는 '이벤트 드리븐(Event-driven) 프로그램'이라고 합니다.

이벤트 처리가 주요 기능인 게임

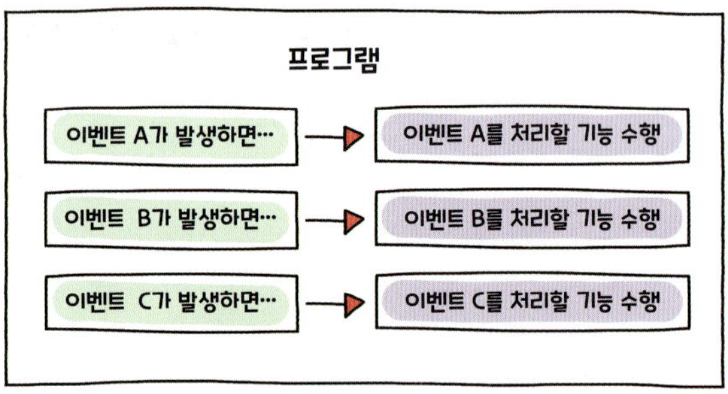

이벤트 주도형 프로그램의 동작

사실 스크래치 프로그램도 알고 보면 기능 대부분이 이벤트를 처리하는 것입니다. 실행 버튼(⚑)이 클릭되었을 때, 키보드의 특정 키가 눌렸을 때, 마우스가 클릭되었을 때 등의 이벤트가 발생하면 스프라이트와 무대가 어떻게 반응해야 하는지를 구현한 것이기 때문입니다.

따라서 스크래치 프로그램도 이벤트 주도형 프로그램이며 게임, 인터랙티브 스토리처럼 사용자와 상호작용이 많은 프로그램을 작성할 때 유용합니다.

2 스크래치에서의 이벤트 처리 기능

스크래치는 게임이나 인터랙티브 스토리와 같이 사용자와 활발하게 상호작용하는 프로그램 개발을 장려하면서 이벤트 주도형 프로그래밍 방식을 지원합니다. [그림 8-9]는 스크래치가 지원하는 이벤트들을 정리한 것입니다.

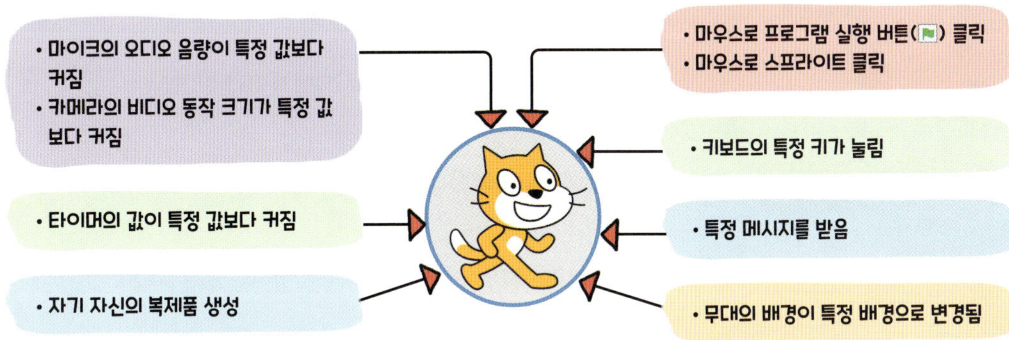

그림 8-9 스크래치에서 지원하는 이벤트

스크래치의 이벤트 처리 기능 또한 잘 활용하면 다양한 동작을 손쉽게 프로그래밍할 수 있습니다. 키보드의 키 입력에 따라 자동차 방향을 조정하거나 무대를 바꿔 스프라이트의 행동을 변경할 수 있고, 소리를 이용해 스프라이트의 행동을 변경할 수도 있습니다.

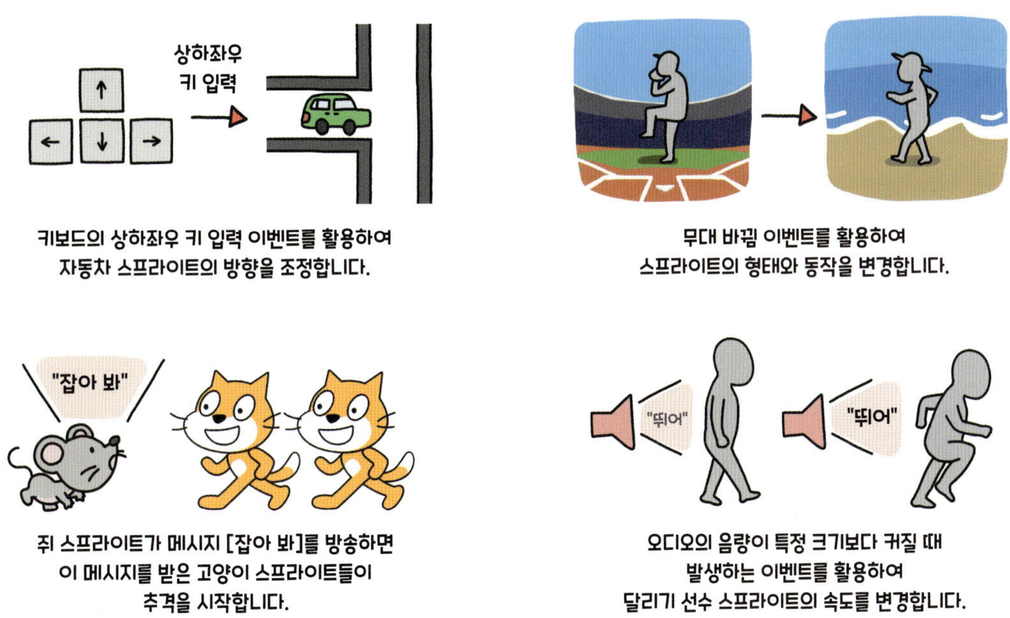

그림 8-10 이벤트 처리 기능 활용의 예

3 스크래치의 이벤트 처리 블록

스크래치의 이벤트 처리 관련 블록들은 [스크립트 작업 창]-[코드] 탭의 [이벤트] 메뉴와 [비디오 감지] 메뉴에 모아 놓았습니다. [표 8-2]를 통해 스크래치의 이벤트 처리 블록 종류를 살펴봅시다.

표 8-2 **스크래치의 이벤트 처리 블록**

블록 종류	설명
클릭했을 때	실행 버튼()을 클릭하면 아래에 연결된 블록들을 실행합니다.
스페이스 ▾ 키를 눌렀을 때	설정한 키를 누르면 아래에 연결된 블록들을 실행합니다.
이 스프라이트를 클릭했을 때	이 블록을 포함한 스프라이트를 클릭하면 아래에 연결된 블록들을 실행합니다.
배경이 배경 1 ▾ (으)로 바뀌었을 때	설정된 배경으로 바뀌면 아래에 연결된 블록들을 실행합니다.
음량 ▾ > 10 일 때	음량 또는 타이머의 값이 설정한 값보다 크면 아래에 연결된 블록들을 실행합니다.
메시지1 ▾ 신호를 받았을 때	설정한 메시지를 받으면 아래에 연결된 블록들을 실행합니다.
메시지1 ▾ 신호 보내기	모든 스프라이트에 메시지를 보내고 즉시 다음 동작을 실행합니다.
메시지1 ▾ 신호 보내고 기다리기	모든 스프라이트에 메시지를 보내고 이 메시지로 인해 실행되는 모든 행동이 끝나면 다음 동작을 실행합니다.
비디오 동작 > 10 일 때	[비디오 감지 기능] 비디오 동작 크기가 설정한 값보다 크면 아래에 연결된 블록들을 실행합니다.

Section 04

메시지 방송에 대해 알아봅시다

1 메시지 방송과 관련된 블록

이벤트 처리 기능 중에는 메시지 신호와 관련된 블록들이 있습니다. 스프라이트는 이 블록을 통해 사용자가 정의한 특정 메시지를 같은 프로그램 내에 존재하는 모든 스프라이트와 무대에 전달할 수 있습니다. 심지어 메시지를 보낸 스프라이트 자신도 그 메시지를 전달받게 됩니다. '메시지 신호 보내기'라는 용어보다 '메시지 방송'이란 용어를 사용하는 이유는 방송(Broadcasting)이란 용어가 모든 대상에게 메시지를 전달한다는 의미에 더 적합하기도 하고, 블록의 영문 표기에도 'Broadcast'로 되어 있기 때문입니다.

[그림 8-11]은 '신호 보내기' 블록의 메시지 이름을 정의하는 방법입니다.

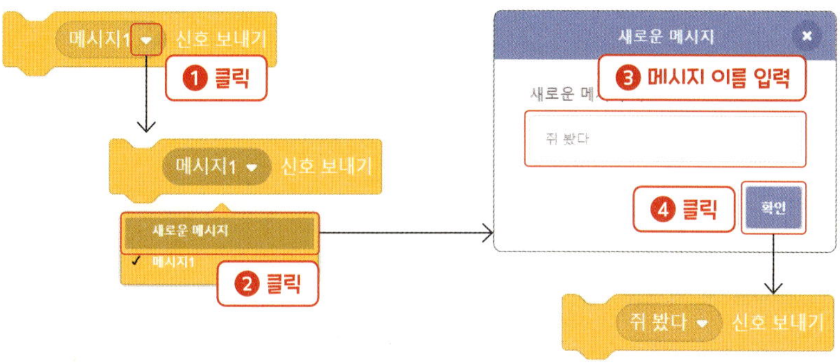

그림 8-11 **방송할 메시지 이름 정의하기**

스프라이트와 무대가 특정 메시지를 받으면 반응하게 하는 스크립트는 특정 메시지를 받았을 때 실행되는 이벤트 블록을 생성하고, 그 블록 아래에 반응해야 할 행동을 조립하면 됩니다. [그림 8-12]는 메시지 [쥐 봤다]가 방송될 때 스프라이트가 이 메시지를 받도록 이벤트 블록을 생성하는 방법을 보여 줍니다.

그림 8-12 **이벤트 블록 생성하기**

2 메시지 방송의 활용 목적

메시지 방송의 활용 목적은 크게 두 가지입니다. 하나는 메시지를 방송하는 주체가 다른 대상에게 어떤 행동을 유발하기 위해서이고, 또 다른 하나는 자기 자신의 행동을 병렬적으로 수행하기 위해서입니다.

전자의 예로 [그림 8-13]을 들 수 있습니다. 쥐 스프라이트를 발견한 고양이 스프라이트가 메시지 [쥐 봤다]를 방송하면 다른 고양이 스프라이트들이 메시지를 받아 함께 쥐를 쫓는 행동을 수행하게 됩니다.

그림 8-13 **메시지 방송 활용의 예(1) : 다른 대상의 행동 유발**

후자의 예는 [그림 8-14]입니다. 고양이 스프라이트가 쥐 스프라이트를 쫓아갈 때 반복해서 '야옹' 소리도 내야 하는 경우입니다. 이럴 때는 고양이 스프라이트의 행동 스크립트에 메시지 [소리 내]를 받아서 '야옹' 소리를 내도록 행동을 추가하고, 고양이 스프라이트가 쥐 스프라이트를 쫓기 전에 메시지 [소리 내]를 방송하면 됩니다. 모든 이벤트 블록은 병렬적으로 수행되므로, 실행 버튼( )을 눌렀을 때 이벤트로 처리되는 기능과 메시지 [소리 내]를 받았을 때 처리되는 기능이 함께 병렬적으로 수행됩니다.

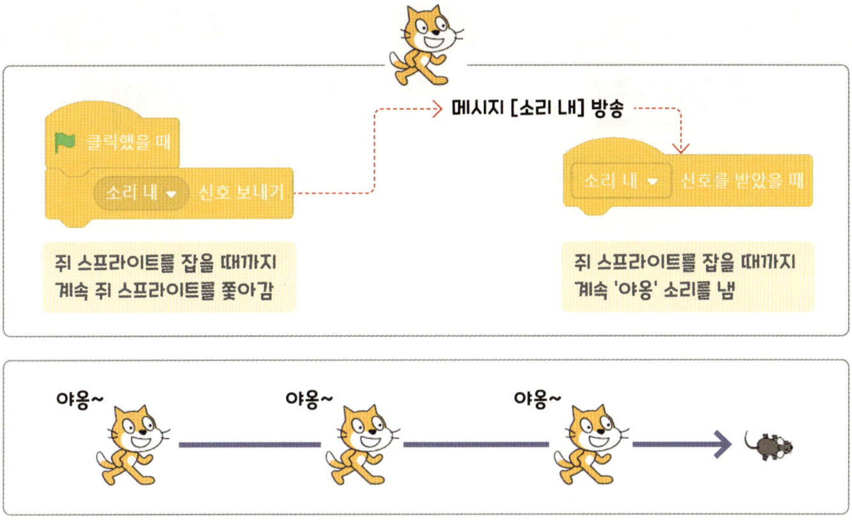

그림 8-14 메시지 방송 활용의 예(2) : 자신의 병렬적 행동 수행

Section
05
이벤트 처리 기능을 활용해 프로그래밍해 봅시다

이번에는 이벤트 처리 기능을 활용해 고양이 스프라이트를 피해 도망가는 쥐 스프라이트 프로그램을 단계별로 나누어 프로그래밍해 봅시다. 30초 동안 고양이 스프라이트를 피하면 쥐 스프라이트가 이기는 게임입니다. 만약 30초 안에 쥐 스프라이트가 고양이 스프라이트에게 잡히면 죽게 됩니다. 쥐 스프라이트의 조종은 키보드의 특정 키가 눌렸다는 이벤트를 처리하는 기능으로 구현합니다.

1 키보드로 쥐 조종하기

우선 [스프라이트/무대 관리 창]에서 'Mouse1' 스프라이트를 추가해 이름을 '쥐'로 수정한 후, [그림 8-15]와 같이 스크립트를 작성합니다. 쥐 스프라이트의 생존 상태를 나타내는 전역 변수 [쥐 생존상태]를 사용해 쥐 스프라이트가 살아 있는 동안에만 움직이도록 설정한 것을 잘 확인해 둡니다.

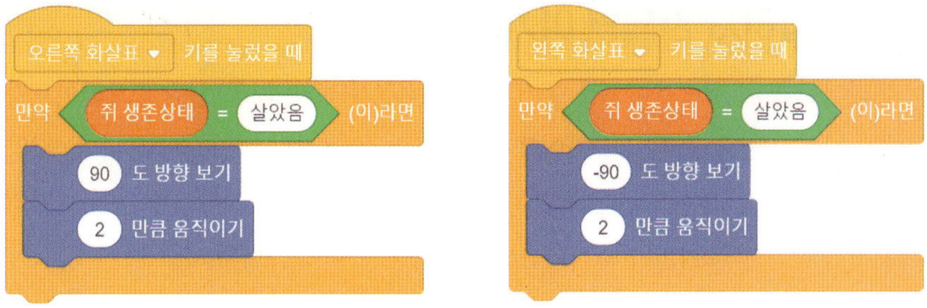

그림 8-15 **'키보드로 쥐 조종하기' 스크립트**

2 고양이가 쥐를 쫓게 하기

이번에는 'Cat 2' 스프라이트를 추가하여 이름을 '고양이'로 수정한 후 [그림 8-16]과 같이 스크립트를 작성합니다. 고양이 스프라이트는 쥐 스프라이트가 일정 거리 안에 들어오는 순간부터 0.1초마다 거리 3만큼씩 이동하며 쥐 스프라이트를 쫓게 됩니다. 고양이 스프라이트가 쥐 스프라이트를 잡을 경우, 전역 변수 [쥐 생존상태]를 '죽었음'으로 설정하고 '잡았다.'를 2초 동안 말한 다음, 쥐 스프라이트를 쫓는 행동을 멈추게 합니다.

그림 8-16 **'고양이가 쥐를 쫓게 하기' 스크립트**

3 쥐가 30초 이상 잡히지 않으면 이기게 하기

이번에는 고양이 스프라이트가 쥐 스프라이트를 쫓기 시작한 순간부터 30초 동안 쥐 스프라이트가 고양이 스프라이트에게 잡히지 않으면 쥐 스프라이트가 승리하는 스크립트를 만들어 봅니다. 고양이 스프라이트가 쥐 스프라이트를 쫓는 시간은 고양이 스프라이트가 쥐 스프라이트와 떨어진 거리를 관찰하다가 가까워지는 순간에 타이머가 초기화됨으로써 측정할 수 있습니다.

타이머 초기화를 위한 스크립트는 [그림 8-16]의 스크립트를 [그림 8-17]과 같이 수정하면 됩니다. 쥐 스프라이트 스크립트에는 [그림 8-18]의 스크립트를 추가하여, 쥐 스프라이트가 살아 있는 상태에서 타이머가 30초를 넘어가면 '이겼다! 고양이 멈춰라.'를 외치도록 설정합니다.

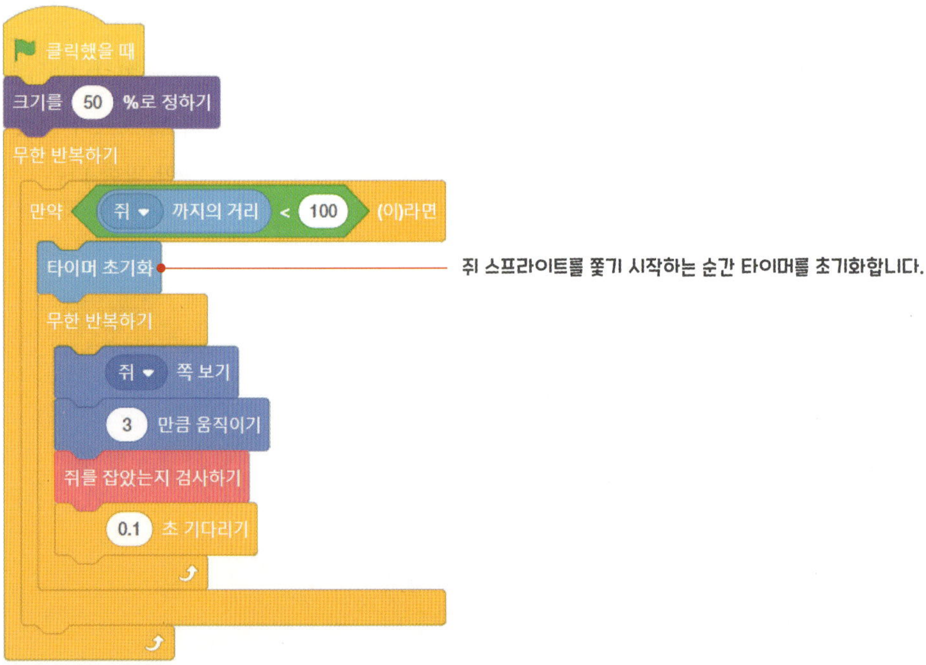

그림 8-17 **고양이 스프라이트의 '타이머 초기화' 추가 스크립트**

그림 8-18 **쥐 스프라이트의 '승리 선언' 추가 스크립트**

4 쥐가 이기면 고양이가 포기하게 하기

이제, 쥐 스프라이트가 승리를 선언하면 고양이 스프라이트가 쥐 스프라이트를 더 이상 쫓지 않고 포기하게 하는 스크립트를 작성해 보겠습니다. [그림 8-19]와 같이 쥐 스프라이트가 [고양이 멈춰라] 메시지를 방송하면 고양이 스프라이트는 메시지를 받아 쥐 스프라이트를 쫓는 행동을 멈추게 됩니다.

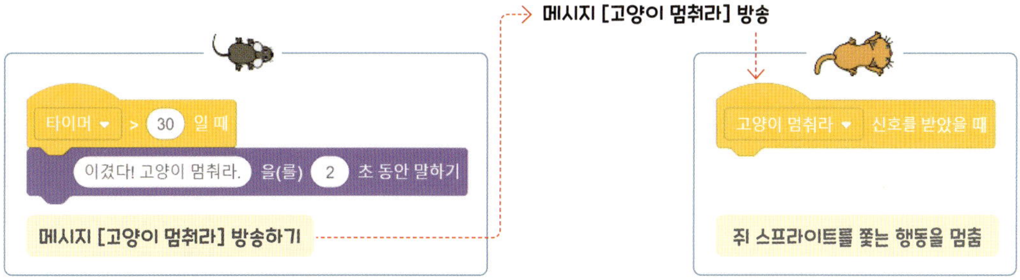

그림 8-19 쥐 스프라이트의 승리 선언에 반응하는 고양이 스프라이트

[그림 8-20]은 타이머가 30초 이상 지난 후 살아 있는 쥐 스프라이트가 [고양이 멈춰라] 메시지를 방송하도록 [그림 8-18]의 스크립트 일부를 수정한 것입니다.

그림 8-20 [고양이 멈춰라] 방송 메시지를 추가한 쥐 스프라이트의 스크립트

[그림 8-21]은 타이머가 30초 이상 지난 후 [고양이 멈춰라] 메시지를 받은 고양이 스프라이트가 움직임을 멈추도록 스크립트 일부를 수정한 것입니다.

그림 8-21 [고양이 멈춰라] 방송 메시지를 받은 고양이 스프라이트의 스크립트

요약

01 감지란 어떤 현상이나 자료를 관찰하여 판독하는 것입니다. 스크래치는 감지 기능을 제공하여 스프라이트가 다양한 현상과 자료의 값을 활용할 수 있도록 지원합니다. 감지 기능과 관련된 블록들은 [코드] 탭-[감지] 메뉴에 있습니다.

02 이벤트란 어떤 동작을 실행시키는 사건을 의미합니다. 스크래치는 이벤트 처리 기능에 필요한 블록을 [코드] 탭-[이벤트] 메뉴에 모아 놓았습니다.

03 스크래치는 게임이나 인터랙티브 스토리와 같이 사용자와 활발하게 상호작용하는 프로그램 개발을 장려하면서 이벤트 주도형 프로그래밍 방식을 지원합니다. 이벤트 주도형 프로그래밍 방식은 발생할 수 있는 이벤트에 대해서 필요한 행동을 프로그래밍합니다.

04 스프라이트는 메시지 방송 기능을 활용하여, 사용자가 정의한 특정 메시지를 같은 프로그램 내에 존재하는 모든 스프라이트와 무대에 전달할 수 있습니다. 심지어 메시지를 보낸 스프라이트 자신도 그 메시지를 전달받게 됩니다.

05 메시지 방송의 활용 목적은 크게 두 가지입니다. 하나는 메시지를 방송하는 주체가 다른 대상에게 어떤 행동을 유발하기 위해서이고, 또 다른 하나는 자기 자신의 행동을 병렬적으로 수행하기 위해서입니다.

연습문제

01 어떤 현상이나 자료를 관찰하여 판독하는 개념을 무엇이라고 하나요?

① 이벤트　　② 감지
③ 자료형　　④ 조건

02 다음 중 스크래치의 스프라이트가 감지할 수 있는 대상을 모두 고르세요.

① 다른 스프라이트까지의 거리
② 특정 색과의 접촉 현상
③ 현재 연도, 월, 일, 요일, 시, 분, 초
④ 마우스 포인터까지의 거리

※ 다음은 스크래치에서 제공하는 감지 기능 관련 블록들입니다. 이 보기를 활용해 03번과 04번 문제에 답하세요.

ⓐ 벽 ▾ 에 닿았는가?　　ⓑ 색에 닿았는가?
ⓒ 마우스를 클릭했는가?　　ⓓ 스페이스 ▾ 키를 눌렀는가?

03 벽 또는 다른 스프라이트와 충돌했는지 감지하는 데 사용하는 블록은 무엇인가요?

① ⓐ 블록　　② ⓑ 블록
③ ⓒ 블록　　④ ⓓ 블록

04 키보드의 특정 키가 눌리는 현상을 감지하는 데 사용하는 블록은 무엇인가요?

① ⓐ 블록　　② ⓑ 블록
③ ⓒ 블록　　④ ⓓ 블록

05 다음은 감지 기능을 활용한 고양이 스프라이트의 스크립트입니다. 이 프로그램에 대한 설명으로 옳은 것은 무엇인가요?

① 프로그램 실행 시 스페이스바를 누르면 마우스 포인터를 쫓아갑니다.
② 프로그램 실행 시 스페이스바를 누르면 마우스 포인터 방향을 바라봅니다.
③ 프로그램 실행 시 스페이스바를 누르면 마우스 포인터 위치로 순간 이동합니다.
④ 프로그램 실행 시 스페이스바를 누르면 마우스 포인터를 바라보면서 쫓아갑니다.

06 어떤 동작을 실행시키는 사건을 의미하는 개념을 무엇이라고 하나요?

① 이벤트 ② 감지
③ 자료형 ④ 조건

07 이벤트를 중심으로 실행의 흐름이 결정되고 동작이 변경되는 프로그램을 무엇이라고 하나요?

① 이벤트 강조형 프로그램
② 이벤트 주도형 프로그램
③ 멀티 이벤트 프로그램
④ 병렬 처리형 프로그램

08 다음 중 스크래치가 처리할 수 있는 이벤트가 아닌 것을 고르세요.

① 특정 시간의 경과
② 스프라이트를 마우스로 클릭
③ 키보드의 특정 키 입력
④ 스프라이트 간의 충돌

09 다음 이벤트 블록들에 대한 설명으로 옳지 않은 것을 고르세요.

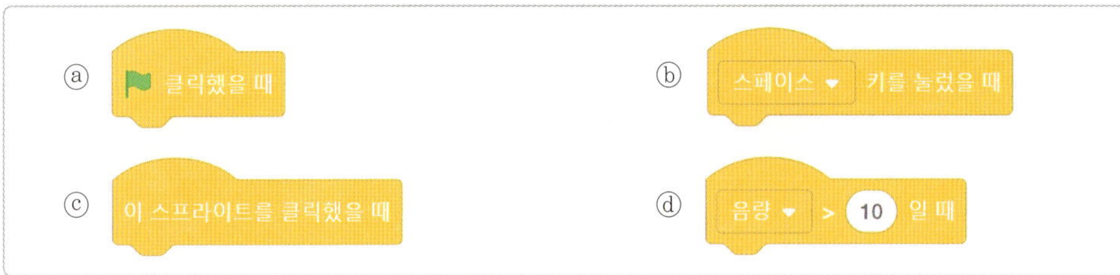

① ⓐ 블록 – [프로그램 실행 창] 왼쪽 상단에 있는 실행 버튼( )을 클릭하는 이벤트를 처리합니다.
② ⓑ 블록 – 키보드의 스페이스바를 누르는 이벤트를 처리합니다.
③ ⓒ 블록 – 스프라이트를 마우스로 클릭하는 이벤트를 처리합니다.
④ ⓓ 블록 – 스프라이트가 10보다 큰 음량으로 소리를 내는 이벤트를 처리합니다.

10 다음은 메시지 방송 기능을 활용한 고양이와 쥐 스프라이트의 스크립트입니다. 이 프로그램에 대한 설명으로 옳은 것을 고르세요.

① 고양이 스프라이트가 쥐 스프라이트를 향해 100보다 가깝게 가면 고양이 스프라이트만 울기 시작합니다.
② 고양이 스프라이트가 쥐 스프라이트를 향해 100보다 가깝게 가면 쥐 스프라이트만 울기 시작합니다.
③ 고양이 스프라이트가 쥐 스프라이트를 향해 100보다 가깝게 가면 고양이 스프라이트와 쥐 스프라이트 모두 울기 시작합니다.
④ 고양이 스프라이트가 쥐 스프라이트를 향해 100보다 가깝게 가도 아무도 울지 않습니다.

11 고양이 스프라이트는 마우스 포인터를 쫓아가고 개 스프라이트는 고양이 스프라이트를 쫓아가는 프로그램을 만들어 봅시다. 이 프로그램의 실행 화면과 기능은 다음과 같습니다.

1. 무대 배경은 'Hearts'입니다.
2. 실행 버튼(🏁)을 클릭하면 무대는 배경음악 'Dance Around'를 반복 재생합니다.
3. 실행 버튼(🏁)을 클릭하면 고양이 스프라이트는 자신의 크기를 50%로 줄이고 위치 (0, 0)에 나타납니다. 이후 마우스 포인터 방향을 바라보면서 0.2초에 3만큼씩 이동합니다.
4. 실행 버튼(🏁)을 클릭하면 개 스프라이트는 자신의 크기를 50%로 줄이고 위치 (−150, −100)에서 자신의 모습을 숨기고 있습니다.
5. 키보드의 스페이스바를 누르면 개 스프라이트가 모습을 드러내고, 고양이 스프라이트를 바라보면서 0.2초에 3만큼씩 이동합니다.
6. 개 스프라이트가 고양이 스프라이트를 쫓기 시작한 순간부터 타이머로 시간이 측정됩니다.
7. 개 스프라이트가 고양이 스프라이트를 잡으면 둘 다 동작을 멈추고, 개 스프라이트는 고양이 스프라이트를 잡기까지 걸린 시간을 2초간 말합니다.
8. 개 스프라이트가 고양이 스프라이트를 잡으면 배경음악이 중지됩니다.

12 고양이 스프라이트가 사과 스프라이트를 던져서 위아래로 움직이는 박쥐 스프라이트를 맞추는 게임을 만들어 봅시다. 이 프로그램의 실행 화면과 기능은 다음과 같습니다.

1. 무대 배경은 'Desert'입니다.
2. 실행 버튼(⚑)을 클릭하면 무대는 점수를 0으로 설정합니다(무대에 변수 [점수] 생성).
3. 실행 버튼(⚑)을 클릭하면 고양이 스프라이트는 자신의 크기를 70%로 줄이고 위치 (–200, –50)에 나타나 제자리에 가만히 있습니다.
4. 실행 버튼(⚑)을 클릭하면 박쥐 스프라이트는 자신의 크기를 60%로 줄이고 위치 (170, 0)에 나타나 위아래로 이동합니다(이동 속도는 사용자가 결정).
5. 실행 버튼(⚑)을 클릭하면 사과 스프라이트는 자신의 크기를 50%로 줄이고 위치 (–160, –50)에 나타납니다.
6. 키보드의 스페이스바를 누르면 사과 스프라이트는 스페이스바를 누르는 순간의 마우스 포인터 위치를 바라보며 날아갑니다(사과 스프라이트가 날아가는 속도는 사용자가 결정). 마치 고양이 스프라이트가 사과 스프라이트를 던지는 것처럼 보일 것입니다.
7. 사과 스프라이트가 날아가는 도중에는 마우스 포인터 조작으로 방향을 바꿀 수 없습니다.
8. 사과 스프라이트는 날아가다가 박쥐 스프라이트나 벽에 닿으면 사라지고, 다시 고양이 스프라이트의 손 쪽(위치 (–160, –50))에 나타납니다.
9. 박쥐 스프라이트가 사과 스프라이트에 맞으면 점수는 10만큼 올라가고, 박쥐 스프라이트는 소용돌이를 치며 사라집니다. 그리고 다시 원래 위치 (170, 0)에 나타나 위아래로 이동합니다.

· PART ·

03

'머신러닝 for 키즈' 익히기

CONTENTS

CHAPTER 09

'머신러닝 for 키즈' 소개하기

01 '머신러닝 for 키즈'에 대해 알아봅시다
02 '머신러닝 for 키즈'의 실습 환경을 만들어 봅시다
03 '머신러닝 for 키즈'의 간단한 실습을 진행합니다
요약
연습문제

학습목표

- '머신러닝 for 키즈'를 학습하는 이유를 이해합니다.
- '머신러닝 for 키즈'의 기능을 공부합니다.
- '머신러닝 for 키즈' 사이트에서 계정을 만듭니다.
- 간단한 맛보기 프로젝트로 '머신러닝 for 키즈' 실습 환경을 경험합니다.

Preview

머신러닝 기술은 이미 우리 주변의 다양한 분야에서 널리 사용되고 있습니다. 이메일의 스팸 필터링, SNS 서비스의 광고 추천, 언어 번역, 금융회사의 사기 탐지 등이 모두 머신러닝 기술이 적용되고 있는 대표적인 예입니다.

머지않아 머신러닝 시스템은 사람 대신 자동차를 운전하고, 선생님을 도와 교육을 수행하며, 의사를 도와 환자를 진료하는 등 우리 일상에서 뗄 수 없는 파트너가 될 것입니다. 이런 상황을 대비해 우리는 머신러닝과 함께하는 세계가 어떻게 작동하는지 이해해야 하는데, 가장 좋은 방법은 머신러닝 기술을 직접 경험하고 활용해 보는 것입니다.

그 첫 단계로, 이 장에서는 IBM에서 개발한 '머신러닝 for 키즈'를 소개하고, '머신러닝 for 키즈'로 머신러닝 프로젝트를 경험해 볼 수 있는 실습 환경 구축 방법에 대해 알아보고자 합니다.

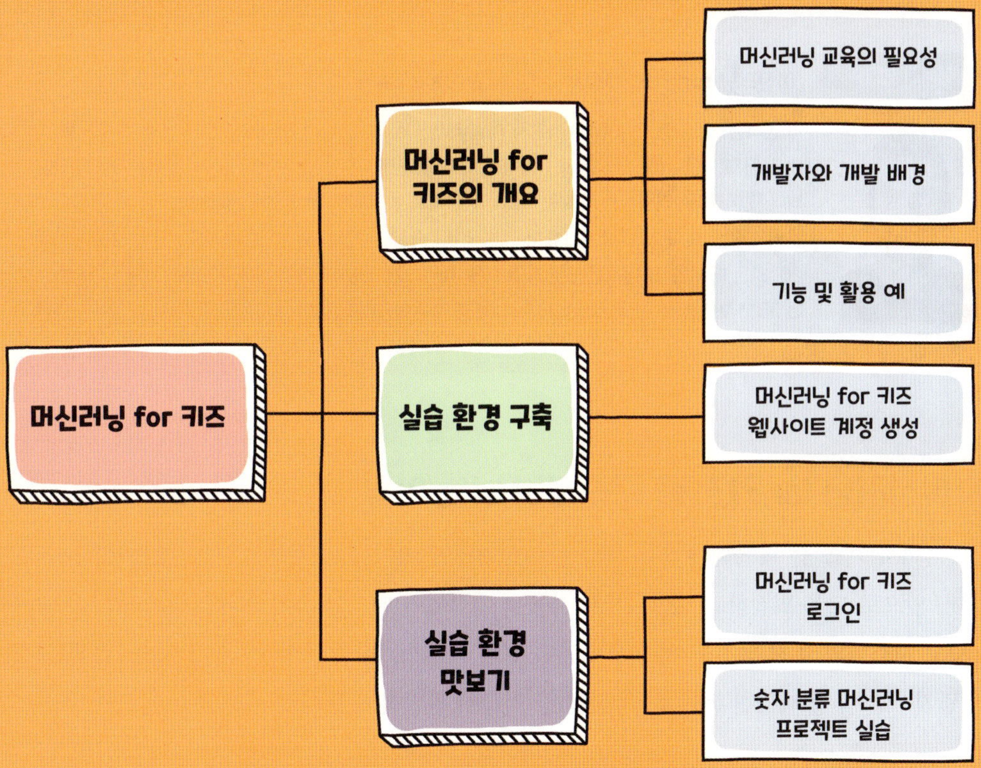

Section 01

'머신러닝 for 키즈'에 대해 알아봅시다

1 '머신러닝 for 키즈'란?

머신러닝 for 키즈(ML4K, Machine Learning for Kids)는 학생들에게 머신러닝 시스템을 교육하고 다뤄보도록 함으로써 인공지능 프로그램의 효과를 실제로 경험해 볼 수 있도록 하는 도구입니다. 여러분도 이 책을 통해 '머신러닝 for 키즈'로 머신러닝 모델을 훈련시키고 인공지능 프로그램을 만들어 보는 과정을 경험하게 될 것입니다.

하나 더 알기 ✓ **'머신러닝 for 키즈' 개발자 데일 레인(Dale Lane)**

'머신러닝 for 키즈'는 IBM의 개발자 데일 레인(Dale Lane)이 자신의 거주 지역에 위치한 학교의 코딩 교육을 위해 개발한 도구입니다. IBM의 인공지능 왓슨(Watson)의 API를 사용하였습니다. 현재 '머신러닝 for 키즈'는 12개국 언어로 번역되어 전 세계에 널리 사용되고 있으며, IBM의 소프트웨어 개발 키트 중 가장 인기 있는 키트입니다. 2018년, IBM은 그 공로를 인정하여 데일 레인에게 IBM의 가장 명예로운 상인 'IBM Volunteer Excellence Award'를 수여했습니다.

2 '머신러닝 for 키즈'를 학습해야 하는 이유

'머신러닝 for 키즈'를 학습해야 하는 이유는 머신러닝이 이미 우리 주변의 많은 부분에 사용되고 있으며, 앞으로 더욱 밀접하고 광범위하게 사용될 예정이기 때문입니다. 이메일 시스템의 스팸 필터, 광고 시스템의 추천 엔진을 비롯하여 언어 번역 서비스, 채팅 로봇, 디지털 비서, 검색 엔진, 사기 탐지 시스템 등 다양한 분야에서 머신러닝 기술이 활발히 사용되고 있습니다.

머지않아 머신러닝 시스템은 자동차를 운전하고, 선생님을 도와 학생을 가르치고, 의사를 도와 질병을 치료할 것입니다. 그러므로 우리는 머신러닝과 함께하는 세계가 어떻게 작동하는지 이해해야 합니다. 그리고 새로운 기술을 이해하는 가장 좋은 방법은 이 기술을 직접 경험해 보고 활용하는 것입니다.

3 '머신러닝 for 키즈'의 기능

'머신러닝 for 키즈'를 통해 우리는 이미지, 숫자, 소리, 텍스트 등을 분류하는 머신러닝 모델을 만들어 볼 수 있습니다. 또한 이렇게 만들어진 머신러닝 모델을 활용하여, '머신러닝 for 키즈'가 지원하는 프로그래밍 언어로 인공지능 프로그램을 개발해 볼 수도 있습니다. 현재까지 '머신러닝 for 키즈'가 지원하는 프로그래밍 언어는 스크래치(Scratch), 앱 인벤터(App Inventor), 그리고 파이썬(Python) 등입니다.

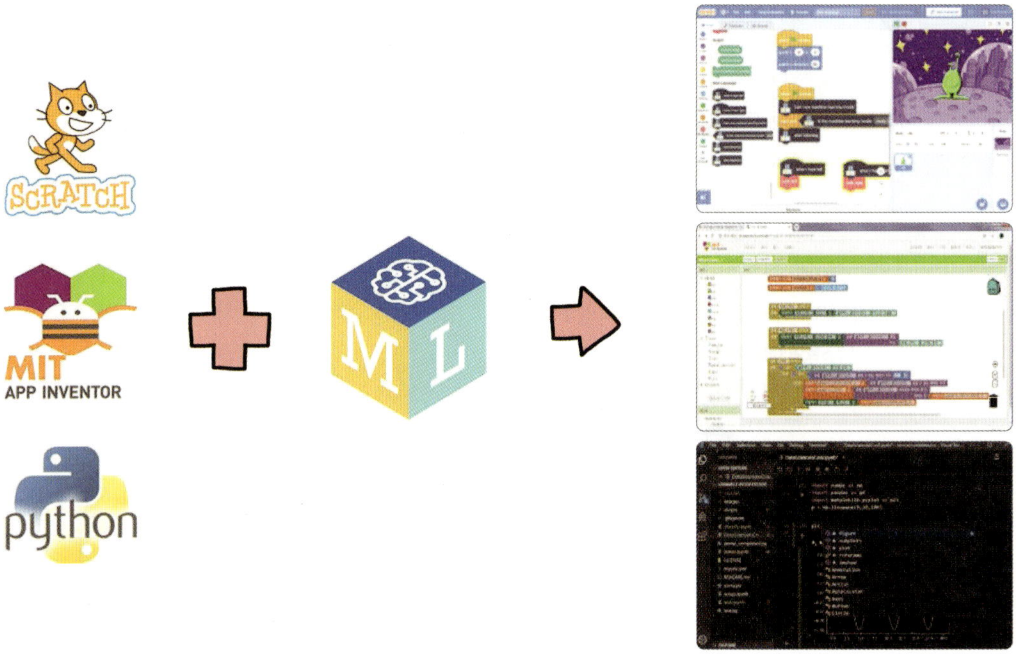

그림 9-1 **스크래치, 앱 인벤터, 파이썬을 활용한 인공지능 프로그램 개발**

이 책에서는 인공지능 프로그래밍 예제를 소개하고 실습을 할 때, '머신러닝 for 키즈'가 지원하는 프로그래밍 언어들 중 스크래치 3.0을 사용할 예정입니다. 스크래치 3.0은 교육용 프로그래밍 언어라서 학습하기 쉬우며 '머신러닝 for 키즈'가 지원하는 이미지, 숫자, 소리, 텍스트 분류 머신러닝 모델을 모두 활용할 수 있는 유일한 언어이기 때문입니다.

4 머신러닝 모델을 활용한 인공지능 프로그램의 예시

여러분은 '머신러닝 for 키즈'를 활용하여 이미지, 숫자, 소리, 텍스트 등을 분류할 수 있는 머신러닝 모델을 만들 수 있습니다. 그리고 머신러닝 모델을 활용해 다양한 응용프로그램도 만들 수 있습니다. 예를 들어, 기쁜 표정과 슬픈 표정을 구분하는 머신러닝 모델을 만들어 표정에 따라 적절한 음악을 들려주는 프로그램을 만들 수 있습니다.

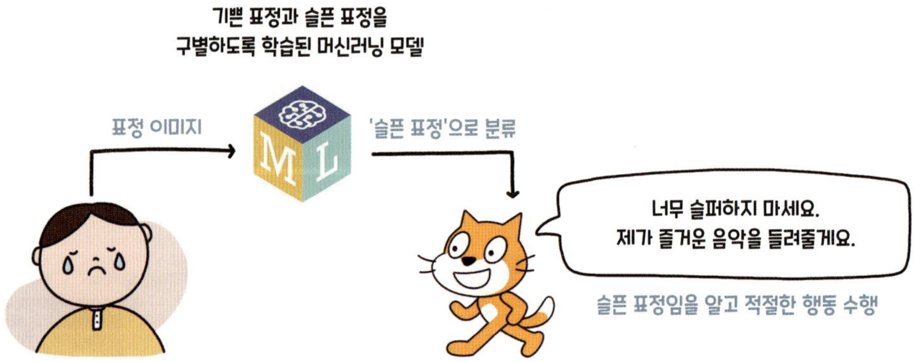

그림 9-2 **이미지 분류 머신러닝 모델을 활용한 프로그램의 예**

또한, 텍스트 내용이 칭찬인지 비난인지 구별하는 머신러닝 모델을 만들어, 여러분이 입력하는 텍스트의 내용에 맞추어 적절히 대답하는 로봇을 만들 수도 있습니다.

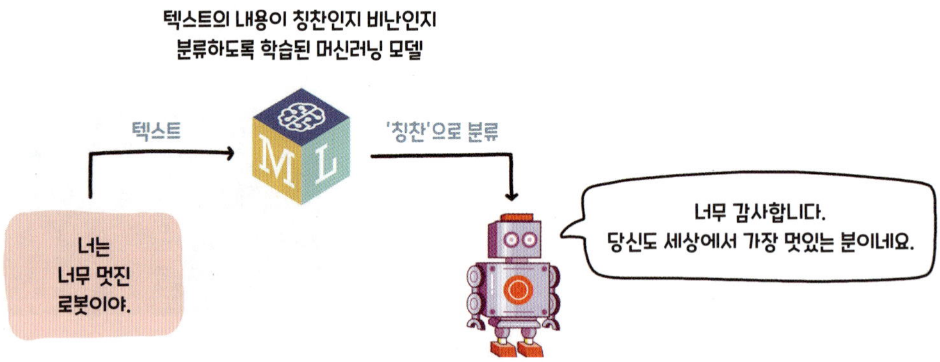

그림 9-3 **텍스트 분류 머신러닝 모델을 활용한 프로그램의 예**

Section

02 '머신러닝 for 키즈'의 실습 환경을 만들어 봅시다

'머신러닝 for 키즈'로 실습 프로젝트를 수행하기 위해서는 우선적으로 '머신러닝 for 키즈'의 실습 환경을 구축해야 합니다. 머신러닝 프로젝트란 학습 데이터를 수집하고, 그 학습 데이터로 머신러닝 모델을 훈련시키고, 이렇게 훈련된 머신러닝 모델로 실제 인공지능 응용프로그램까지 개발하는 과정을 총칭한 개념입니다.

하나 더 알기 **'머신러닝 for 키즈' 실습 환경 구축 전 참고 사항**

앞에서 우리는 '머신러닝 for 키즈'를 활용하면 이미지, 숫자, 소리, 텍스트 분류 머신러닝 모델을 만들 수 있다고 배웠습니다. 여기서 우리는 어떤 머신러닝 모델을 만들 것인지에 따라 실습 환경이 달라진다는 것에 유의해야 합니다. 즉, 이미지, 숫자, 소리 분류 머신러닝 모델을 만들고자 한다면 여러분은 '머신러닝 for 키즈' 웹사이트에 계정을 만들기만 하면 됩니다. 하지만 텍스트 분류 머신러닝 모델을 만들고자 한다면, 추가로 IBM 클라우드 웹사이트(https://cloud.ibm.com)에 계정도 만들고 IBM 인공지능 시스템인 왓슨(Watson)의 API 키(Key) 중 'Watson Assistant'를 '머신러닝 for 키즈' 웹사이트에 등록까지 해야 합니다.

문제는 2021년 10월 말부터 IBM 클라우드가 모든 계정을 종량과금제로 만들도록 정책을 변경하였다는 것입니다. 이 정책에 의해 여러분은 IBM 클라우드에 계정을 만들 때, 신원 확인과 비용 청구를 위한 신용카드 정보를 제공해야 합니다. 더욱이 신용카드 정보를 올바르게 기입해도 그 후 이메일을 통해 신분증 등의 추가적인 개인정보를 요구하고 있으니, 여러분 입장에서 IBM 클라우드 계정을 만들어 텍스트 분류 머신러닝 프로젝트를 실습하기란 매우 어렵습니다.

이러한 이유로, 본 교재는 머신러닝 프로젝트 실습 범위에 이미지, 숫자, 소리 분류 머신러닝 프로젝트만 포함합니다. 따라서 '머신러닝 for 키즈' 실습 환경 구축은 '머신러닝 for 키즈' 웹사이트에 계정을 만드는 작업만으로 충분합니다.

참고로 [부록 1]과 [부록 2]에 텍스트 분류 머신러닝 모델을 활용하고 프로젝트를 실습하는 예를 소개했습니다. 여러분께서 이미지, 숫자, 소리 분류 머신러닝 프로젝트를 학습했다면, [부록 1]과 [부록 2]에 나와 있는 내용은 눈으로 읽기만 해도 충분히 이해할 수 있을 것이라 생각합니다.

'머신러닝 for 키즈'는 정책의 변화에 따라 레이블에 데이터를 입력하는 방식과 각 머신러닝 모델을 사용할 수 있는 프로그래밍 언어가 달라질 수 있습니다. 이로 인해 이 책에 수록된 그림과 실제 화면에 다소 차이가 있을 수 있지만, 실습을 진행하는 데에는 큰 문제가 없습니다. 또한 스크래치 3.0에서 제공하는 머신러닝 활용 블록 역시 변화하고 있기 때문에, 이 책에서는 실습에 사용하는 핵심 블록을 중심으로 설명하였습니다.

'머신러닝 for 키즈' 웹사이트 계정 만들기

그럼 이제부터 '머신러닝 for 키즈' 웹사이트에서 계정을 만들어 보겠습니다. 시작하기 전에 한 가지 권장하고 싶은 사항은, '머신러닝 for 키즈' 웹사이트에서 계정을 만드는 작업을 포함하여 실습 프로젝트를 수행할 때는 크롬(Chrome) 웹브라우저를 사용하는 것이 좋다는 점입니다.

01 '머신러닝 for 키즈' 웹사이트 접속하기 크롬 웹브라우저를 통해 '머신러닝 for 키즈' 웹사이트(https://machinelearningforkids.co.uk)에 접속합니다. 메인 화면 아래에 있는 [시작해봅시다]를 클릭합니다.

02 [계정 만들기] 선택하기 '머신러닝을 시작해봅시다' 화면에서 [계정 만들기]를 클릭합니다.

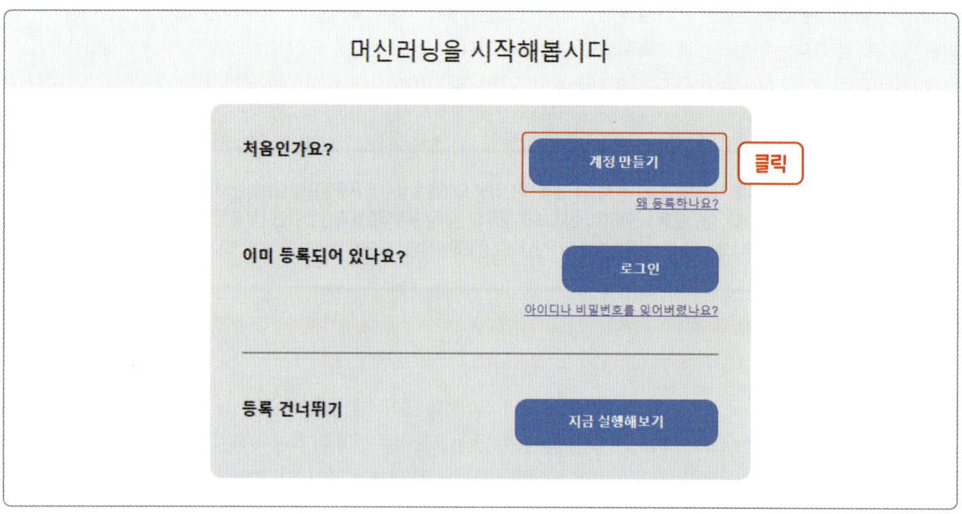

03 [계정 만들기] 진행하기 '계정 만들기' 화면에서 [교사 혹은 코딩 클럽의 리더]를 클릭합니다.

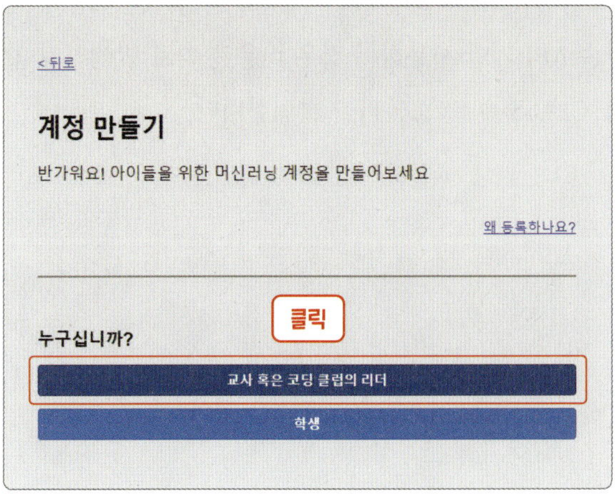

04 등록되지 않는 교실 계정 만들기 '교사 혹은 코딩 클럽의 리더입니까?' 화면에서 [계정 만들기]를 클릭합니다.

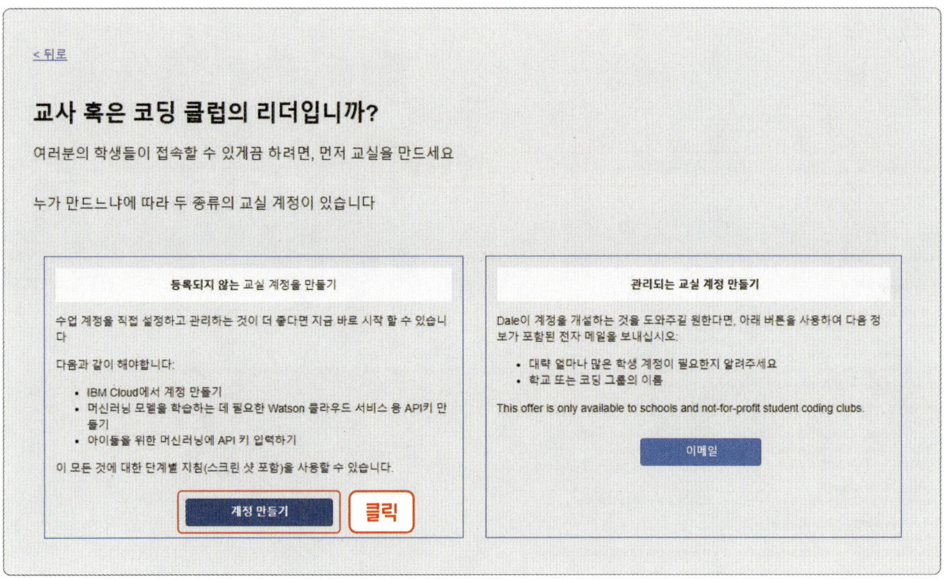

05 교실 계정 생성하기 사용자 이름(Username), 이메일 주소(Email address), 사용 목적(Intended use) 등을 입력합니다. 바로 아래에 있는 체크 상자는 IBM 클라우드 사용 시 발생하는 비용에 대한 책임을 묻는 것입니다. 무료로 제공하는 왓슨 API 키만 사용하는 경우 비용은 따로 발생하지 않습니다. 계정 생성 정보를 입력한 후 [CREATE CLASS ACCOUNT]를 클릭합니다.

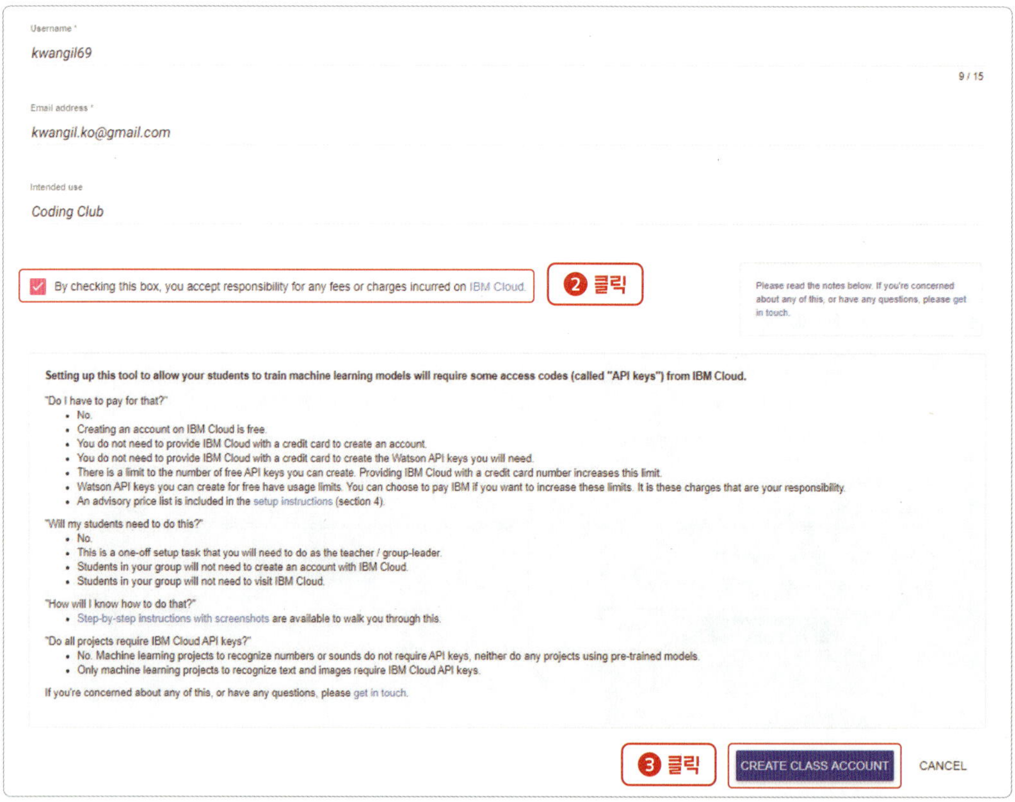

사용자 이름(Username)과 이메일 주소(Email address)는 '머신러닝 for 키즈'에서 사용할 이름과 이메일 주소를 적으면 됩니다. 사용 목적(Intended use)은 자유롭게 적으면 됩니다.

06 계정 생성 성공 메시지 확인하기 [CREATE CLASS ACCOUNT]를 클릭하면 화면 상단에 다음과 같이 '계정이 성공적으로 생성되었다'는 메시지가 출력됩니다. 계정 로그인을 위한 비밀번호가 적혀 있고, 이메일 계정이 올바른지 확인을 요청하는 메일이 보내졌으니 이를 확인하라는 내용도 함께 담겨 있습니다.

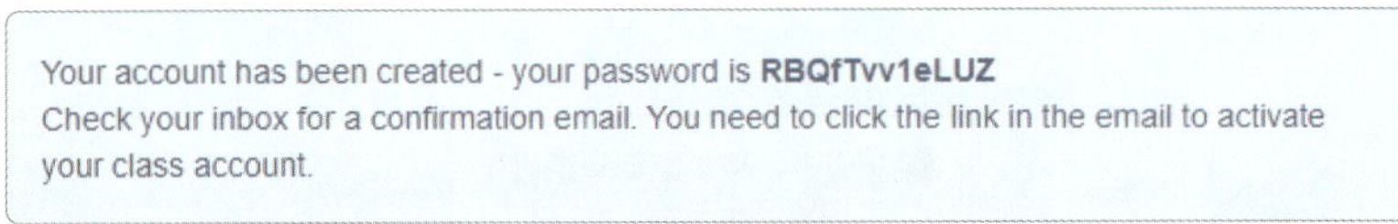

여러분은 위 메시지에 포함된 복잡한 비밀번호를 외울 필요가 없습니다. 절차 08~10에서 비밀번호 분실 신고를 통해 원하는 비밀번호로 변경하는 방법을 알려드릴 예정입니다.

07 계정 이메일 주소 증명하기 계정 생성 시 입력한 이메일로 들어가 '머신러닝 for 키즈' 웹사이트에서 보낸 메일을 확인합니다. [Confirm my account] 링크를 클릭하여 이메일 주소가 유효함을 증명합니다. 이메일 주소가 성공적으로 확인되었다는 알림창이 나타나면 이를 확인하고 [OK] 버튼을 클릭합니다.

08 비밀번호 재설정 진행하기 '머신러닝을 시작해봅시다' 화면으로 돌아와서, 이번에는 비밀번호를 재설정해 봅니다. [아이디나 비밀번호를 잊어버렸나요?] 링크를 클릭한 후 [교사 혹은 코딩 클럽의 리더]를 클릭합니다.

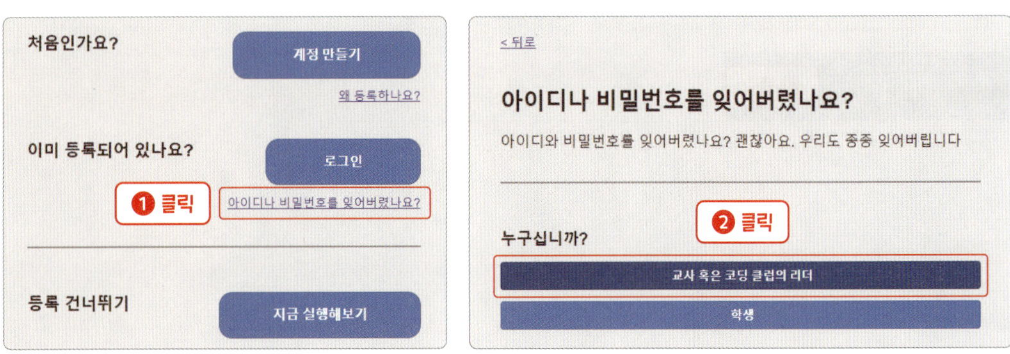

09 비밀번호 재설정 이메일 주소 등록하기 비밀번호 재설정 관련 메일을 받을 이메일 주소를 입력하고, [SEND EMAIL] 버튼을 클릭합니다. 메일함으로 다시 가서 '머신러닝 for 키즈' 웹사이트에서 전송한 이메일을 확인하고, 비밀번호 변경 링크를 클릭합니다.

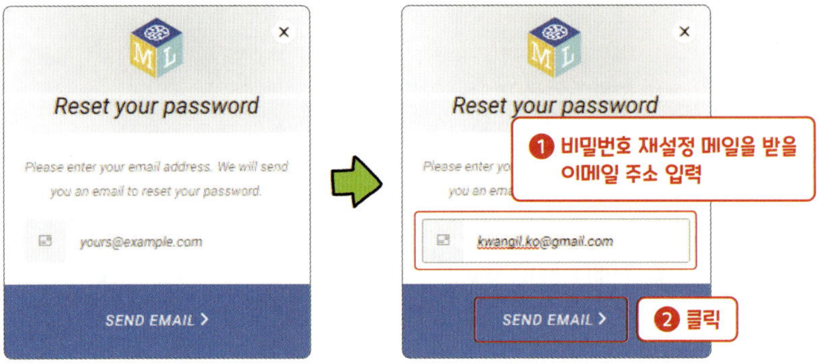

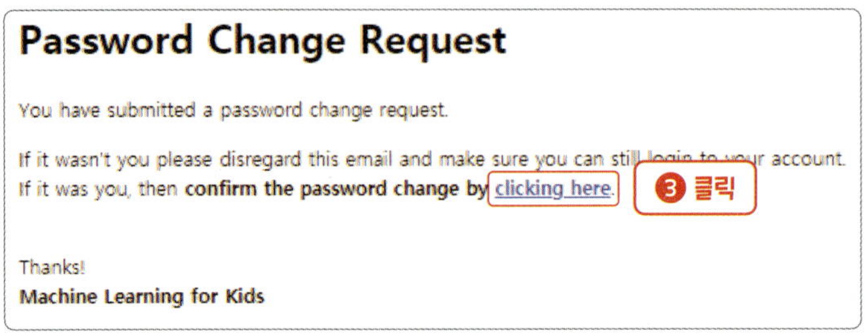

10 비밀번호 재설정하기 앞의 작업이 완료되면 비밀번호를 재설정할 수 있는 창이 나타납니다. 원하는 비밀번호를 입력하고 버튼을 클릭합니다.

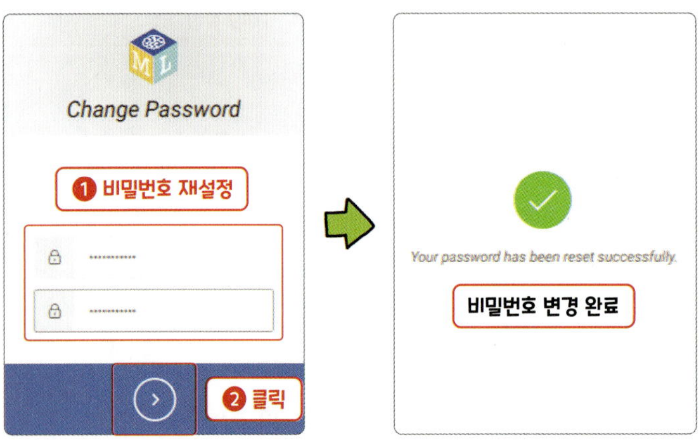

11 변경된 비밀번호로 로그인하기 이제 '머신러닝을 시작해봅시다' 화면에서 [로그인] 버튼을 클릭하고, 사용자 이름과 변경된 비밀번호를 입력한 후 [LOG IN] 버튼을 클릭합니다. 그러면 로그인한 사용자를 위한 메뉴가 나타납니다.

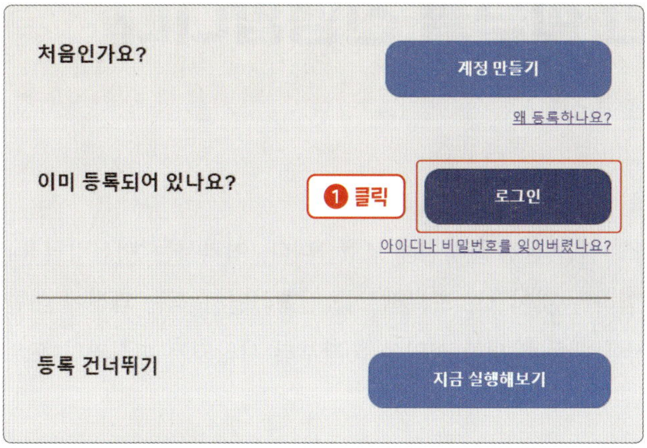

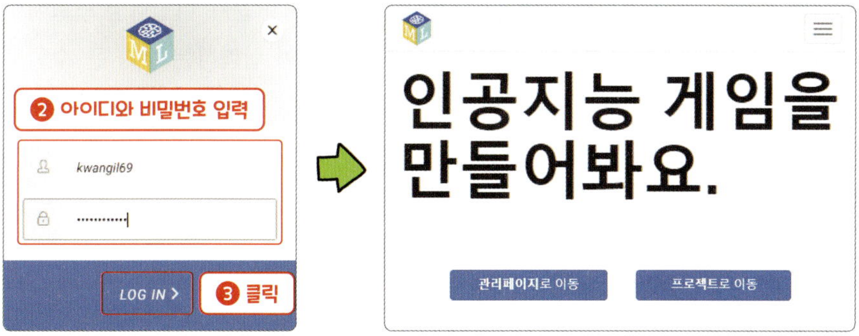

Section 03

'머신러닝 for 키즈'의 간단한 실습을 진행합니다

본격적인 실습에 앞서 '머신러닝 for 키즈' 실습 환경을 경험해 보겠습니다. 여기서는 '머신러닝 for 키즈' 실습 환경을 맛보기 수준으로 경험하는 것이므로 프로젝트를 진행하면서 겪는 과정에 대한 설명은 생략합니다. 프로젝트 진행 과정에 대한 자세한 설명은 10장부터 시작되는 머신러닝 프로젝트 실습에서 하겠습니다.

'머신러닝 for 키즈' 웹사이트에 로그인하는 것부터 시작해서 간단한 숫자 분류 머신러닝 프로젝트를 실습할 것입니다. 이번 실습은 숫자 분류 머신러닝 모델을 활용하여 입력하는 수가 큰 수인지 작은 수인지 판단하는 프로그램입니다. 따라서 먼저 숫자 분류 머신러닝 모델에게 큰 수와 작은 수의 개념을 훈련 데이터를 통해 가르쳐 주어야 합니다. 여기에서는 작은 수 개념을 훈련하기 위해 100, 200, 300, 400, 500을, 큰 수 개념을 훈련하기 위해서 1000, 2000, 3000, 4000, 5000을 데이터로 사용합니다.

숫자 분류 머신러닝 모델의 훈련이 완료되면, 스크래치 3.0으로 큰 수와 작은 수를 판단하는 고양이 스프라이트의 행동을 [그림 9-4]와 같이 프로그래밍합니다. 수를 입력하면 고양이 스프라이트가 입력한 수가 큰 수인지 작은 수인지 판단하여 알려줍니다.

그림 9-4 고양이 스프라이트 실습 프로그램 실행의 예

1 '머신러닝 for 키즈' 웹사이트에 로그인하기

'머신러닝 for 키즈' 웹사이트(https://machinelearningforkids.co.uk)에 접속합니다. 웹브라우저는 크롬(Chrome)을 사용하면 됩니다. 웹사이트에 접속한 후 [시작해봅시다]를 클릭합니다. 그리고 [로그인] 버튼을 클릭하면 [그림 9-5]와 같이 아이디와 비밀번호를 입력하는 창이 나타납니다. 아이디와 비밀번호를 입력하여 로그인하면 머신러닝 프로젝트를 시작할 수 있는 화면이 나타납니다.

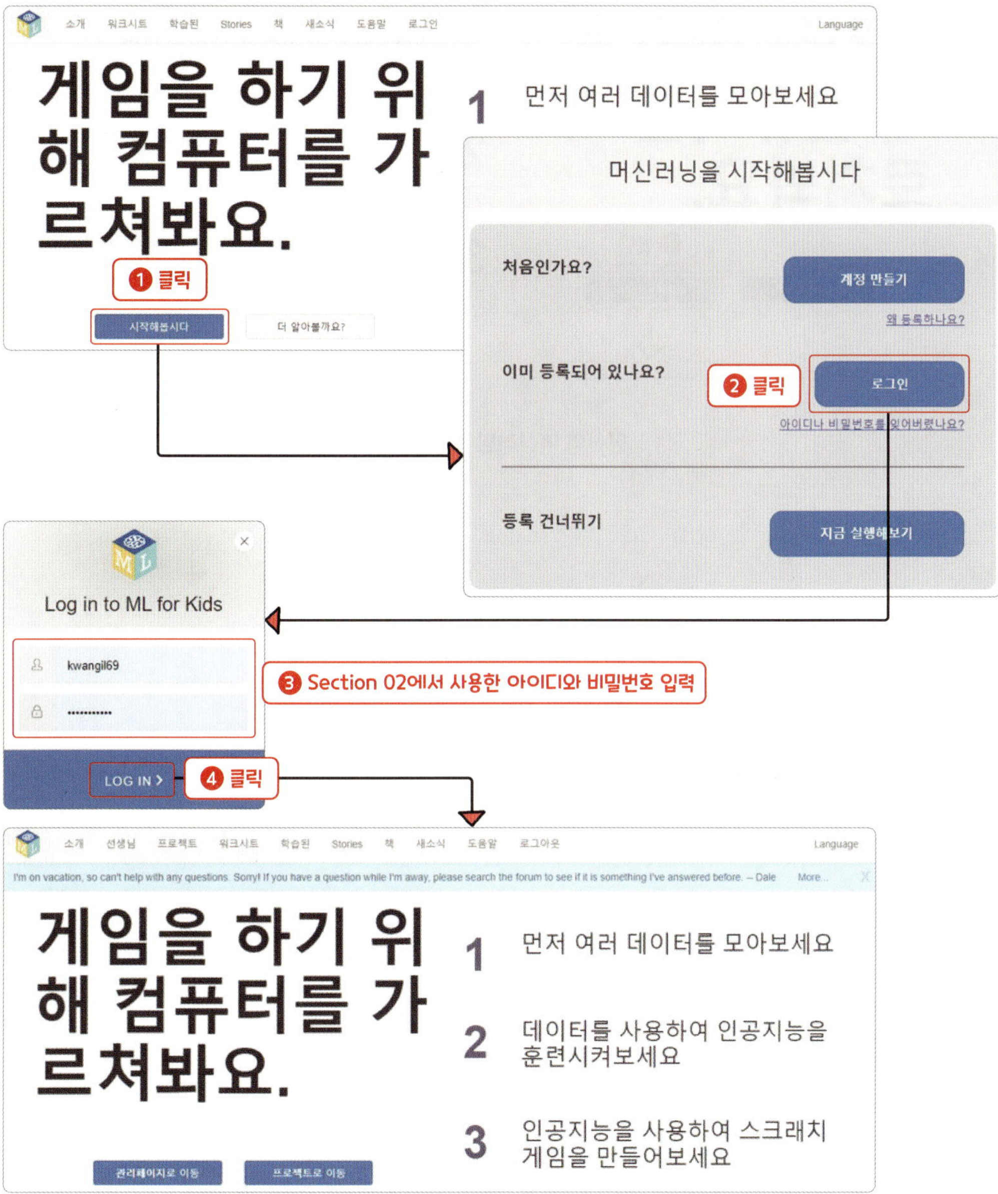

그림 9-5 '머신러닝 for 키즈' 웹사이트에 로그인하기

2 숫자 분류 머신러닝 프로젝트 생성하기

[프로젝트로 이동]을 클릭하면 '당신의 머신러닝 프로젝트' 화면이 나타납니다. 여기에는 지금까지 만든 머신러닝 프로젝트들이 나열되지만, 아직 머신러닝 프로젝트를 만들기 전이라 화면은 비어있습니다. 여기에서 [프로젝트 추가]를 클릭하면 '새로운 머신러닝 프로젝트를 시작해봅시다' 화면이 나타납니다.

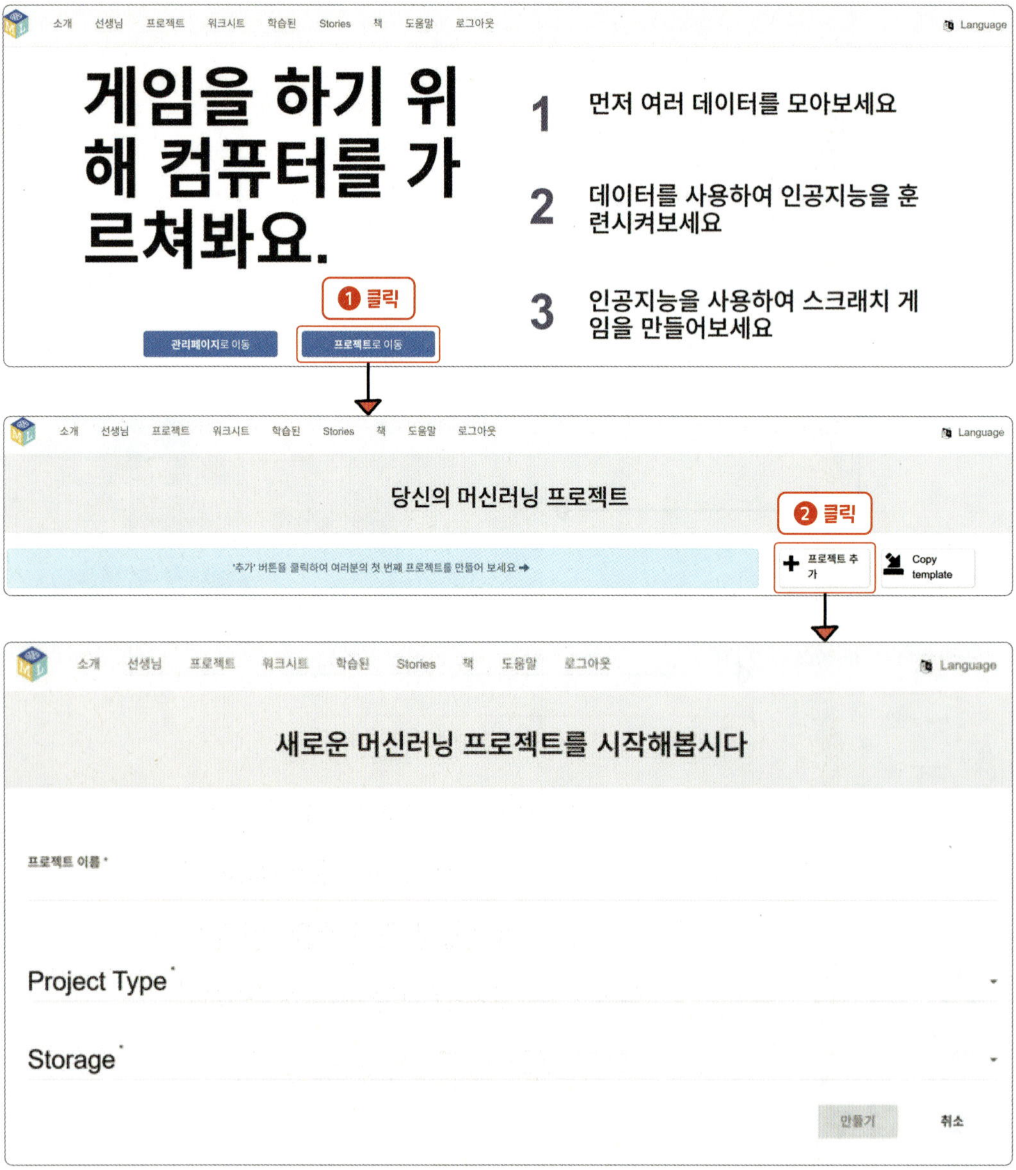

그림 9-6 새로운 머신러닝 프로젝트 추가하기

[프로젝트 이름]에는 'Big or Small'을 입력하고, [인식]은 '숫자'를 선택합니다. 이어서 [ADD A VALUE] 버튼을 클릭하면 머신러닝 모델이 인식해야 할 구체적인 항목을 정의할 수 있습니다. [Value 1]에 'Number'를 입력하고 [유형]에 '숫자'를 선택합니다.

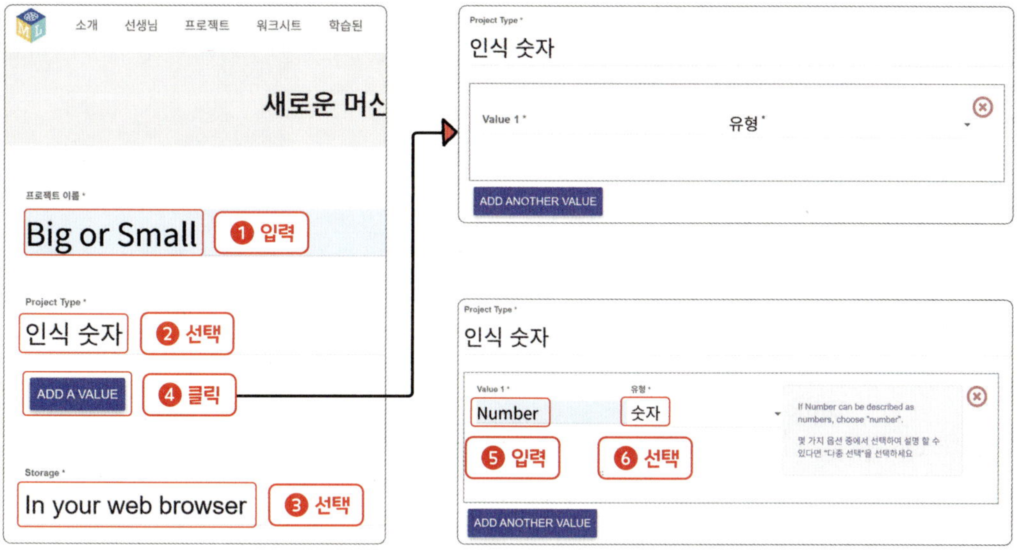

그림 9-7 **프로젝트 이름, 인식 유형, 구체적인 항목 입력 및 선택하기**

우측 하단의 [만들기]를 클릭하면 〈Big or Small〉 프로젝트가 만들어집니다.

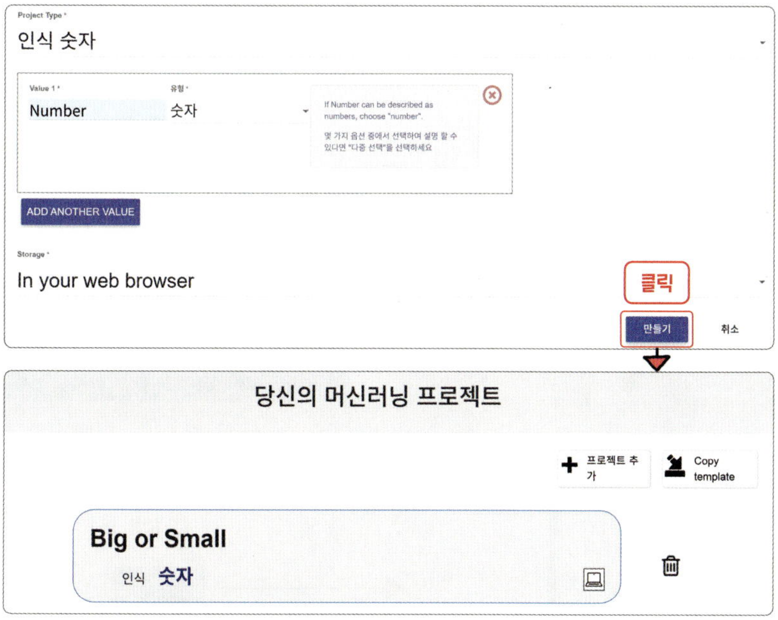

그림 9-8 **〈Big or Small〉 프로젝트 생성하기**

3 숫자 분류 머신러닝 모델의 훈련 데이터 추가하기

〈Big or Small〉 프로젝트를 클릭하면 숫자 분류 머신러닝 모델을 훈련하고, 학습 및 평가하고, 인공지능 프로그램을 만들 수 있는 메뉴가 나타납니다. 여기서 [훈련]을 클릭하면 숫자 분류에 사용될 레이블을 만들 수 있는 화면이 나타납니다. [+ 새로운 레이블 추가]를 클릭한 후 레이블 이름을 'Big'이라고 입력합니다. 이후 [추가]를 클릭하면 'Big' 레이블에 훈련 데이터를 넣을 수 있는 화면이 나타납니다.

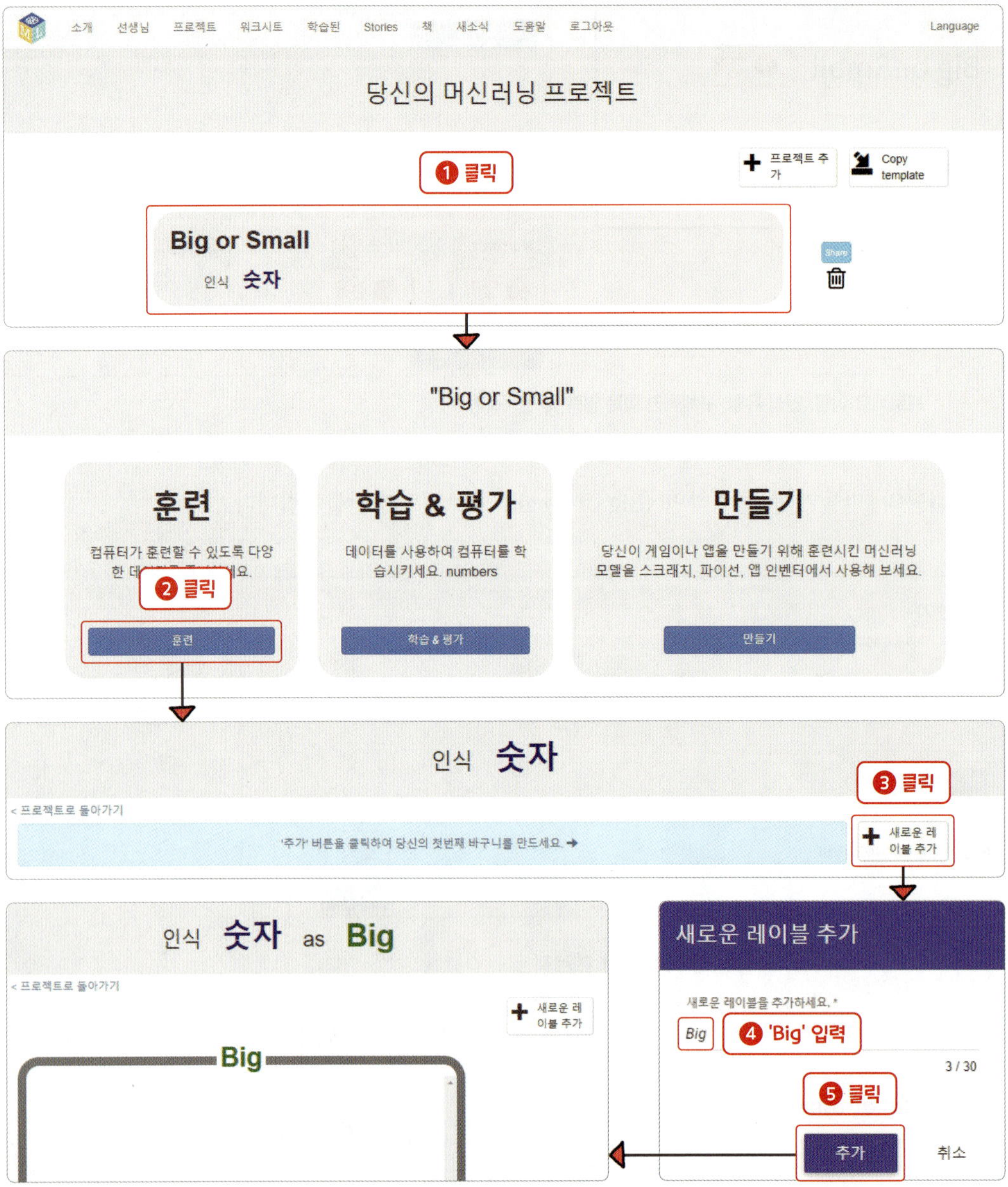

그림 9-9 'Big' 레이블 추가하기

[+ 새로운 레이블 추가]를 클릭하여 'Small' 레이블을 추가합니다.

그림 9-10 'Small' 레이블 추가하기

'Big' 레이블 아래에 있는 [+ 데이터 추가]를 클릭하여 훈련 데이터를 추가합니다. 이때 숫자는 1000, 2000, 3000, 4000, 5000을 추가합니다.

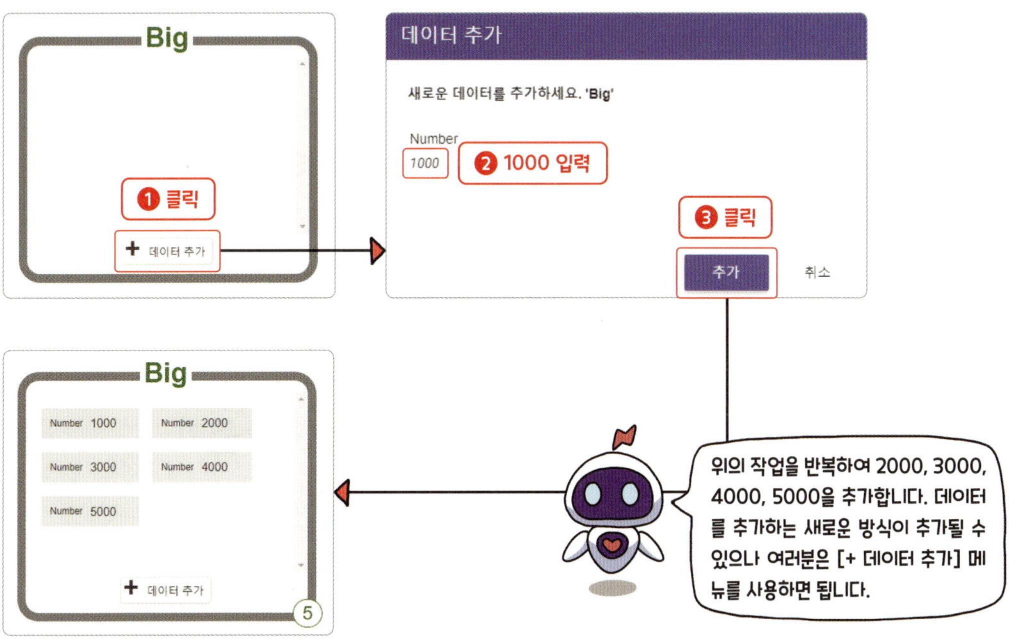

그림 9-11 'Big' 레이블에 데이터 추가하기

앞의 방법대로 'Small' 레이블 아래에 있는 [+ 데이터 추가]를 클릭하여 'Small' 레이블에 숫자 100, 200, 300, 400, 500을 추가합니다. 이 과정이 완료되면 'Big' 레이블과 'Small' 레이블에 [그림 9-12]와 같이 훈련 데이터가 추가됩니다.

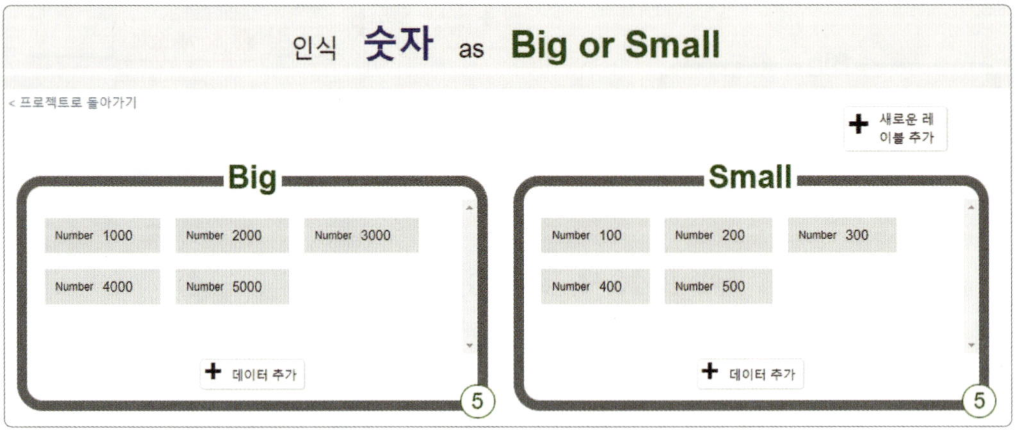

그림 9-12 'small' 레이블에 데이터 추가하기

4 숫자 분류 머신러닝 모델 훈련하기

[프로젝트로 돌아가기]를 클릭한 후 [학습 & 평가]를 클릭합니다.

그림 9-13 [학습 & 평가] 진행하기

머신러닝 모델 훈련 화면이 나타납니다. 여기에서 [새로운 머신 러닝 모델을 훈련시켜보세요.]를 클릭하면 앞에서 추가한 훈련 데이터로 머신러닝 모델을 훈련할 수 있습니다. 머신러닝 모델의 훈련이 완료되면 머신러닝 모델이 얼마나 잘 작동하는지 간단하게 테스트할 수 있는 화면이 나타납니다.

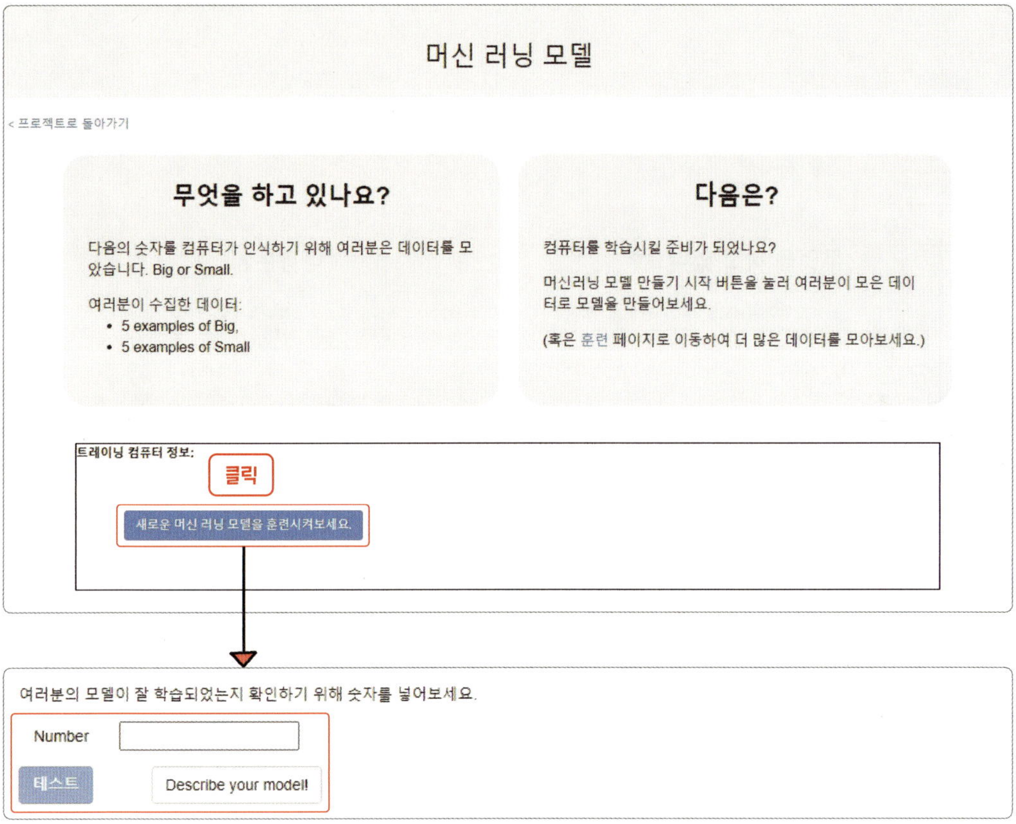

그림 9-14 **머신러닝 모델 훈련하고 테스트하기**

[그림 9-15]는 머신러닝 모델을 간단하게 테스트한 예를 보여줍니다.

그림 9-15 **머신러닝 모델 테스트의 예**

5 숫자 분류 머신러닝 모델 활용 프로그래밍하기

[프로젝트로 돌아가기]를 클릭한 후 [만들기]를 클릭하면 지금까지 만든 머신러닝 모델로 인공지능 프로그램을 만들 때 사용할 프로그래밍 언어를 선택하는 화면이 나타납니다. 참고로 '머신러닝 for 키즈'의 정책에 따라 스크래치 3.0 외 사용할 수 있는 언어가 변경될 수 있습니다.

그림 9-16 [만들기] 진행하기

'여러분의 머신러닝 모델로 프로그램을 만들어봅시다' 화면에 '머신러닝 for 키즈'를 활용할 수 있는 프로그래밍 언어인 스크래치 3, 파이썬, 에듀블록스가 선택 화면으로 열립니다. 여기에서 [스크래치 3]를 선택하고 [스크래치 3 열기]를 클릭하면 스크래치 프로그래밍 환경이 나타납니다.

그림 9-17 [스크래치 3] 선택하기

스크래치 프로그래밍 환경의 [스크립트 작업 창]-[코드] 탭의 메뉴 바를 살펴보면 현재 작업 중인 프로젝트와 같은 이름인 〈Big or Small〉 메뉴가 보입니다. 메뉴를 클릭하면 앞에서 만든 숫자 분류 머신러닝 모델을 활용할 수 있는 블록들이 나타납니다.

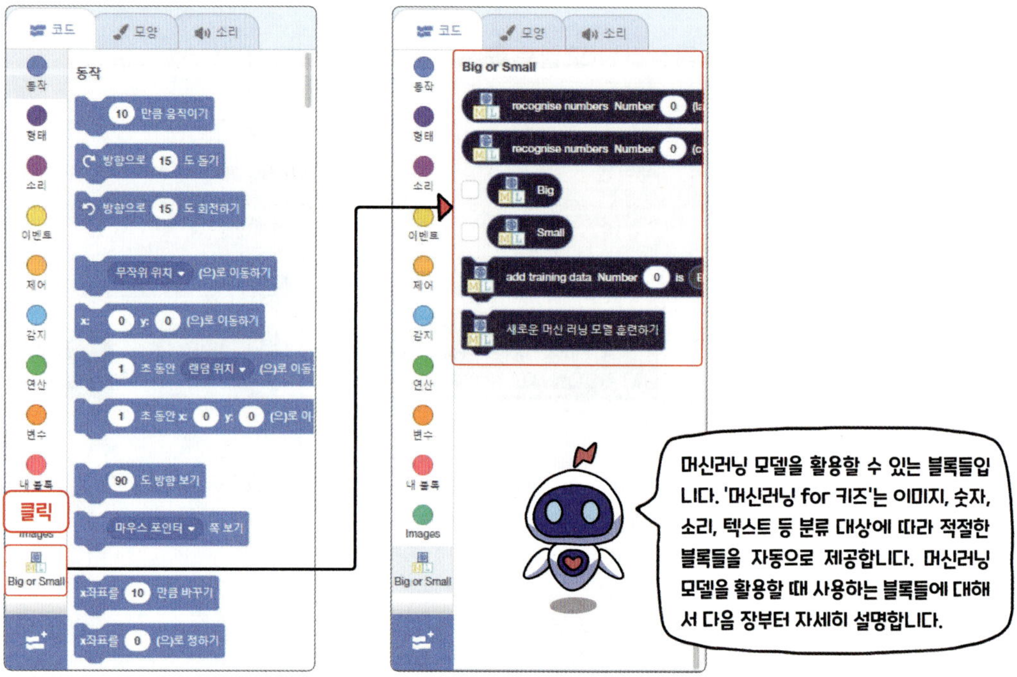

그림 9-18 **프로젝트 〈Big of Small〉의 숫자 분류 머신러닝 모델 활용 블록들**

[그림 9-19]와 같이 고양이 스프라이트의 행동을 프로그래밍합니다.

그림 9-19 **스크래치에서 고양이 스프라이트 스크립트 작성하기**

[그림 9-20]은 완성된 스크립트 실행 시 다양한 숫자 입력에 따른 고양이 스프라이트의 반응을 보여줍니다.

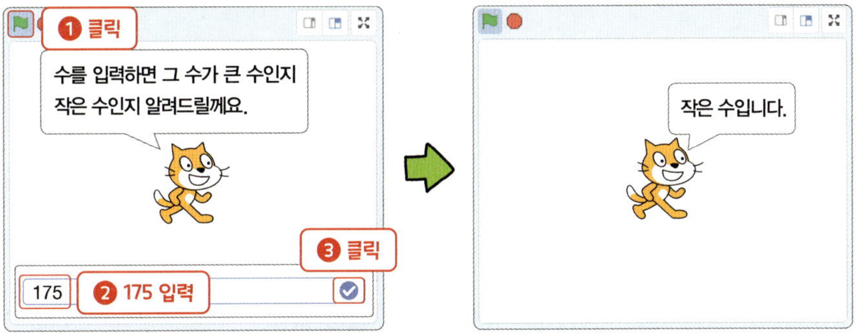

(a) 숫자 '175'를 입력하면 고양이 스프라이트의 반응 : '작은 수입니다.'

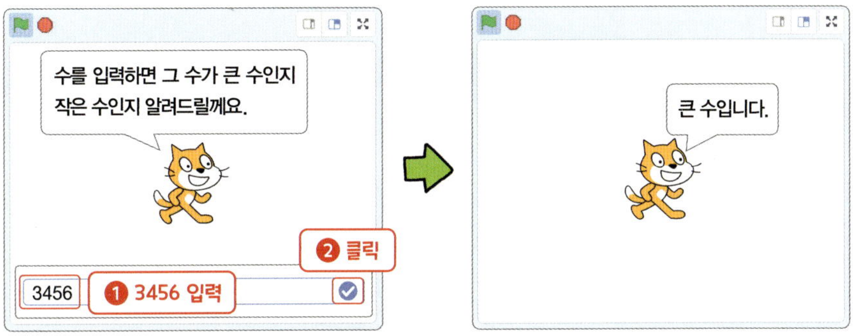

(b) 숫자 '3456'을 입력하면 고양이 스프라이트의 반응 : '큰 수입니다.'

그림 9-20 **프로그램 실행의 다양한 예**

요약

01 '머신러닝 for 키즈'는 학생들에게 머신러닝 시스템을 교육하고 다뤄보도록 함으로써 인공지능 프로그램의 효과를 실제로 경험해 볼 수 있게 한 도구입니다.

02 '머신러닝 for 키즈'는 IBM 개발자 출신 데일 레인(Dale Lane)이 IBM의 인공지능인 왓슨(Watson)을 활용하여 개발하였습니다.

03 '머신러닝 for 키즈'를 학습해야 하는 이유는 머신러닝이 이미 우리 주변의 많은 부분에서 사용되고 있고, 앞으로도 더욱 광범위하게 우리의 생활에 필요한 기술로 자리잡을 것이기 때문입니다.

04 머신러닝과 함께하는 세계가 어떻게 작동하는지 이해하는 가장 좋은 방법은 이 기술을 직접 경험해 보고 활용하는 것입니다.

05 '머신러닝 for 키즈'를 사용하면 이미지, 숫자, 소리, 텍스트 등을 분류하는 머신러닝 모델을 만들 수 있습니다. 또한 스크래치, 앱 인벤터, 파이썬 프로그래밍 언어를 통해 머신러닝 모델을 활용하는 인공지능 프로그램도 개발할 수 있습니다.

06 스크래치 3.0만이 '머신러닝 for 키즈'의 이미지, 숫자, 소리, 텍스트 분류 머신러닝 모델을 모두 만들 수 있습니다.

07 이미지, 숫자, 소리 분류 머신러닝 프로젝트 실습 환경은 '머신러닝 for 키즈' 웹사이트에서 계정을 만들기만 하면 됩니다.

08 텍스트 분류 머신러닝 프로젝트의 실습 환경은 '머신러닝 for 키즈' 웹사이트 계정을 만드는 작업 외에 추가로 IBM 클라우드 웹사이트에 계정을 만들어야 하고, IBM 인공지능 플랫폼인 왓슨(Watson)의 API 키(Key) 중 'Watson Assistant'를 '머신러닝 for 키즈' 웹사이트에 등록해야 합니다.

09 '머신러닝 for 키즈' 웹사이트의 주소는 https://machinelearningforkids.co.uk입니다.

10 '머신러닝 for 키즈' 웹사이트에 접속하여 이미지, 숫자, 소리, 텍스트 분류 머신러닝 프로젝트를 수행할 수 있습니다. 여러분은 머신러닝 프로젝트를 수행하면서 ① 머신러닝 모델에 훈련 데이터를 추가하고, ② 여러분이 추가한 훈련 데이터로 머신러닝 모델을 훈련 및 평가하고, ③ 머신러닝 모델을 활용하여 인공지능 프로그램을 만드는 과정을 경험할 수 있습니다.

연습문제

01 '머신러닝 for 키즈'를 개발한 IBM의 개발자는 누구인가요?

① 존 맥카시 ② 데일 레인
③ 아서 사무엘 ④ 톰 미첼

02 '머신러닝 for 키즈'가 머신러닝 모델을 만들 때 사용하는 인공지능 시스템은 무엇인가요?

① IBM의 왓슨(Watson)
② 구글 딥마인드의 알파고(AlphaGo)
③ 구글의 텐서플로우(Tensor Flow)
④ IBM의 딥블루(Deep Blue)

03 다음 중 '머신러닝 for 키즈'의 기능이 아닌 것은 무엇인가요?

① 숫자와 소리 분류 머신러닝 모델을 만들 수 있습니다.
② 스크래치로 머신러닝 모델을 활용하는 인공지능 프로그램을 만들 수 있습니다.
③ IBM의 왓슨 시스템을 활용하여 텍스트 분류 머신러닝 모델을 만들 수 있습니다.
④ 구글의 텐서플로우를 활용하여 텍스트 분류 머신러닝 모델을 만들 수 있습니다.

04 '머신러닝 for 키즈'의 머신러닝 프로젝트 실행 환경을 구축하고자 할 때, 계정이 필요한 웹사이트를 모두 고르세요.

① '머신러닝 for 키즈' 웹사이트(https://machinelearningforkids.co.uk)
② 구글 웹사이트(https://www.google.com)
③ MIT 스크래치 웹사이트(https://scratch.mit.edu)
④ IBM 클라우드 웹사이트(https://cloud.ibm.com)

05 '머신러닝 for 키즈' 프로젝트 실습을 통해 경험하지 못하는 것은 무엇인가요?

① 머신러닝 모델에 훈련 데이터를 추가하기
② 머신러닝 모델을 훈련하고 평가하기
③ 머신러닝 모델을 활용하여 인공지능 프로그램 만들기
④ 완성된 인공지능 프로그램을 다양한 프로그래밍 언어로 자동 변환하기

06 **'머신러닝 for 키즈' 프로젝트를 생성할 때 머신러닝 모델의 인식의 대상으로 옳지 않은 것을 고르세요.**

① 동작	② 텍스트
③ 이미지	④ 소리

07 **다음은 '머신러닝 for 키즈'에 대한 설명입니다. 옳지 않은 것을 고르세요.**

① '머신러닝 for 키즈'는 IBM의 개발자 데일 레인이 개발한 인공지능 코딩 교육 도구입니다.

② 스크래치 3.0만이 소리 분류 머신러닝 모델을 활용할 수 있습니다.

③ 머신러닝 모델을 활용할 수 있는 프로그래밍 언어로 스크래치, 앱 인벤터, 파이썬 등을 지원합니다.

④ 소리 분류 머신러닝 모델은 아직 만들지 못합니다.

CHAPTER 10

이미지 분류 머신러닝 모델 활용하기

학습목표

- 이미지 분류 머신러닝 모델 생성 절차를 공부합니다.
- 이미지 분류 머신러닝 모델의 지도학습 방법을 이해합니다.
- 이미지 분류 머신러닝 모델의 활용을 위한 스크래치 블록을 공부합니다.
- 이미지 분류 머신러닝 모델을 활용한 스크래치 프로그래밍을 경험합니다.

Preview

이제 본격적으로 '머신러닝 for 키즈'와 '스크래치 3.0'을 활용한 머신러닝 실습을 진행합니다. 이 장에서는 이미지 분류 머신러닝 모델을 만들고, 이것을 스크래치로 프로그래밍하는 방법을 실습해 보겠습니다.

1절에서는 이미지 분류 머신러닝 모델을 만들어 봅니다. 이미지 분류 머신러닝 모델은 지도학습 방식으로 훈련합니다. ① 이미지 분류 머신러닝 프로젝트 생성, ② 레이블 생성과 레이블별 학습 데이터 추가, ③ 머신러닝 모델 훈련 및 평가 등의 단계를 거쳐 이미지 분류 머신러닝 모델을 만들어 보겠습니다.

2절에서는 〈Guess Feelings〉라는 이미지 분류 머신러닝 프로젝트를 실습합니다. 여러분이 입력하는 이미지가 기쁜 표정인지 아니면 슬픈 표정인지 구분하는 지능적인 고양이 스프라이트를 만들어 봅니다.

3절에서는 스크래치 프로그램이 잘못 인식한 이미지 데이터를 프로그램 내부에서 머신러닝 모델 학습 데이터로 추가하는 방법을 알아보겠습니다.

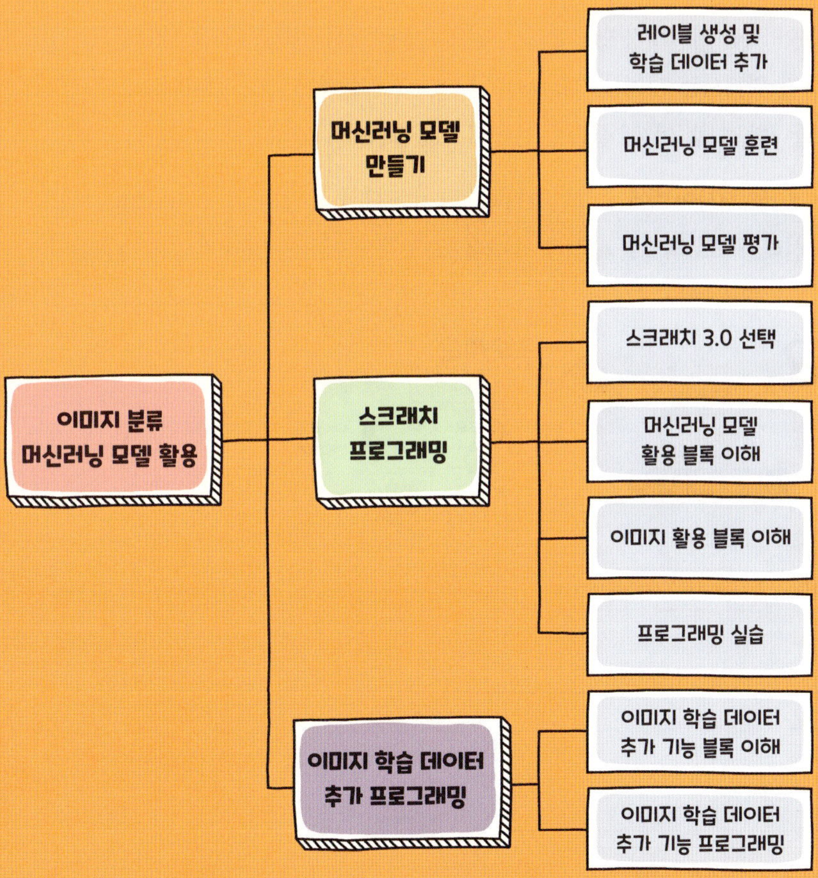

Section 01

이미지 분류 머신러닝 모델을 만들어 봅시다

1 이미지 분류 머신러닝 프로젝트 생성하기

이 장에서는 간단한 이미지 분류 머신러닝 프로젝트를 작업해 볼 예정입니다. 여러분은 이 프로젝트를 통해 이미지 분류 머신러닝 모델의 생성 방법과 스크래치 프로그램 내에서 이미지 분류 머신러닝 모델 활용 방법을 배울 수 있습니다.

이 프로젝트에서 만들고자 하는 고양이 스프라이트는 여러분에게 '표정을 지어주세요.'라고 묻고, 여러분이 그린 표정 이미지를 판단하여 축하하거나 위로하는 행동을 수행합니다. 따라서 고양이 스프라이트는 여러분이 그린 이미지가 행복한 표정인지 아니면 슬픈 표정인지를 판단할 수 있어야 합니다. 이를 수행하기 위해서는 레이블 〈Happy〉와 〈Sad〉에 분류된 학습 데이터로 머신러닝 모델을 지도학습해야 합니다. 그럼 이제, 실습을 진행해 보겠습니다.

먼저, '머신러닝 for 키즈' 웹사이트에 로그인하여 [그림 10-1]과 같이 〈Guess Feelings〉라는 이름의 이미지 분류 머신러닝 프로젝트를 생성해 봅니다. 프로젝트 이름은 영어만 입력 가능합니다.

그림 10-1 이미지 분류 머신러닝 프로젝트 생성하기

하나 더 알기 ✓ '머신러닝 for 키즈'의 머신러닝 프로젝트 진행 절차

'머신러닝 for 키즈'는 프로젝트를 총 세 단계로 나누어 진행합니다. 바로, [훈련]-[학습 & 평가]-[만들기] 단계입니다. [훈련] 단계에서는 머신러닝 모델 학습에 사용할 학습 데이터를 입력합니다. [학습 & 평가] 단계에서는 데이터를 활용하여 머신러닝 모델을 학습시키고 수준을 평가합니다. 만약 머신러닝 모델의 학습 수준이 만족스럽지 않다면 [훈련] 단계로 되돌아가 학습 데이터를 보충할 수 있습니다. 머신러닝 모델이 만족할 만한 수준에 도달하면 [만들기] 단계에서 머신러닝 모델을 활용하는 프로그램을 작성하면 됩니다.

이 책에서는 [만들기] 단계에서 사용할 프로그래밍 언어로 '스크래치 3.0'을 선정하였습니다. '머신러닝 for 키즈'의 [만들기] 단계를 통해 스크래치 프로그래밍 환경을 실행하면, 여러분이 학습시킨 머신러닝 모델을 활용할 수 있는 다양한 블록들이 자동으로 제공됩니다.

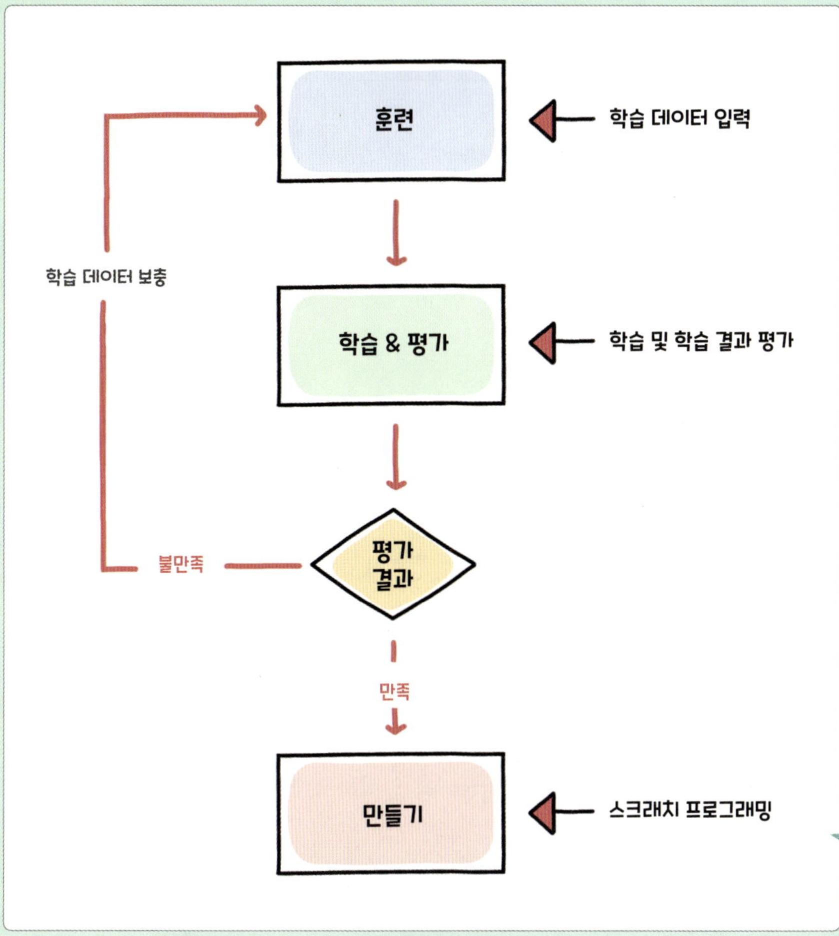

머신러닝 프로젝트의 진행 절차

2 레이블 생성하기

앞서 생성한 프로젝트 〈Guess Feelings〉를 클릭한 후 프로젝트 수행 단계 중 [훈련]을 클릭합니다. 이 단계에서는 프로젝트에서 사용할 이미지 분류 머신러닝 모델의 학습 데이터들을 추가합니다. 이미지 분류 머신러닝 모델의 학습은 지도학습 방식으로 이루어집니다. 따라서 여러분은 레이블들을 생성해 각 레이블에 적절한 수의 학습 데이터를 추가해야 합니다.

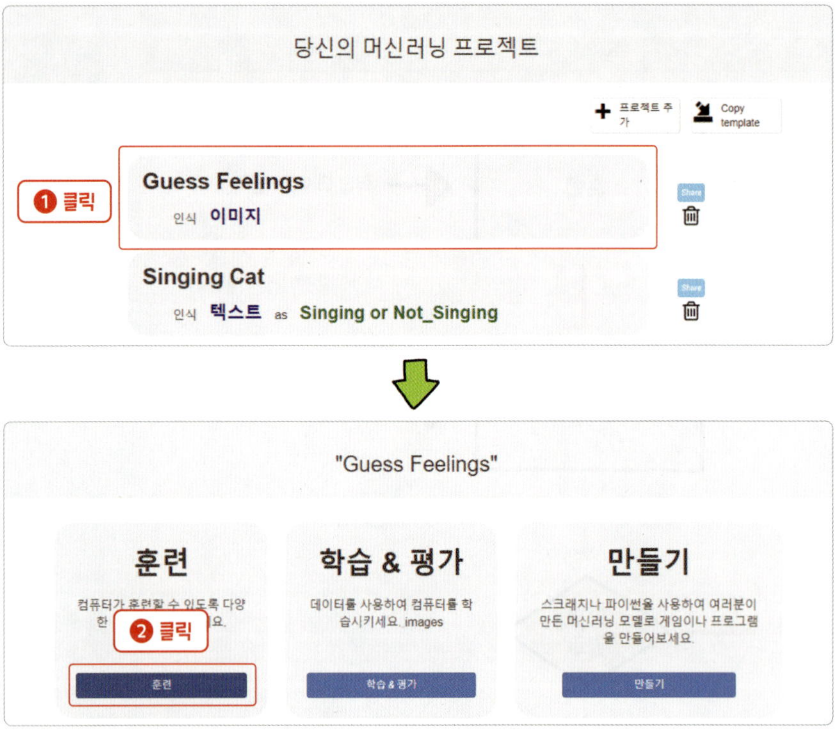

그림 10-2 **이미지 분류 머신러닝 프로젝트의 [훈련] 단계 선택하기**

이제 [새로운 레이블 추가] 버튼을 클릭하여 'Happy'를 입력하고, [추가] 버튼을 클릭합니다. 그러면 새로운 레이블인 〈Happy〉가 만들어집니다.

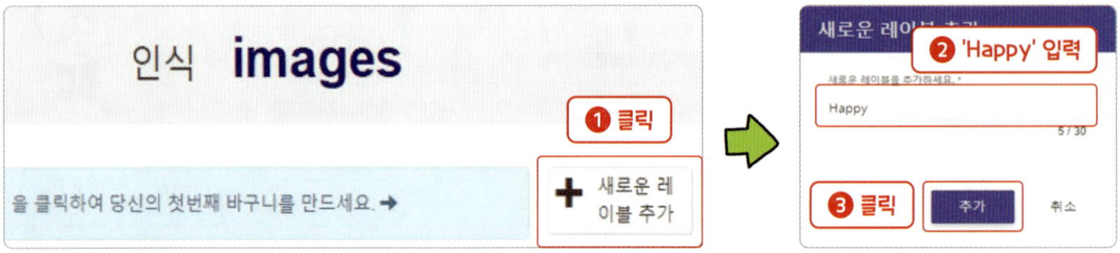

그림 10-3 **레이블 〈Happy〉 생성하기**

[훈련] 단계 페이지에 레이블 〈Happy〉가 생성되었다면 [새로운 레이블 추가] 버튼을 다시 클릭하여 레이블 〈Sad〉도 추가 생성합니다.

그림 10-4 **레이블 〈Sad〉 생성하기**

두 개의 레이블 〈Happy〉와 〈Sad〉가 [그림 10-5]와 같이 정상적으로 생성되었는지 확인해 봅니다.

그림 10-5 **레이블 〈Happy〉와 〈Sad〉의 생성 결과**

3 레이블에 학습 데이터 추가하기

이번에는 레이블에 학습 데이터를 추가해 보겠습니다. 각 레이블의 아래쪽을 보면 이미지를 추가할 수 있는 다양한 방법이 있습니다. 이미지가 존재하는 웹 주소를 링크하거나([웹] 버튼), 웹캠으로 촬영하거나([웹캠] 버튼), 직접 손으로 그릴 수 있습니다([그리기] 버튼). 이 중에서 [그리기]를 클릭하여 손으로 직접 그리는 방법을 선택합니다.

그림 10-6 레이블 〈Happy〉와 〈Sad〉에 학습 데이터 추가하기

외부에 있는 이미지를 드래그해서 직접 추가할 수도 있습니다.

하나 더 알기 **이미지 분류 머신러닝 모델의 학습 데이터 개수**

이미지 분류 머신러닝 모델을 학습시킬 때는 레이블마다 10개 이상의 학습 데이터를 입력하는 것이 좋습니다. 따라서 여러분은 레이블 〈Happy〉와 〈Sad〉에 10개 이상의 표정을 그려 추가합니다.

4 머신러닝 모델 학습시키기

레이블에 학습 데이터 추가가 완료되었다면 이제 학습 데이터를 이용하여 머신러닝 모델을 학습시켜 봅시다. [훈련] 단계 페이지 왼쪽 상단에 있는 [프로젝트로 돌아가기]를 클릭한 후, [학습 & 평가] 단계를 선택해 봅니다.

그림 10-7 **이미지 분류 머신러닝 프로젝트의 [학습 & 평가] 단계 선택하기**

[학습 & 평가] 단계에서 [새로운 머신 러닝 모델을 훈련시켜보세요.]를 클릭합니다.

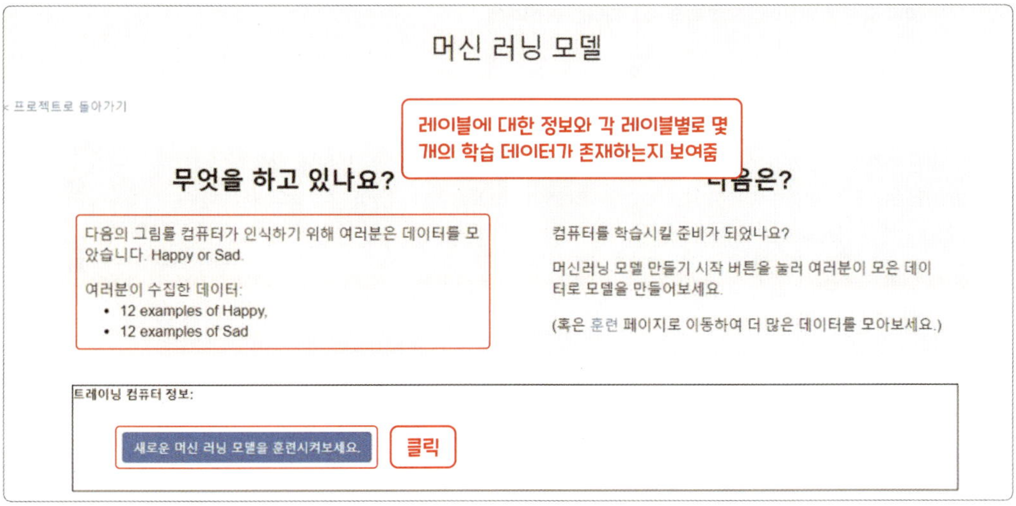

그림 10-8 **이미지 분류 머신러닝 모델 훈련시키기**

그러면 이미지 분류 머신러닝 모델의 학습 시간과 상태를 보여주는 창이 나타납니다.

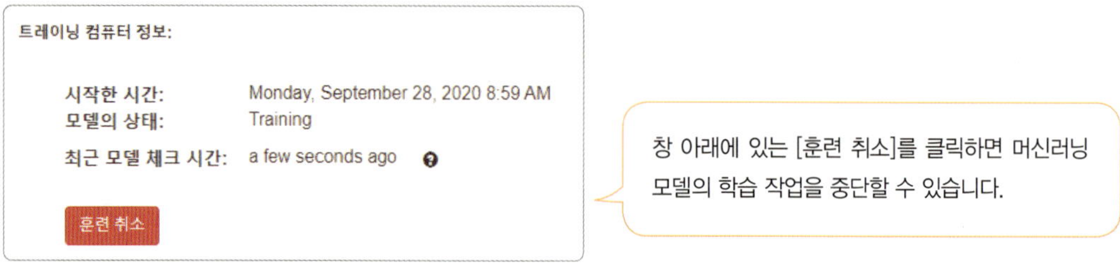

그림 10-9 **이미지 분류 머신러닝 모델의 학습 상태**

학습 시간은 학습 데이터 크기와 종류에 따라 달라집니다. 학습 시간이 긴 경우에는 화면 하단에 간단한 퀴즈가 제공되기도 합니다. 머신러닝 모델을 학습시키는 동안 퀴즈를 풀어볼 수 있습니다.

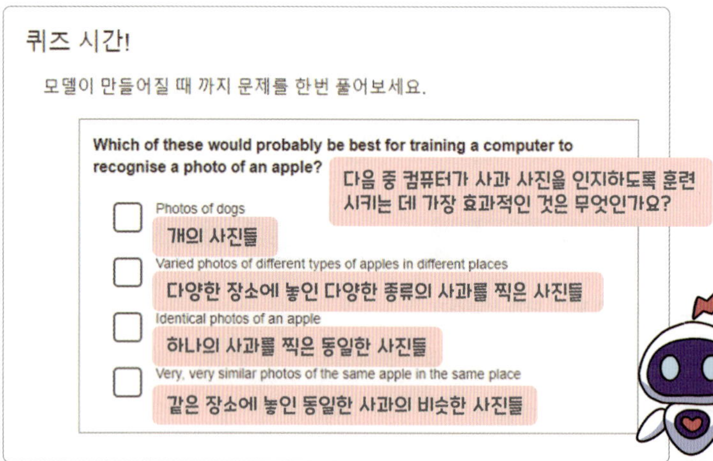

그림 10-10 **이미지 분류 머신러닝 모델 학습 중 나타나는 퀴즈의 예**

하나 더 알기 **머신러닝 모델의 학습 시간**

머신러닝 모델의 학습 시간은 학습 데이터의 종류와 양에 따라 달라집니다. 일반적으로 학습 데이터가 이미지와 텍스트일 때 학습 시간이 길고, 숫자일 때 매우 짧습니다. 학습 시간이 짧은 경우에는 머신러닝 학습 상태와 퀴즈 출제가 생략됩니다.

5 머신러닝 모델 평가하기

이미지 분류 머신러닝 모델의 학습이 완료되면 모델이 잘 학습되었는지 평가할 수 있는 창이 나타납니다. 이 창을 통해 학습 데이터로 사용되지 않았던 새로운 데이터로 머신러닝 모델을 평가해 볼 수 있습니다. [그림 10-11]은 행복한 표정의 새로운 이미지로 러닝머신 모델을 평가한 것입니다. 인식 정확도 90%, 레이블 〈Happy〉로 인식되었다는 결과가 나왔습니다.

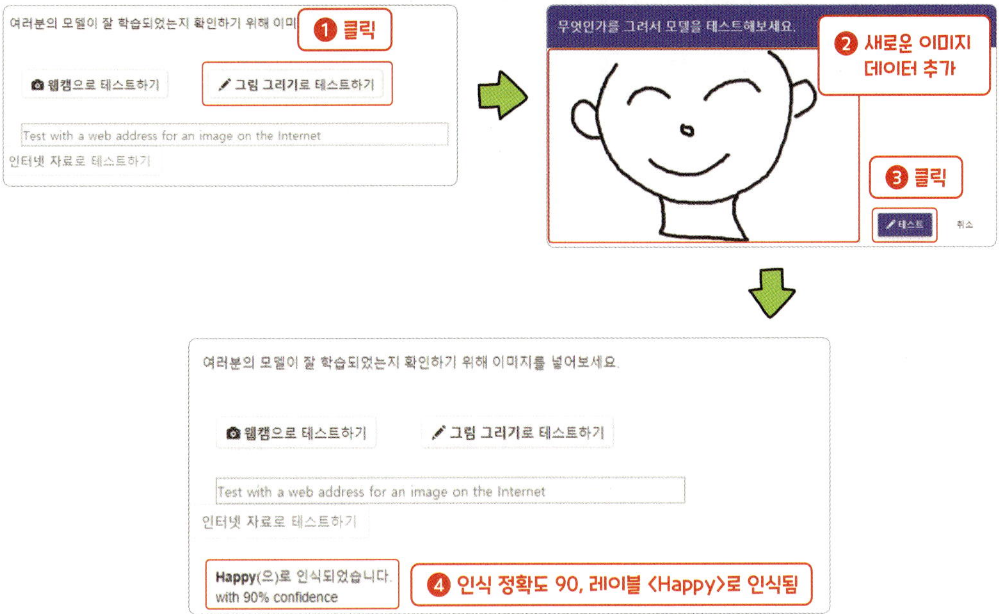

그림 10-11 **이미지 분류 머신러닝 모델 평가하기**

만약 머신러닝 모델의 평가 결과가 만족스럽지 않으면, 만족스러운 결과가 나올 때까지 [훈련]과 [학습 & 평가] 단계를 반복하면 됩니다.

Section 02

이미지 분류 머신러닝 모델을 활용하여 프로그래밍해 볼까요?

1 프로그래밍 언어로 스크래치 3.0 선택하기

이미지 분류 머신러닝 모델의 학습이 마무리되면 이제 [만들기] 단계를 진행합니다. 페이지 상단에 있는 [프로젝트로 돌아가기]를 클릭한 후 [만들기] 단계를 클릭합니다. 그러면 사용할 수 있는 프로그래밍 언어가 뜨는데, 이는 '머신러닝 for 키즈' 정책에 따라 언제든지 변경될 수 있습니다. 이 책에서는 '스크래치 3.0'을 사용할 예정이므로 메뉴에서 [스크래치 3]을 클릭합니다.

그림 10-12 프로그래밍 언어로 [스크래치 3] 선택하기

페이지가 바뀌면 [스크래치 3 열기]를 클릭하여 스크래치 프로그래밍 환경을 실행시킵니다.

그림 10-13 **스크래치 3.0 프로그래밍 환경 실행하기**

앞으로 학습할 내용은 스크래치 3.0 프로그래밍 능력이 중요합니다. 만일 여러분이 스크래치 3.0 프로그래밍에 아직 익숙하지 않다면, 이 책의 파트 2 내용을 다시 한번 살펴보길 권장합니다.

2 이미지 분류 머신러닝 모델 활용 블록 살펴보기

스크래치 프로그래밍 환경의 [스크립트 작업 창]–[코드] 탭의 메뉴 바를 살펴보면 현재 작업 중인 프로젝트와 같은 이름인 [Guess Feelings] 메뉴가 보입니다. 메뉴를 클릭하면 '머신러닝 for 키즈'가 제공하는 이미지 분류 머신러닝 모델 활용 블록들이 나타납니다. 아래 [그림 10–14]는 이 책의 실습에 사용할 블록들을 소개한 것입니다.

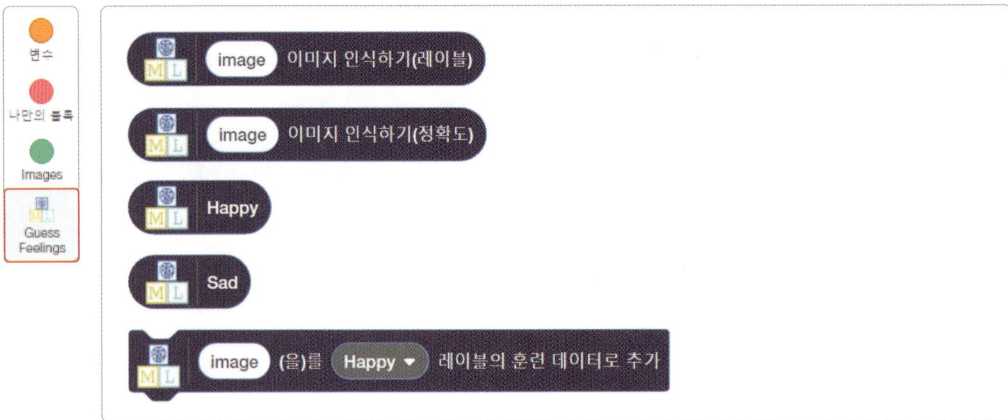

그림 10–14 **프로젝트 〈Guess Feelings〉의 이미지 분류 머신러닝 모델 활용 블록들**

프로젝트 〈Guess Feelings〉의 이미지 분류 머신러닝 모델 활용 블록들에 대한 설명은 [표 10–1]과 같습니다.

표 10–1 **프로젝트 〈Guess Feelings〉의 이미지 분류 머신러닝 모델 활용 블록들**

머신러닝 모델 활용 블록	기능
image 이미지 인식하기(레이블)	왼쪽 창의 이미지가 속한 레이블
image 이미지 인식하기(정확도)	왼쪽 창의 이미지를 인식한 정확도
Happy	레이블 〈Happy〉
Sad	레이블 〈Sad〉
image (을)를 Happy ▾ 레이블의 훈련 데이터로 추가	왼쪽 창의 이미지를 선택한 레이블의 학습 데이터로 추가하기

3 [Images] 메뉴의 블록 활용하기

[스크립트 작업 창]-[코드] 탭의 [Images] 메뉴를 클릭하면 [그림 10-15]와 같은 블록들이 있는 것을 확인할 수 있습니다.

그림 10-15 **[Images] 메뉴의 블록들**

[Images] 메뉴의 블록은 어떤 식으로 활용되는지 알아보기 위해, [스프라이트/무대 관리 창]에서 무대 배경으로 'Blue Sky'를 추가해 [그림 10-16]과 같이 스크래치 환경을 구성해 봅시다.

그림 10-16 **스크래치 환경 구성하기**

고양이 스프라이트를 선택한 후 [Images] 메뉴를 클릭하면 [표 10-2]와 같은 블록들이 제공됩니다. 이 블록들을 고양이 스프라이트 행동에 사용할 수 있습니다.

표 10-2 스프라이트에 사용할 경우 지원되는 [Images] 메뉴의 블록들

[Images] 메뉴 블록	기능
costume image	스프라이트의 현재 모양 이미지 
backdrop image	스프라이트의 현재 모양 이미지와 이미지 영역에 존재하는 배경 
save screenshot to costume	실행 화면의 스크린샷을 [모양] 탭에 추가하기 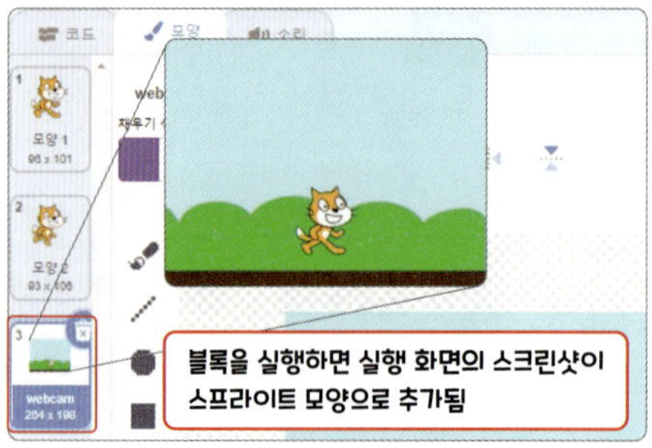

무대를 선택한 후 [Images] 메뉴를 선택하면 [표 10-3]과 같은 블록이 제공됩니다. 이 블록을 무대 행동에 사용할 수 있습니다.

표 10-3 무대에 사용할 경우 지원되는 [Images] 메뉴 블록

[Images] 메뉴 블록	기능
backdrop image	무대 배경과 무대에 존재하는 모든 스프라이트를 포함한 이미지 

4 스크래치로 프로그래밍하기

이제부터는 프로젝트 〈Guess Feelings〉의 이미지 분류 머신러닝 모델을 활용하여 스크래치 프로그램을 만들어 보겠습니다. 여러분이 그린 표정을 인식하여 축하를 할지 위로를 할지 판단하는 고양이 스프라이트로, 프로그램을 실행하면 다음과 같이 행동합니다.

- 여러분이 도화지에 표정을 그린 후 고양이 스프라이트를 클릭하면 도화지에 그려진 표정이 행복한 표정인지 슬픈 표정인지를 분석합니다. 만약 인식의 정확도가 40보다 크다면, 고양이 스프라이트는 표정이 분류된 레이블 결과에 따라서 적절히 행동합니다. 표정이 레이블 〈Happy〉로 인식되면 "지금 행복하시군요. 축하합니다."라고 말하고, 레이블 〈Sad〉로 인식되면 "지금 슬프시군요. 제가 위로합니다."라고 말합니다. 만일 인식의 정확도가 40 이하이면 "표정을 정확히 판단하기 어렵습니다."라고 말합니다.

도화지 스프라이트 생성

이 프로그램은 고양이 스프라이트 외에 여러분이 표정을 그릴 도화지가 필요합니다. 따라서 [스프라이트/무대 관리 창]–[스프라이트 고르기]를 선택하여 'Button1' 스프라이트를 추가하고, 이름을 '도화지'로 변경합니다. 그리고 고양이 스프라이트와 도화지 스프라이트의 위치를 적당히 조정합니다. 도화지 스프라이트가 놓인 자리에는 여러분이 그린 표정이 나타날 것입니다.

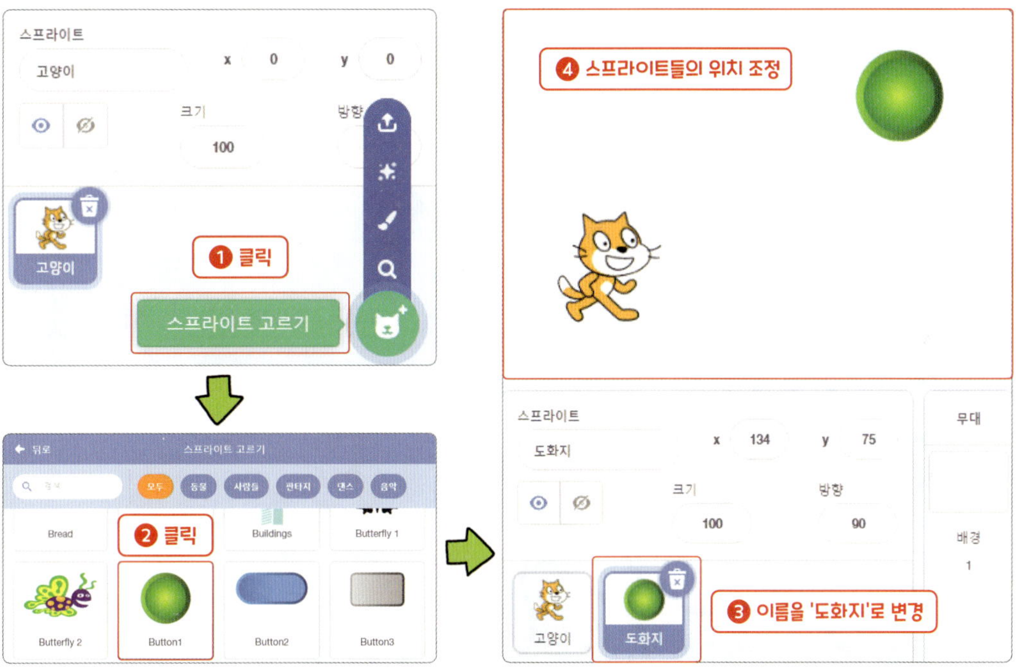

그림 10-17 **도화지로 사용할 스프라이트 추가하기**

다음으로는 도화지 스프라이트를 선택한 후 [스크립트 작업 창]–[모양] 탭을 클릭합니다. 그리고 왼쪽 메뉴에서 [지우개]를 클릭해 현재 도화지 모양을 모두 지워 아무것도 그려져 있지 않은 상태의 도화지 스프라이트로 수정합니다.

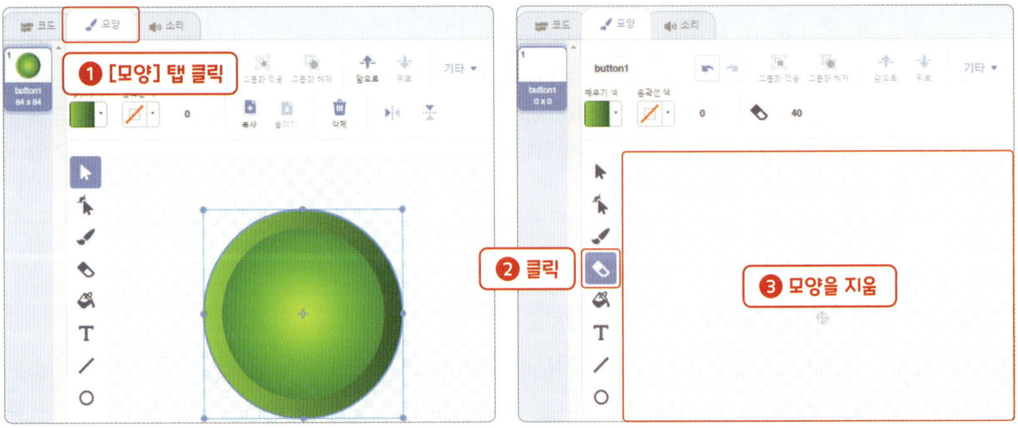

그림 10-18 **도화지 스프라이트의 모양 지우기**

도화지 스프라이트의 모양을 지웠기 때문에 실행 화면에는 도화지 스프라이트의 모습이 보이지 않는 것처럼 보입니다. 내용에 아무것도 없기 때문입니다. 하지만 도화지 스프라이트는 모양을 지우기 전 원래 위치에 그대로 존재합니다. 이를 확인하기 위해 도화지 스프라이트의 [모양] 탭에서 그림을 그려 실행 화면에 잘 나타나는지 확인해 봅니다.

그림 10-19 **도화지 스프라이트의 존재 확인하기**

도화지 스프라이트에 그림을 그려 실행 화면을 확인했다면 [그림 10-18]과 같이 다시 모양을 지우고 실습을 이어가 봅시다.

도화지 스프라이트의 행동 프로그래밍

이제 도화지 스프라이트의 스크립트를 작성해 봅시다. 도화지 스프라이트의 변수로 표정의 인식 정확도를 담을 [인식 정확도]를 만들어 실행 화면에 나타나도록 설정합니다. 변수 [인식 정확도]의 값을 실행 화면에 보이게 하는 방법은, [스크립트 작업 창]-[코드] 탭의 [변수] 메뉴 안에 존재하는 변수 [인식 정확도] 앞에 있는 박스를 체크하면 됩니다. 그러면 여러분은 고양이 스프라이트가 표정을 인식할 때마다 실행 화면에서 표정 인식 정확도를 확인할 수 있습니다.

고양이 스프라이트가 메시지 [표정 인식 시작]을 방송하면, 도화지 스프라이트는 현재 자신에게 그려진 이미지 [costume image]가 레이블 〈Happy〉와 〈Sad〉 중 어디에 속하는지 분류합니다. 그 결과에 따라 고양이 스프라이트에게 메시지 [행복한 표정], [슬픈 표정], 또는 [인식 어려움]을 방송합니다. 고양이 스프라이트는 이 메시지를 받은 뒤 적절한 말을 출력하게 됩니다.

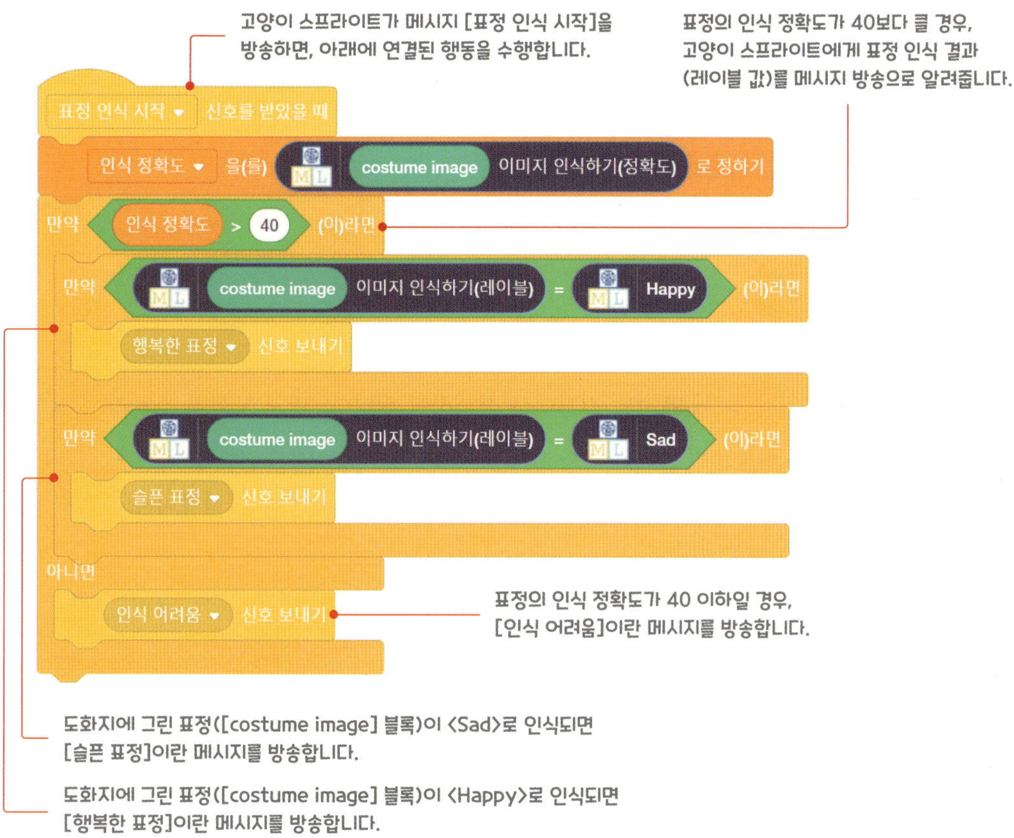

그림 10-20 **도화지 스프라이트의 스크립트 작성하기**

> 이 프로그램은 스크래치의 '메시지 방송' 기능을 활용합니다. 만약 여러분이 아직 '메시지 방송' 기능에 익숙하지 않다면 8장의 학습 내용을 한번 더 공부해 보길 바랍니다.

고양이 스프라이트의 행동 프로그래밍

고양이 스프라이트의 스크립트는 [그림 10-21]과 같이 작성하면 됩니다. 고양이 스프라이트를 클릭하면 메시지 [표정 인식 시작]이 방송됩니다. 이후 도화지 스프라이트의 표정이 분석되고, 인식 결과에 따라 고양이 스프라이트가 적절한 말을 출력합니다.

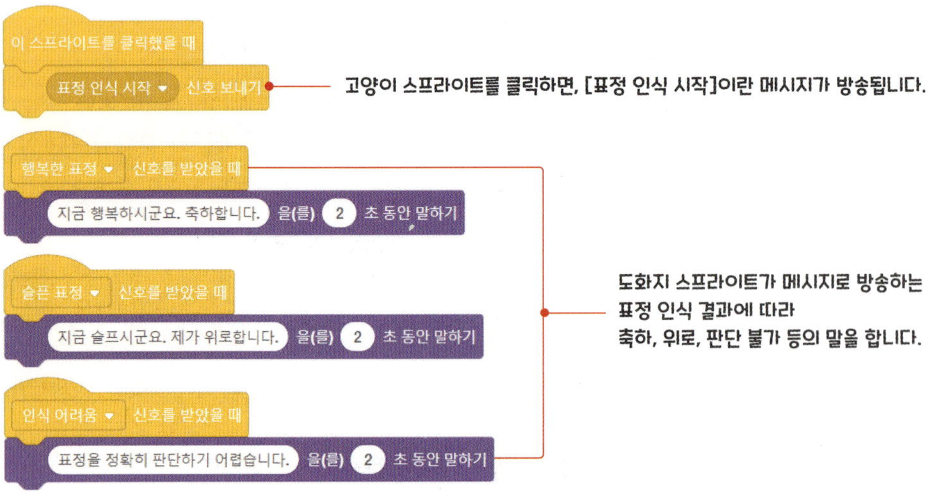

그림 10-21 **고양이 스프라이트의 스크립트 작성하기**

5 스크래치 프로그램 실행하기

이 프로그램은 [그림 10-22]에 표시된 절차대로 실행하면 됩니다. 먼저 도화지 스프라이트를 클릭한 다음 [스크립트 작업 창]의 [모양] 탭을 클릭합니다. 왼쪽 메뉴에서 [붓]을 선택해 색깔은 검정, 굵기는 4로 설정합니다. 그림판에 표정을 그리고 고양이 스프라이트를 클릭합니다.

그림 10-22 **스크래치 프로그램 실행 방법**

고양이 스프라이트는 표정의 인식 결과에 따라 적절한 말을 합니다. 새로운 표정을 인식하기 위해서는 도화지 스프라이트에 새로운 표정을 그린 후 다시 고양이 스프라이트를 클릭하면 됩니다. [그림 10-23]은 다양한 표정 입력에 따른 프로그램의 실행 모습을 모아 놓은 것입니다.

(a) 표정 이미지의 인식 정확도가 40보다 크면서 레이블 〈Happy〉로 분류될 때

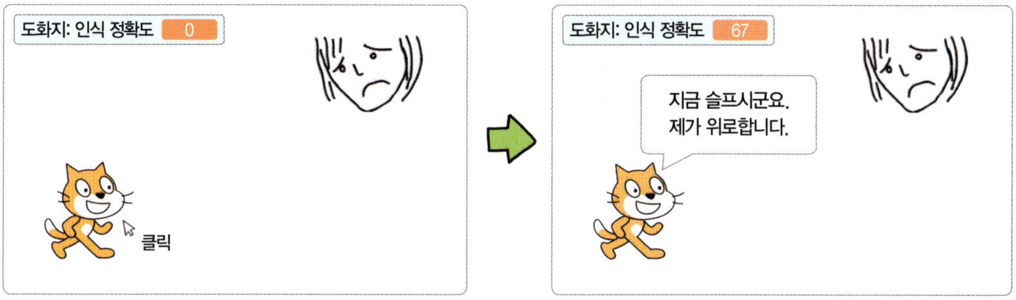

(b) 표정 이미지의 인식 정확도가 40보다 크면서 레이블 〈Sad〉로 분류될 때

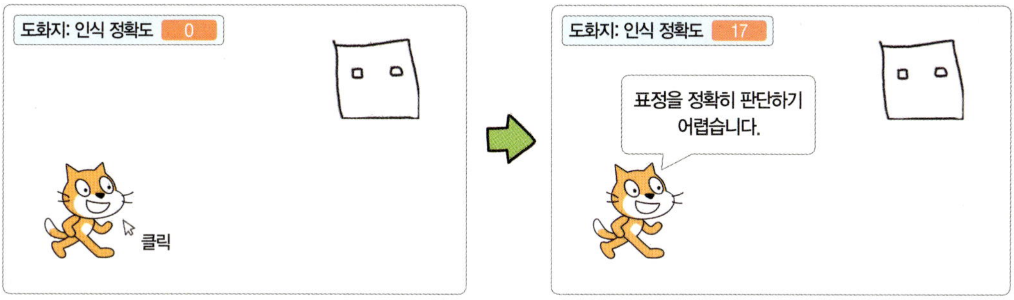

(c) 표정 이미지의 인식 정확도가 40 이하일 때

그림 10-23 프로그램 실행의 다양한 예

Section 03 스크래치 프로그램 내에서 머신러닝 모델을 학습시켜 봅시다

1 스프라이트의 현재 모양을 학습 데이터로 추가하기

이미지 분류 머신러닝 프로젝트를 진행할 때, 머신러닝 모델을 만족할 만한 수준으로 학습시키는 것은 생각보다 어려운 일입니다. 어느 정도 학습되었다고 생각한 머신러닝 모델이 수시로 이미지를 엉뚱하게 분류하는데, 이럴 때마다 잘못 분류된 이미지들로 머신러닝 모델을 재학습시키고 싶은 생각이 간절해질 겁니다. 그래서 '머신러닝 for 키즈'에서는 이미지를 특정 레이블의 학습 데이터로 추가하는 블록을 제공합니다.

표 10-4 이미지를 특정 레이블의 학습 데이터로 추가하는 블록

[Images] 메뉴 블록	기능
	왼쪽 창의 이미지를 선택한 레이블의 학습 데이터로 추가하기

[그림 10-24]의 예를 통해 이 블록의 활용법을 익혀봅시다. 현재까지 학습시킨 머신러닝 모델이 [그림 10-24]와 같이 기쁨의 눈물을 흘리는 표정을 슬픈 표정으로 인식한다고 가정해 봅니다. 그러면 머신러닝 모델이 이 표정을 행복한 표정으로 인식하도록 머신러닝 모델을 다시 학습시켜야 합니다.

그림 10-24 이미지 분류 오류의 예

이 문제는 도화지 스프라이트의 스크립트를 수정하여 해결할 수 있습니다. [그림 10-25]와 같이 블록을 하나의 스크립트로 따로 추가 작성하고, 클릭하여 실행시켜 봅시다. 그러면 도화지 스프라이트의 현재 모양(costume image)이 레이블 〈Happy〉에 학습 데이터로 추가됩니다.

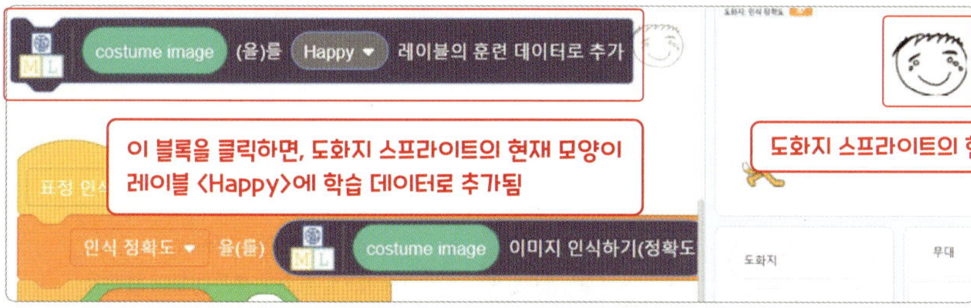

그림 10-25 **도화지 스프라이트의 현재 모양을 레이블 〈Happy〉에 추가하기**

2 머신러닝 모델 재학습 후 스크래치 재실행하기

확인을 위해 〈Guess Feelings〉 프로젝트의 [훈련] 단계로 돌아가서, 레이블 〈Happy〉의 학습 데이터에 도화지 스프라이트의 모양이 새로 추가되어 있는지 확인합니다. 만약 추가되어 있지 않다면 웹브라우저의 '새로고침' 기능을 수행한 후 다시 확인해 봅니다.

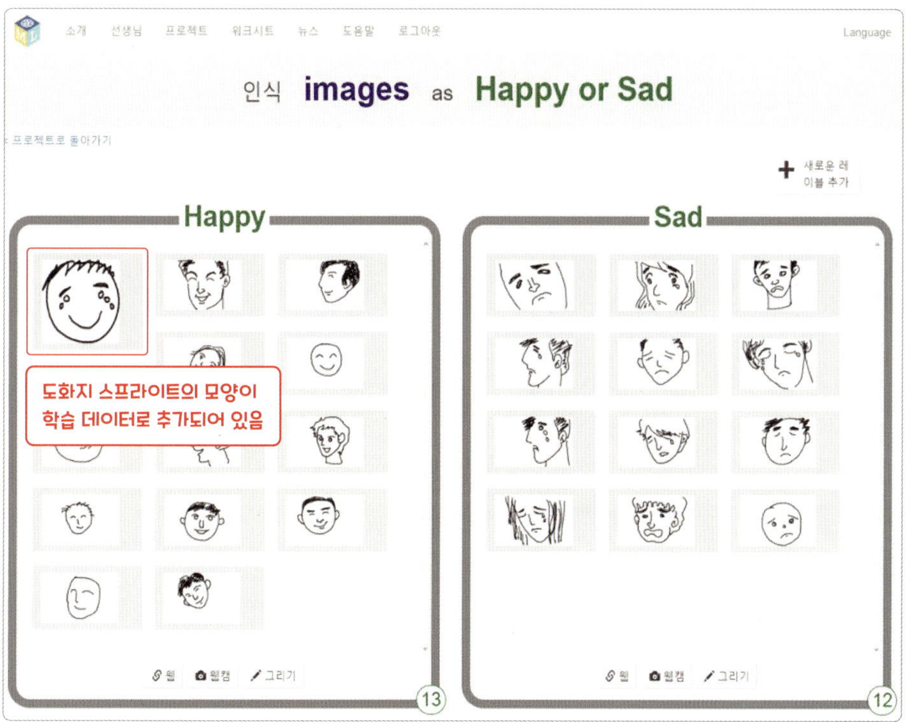

그림 10-26 **레이블 〈Happy〉에 도화지 스프라이트의 현재 모양을 추가한 결과**

이제 [학습 & 평가] 단계로 가서 추가된 학습 데이터로 머신러닝 모델을 다시 훈련시킵니다. 훈련이 완료된 후에는 스크래치에서 도화지 스프라이트의 모양 변경 없이 고양이 스프라이트를 다시 클릭해 봅니다. 이제 고양이 스프라이트는 도화지 스프라이트에 그려진 표정을 행복한 표정으로 인식합니다.

그림 10-27 **이미지 분류 머신러닝 모델 재학습 후 프로그램 실행 결과**

요약

01 '머신러닝 for 키즈'의 이미지 분류 머신러닝 모델을 만드는 과정은 다음과 같은 순서로 진행됩니다.

① 이미지 분류 머신러닝 프로젝트 생성하기
② 머신러닝 모델의 레이블 생성하기
③ 레이블에 학습 데이터 추가하기
④ 머신러닝 모델 학습시키기
⑤ 머신러닝 모델 평가하기(평가 결과에 따라 ③~⑤의 과정 반복)

02 이미지 분류 머신러닝 모델은 지도학습 방식을 사용하므로, 레이블이 있는 학습 데이터가 필요합니다. 이미지 분류 머신러닝 모델을 훈련시킬 때는 레이블마다 10개 이상의 학습 데이터를 입력하는 것이 좋습니다.

03 이미지 분류 머신러닝 프로젝트는 [만들기] 단계에서 스크래치, 파이썬, 에듀블록스, 앱 인벤터 중 하나의 언어를 선택하여 프로그래밍 작업을 할 수 있습니다.

04 이미지 분류 머신러닝 프로젝트의 경우, 스크래치 프로그램 내부에서 스프라이트의 모양 이미지를 머신러닝 모델의 학습 데이터로 바로 추가할 수 있습니다.

05 레이블 〈Happy〉와 〈Sad〉를 가진 이미지 분류 머신러닝 모델 활용 블록들은 다음과 같습니다.

이미지 분류 머신러닝 모델 활용 블록	기능
image 이미지 인식하기(레이블)	왼쪽 창의 이미지가 속한 레이블
image 이미지 인식하기(정확도)	왼쪽 창의 이미지를 인식한 정확도
Happy	레이블 〈Happy〉
Sad	레이블 〈Sad〉
image (을)를 Happy ▾ 레이블의 훈련 데이터로 추가	왼쪽 창의 이미지를 선택한 레이블의 학습 데이터로 추가하기

06 이미지 분류 머신러닝 프로젝트에서 스크래치는 [Images] 메뉴를 통해 다음과 같은 이미지 활용 블록들을 제공합니다.

[Images] 메뉴 블록	기능
costume image	스프라이트의 현재 모양 이미지
backdrop image	스프라이트의 현재 모양 이미지와 이미지 영역에 존재하는 배경
save screenshot to costume	실행 화면의 스크린샷을 [모양] 탭에 추가하기

연습문제

01 다음 중 머신러닝 프로젝트 진행 절차로 올바른 것을 고르세요.

① [훈련] 단계 → [만들기] 단계 → [학습 & 평가] 단계
② [훈련] 단계 → [학습 & 평가] 단계 → [만들기] 단계
③ [학습 & 평가] 단계 → [훈련] 단계 → [만들기] 단계
④ [학습 & 평가] 단계 → [만들기] 단계 → [훈련] 단계

02 머신러닝 프로젝트의 진행 단계에 대한 설명 중 옳지 않은 것을 고르세요.

① [훈련] 단계에서 레이블을 생성하고 학습 데이터를 입력합니다.
② [학습 & 평가] 단계에서 머신러닝 모델을 훈련시키고 평가합니다.
③ [만들기] 단계에서 머신러닝 모델을 다시 훈련시킵니다.
④ [훈련]과 [학습 & 평가] 단계를 반복하면서 머신러닝 모델의 기능을 향상시킵니다.

03 이미지 분류 머신러닝 모델의 학습 데이터를 추가하는 방법으로 옳지 않은 것을 고르세요.

① 웹사이트에서 JPG 또는 PNG 형식의 이미지 파일을 가져올 수 있습니다.
② 내 컴퓨터에 저장된 JPG 또는 PNG 형식의 이미지를 추가할 수 있습니다.
③ 웹캠을 통해 보이는 영상의 스틸 이미지를 추가할 수 있습니다.
④ '머신러닝 for 키즈'가 제공하는 그림판으로 그린 이미지를 추가할 수 있습니다.

04 이미지 분류 머신러닝 모델의 학습방법은 무엇인가요?

① 지도학습 ② 비지도학습 ③ 강화학습 ④ 반지도학습

05 다음은 이미지 분류 머신러닝 프로젝트에 관한 설명입니다. 옳지 않은 것을 고르세요.

① 이미지 분류 머신러닝 모델은 레이블이 있는 학습 데이터를 사용하여 지도학습 방식으로 훈련합니다.
② 이미지 분류 머신러닝 프로젝트에서 지원하는 프로그래밍 언어는 스크래치, 파이썬, 에듀블록스, 앱 인벤터입니다.
③ 이미지 분류 머신러닝 모델을 학습시킬 때는 레이블별로 5개 이상의 학습 데이터를 입력해야 합니다.
④ 이미지 분류 머신러닝 모델을 만들기 위해서는 IBM 왓슨의 Visual Recognition API 키가 등록되어 있어야 합니다.

06 다음 중 이미지 분류 머신러닝 프로젝트에서 사용할 수 있는 프로그래밍 언어가 아닌 것을 고르세요.

① 스크래치

② C언어

③ 앱 인벤터

④ 파이썬

※ 다음은 해당 이미지가 고양이인지 개인지를 구분하는 이미지 분류 머신러닝 프로젝트에 대한 정보입니다. 이 정보를 읽고, 문제 07번부터 09번까지의 답을 찾아보세요.

이미지 분류 머신러닝 프로젝트 정보	프로젝트 이름	Cats or Dogs
	인식방법	이미지
학습 데이터 정보	레이블	Cats
		Dogs
	레이블 〈Cats〉의 학습 데이터	다양한 고양이 이미지 10개 이상
	레이블 〈Dogs〉의 학습 데이터	다양한 개 이미지 10개 이상

07 [만들기] 단계에서 스크래치 프로그래밍 환경을 실행하면 머신러닝 모델 활용 블록들이 제공됩니다. 이 블록에 대한 설명으로 옳지 않은 것을 고르세요.

① [스크립트 작업 창]–[코드] 탭의 [Cats or Dogs] 메뉴를 보면 머신러닝 모델 활용 블록들이 모여 있습니다.

② 임의의 이미지에 대해서 그 이미지가 속하는 레이블과 인식의 정확도를 파악하는 타원형 형태의 변수 블록들이 존재합니다.

③ 레이블 〈Cats〉와 〈Dogs〉를 나타내는 타원형 형태의 변수 블록들이 존재합니다.

④ 특정 레이블에 새로운 이미지를 학습 데이터로 추가하는 문장 블록은 존재하지 않습니다.

08 다음의 스크래치 프로그램은 도화지 스프라이트 하나로 이루어져 있습니다. 스프라이트의 모양을 원하는 이미지로 변경한 후, 실행 화면에서 도화지 스프라이트를 마우스로 클릭하면 프로그램이 실행됩니다. 도화지 스프라이트는 자신의 현재 모양이 어떤 레이블에 속하는지 구분하여 적절한 대답을 출력합니다.

〈원하는 이미지 업로드〉

〈프로그램 실행 창에서 도화지 스프라이트 클릭〉

머신러닝 모델을 활용하여 다음과 같이 도화지 스프라이트의 스크립트를 작성할 경우, 빈칸 (1)~(4)에 들어갈 블록으로 올바르게 짝지어진 것은 무엇인가요?

① (1)- costume image, (2)- Cats, (3)- costume image, (4)- Dogs

② (1)- costume image, (2)- Cats, (3)- backdrop image, (4)- Dogs

③ (1)- backdrop image, (2)- Cats, (3)- costume image, (4)- Dogs

④ (1)- backdrop image, (2)- Cats, (3)- backdrop image, (4)- Dogs

09 문제 **08**번의 도화지 스프라이트가 현재 자신의 모양을 올바르게 구분했는지 사용자에게 묻도록 스크립트를 수정할 경우, 빈칸 (1)~(4)에 들어갈 내용으로 올바르게 짝지어진 것은 무엇인가요?

① (1)– costume image, (2)– Cats, (3)– costume image, (4)– Dogs

② (1)– costume image, (2)– Dogs, (3)– costume image, (4)– Cats

③ (1)– backdrop image, (2)– Cats, (3)– backdrop image, (4)– Dogs

④ (1)– backdrop image, (2)– Dogs, (3)– backdrop image, (4)– Cats

10 스크래치 [코드] 탭의 [Images] 메뉴에는 이미지 관련 변수 블록들이 존재합니다. 다음 표의 이미지는 스프라이트와 무대의 모양을 다양하게 조합한 것입니다. 다음 중 이미지에 대한 설명으로 옳지 않은 것을 고르세요.

(a)	(b)	(c)

① 이미지 (a) : 고양이 스프라이트에 사용되는 변수 블록 [costume image]

② 이미지 (a) : 무대에 사용되는 변수 블록 [backdrop image]

③ 이미지 (b) : 고양이 스프라이트에 사용되는 변수 블록 [backdrop image]

④ 이미지 (c) : 고양이 스프라이트에 사용되는 변수 블록 [costume image]

11 이번 장에서 배운 내용을 토대로, 앞선 문제에 등장했던 프로젝트 〈Cats or Dogs〉의 머신러닝 모델을 완성해 봅시다. 프로그램 실행 시 도화지 스프라이트가 하는 행동은 다음과 같습니다.

〈도화지 스프라이트의 행동〉

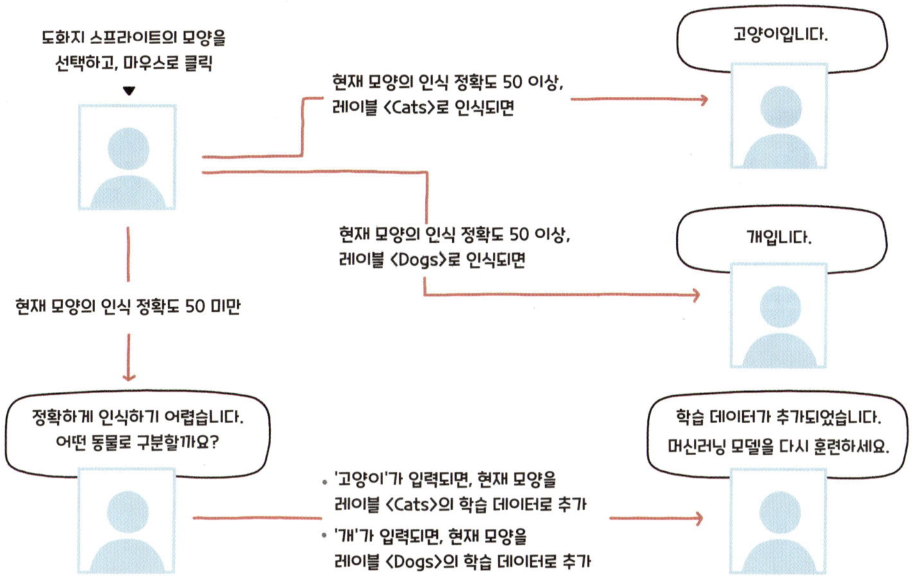

1. 도화지 스프라이트의 모양을 하나 선택한 후 마우스로 클릭하면 자신의 현재 모양이 어느 레이블에 속하는지 인식합니다. 인식 정확도가 50 이상인 상태에서 레이블 〈Cats〉로 인식되면 도화지 스프라이트가 "고양이입니다." 라고 말하고, 레이블 〈Dogs〉로 인식되면 "개입니다."라고 말합니다.
2. 현재 모양에 대한 인식 정확도가 50 미만이라면, 도화지 스프라이트가 "정확하게 인식하기 어렵습니다. 어떤 동물로 구분할까요?"라고 묻고 여러분의 대답을 기다립니다.
3. 여러분이 "고양이"라고 대답하면 도화지 스프라이트는 자신의 현재 모양을 레이블 〈Cats〉에 추가하고, "개"라고 대답하면 레이블 〈Dogs〉에 추가합니다. 그리고 "학습 데이터가 추가되었습니다. 머신러닝 모델을 다시 훈련하세요."라고 말합니다.

11번 문제는 14장 1절에서 자세히 다루고 있습니다. 여러분 혼자 힘으로 먼저 문제에 도전해 본 후, 어려움이 있다면 14장의 1절을 참고하세요.

CHAPTER 11

숫자 분류 머신러닝 모델 활용하기

학습목표

- 숫자 분류 머신러닝 모델 생성 절차를 공부합니다.
- 숫자 분류 머신러닝 모델의 지도학습 방법을 이해합니다.
- 숫자 분류 머신러닝 모델 활용을 위한 스크래치 블록을 공부합니다.
- 숫자 분류 머신러닝 모델을 활용한 스크래치 프로그래밍을 경험합니다.

Preview

이 장에서는 숫자 분류 머신러닝 모델을 만들고, 이것을 활용하여 스크래치로 프로그래밍하는 방법을 실습해 보겠습니다. 또한 프로그램 실행 중 숫자 분류 머신러닝 모델을 학습시키는 방법도 알아봅니다.

1절에서는 숫자 분류 머신러닝 모델을 만들어 봅니다. 숫자 분류 머신러닝 모델도 지도학습 방식으로 훈련합니다. 따라서 ① 숫자 분류 머신러닝 프로젝트 생성, ② 레이블 생성과 레이블별 학습 데이터 추가, ③ 학습 데이터로 머신러닝 모델 훈련 및 평가 등의 단계를 거쳐 숫자 분류 머신러닝 모델을 만들어 보겠습니다.

2절에서는 〈Recommend Menu〉라는 숫자 분류 머신러닝 프로젝트를 실습합니다. 이 프로젝트를 통해 여러분이 입력하는 나이와 성별에 따라 적절한 메뉴를 추천하는 지능적인 고양이 스프라이트를 만들어 봅니다.

3절에서는 스크래치 프로그램 내부에서 학습 데이터를 추가하여 숫자 분류 머신러닝 모델을 새롭게 학습시키는 방법을 알아보겠습니다.

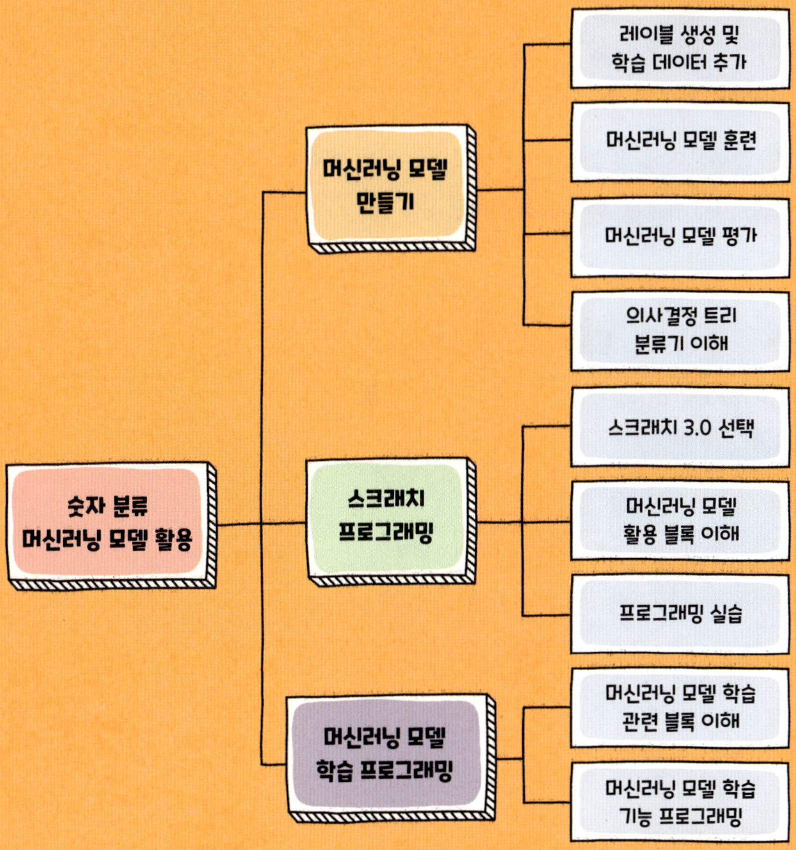

Section 01 숫자 분류 머신러닝 모델을 만들어 봅시다

1 숫자 분류 머신러닝 프로젝트 생성하기

이 장에서는 숫자 분류 머신러닝 프로젝트를 만들어 보겠습니다. 여러분은 이 프로젝트를 통해 숫자 분류 머신러닝 모델의 생성 방법과 스크래치 프로그램에서 숫자 분류 머신러닝 모델을 활용하는 방법을 배울 수 있습니다.

이 프로젝트에서 만들고자 하는 고양이 스프라이트는 손님의 나이와 성별에 따라 적절한 메뉴를 추천합니다. 고양이 스프라이트는 먼저 여러분에게 나이와 성별을 묻고, 그 정보를 기반으로 '스테이크', '스파게티', '피자' 중 하나를 추천합니다. 따라서 고양이 스프라이트는 이전에 손님들이 주문한 정보를 바탕으로 현재 손님이 선택할 가능성이 큰 메뉴를 판단해야 합니다. 이를 수행하기 위해 레이블 〈Steak〉, 〈Spaghetti〉, 〈Pizza〉로 분류된 학습 데이터로 머신러닝 모델을 지도학습하도록 합니다.

먼저 '머신러닝 for 키즈' 웹사이트에 로그인하여 [그림 11-1]과 같이 〈Recommend Menu〉라는 이름의 숫자 분류 머신러닝 프로젝트를 생성해 봅시다.

그림 11-1 숫자 분류 머신러닝 프로젝트 생성하기

숫자 분류 머신러닝 모델의 학습 데이터는 내부에 여러 개의 항목을 포함할 수 있습니다. 이 예제에서는 나이와 성별이 포함됩니다. 학습 데이터의 내부 항목을 만드는 방법은 프로젝트 생성 페이지 아래에 있는 [ADD A VALUE]를 클릭하여 항목을 정의하면 됩니다. 항목을 정의할 때는 항목의 이름과 유형([숫자] 또는 [선다형])을 설정합니다. 항목 값의 범위가 정해지지 않은 경우라면 [숫자]로 설정하고, 성별처럼 특정 값이 한정적이라면 [선다형]으로 설정하는 것이 좋습니다.

그럼 이제, 학습 데이터를 구성하는 내부 항목으로 [Age]와 [MaleORFemale]을 추가해 보겠습니다. [그림 11-2]와 같이 [ADD A VALUE]를 클릭합니다. 'Value 1'에는 'Age'를 입력하고, '유형'은 [숫자]를 선택합니다. 내부 항목을 더 추가하려면 [ADD ANOTHER VALUE]를 클릭하면 됩니다. 'Value 2'에는 [MaleORFemale]을 입력하고 '유형'은 [선다형]을 선택합니다. '선택사항' 부분은 [Male]과 [Female]을 입력합니다. 최종적으로 [만들기]를 클릭하면 학습 데이터를 구성하는 내부 항목 추가 작업이 완료됩니다.

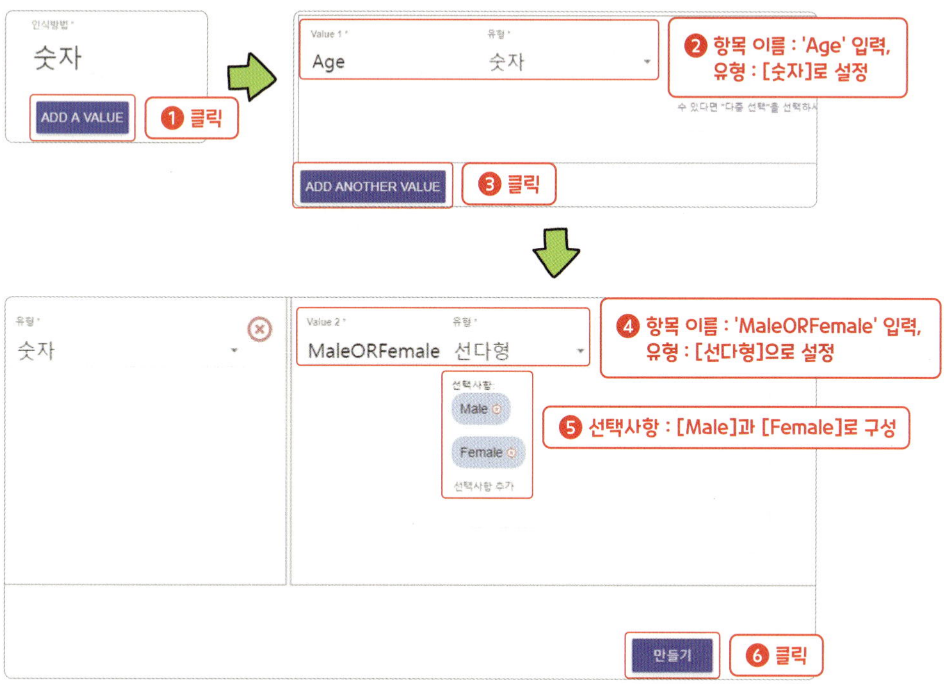

그림 11-2 **숫자 분류 머신러닝 모델의 학습 데이터 구성 항목 정의하기**

2 레이블 생성하기

앞에서 만든 머신러닝 프로젝트 〈Recommend Menu〉를 선택한 후, 프로젝트 수행 단계 중 [훈련]을 선택합니다. 이 단계에서는 프로젝트에서 사용할 숫자 분류 머신러닝 모델의 학습 데이터들을 추가합니다. 숫자 분류 머신러닝 모델의 학습 또한 지도학습 방식으로 이루어집니다. 따라서 레이블들을 생성해 각 레이블에 적절한 수의 학습 데이터를 추가해 봅시다.

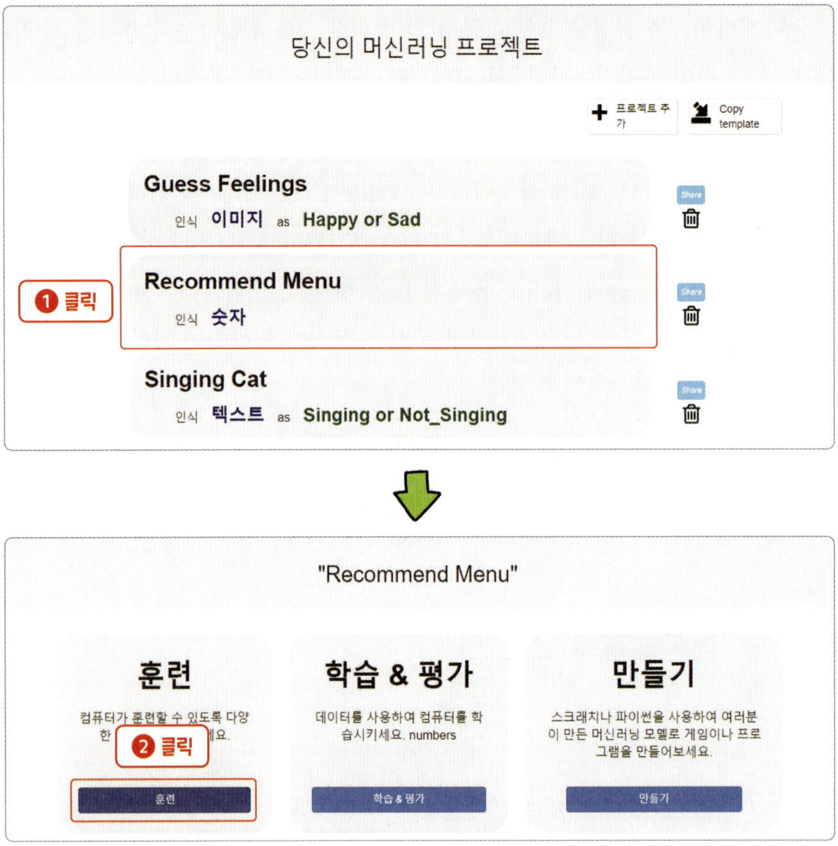

그림 11-3 숫자 분류 머신러닝 프로젝트의 [훈련] 단계 선택하기

[훈련] 단계 창이 나타나면 [새로운 레이블 추가]를 클릭하여 레이블 〈Steak〉를 만듭니다.

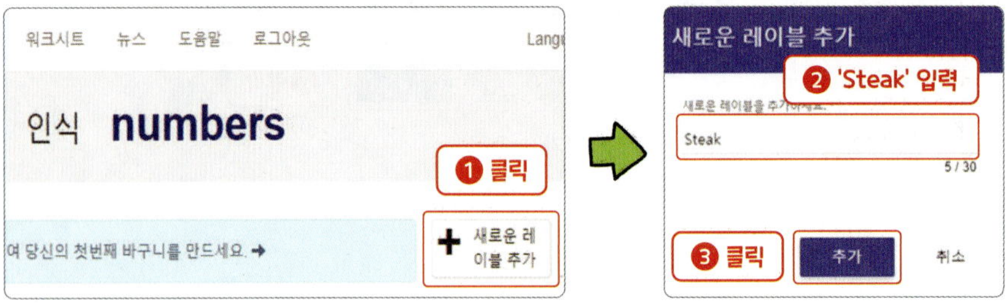

그림 11-4 레이블 〈Steak〉 생성하기

레이블 〈Steak〉가 생성되었다면 [새로운 레이블 추가]를 클릭하여 레이블 〈Spaghetti〉를 생성합니다.

그림 11-5 **레이블 〈Spaghetti〉 생성하기**

마지막으로, [새로운 레이블 추가]를 클릭하여 레이블 〈Pizza〉도 생성합니다.

그림 11-6 **레이블 〈Pizza〉 생성하기**

[그림 11-7]은 레이블 〈Pizza〉까지 추가한 후 세 개의 레이블이 생성된 결과입니다.

그림 11-7 **레이블 〈Steak〉, 〈Spaghetti〉, 〈Pizza〉 생성 결과**

3 레이블에 학습 데이터 추가하기

이제 각 레이블 아래쪽에 있는 [데이터 추가]를 클릭하여 학습 데이터를 추가해 보겠습니다. 숫자 분류 머신러닝 모델을 학습시킬 때는 레이블별로 5개 이상의 학습 데이터가 필요합니다.

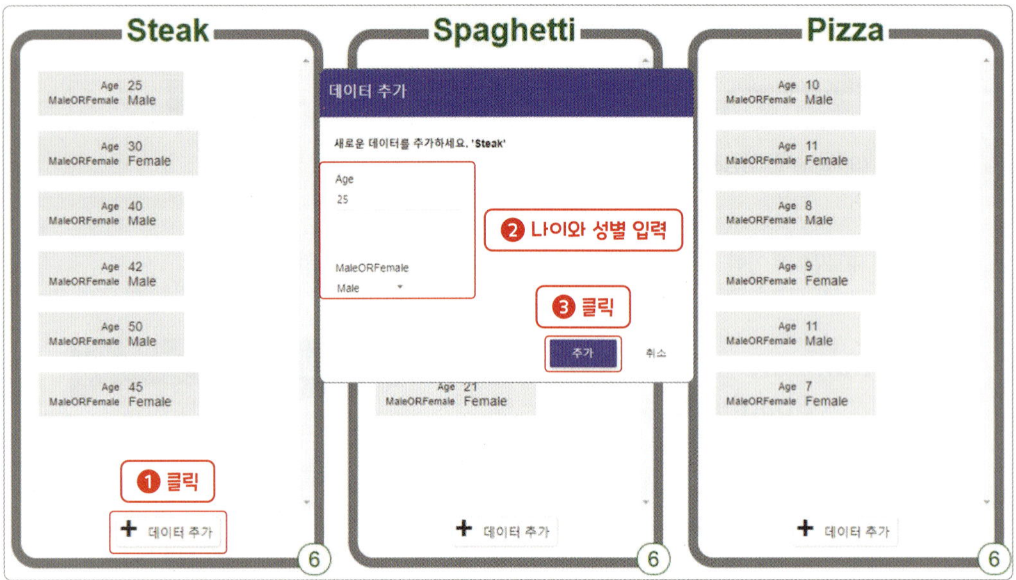

그림 11-8 각 레이블에 학습 데이터 입력하기

[그림 11-9]는 해당 프로젝트의 레이블별 학습 데이터를 정리한 것입니다. 실습을 위해 제시된 내용을 학습 데이터로 추가합니다.

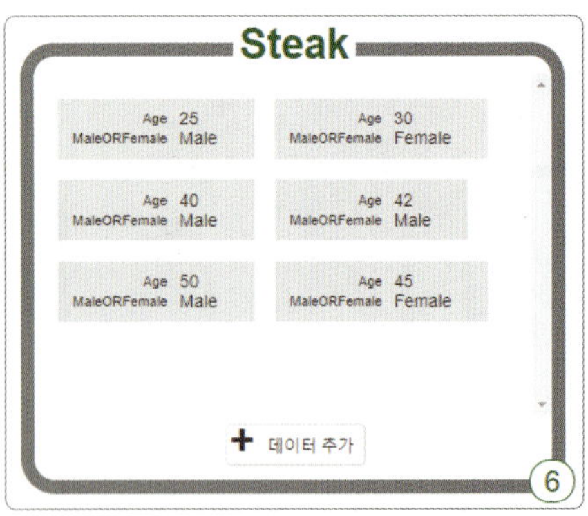

(a) 레이블 〈Steak〉

나이 : 25 성별 : Male	나이 : 30 성별 : Female
나이 : 40 성별 : Male	나이 : 42 성별 : Male
나이 : 50 성별 : Male	나이 : 45 성별 : Female

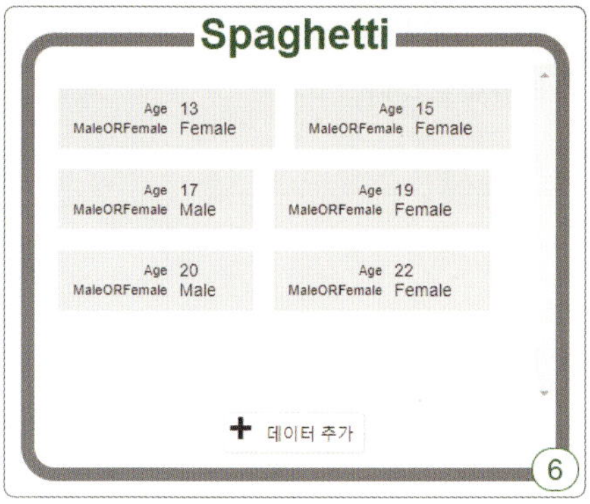

나이 : 13 성별 : Female	나이 : 15 성별 : Female
나이 : 17 성별 : Male	나이 : 19 성별 : Female
나이 : 20 성별 : Male	나이 : 22 성별 : Female

(b) 레이블 〈Spaghetti〉

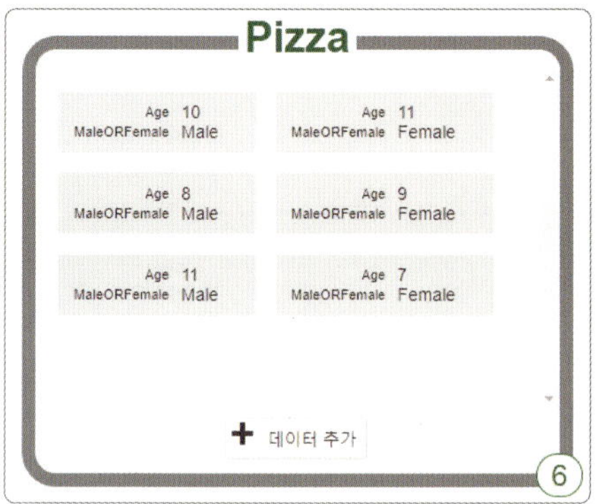

나이 : 10 성별 : Male	나이 : 11 성별 : Female
나이 : 8 성별 : Male	나이 : 9 성별 : Female
나이 : 11 성별 : Male	나이 : 7 성별 : Female

(c) 레이블 〈Pizza〉

그림 11-9 **레이블별 학습 데이터 추가하기**

4 머신러닝 모델 학습시키기

이제 추가된 학습 데이터들을 이용하여 머신러닝 모델을 학습시켜 봅시다. [훈련] 단계 페이지 왼쪽 상단에 있는 [프로젝트로 돌아가기]를 클릭한 후 [학습 & 평가] 단계를 클릭합니다.

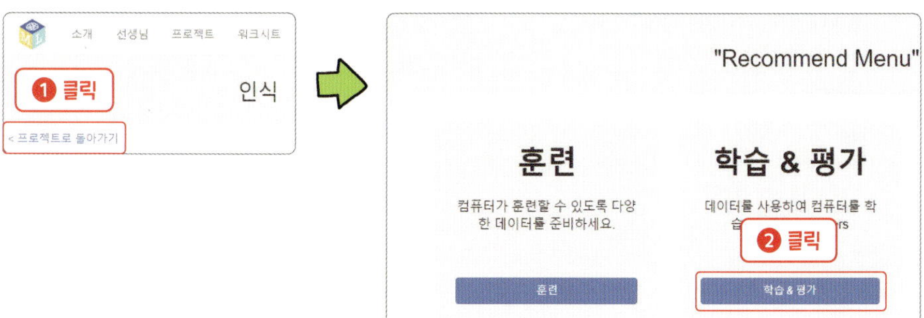

그림 11-10 **숫자 분류 머신러닝 프로젝트의 [학습 & 평가] 단계 선택하기**

화면 아래에 있는 [새로운 머신 러닝 모델을 훈련시켜보세요.]를 클릭합니다. 일반적으로 숫자 분류 머신러닝 모델의 학습은 텍스트나 이미지 분류보다 빠르게 완료됩니다.

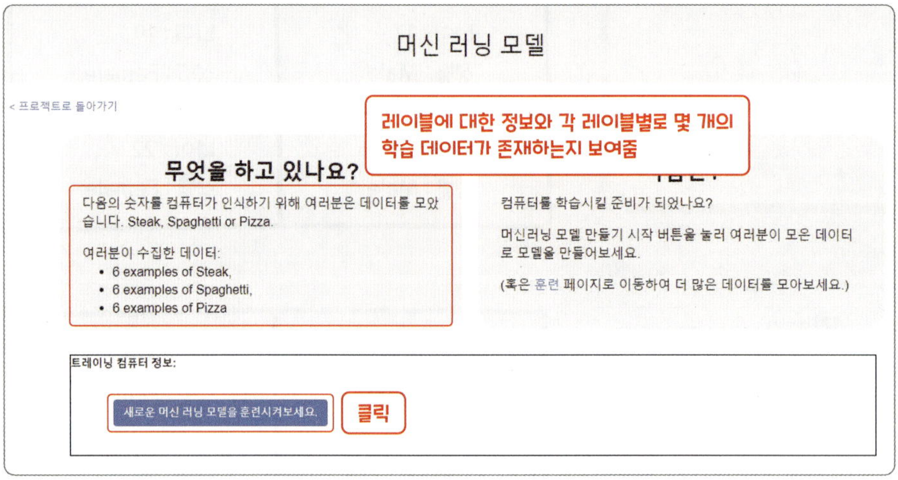

그림 11-11 **숫자 분류 머신러닝 모델 훈련시키기**

머신러닝 모델의 학습이 완료되면 잘 학습되었는지 평가할 수 있는 창이 나타납니다. [그림 11-12]는 나이 12세 여성, 나이 46세 남성의 데이터로 러닝머신 모델을 평가한 것입니다. 각각 100% 확신으로 레이블 〈Pizza〉와 〈Steak〉가 인식되었음을 보여줍니다.

그림 11-12 **숫자 분류 머신러닝 모델 평가하기**

하나 더 알기 **의사결정 트리 분류기**

숫자 분류 머신러닝 모델은 '의사결정 트리 분류기(Decision Tree Classifier)'라는 기술을 이용하여 만들어집니다. 이 기술은 다른 기술에 비해 머신러닝 모델 학습이 매우 빠르고 쉽다는 장점을 갖고 있습니다. 의사결정 트리 분류기는 머신러닝 모델 학습에 사용되는 데이터를 기반으로 만들어지기 때문에 여러분이 입력한 학습 데이터에 변화가 생기면 의사결정 트리도 새롭게 만들어지게 됩니다.

학습된 머신러닝 모델을 평가하는 창에서 [Describe your model!]을 클릭하면 의사결정 트리를 볼 수 있습니다. 다음 그림은 이번 프로젝트에서 레이블에 추가한 학습 데이터의 의사결정 트리입니다. 트리를 구성하는 노드(둥근 모서리 사각형)의 맨 윗줄은 조건을 나타냅니다. 그 조건이 '참'이면 왼쪽으로 이동, '거짓'이면 오른쪽으로 이동하며 마지막에 도달한 노드의 메뉴가 추천 메뉴가 됩니다.

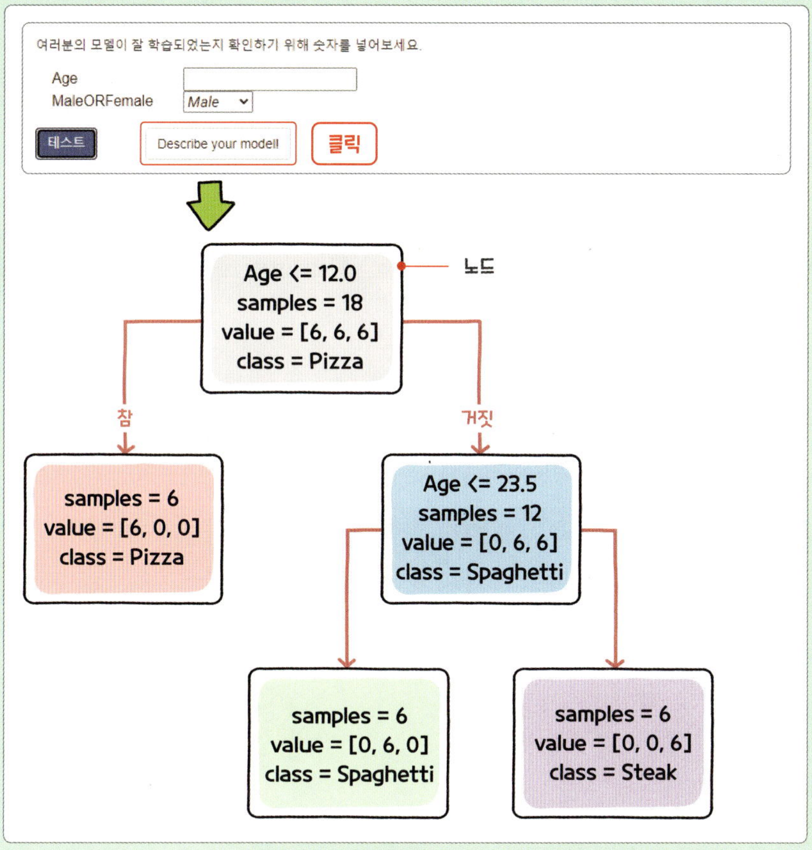

머신러닝 모델에서 사용하는 의사결정 트리 분류기

Section 02

숫자 분류 머신러닝 모델을 활용하여 프로그래밍해 볼까요?

1 프로그래밍 언어로 스크래치 3.0 선택하기

숫자 분류 머신러닝 모델의 학습이 마무리되면 [만들기] 단계를 진행합니다. 페이지 상단에 있는 [프로젝트로 돌아가기]를 클릭한 후 [만들기] 단계에서 [스크래치 3]을 클릭합니다.

모든 프로젝트의 프로그래밍 언어 선택 방법은 항상 같으므로, 아직 프로그래밍 언어를 선택하는 것이 익숙하지 않다면 9장을 다시 참고하기 바랍니다.

페이지가 바뀌면 [스크래치 3 열기]를 클릭하여 스크래치 프로그래밍 환경을 실행시킵니다.

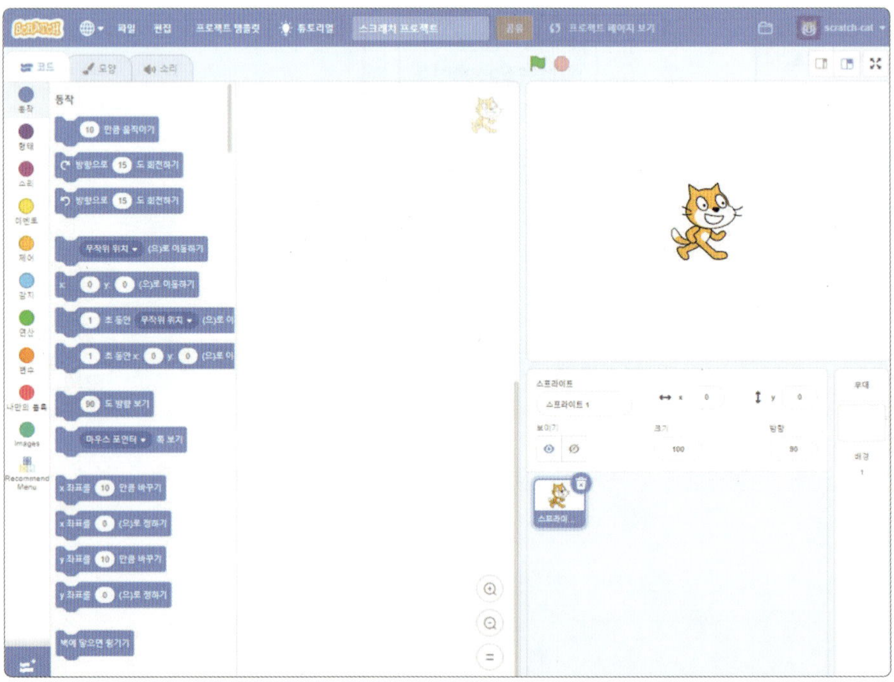

그림 11-13 **스크래치 3.0 프로그래밍 환경 실행하기**

2 숫자 분류 머신러닝 모델 활용 블록 살펴보기

스크래치 프로그래밍 환경의 [스크립트 작업 창]-[코드] 탭의 메뉴 바를 살펴보면 현재 작업 중인 프로젝트와 같은 이름인 [Recommend Menu] 메뉴가 보입니다. 메뉴를 선택하면 '머신러닝 for 키즈'가 제공하는 숫자 분류 머신러닝 모델 활용 블록들이 나타납니다.

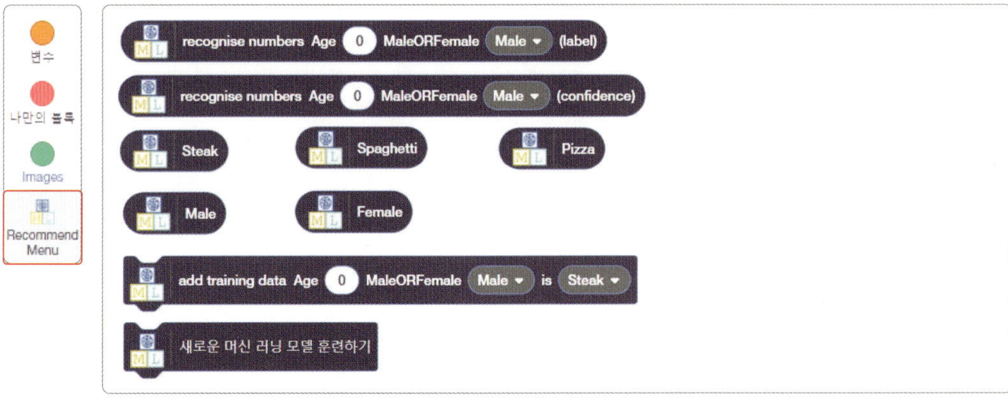

그림 11-14 **프로젝트 〈Recommend Menu〉의 숫자 분류 머신러닝 모델 활용 블록들**

프로젝트 〈Recommend Menu〉의 숫자 분류 머신러닝 모델 활용 블록들에 대한 설명은 [표 11-1]과 같습니다.

표 11-1 **프로젝트 〈Recommend Menu〉의 숫자 분류 머신러닝 모델 활용 블록들**

머신러닝 모델 활용 블록	기능
recognise numbers Age 0 MaleORFemale Male (label)	나이와 성별 데이터가 속한 레이블
recognise numbers Age 0 MaleORFemale Male (confidence)	나이와 성별 데이터로 레이블을 인식한 정확도
Steak / Spaghetti / Pizza	레이블 〈Steak〉, 〈Spaghetti〉, 〈Pizza〉
Male / Female	선다형 내부 항목 〈Male〉, 〈Female〉
add training data Age 0 MaleORFemale Male is Steak	나이와 성별 데이터를 맨 오른쪽 선택 창 레이블에 추가하기
새로운 머신 러닝 모델 훈련하기	머신러닝 모델을 새롭게 학습시키기

3 스크래치로 프로그래밍하기

이제 프로젝트 〈Recommend Menu〉의 머신러닝 모델을 활용하여 스크래치 프로그램을 만들어 보겠습니다. 이 프로그램에 등장하는 고양이 스프라이트는 손님의 나이와 성별 정보로 스테이크, 스파게티, 피자 중 하나의 메뉴를 추천합니다. 프로그램의 실행 모습은 다음과 같습니다.

- 프로그램을 실행하면, 고양이 스프라이트는 사용자에게 "나이를 말해주세요."와 "성별을 말해주세요. 남성 또는 여성으로 답해주세요."라고 묻습니다. 고양이 스프라이트는 입력된 나이와 성별 데이터가 속한 레이블을 찾아내 세 가지 중 한 가지 메뉴를 추천합니다. 이와 같은 메뉴 추천 작업은 프로그램을 종료할 때까지 반복됩니다.

고양이 스프라이트의 스크립트를 [그림 11-15]와 같이 작성합니다.

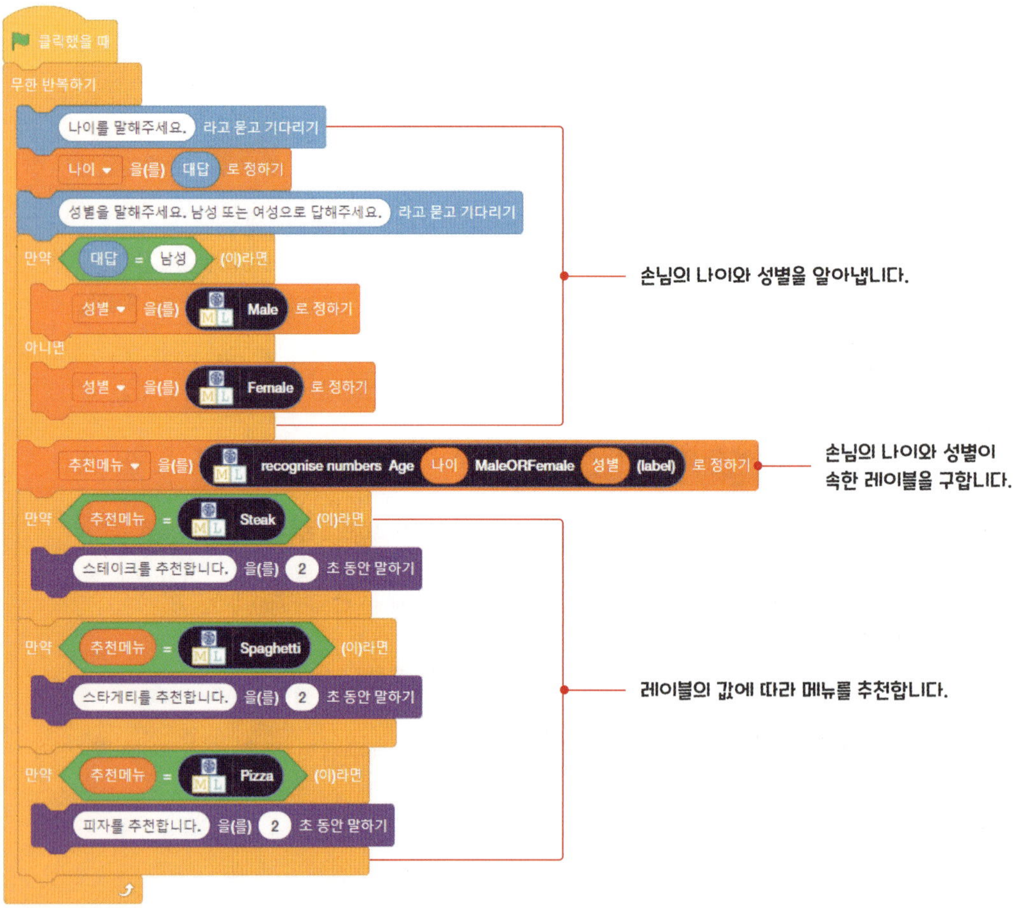

그림 11-15 **고양이 스프라이트의 스크립트 작성하기**

[그림 11-16]은 다양한 손님의 나이와 성별에 따른 프로그램의 실행 모습을 모아 놓은 것입니다.

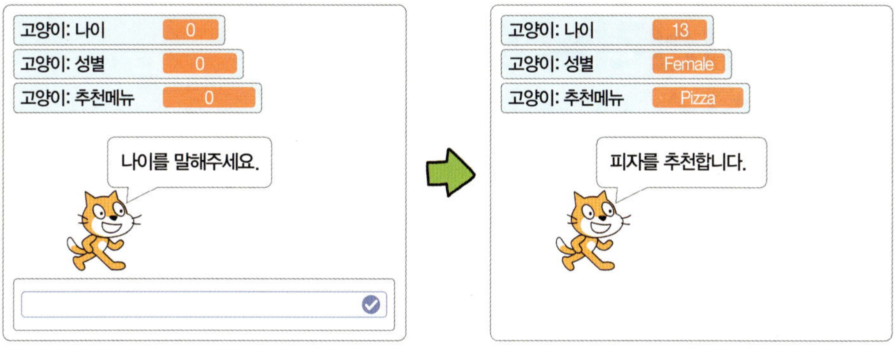

(a) 손님 나이 13세, 성별 여성(Female)의 데이터 : 피자(Pizza)

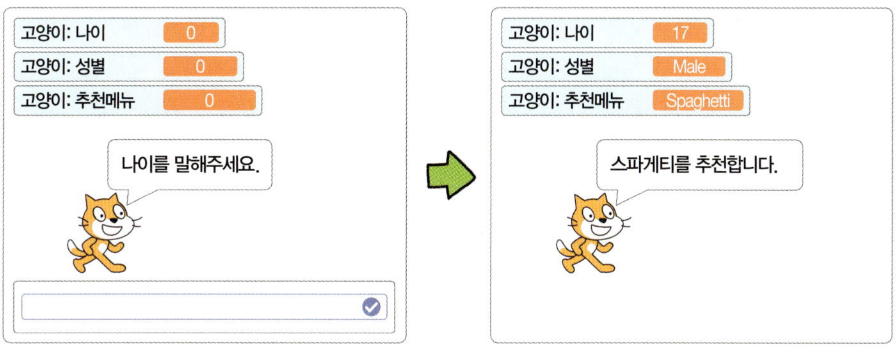

(b) 손님 나이 17세, 성별 남성(Male)의 데이터 : 스파게티(Spaghetti)

(c) 손님 나이 49세, 성별 남성(Male)의 데이터 : 스테이크(Sreak)

그림 11-16 프로그램 실행의 다양한 예

Section 03

스크래치 프로그램 내에서 머신러닝 모델을 학습시켜 봅시다

1 프로그램 실행 중 새롭게 학습하기

프로그램 실행 중 학습 데이터를 새롭게 추가하여 머신러닝 모델을 바로 학습시킬 수 있다면 머신러닝 모델이 점점 더 강력해지는 느낌을 받을 수 있을 것입니다. 이런 효과를 얻기 위해 '머신러닝 for 키즈'는 프로그램을 실행하면서 새로운 숫자 학습 데이터를 추가하고 머신러닝 모델을 새롭게 훈련시킬 수 있는 블록들을 제공합니다. [그림 11-17]은 이 블록들을 활용하여 프로시저 [새로운 데이터로 학습하기]를 구현한 것입니다.

프로시저 [새로운 데이터로 학습하기]는 사용자가 추천 메뉴 대신 다른 메뉴를 선택할 경우, 해당 정보를 학습 데이터로 추가해 머신러닝 모델을 새롭게 학습시킵니다.

'머신러닝 for 키즈'에 다른 사용자들이 등록한 프로젝트들을 보면 대부분 [나만의 블록] 기능을 활용한 프로시저로 구현되어 있습니다. 만일 여러분이 아직 [나만의 블록] 기능에 익숙하지 않다면 6장을 복습해 보기 바랍니다.

그림 11-17 프로시저 [새로운 데이터로 학습하기]를 활용한 스크립트 작성하기

프로시저 [새로운 데이터로 학습하기]의 스크립트 작성이 완료되었다면 [그림 11-15]의 고양이 스프라이트 스크립트에 [새로운 데이터 학습하기] 블록을 추가해 [그림 11-18]처럼 만들어 봅시다.

그림 11-18 **고양이 스프라이트 스크립트에 [새로운 데이터로 학습하기] 블록 추가하기**

2 수정된 프로그램 실행하기

[그림 11-19]는 수정된 프로그램을 실행한 예입니다. 처음엔 나이 20세, 성별 여성(Female) 데이터를 입력합니다. 그러면 고양이 스프라이트는 스파게티를 추천합니다. 이후 [그림 11-17]에서 작성한 데이터 학습 스크립트가 실행되면 고양이 스프라이트가 추천한 스파게티를 선택하지 않고, 원하는 메뉴로 '스테이크'를 입력합니다. 그러면 고양이 스프라이트가 '손님의 메뉴를 기억하겠습니다.'라는 메시지를 남기고, 머신러닝 모델의 새로운 학습이 시작됩니다.

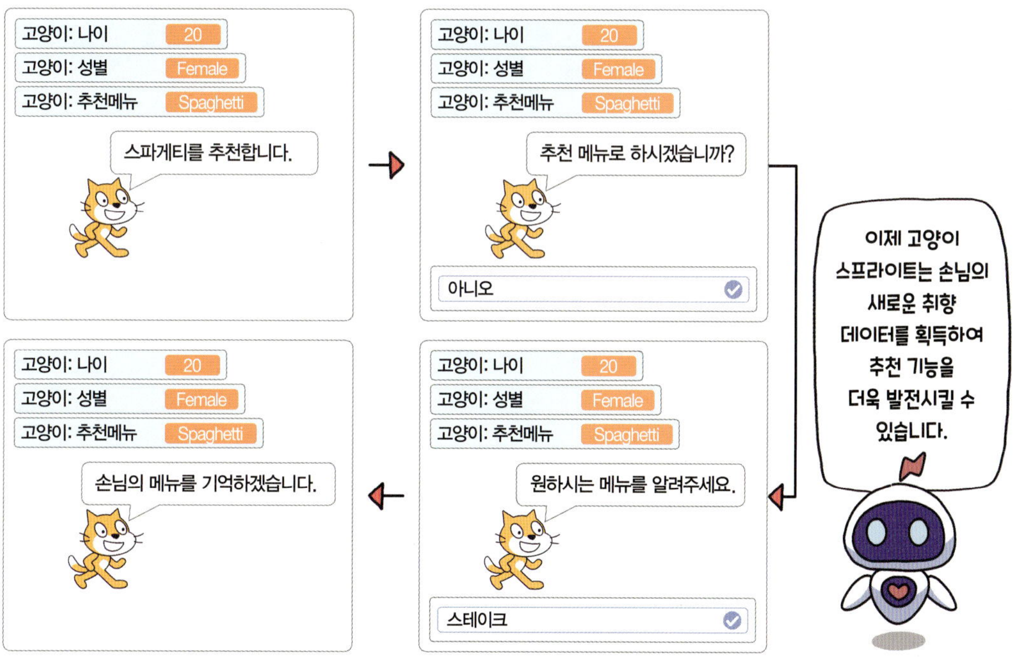

그림 11-19 **수정된 프로그램의 실행 예**

[그림 11-19]의 예가 실행되면 고양이 스프라이트는 레이블 〈Steak〉에 나이 20세, 성별 여성 데이터를 새로운 학습 데이터로 추가합니다. 이 프로젝트의 [훈련] 단계 페이지로 돌아가 보면 레이블 〈Steak〉에 나이 20세, 성별 여성의 데이터가 추가되어 있음을 확인할 수 있습니다. 만일 데이터가 추가되어 있지 않다면 웹브라우저의 '새로고침' 기능을 수행한 후 다시 확인해 봅니다.

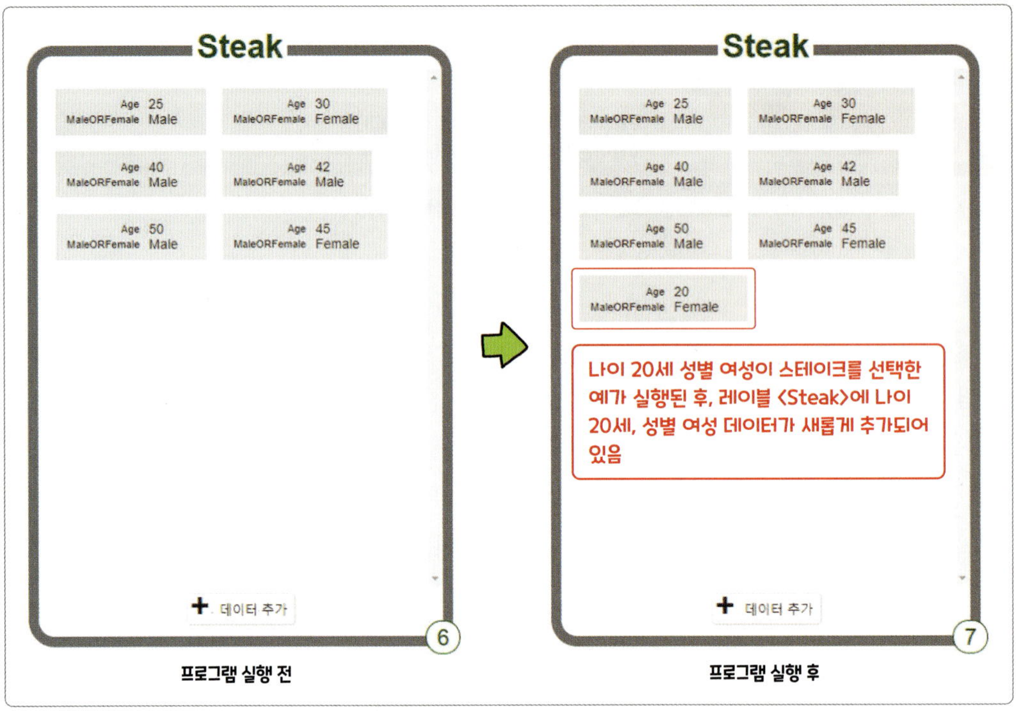

그림 11-20 **프로그램 실행 전과 후 레이블 〈Steak〉의 변화**

요약

01 '머신러닝 for 키즈'의 숫자 분류 머신러닝 모델을 만드는 과정은 다음과 같은 순서로 진행됩니다.

① 숫자 분류 머신러닝 프로젝트 생성하기
② 머신러닝 모델의 레이블 생성하기
③ 레이블에 학습 데이터 추가하기
④ 머신러닝 모델 학습시키기
⑤ 머신러닝 모델 평가하기(평가 결과에 따라 ③~⑤의 과정 반복)

02 숫자 분류 머신러닝 모델의 학습은 지도학습 방식을 사용하므로, 레이블이 있는 학습 데이터가 필요합니다. 숫자 분류 머신러닝 모델을 훈련시킬 때는 레이블마다 5개 이상의 학습 데이터를 입력하도록 합니다.

03 숫자 분류 머신러닝 프로젝트는 [만들기] 단계에서 스크래치, 파이썬, 에듀블록스, 앱 인벤터 중 하나의 언어를 선택하여 프로그래밍 작업을 할 수 있습니다.

04 숫자 분류 머신러닝 프로젝트의 경우 스크래치 프로그램 내부에서 숫자 데이터를 추가하여 머신러닝 모델을 바로 학습시킬 수 있습니다.

05 레이블 〈Steak〉, 〈Spaghetti〉, 〈Pizza〉와 선다형 항목 〈Male〉과 〈Female〉을 가진 숫자 분류 머신러닝 모델 활용 블록들은 다음과 같습니다.

숫자 분류 머신러닝 모델 활용 블록	기능
recognise numbers Age (0) MaleORFemale (Male ▾) (label)	나이와 성별 데이터가 속한 레이블
recognise numbers Age (0) MaleORFemale (Male ▾) (confidence)	나이와 성별 데이터의 레이블을 인식한 정확도
Steak / Spaghetti / Pizza	레이블 〈Steak〉, 〈Spaghetti〉, 〈Pizza〉
Male / Female	선다형 항목 〈Male〉, 〈Female〉
add training data Age (0) MaleORFemale (Male ▾) is (Steak ▾)	나이와 성별 데이터를 맨 오른쪽 선택 창의 레이블에 추가하기
새로운 머신 러닝 모델 훈련하기	머신러닝 모델을 새롭게 학습시키기

연습문제

01 숫자 분류 머신러닝 프로젝트를 생성할 때 기입하는 정보가 아닌 것을 고르세요.

① 프로젝트 이름　② 인식방법　③ 숫자의 범위　④ 학습 데이터의 내부 항목

02 숫자 분류 머신러닝 모델의 학습방법은 무엇인가요?

① 지도학습　② 비지도학습　③ 강화학습　④ 반지도학습

※ 다음은 대학교를 지원하는 학생들의 국어, 수학, 영어점수를 토대로 학생들이 전공 A, B, C 중 어느 것을 선택할지 예측하는 숫자 분류 머신러닝 프로젝트에 대한 정보입니다. 이 정보를 읽고, 문제 03번부터 05번까지의 답을 찾아보세요.

<table>
<tr><td rowspan="5">숫자 분류 머신러닝 프로젝트 정보</td><td>프로젝트 이름</td><td>Guess Major</td></tr>
<tr><td>인식방법</td><td>숫자</td></tr>
<tr><td rowspan="3">항목(유형)</td><td>Korean(숫자)</td></tr>
<tr><td>Math(숫자)</td></tr>
<tr><td>English(숫자)</td></tr>
<tr><td rowspan="6">학습 데이터 정보</td><td rowspan="3">레이블</td><td>Major_A</td></tr>
<tr><td>Major_B</td></tr>
<tr><td>Major_C</td></tr>
<tr><td>레이블 〈Major_A〉의 학습 데이터</td><td>전공 A에 입학한 기존 학생들의 국어, 수학, 영어점수를 정리한 5개 이상의 학습 데이터<table><tr><td>Korean</td><td>국어점수</td></tr><tr><td>Math</td><td>수학점수</td></tr><tr><td>English</td><td>영어점수</td></tr></table></td></tr>
<tr><td>레이블 〈Major_B〉의 학습 데이터</td><td>전공 B에 입학한 기존 학생들의 국어, 수학, 영어점수를 정리한 5개 이상의 학습 데이터<table><tr><td>Korean</td><td>국어점수</td></tr><tr><td>Math</td><td>수학점수</td></tr><tr><td>English</td><td>영어점수</td></tr></table></td></tr>
<tr><td>레이블 〈Major_C〉의 학습 데이터</td><td>전공 C에 입학한 기존 학생들의 국어, 수학, 영어점수를 정리한 5개 이상의 학습 데이터<table><tr><td>Korean</td><td>국어점수</td></tr><tr><td>Math</td><td>수학점수</td></tr><tr><td>English</td><td>영어점수</td></tr></table></td></tr>
</table>

03 [만들기] 단계에서 스크래치 프로그래밍 환경을 실행하면 머신러닝 모델 활용 블록들이 제공됩니다. 이 블록에 대한 설명으로 옳지 않은 것을 고르세요.

① [스크립트 작업 창]-[코드] 탭의 [Guess Major] 메뉴에는 머신러닝 모델 활용 블록들이 모여 있습니다.

② 임의의 학습 데이터(국어, 수학, 영어점수)에 대해 그 데이터가 속하는 레이블과 인식의 정확도를 담고 있는 변수 블록들이 존재합니다.

③ 레이블 〈Korean〉, 〈Math〉, 〈English〉를 나타내는 변수 블록들이 존재합니다.

④ 특정 레이블에 새로운 학습 데이터로 국어, 수학, 영어점수를 추가할 수 있는 블록이 존재합니다.

04 머신러닝 모델을 활용하여 다음과 같이 국어, 수학, 영어점수를 입력받아 전공 선택을 예측하는 고양이 스프라이트의 스크립트를 작성했을 때, (1)부터 (6)에 들어갈 블록으로 옳지 않은 것을 고르세요.

① (1) recognise numbers Korean 국어점수 Math 수학점수 English 영어점수 (label)

② (2) recognise numbers Korean 국어점수 Math 수학점수 English 영어점수 (confidence)

③ (4) Major_A

④ (6) Major_C

05 **다음은 고양이 스프라이트가 학습 데이터를 추가로 요구하여 머신러닝 모델을 새롭게 훈련시키는 스크립트입니다. 이 프로그램에 대한 설명으로 옳지 않은 것을 고르세요.**

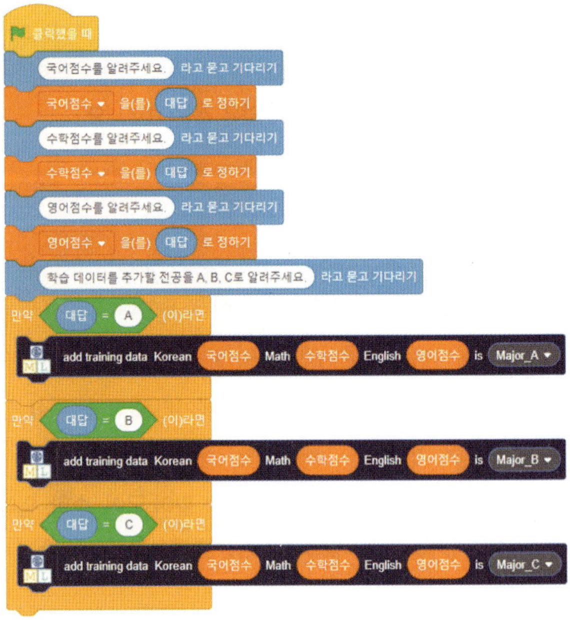

① 사용자가 입력한 대답으로 머신러닝 모델을 새롭게 훈련합니다.

② 사용자가 입력한 대답은 레이블의 새로운 학습 데이터로 추가됩니다.

③ [훈련] 단계로 돌아가 보면 사용자의 대답이 새로운 학습 데이터로 추가된 것을 확인할 수 있습니다.

④ 실제로 머신러닝 모델을 훈련시키려면 [새로운 머신러닝 모델 훈련하기] 문장 블록을 스크립트 아래에 추가해야 합니다.

06 **다음은 숫자 분류 머신러닝 프로젝트와 관련한 설명입니다. 이 중 옳지 않은 것을 모두 고르세요.**

① 숫자 분류 머신러닝 모델은 레이블이 있는 학습 데이터를 사용하여 지도학습 방식으로 훈련합니다.

② 숫자 분류 머신러닝 프로젝트에서 지원하는 프로그래밍 언어는 스크래치와 앱 인벤터뿐입니다.

③ 숫자 분류 머신러닝 모델을 훈련시키기 위해서는 레이블별로 5개 이상의 학습 데이터를 입력해야 합니다.

④ 숫자 분류 머신러닝 모델을 만들 때는 IBM 왓슨의 API 키를 등록할 필요가 없습니다.

⑤ 학습 데이터는 내부적으로 오직 하나의 항목만 가질 수 있으며, 그 항목의 유형은 숫자 또는 선다형 중 하나로 결정해야 합니다.

07 **다음 중 숫자 분류 머신러닝 프로젝트에서 사용할 수 있는 프로그래밍 언어가 아닌 것을 고르세요.**

① 스크래치　② C언어　③ 앱 인벤터　④ 파이썬

08 **다음 중 숫자 분류 머신러닝 모델을 구현하는 기술은 무엇인가요?**

① 전문가 시스템　② 인공신경망　③ 자연어 처리 기술　④ 의사결정 트리 분류기

09 이번 장에서 배운 내용을 토대로, 앞선 문제에 등장했던 프로젝트 〈Guess Major〉의 머신러닝 모델을 완성해 봅시다. 프로그램 실행 시 고양이 스프라이트가 하는 행동은 다음과 같습니다.

〈고양이 스프라이트의 행동〉

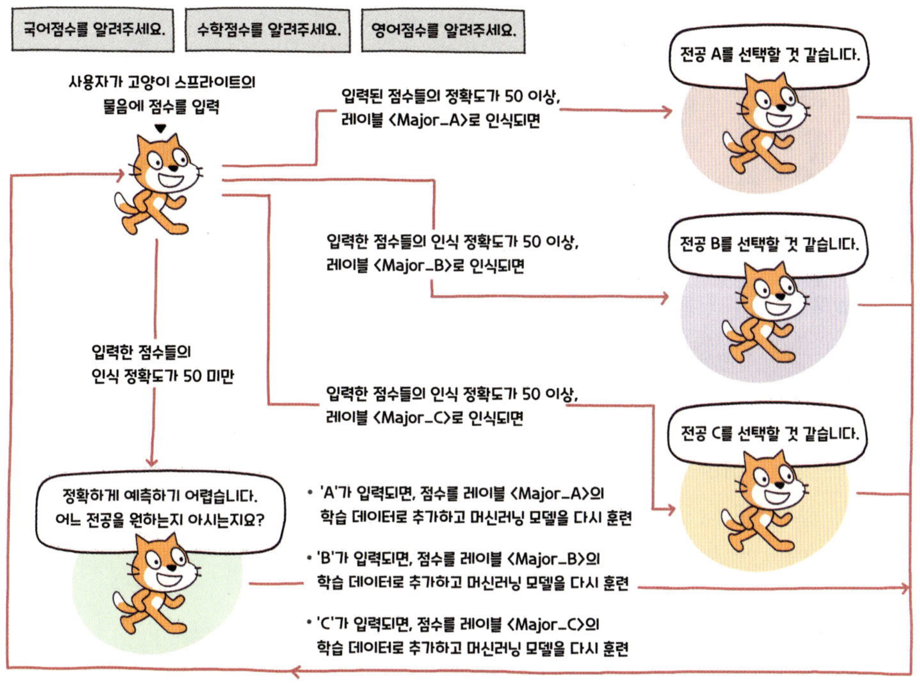

1. 프로그램을 실행하면 고양이 스프라이트가 "국어점수를 알려주세요.", "수학점수를 알려주세요.", "영어점수를 알려주세요."를 차례대로 묻습니다. 물음마다 여러분의 대답을 기다립니다.
2. 여러분이 입력한 점수의 인식 정확도가 50 이상인 상태에서 레이블 〈Major_A〉로 인식되면 고양이 스프라이트는 "전공 A를 선택할 것 같습니다."라고 말합니다. 레이블 〈Major_B〉로 인식되면 "전공 B를 선택할 것 같습니다."라고 말하고, 레이블 〈Major_C〉로 인식되면 "전공 C를 선택할 것 같습니다."라고 말합니다.
3. 여러분이 입력한 점수의 인식 정확도가 50 미만이라면, 고양이 스프라이트는 "정확하게 예측하기 어렵습니다. 어느 전공을 원하는지 아시는지요?"라고 묻고 여러분의 대답을 기다립니다.
4. 여러분이 'A'라고 입력하면 고양이 스프라이트는 **1**번 절차에서 입력된 점수들을 레이블 〈Major_A〉에, 'B'라고 입력하면 레이블 〈Major_B〉에, 'C'라고 입력하면 레이블 〈Major_C〉에 추가합니다. 그리고 머신러닝 모델을 새롭게 훈련시킵니다.
5. 머신러닝 모델의 훈련이 완료되면 **1**번 절차를 다시 반복합니다.

09번 문제는 14장 2절에서 자세히 다루고 있습니다. 여러분 혼자 힘으로 먼저 문제에 도전해 본 후, 어려움이 있다면 14장 2절을 참고하세요.

CHAPTER 12

소리 분류 머신러닝 모델 활용하기

학습목표

- 소리 분류 머신러닝 모델 생성 절차를 공부합니다.
- 소리 분류 머신러닝 모델의 지도학습 방법을 이해합니다.
- 소리 분류 머신러닝 모델 활용을 위한 스크래치 블록을 공부합니다.
- 소리 분류 머신러닝 모델을 활용한 스크래치 프로그래밍을 경험합니다.

Preview

이 장에서는 소리 분류 머신러닝 모델을 만들고, 이것을 활용하여 스크래치로 프로그래밍하는 방법을 실습해 보겠습니다.

1절에서는 소리 분류 머신러닝 모델을 만들어 봅니다. 소리 분류 머신러닝 모델도 지도학습 방식으로 훈련합니다. 따라서 ① 소리 분류 머신러닝 프로젝트 생성, ② 레이블 생성과 레이블별 학습 데이터 추가, ③ 학습 데이터로 머신러닝 모델 훈련 및 평가 등의 단계를 거쳐 소리 분류 머신러닝 모델을 만들어 보겠습니다.

2절에서는 〈Listen Me〉라는 소리 분류 머신러닝 프로젝트를 실습합니다. 이 프로젝트를 통해 여러분이 말하는 방향대로 이동하는 지능적인 고양이 스프라이트를 만들어 봅니다.

3절에서는 스크래치 프로그램 실행 도중 소리 분류 머신러닝 모델을 새롭게 학습시키는 방법을 알아보겠습니다.

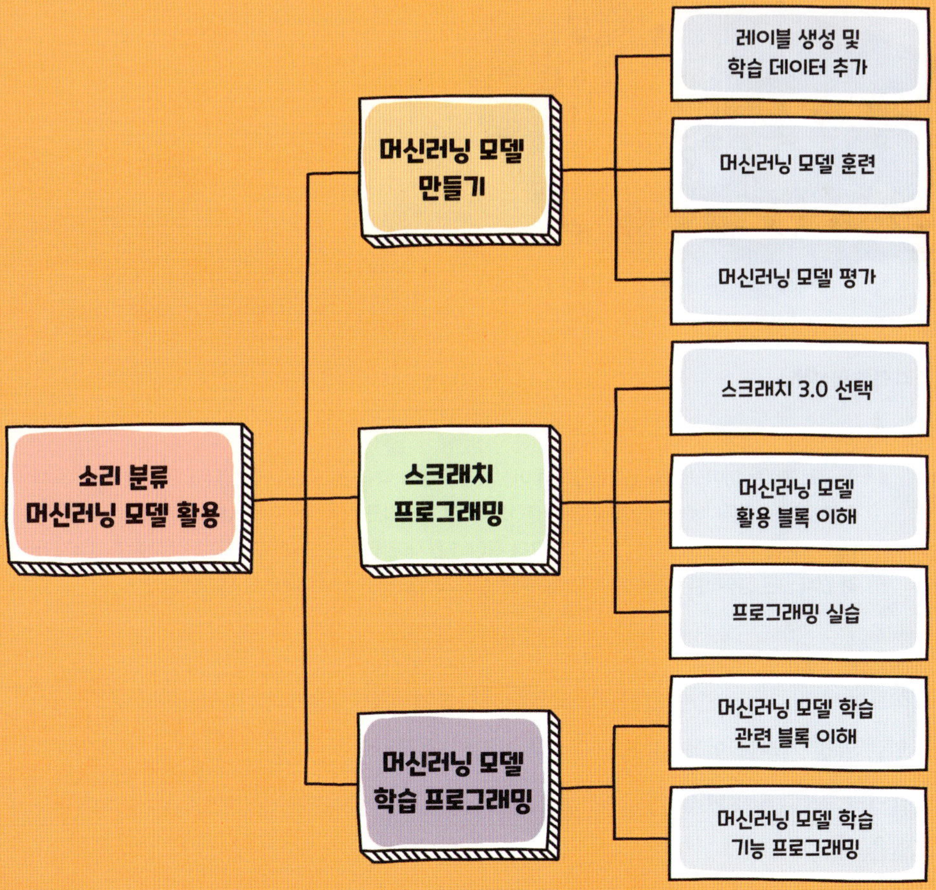

Section

01

소리 분류 머신러닝 모델을 만들어 봅시다

1 소리 분류 머신러닝 프로젝트 생성하기

이 장에서는 소리 분류 머신러닝 프로젝트를 만들어 보겠습니다. 여러분은 이 프로젝트를 통해 소리 분류 머신러닝 모델의 생성 방법과 스크래치 프로그램에서 소리 분류 머신러닝 모델을 활용하는 방법을 배우게 될 것입니다.

그림 12-1 **소리 분류 머신러닝**

TIP

이 프로젝트는 마이크로 음원을 녹음하여 머신러닝 모델의 학습 데이터로 사용합니다. 따라서 프로젝트를 수행할 때는 컴퓨터에 마이크를 미리 연결하도록 합니다. 최근에 출시된 데스크톱이나 노트북 제품은 마이크가 본체에 내장되어 있는 경우가 많으니 확인해 봅시다. 만약 외부 마이크가 없거나 내장 마이크가 달려 있지 않은 컴퓨터를 이용하는 경우에는 이번 실습 과정을 체험 없이 이해해 주시기 바랍니다.

이번 프로젝트에서 만들고자 하는 고양이 스프라이트는 여러분이 말하는 음성을 판단하여 왼쪽 또는 오른쪽으로 일정 거리를 이동합니다. 따라서 고양이 스프라이트는 제시된 음성으로부터 방향을 판단해야 합니다. 이를 수행하기 위해 레이블 〈Left〉와 레이블 〈Right〉로 분류된 학습 데이터로 머신러닝 모델을 지도학습해야 합니다.

먼저 '머신러닝 for 키즈' 웹사이트에 로그인하여 [그림 12-2]와 같이 〈Listen Me〉라는 이름의 소리 분류 머신러닝 프로젝트를 생성해 봅니다.

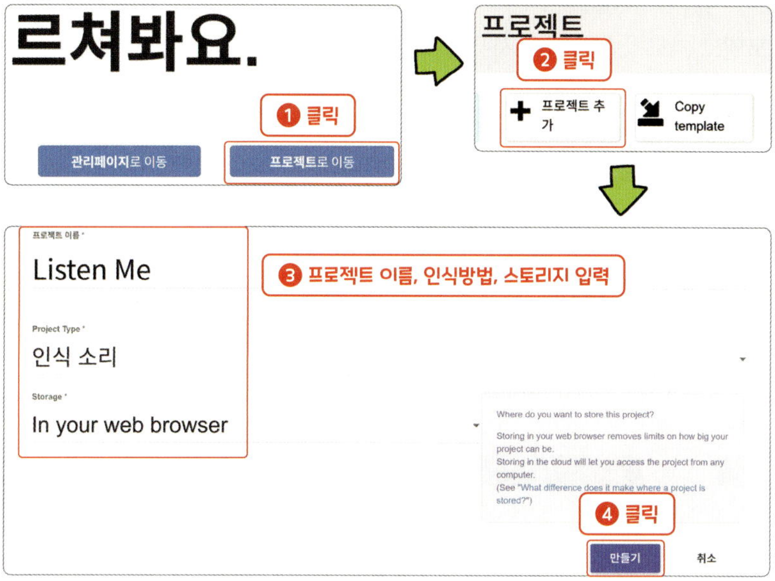

그림 12-2 **소리 분류 머신러닝 프로젝트 생성하기**

하나 더 알기 **프로젝트가 더 이상 생성되지 않을 경우에 대한 대처법**

새로운 프로젝트를 추가하기 위해 '프로젝트 이름'과 '인식방법'을 입력한 후 [만들기]를 클릭했을 때, 아래와 같이 '에러: User already has maximum number of projects'라는 문구가 뜨며 프로젝트가 생성되지 않는 경우가 있습니다. '머신러닝 for 키즈'에서는 프로젝트를 최대 3개까지만 지원하기 때문입니다. 그러므로 에러 메시지가 나타나면 이전에 만든 프로젝트를 지우고 프로젝트를 다시 생성하면 됩니다.

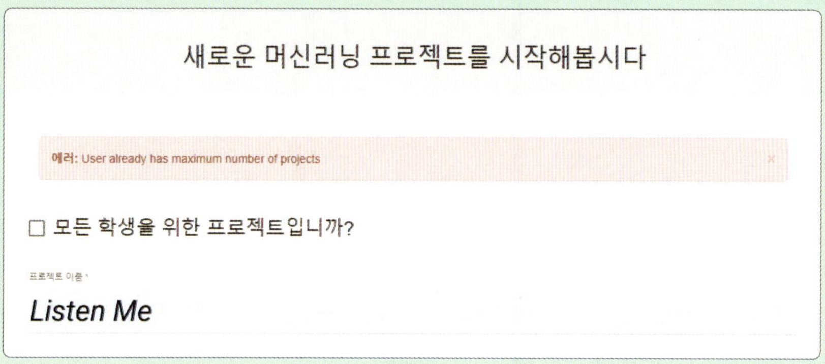

2 레이블 생성하기

앞에서 만든 머신러닝 프로젝트 〈Listen Me〉를 선택한 후 프로젝트 수행 단계 중 [훈련]을 클릭합니다. 이 단계에서는 프로젝트에서 사용할 소리 분류 머신러닝 모델의 학습 데이터들을 추가합니다. 소리 분류 머신러닝 모델도 지도학습 방식을 사용하므로, 레이블이 있는 학습 데이터가 필요합니다. 따라서 레이블을 생성하고 각 레이블에 적절한 수의 학습 데이터를 추가해 봅니다.

그림 12-3 **소리 분류 머신러닝 프로젝트의 [훈련] 단계 선택하기**

소리 분류 머신러닝 모델은 [훈련] 단계를 클릭하면 자동으로 레이블 〈background noise〉가 생성되어 있습니다. 여러분은 이 레이블에 주변의 잡음을 학습 데이터로 추가하기만 하면 됩니다. 머신러닝 모델은 주변 잡음을 고려하여 여러분의 음성을 인식할 것입니다.

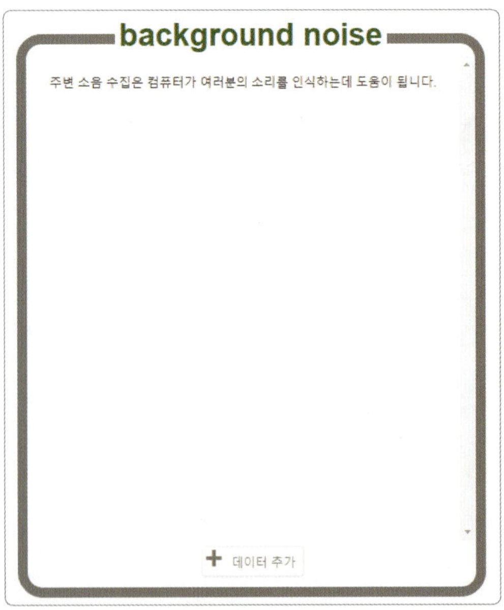

그림 12-4 **레이블 〈background noise〉**

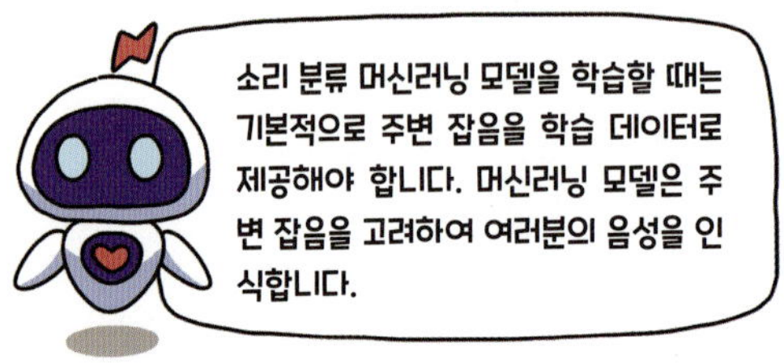

이제 레이블 〈background noise〉 외에 다른 레이블을 추가합니다. [새로운 레이블 추가]를 클릭하여 레이블 〈Left〉를 만듭니다.

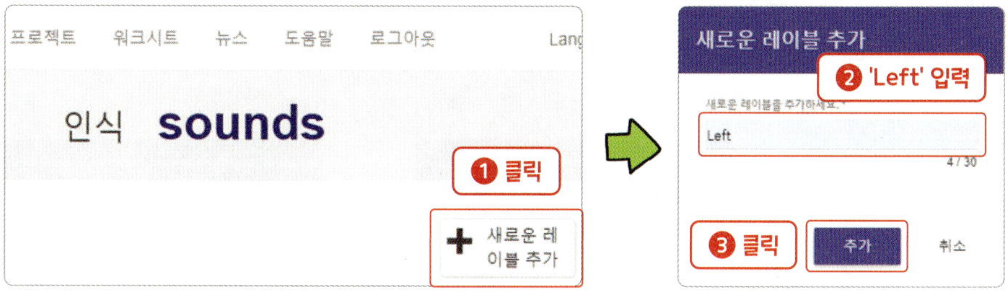

그림 12-5 **레이블 〈Left〉 생성하기**

레이블 〈Left〉가 생성되었다면 [새로운 레이블 추가]를 다시 클릭하여 레이블 〈Right〉도 생성합니다.

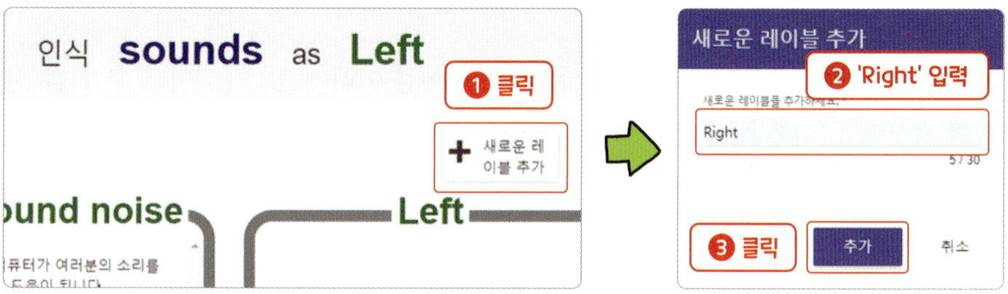

그림 12-6 **레이블 〈Right〉 생성하기**

레이블이 모두 생성되면 [그림 12-7]과 같이 나타납니다.

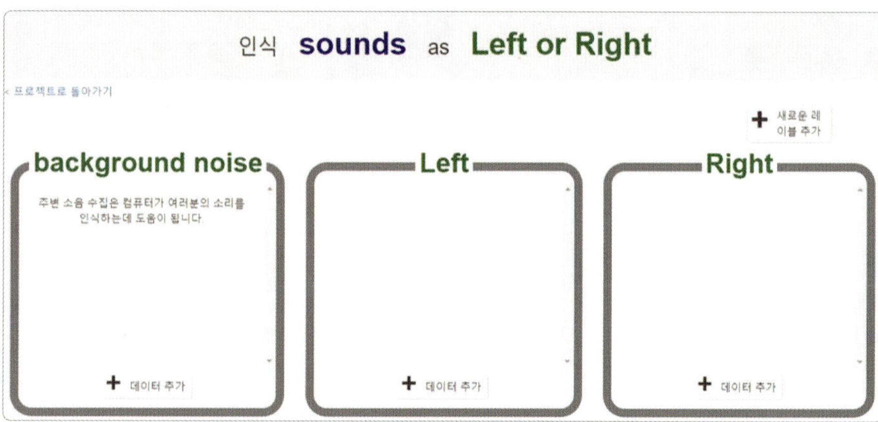

그림 12-7 **레이블 〈background noise〉, 〈Left〉, 〈Right〉 생성 결과**

3 레이블에 학습 데이터 추가하기

이제 레이블 〈background noise〉 아래에 있는 [데이터 추가]를 클릭하여 주변 잡음을 학습 데이터로 추가해 봅니다. 주변 잡음을 녹음할 때는 다른 소리를 내지 않도록 주의합니다. 소리 분류 머신러닝 모델을 학습시킬 때는 레이블별로 8개 이상의 학습 데이터가 필요합니다.

그림 12-8 **레이블 〈background noise〉에 학습 데이터 추가하기**

이번에는 레이블 〈Left〉의 학습 데이터도 추가해 봅니다. 레이블 아래에 있는 [데이터 추가]를 선택한 후 여러분의 음성으로 '왼쪽'이라고 말하여 녹음합니다. 레이블 〈Right〉의 학습 데이터도 같은 방법으로 '오른쪽'이라고 말하여 추가합니다.

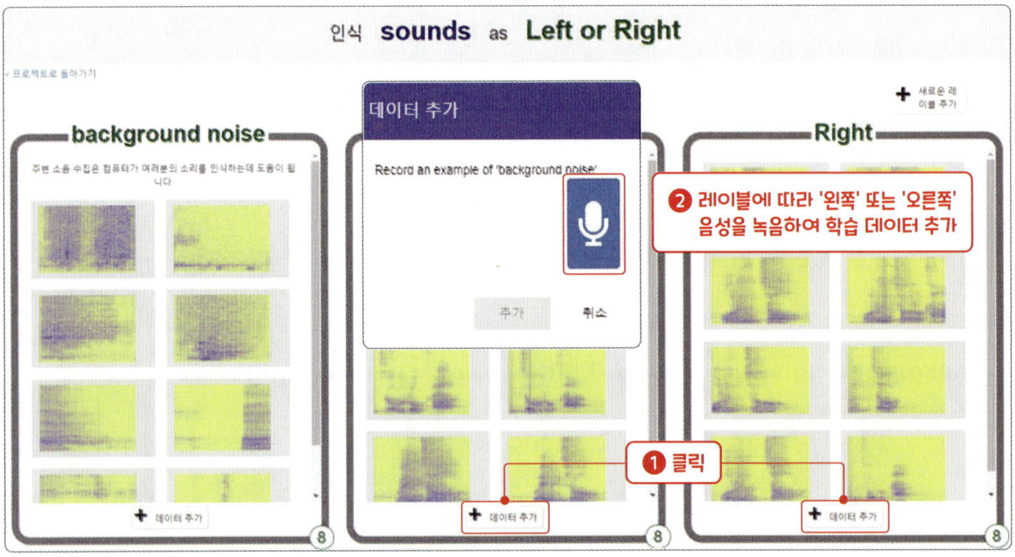

그림 12-9 **레이블 〈Left〉와 〈Right〉에 학습 데이터 추가하기**

4 머신러닝 모델 학습시키기

레이블마다 8개 이상의 학습 데이터를 추가한 후 이 학습 데이터들을 사용하여 머신러닝 모델을 학습시켜 봅시다. [훈련] 단계 페이지 왼쪽 상단에 있는 [프로젝트로 돌아가기]를 클릭한 후 [학습 & 평가] 단계를 클릭합니다.

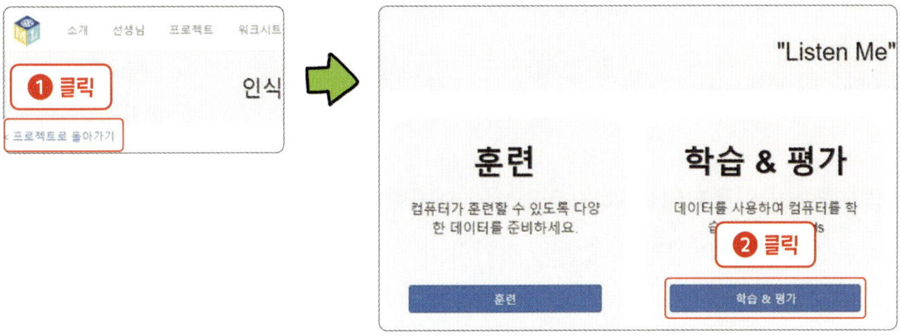

그림 12-10 **소리 분류 머신러닝 프로젝트의 [학습 & 평가] 단계 선택하기**

화면 아래에 있는 [새로운 머신 러닝 모델을 훈련시켜보세요.]를 클릭합니다.

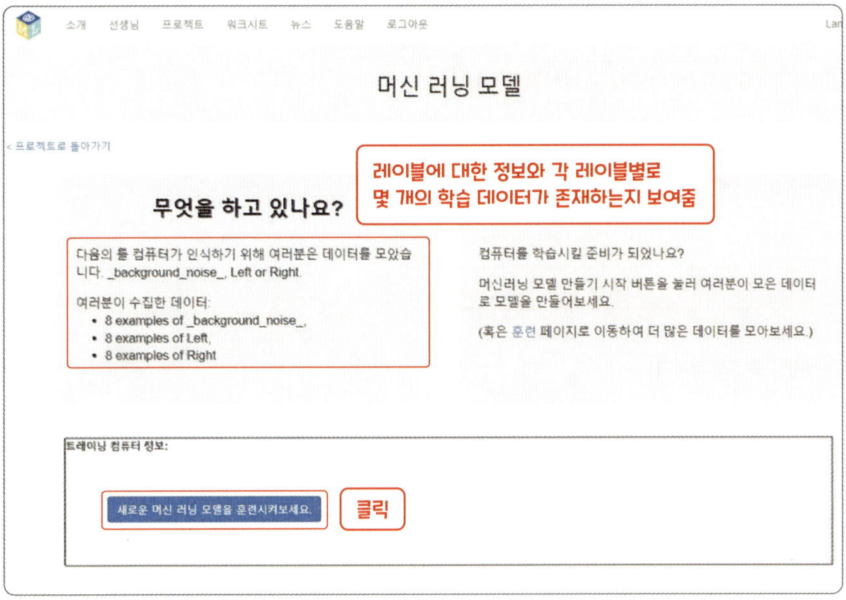

그림 12-11 **소리 분류 머신러닝 모델 훈련시키기**

머신러닝 모델의 학습이 시작되면 학습 시간과 상태가 창에 나타납니다.

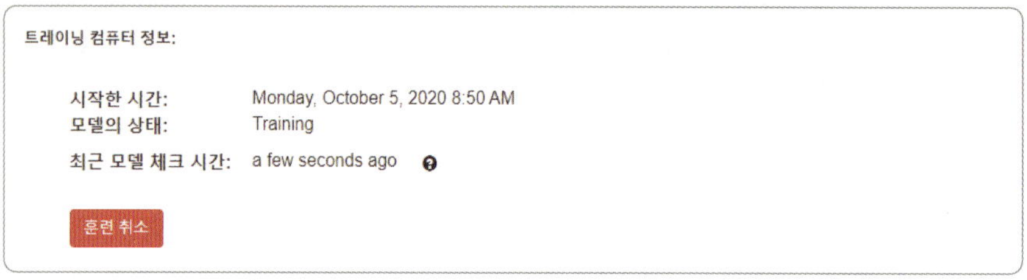

그림 12-12 **소리 분류 머신러닝 모델의 학습 상태**

이후 머신러닝 모델의 학습이 완료되면 잘 학습되었는지 평가할 수 있는 창이 나타납니다. 여러분은 이 창을 통해 새로운 데이터로 머신러닝 모델을 평가할 수 있습니다. 먼저, [듣기 시작] 버튼을 클릭한 후 마이크에 대고 '왼쪽' 또는 '오른쪽'이라고 말해 봅니다. 그러면 머신러닝 모델은 여러분의 음성을 분석해 해당 음성이 속한 레이블과 인식 정확도를 알려줍니다. [그림 12-13]은 '왼쪽'과 '오른쪽'이라고 말한 음성을 인식한 머신러닝 모델의 평가 예입니다.

그림 12-13 **소리 분류 머신러닝 모델 평가하기**

만약 머신러닝 모델의 평가 결과가 만족스럽지 않다면 페이지 왼쪽 상단에 있는 [프로젝트로 돌아가기]를 선택한 후, [훈련]과 [학습 & 평가] 단계를 반복하면 됩니다.

Section 02

소리 분류 머신러닝 모델을 활용하여 프로그래밍해 볼까요?

1 프로그래밍 언어로 스크래치 3.0 선택하기

소리 분류 머신러닝 모델의 학습이 마무리되면 [만들기] 단계를 진행합니다. 페이지 상단에 있는 [프로젝트로 돌아가기]를 클릭한 후 [만들기] 단계에서 [스크래치 3]을 클릭합니다.

모든 프로젝트의 프로그래밍 언어 선택 방법은 항상 같습니다. 다만, 소리 분류 머신러닝 프로젝트는 현재 스크래치 3.0만 지원하고 있습니다.

페이지가 바뀌면 [스크래치 3 열기]를 클릭하여 스크래치 프로그래밍 환경을 실행시킵니다.

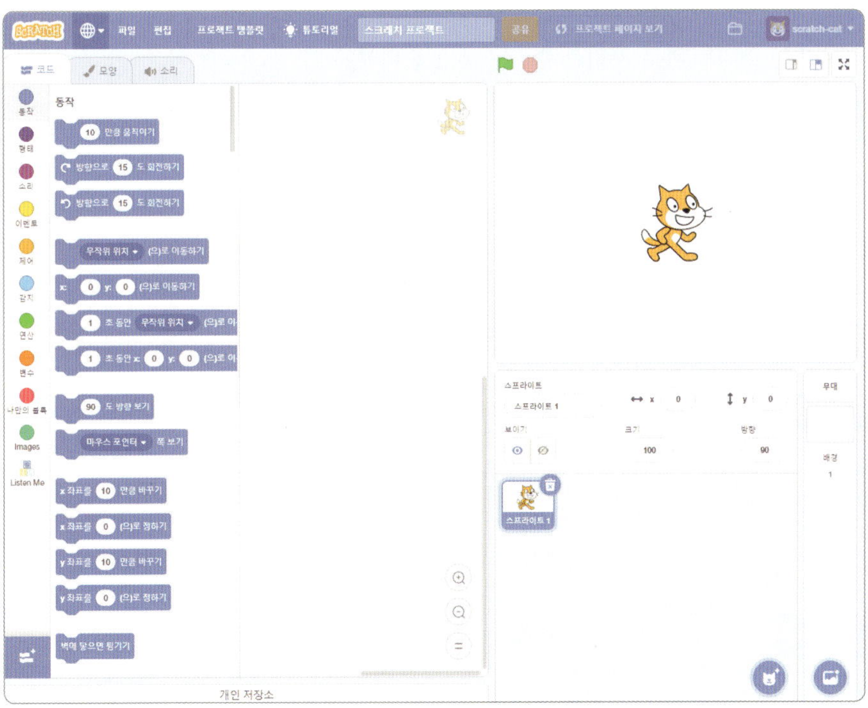

그림 12-14 **스크래치 3.0 프로그래밍 환경 실행하기**

2 소리 분류 머신러닝 모델 활용 블록 살펴보기

스크래치 프로그래밍 환경의 [스크립트 작업 창]-[코드] 탭의 메뉴 바를 살펴보면 현재 작업 중인 프로젝트와 같은 이름인 [Listen Me] 메뉴가 보입니다. 메뉴를 선택하면 '머신러닝 for 키즈'가 제공하는 소리 분류 머신러닝 모델 활용 블록들이 나타납니다.

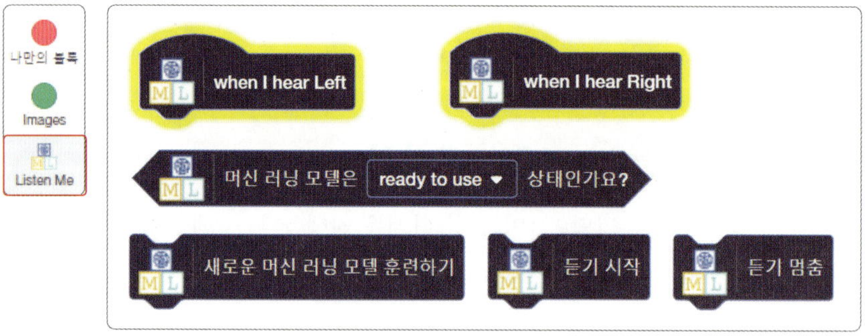

그림 12-15 **프로젝트 〈Listen Me〉의 소리 분류 머신러닝 모델 활용 블록들**

프로젝트 〈Listen Me〉의 머신러닝 모델 활용 블록들에 대한 설명은 [표 12-1]과 같습니다. 소리 분류 머신러닝 모델은 마이크로 입력되는 소리를 바로 인식해서 활용해야 합니다. 그래서 다른 머신러닝 모델과 다르게 레이블과 인식 정확도를 제공하는 자료 블록들이 존재하지 않습니다. 그 대신 마이크의 소리를 듣기 시작하거나 종료하는 문장 블록이 있고, 레이블별로 이벤트 블록이 존재하여 마이크로 입력되는 소리를 바로 처리할 수 있게 하였습니다.

표 12-1 **프로젝트 〈Listen Me〉의 소리 분류 머신러닝 모델 활용 블록들**

머신러닝 모델 활용 블록	기능
when I hear Left	레이블 〈Left〉로 인식되는 소리가 입력되면 실행되는 이벤트 블록
when I hear Right	레이블 〈Right〉로 인식되는 소리가 입력되면 실행되는 이벤트 블록
머신 러닝 모델은 ready to use 상태인가요?	머신러닝 모델의 상태가 선택 창과 같으면 참, 아니면 거짓
듣기 시작	마이크로 입력되는 소리 인식 시작하기
듣기 멈춤	마이크로 입력되는 소리 인식 중단하기
새로운 머신 러닝 모델 훈련하기	머신러닝 모델을 새롭게 학습시키기

3 스크래치로 프로그래밍하기

이제 프로젝트 〈Listen Me〉의 머신러닝 모델을 활용하여 스크래치 프로그램을 만들어 보겠습니다. 여러분이 말하는 방향으로 이동하는 고양이 스프라이트는 프로그램을 실행하면 다음과 같이 행동합니다.

- 프로그램을 실행하면, 고양이 스프라이트는 "어느 방향으로 갈까요? 왼쪽, 오른쪽으로 말해주세요."라고 말합니다. 그 다음, 여러분이 하는 말을 듣기 시작합니다. 입력된 음성이 왼쪽인지 오른쪽인지를 알아낸 뒤 지시한 방향대로 이동합니다. 프로그램 실행 후 60초가 지나면 고양이 스프라이트는 "그만 쉬고 싶어요."라고 말한 다음 더 이상 여러분의 말을 듣지 않습니다.

고양이 스프라이트의 스크립트를 [그림 12-16]과 같이 작성합니다. 고양이 스프라이트는 음성을 듣기 시작한 후 60초동안 여러분이 말하는 음성을 듣고 인식합니다. 60초가 지나면 음성 듣기 작업을 중지합니다.

그림 12-16 고양이 스프라이트의 스크립트 작성하기

하나 더 알기 ✓ **소리 분류 머신러닝 모델 사용 시 유의할 점**

소리 분류 머신러닝 프로젝트는 스크래치 프로그래밍 환경을 실행할 때마다 머신러닝 모델을 새롭게 훈련시킵니다. 그러므로 스크래치 프로그램에서 [듣기 시작] 블록을 실행하기에 앞서, '머신러닝 for 키즈'가 소리 분류 머신러닝 모델을 훈련시킬 시간을 충분히 줘야 합니다. 만약 머신러닝 모델의 훈련이 완료되기 전에 [듣기 시작] 블록을 실행하면 화면 상단에 다음과 같은 오류 메시지가 나타납니다.

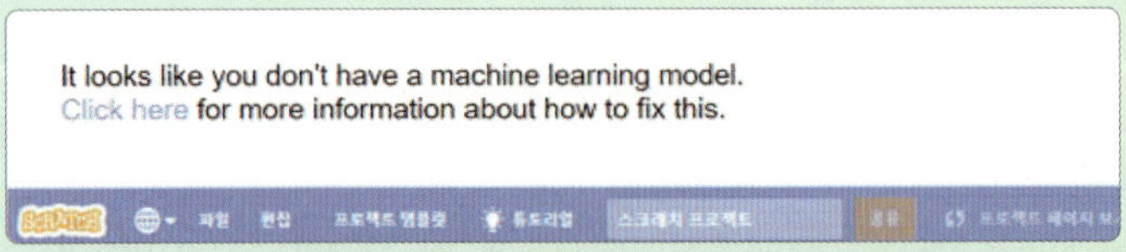

'소리 분류 머신러닝 모델이 존재하지 않는다'는 내용의 에러 메시지

이를 해결하는 가장 간단한 방법은, 다음과 같이 프로그램을 실행할 때마다 머신러닝 모델을 새롭게 훈련시키고 훈련이 완료된 후에 [듣기 시작] 블록이 실행되도록 스크립트를 짜는 것입니다. 머신러닝 모델 훈련 시간을 기다려야 하는 단점이 있지만 원활한 진행을 위해 '머신러닝 for 키즈'도 이 방법을 추천하고 있습니다.

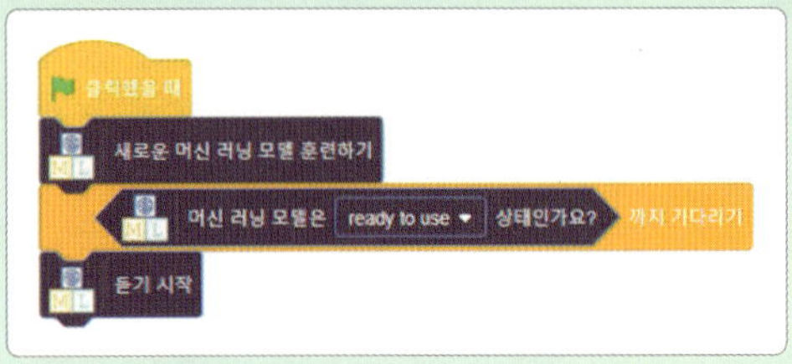

재훈련 후 시작하기 스크립트

Section 03 스크래치 프로그램 내에서 머신러닝 모델을 학습시켜 봅시다

만약 프로그램 실행 결과가 만족스럽지 않다면 프로젝트의 [훈련] 단계로 돌아가서 학습 데이터를 추가하고 [학습 & 평가] 단계에서 머신러닝 모델을 다시 학습시켜야 합니다. 하지만, 스크래치 프로그램 내부에서 [새로운 머신러닝 모델 훈련하기] 블록을 활용하면 [훈련] 단계에서 학습 데이터를 추가한 후, [학습 & 평가] 단계를 거치지 않고 바로 스크래치 프로그램을 실행할 수 있습니다.

이를 실습하기 위해서 고양이 스프라이트의 스크립트를 [그림 12-17]과 같이 수정합니다.

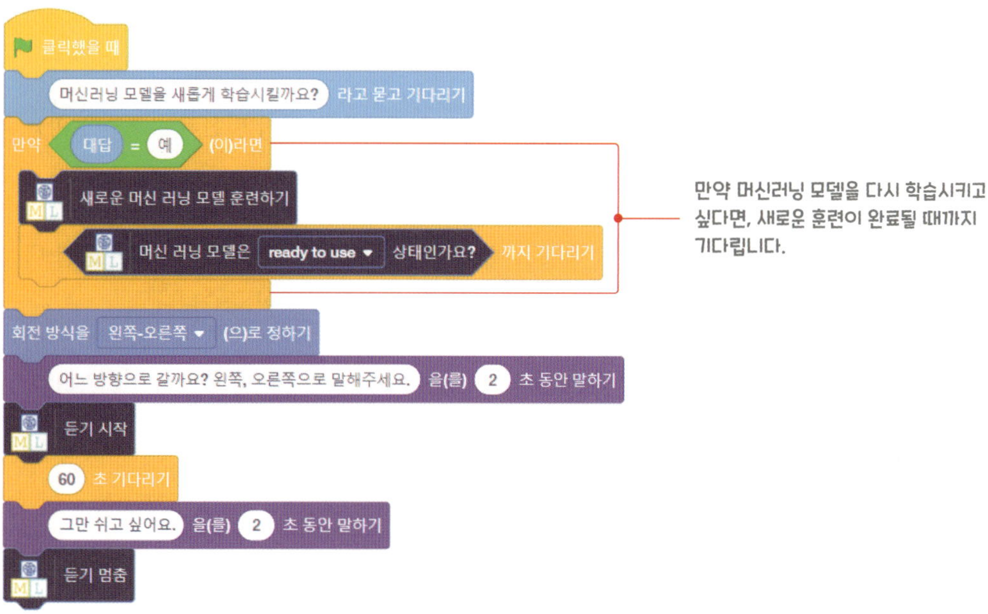

그림 12-17 **프로그램 실행 중 새로운 학습이 가능하도록 스크립트 수정하기**

이제 고양이 스프라이트는 프로그램 실행 시 머신러닝 모델을 새롭게 학습시킬 것인지를 묻습니다. 여러분이 머신러닝 모델을 새롭게 학습시키길 원한다면 고양이 스프라이트는 음성을 듣기 전에 먼저 머신러닝 모델을 학습시킵니다.

요약

01 '머신러닝 for 키즈'의 소리 분류 머신러닝 모델을 만드는 과정은 다음과 같은 순서로 진행됩니다.

① 소리 분류 머신러닝 프로젝트 생성하기
② 머신러닝 모델의 레이블 생성하기
③ 레이블에 학습 데이터 추가하기
④ 머신러닝 모델 학습시키기
⑤ 머신러닝 모델 평가하기(평가 결과에 따라 ③~⑤의 과정 반복)

02 소리 분류 머신러닝 모델의 학습은 지도학습 방식을 사용하므로, 레이블이 있는 학습 데이터가 필요합니다. 소리 분류 머신러닝 모델을 훈련시킬 때는 레이블마다 8개 이상의 학습 데이터를 입력하면 됩니다.

03 소리 분류 머신러닝 프로젝트는 현재 스크래치 3.0만 지원합니다.

04 소리 분류 머신러닝 프로젝트의 경우 스크래치 프로그램 내부에서 머신러닝 모델을 학습시킬 수 있습니다.

05 소리 분류 머신러닝은 프로그램이 실행될 때마다 훈련을 다시 하기 때문에, 프로그램 내부에서 훈련이 끝날 때까지 실행을 기다리는 기능을 구현하는 것이 좋습니다.

06 레이블 〈Left〉와 〈Right〉를 가진 소리 분류 머신러닝 모델 활용 블록들은 다음과 같습니다.

머신러닝 모델 활용 블록	기능
when I hear Left	레이블 〈Left〉로 인식되는 소리가 입력되면 실행되는 이벤트 블록
when I hear Right	레이블 〈Right〉로 인식되는 소리가 입력되면 실행되는 이벤트 블록
머신 러닝 모델은 [ready to use ▾] 상태인가요?	머신러닝 모델의 상태가 오른쪽 선택 창과 같으면 참, 아니면 거짓
듣기 시작	마이크로 입력되는 소리 인식 시작하기
듣기 멈춤	마이크로 입력되는 소리 인식 중단하기
새로운 머신 러닝 모델 훈련하기	머신러닝 모델을 새롭게 학습시키기

연습문제

01 **소리 분류 머신러닝 모델의 학습방법은 무엇인가요?**

① 지도학습 ② 비지도학습

③ 강화학습 ④ 반지도학습

02 **다음 중 소리 분류 머신러닝 프로젝트에서 사용할 수 있는 프로그래밍 언어가 아닌 것을 모두 고르세요.**

① 스크래치 2.0 ② 스크래치 3.0

③ 앱 인벤터 ④ 파이썬

03 **다음은 소리 분류 머신러닝 프로젝트와 관련된 설명입니다. 옳지 않은 것을 모두 고르세요.**

① 소리 분류 머신러닝 모델은 레이블이 있는 학습 데이터를 사용하여 지도학습 방식으로 훈련합니다.

② 소리 분류 머신러닝 프로젝트에 사용할 수 있는 프로그래밍 언어는 스크래치, 파이썬, 에듀블록스, 앱 인벤터 등입니다.

③ 소리 분류 머신러닝 모델을 훈련시키기 위해서는 레이블별로 5개 이상의 학습 데이터가 필요합니다.

④ 소리 분류 머신러닝 모델을 만들 때는 IBM 왓슨의 API 키를 따로 등록할 필요가 없습니다.

04 **다음은 소리 분류 머신러닝 모델의 학습 데이터와 관련된 설명입니다. 옳지 않은 것을 고르세요.**

① 소리 분류 머신러닝 모델은 지도학습으로 훈련하기 때문에 레이블이 있는 학습 데이터가 필요합니다.

② [훈련] 단계 페이지에는 레이블 〈background noise〉가 기본적으로 생성되어 있습니다.

③ 2초 정도의 음원을 마이크로 녹음하여 레이블의 학습 데이터로 추가할 수 있습니다.

④ 레이블 〈background noise〉에 학습 데이터를 추가할 때는 최대한 소란스러운 잡음을 만들어 녹음하는 것이 좋습니다.

※ **다음은 사용자가 말하는 방향을 듣고 왼쪽, 오른쪽, 위쪽, 아래쪽을 구분하는 소리 분류 머신러닝 프로젝트에 대한 정보입니다. 이 정보를 읽고, 문제 05번부터 07번까지의 답을 찾아보세요.**

소리 분류 머신러닝 프로젝트 정보	프로젝트 이름	Move as I Say
	인식방법	소리
학습 데이터 정보	레이블	background noise
		Up
		Down
		Left
		Right
	레이블 〈background noise〉의 학습 데이터	마이크로 녹음된 2초 정도의 음원 8개 이상. 주변 잡음만 녹음될 수 있도록 최대한 조용한 상황에서 녹음함.
	레이블 〈Up〉의 학습 데이터	마이크로 녹음된 2초 정도의 음원 8개 이상. 사용자가 '위쪽'이라고 말하는 음성을 녹음함.
	레이블 〈Down〉의 학습 데이터	마이크로 녹음된 2초 정도의 음원 8개 이상. 사용자가 '아래쪽'이라고 말하는 음성을 녹음함.
	레이블 〈Left〉의 학습 데이터	마이크로 녹음된 2초 정도의 음원 8개 이상. 사용자가 '왼쪽'이라고 말하는 음성을 녹음함.
	레이블 〈Right〉의 학습 데이터	마이크로 녹음된 2초 정도의 음원 8개 이상. 사용자가 '오른쪽'이라고 말하는 음성을 녹음함.

05 [만들기] 단계에서 스크래치 프로그래밍 환경을 실행하면 머신러닝 모델 활용 블록들이 제공됩니다. 이 블록에 대한 설명으로 옳지 않은 것을 고르세요.

① [스크립트 작업 창]–[코드] 탭의 [Move as I Say] 메뉴에는 머신러닝 모델 활용 블록들이 모여 있습니다.

② 레이블과 인식의 정확도를 담고 있는 변수 블록들이 존재합니다.

③ 레이블별로 이벤트 블록이 존재하여 입력된 음원에 실시간으로 대응할 수 있습니다.

④ 마이크로 소리 듣기를 시작하는 문장 블록과 듣기를 중지하는 문장 블록이 존재합니다.

06 머신러닝 모델을 활용하여 다음과 같이 방향을 지시하는 음성을 듣고 그 방향대로 움직이는 고양이 스프라이트의 스크립트를 작성했을 때, (1)~(5)에 들어갈 블록으로 올바르게 짝지어진 것을 고르세요.

① (1) [듣기 시작], (2) [Up], (3) [Down], (4) [Left], (5) [Right]
② (1) [듣기 시작], (2) [Up], (3) [Left], (4) [Down], (5) [Right]
③ (1) [듣기 멈춤], (2) [Up], (3) [Down], (4) [Left], (5) [Right]
④ (1) [듣기 멈춤], (2) [Up], (3) [Left], (4) [Down], (5) [Right]

07 **다음은 사용자가 원할 시 머신러닝 모델을 새롭게 훈련시키는 수정 스크립트입니다. 이 프로그램에 대한 설명으로 옳지 않은 것을 고르세요.**

① 방향을 지시받기 전에 사용자가 원하면 머신러닝 모델을 새롭게 학습시킬 수 있습니다.

② [훈련] 단계에서 학습 데이터를 변경한 후 [학습 & 평가] 단계를 거치지 않고 머신러닝 모델을 새롭게 학습시킬 수 있습니다.

③ 머신러닝 모델을 새롭게 훈련시키는 도중에도 마이크로 방향을 지시하여 고양이 스프라이트를 움직일 수 있습니다.

④ 사용자가 머신러닝 모델의 새로운 학습을 원하지 않으면 기존 머신러닝 모델이 그대로 활용됩니다.

08 이번 장에서 배운 내용을 토대로, 앞선 문제에 등장했던 프로젝트 〈Move as I Say〉의 머신러닝 모델을 완성해 봅시다. 프로그램 실행 시 고양이 스프라이트가 하는 행동은 다음과 같습니다.

〈고양이 스프라이트의 행동〉

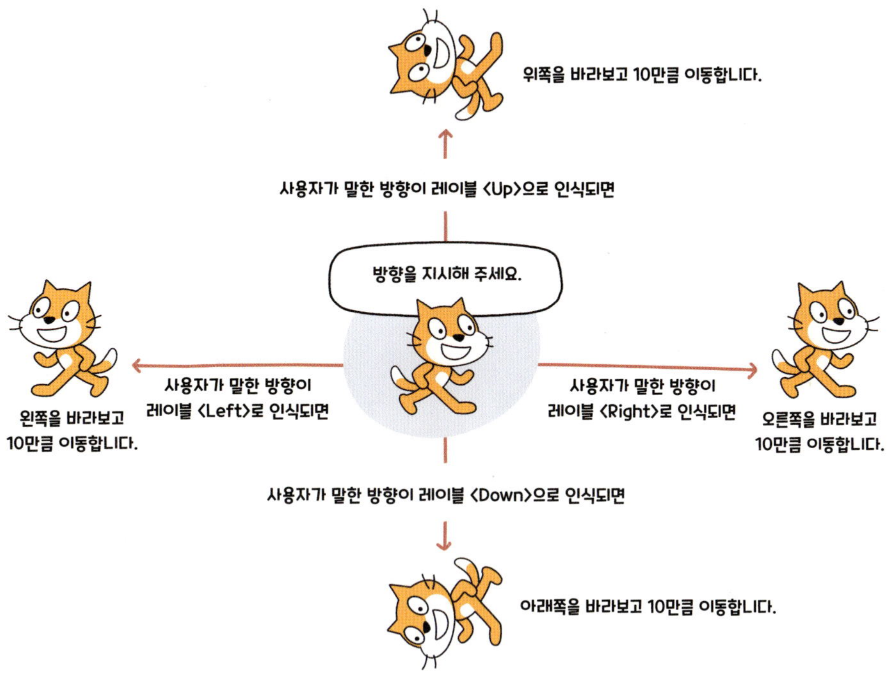

1. 프로그램을 실행하면 고양이 스프라이트가 "방향을 지시해 주세요."라고 말하고 여러분의 음성을 듣기 시작합니다.
2. 여러분이 "위쪽"이라고 말하면 고양이 스프라이트는 위쪽으로 10만큼, "아래쪽"이라고 말하면 아래쪽으로 10만큼, "왼쪽"이라고 말하면 왼쪽으로 10만큼, "오른쪽"이라고 말하면 오른쪽으로 10만큼 이동합니다.
3. 고양이 스프라이트는 프로그램이 종료될 때까지 여러분의 방향 지시에 따라 계속 움직입니다.

08번 문제는 14장 3절에서 자세히 다루고 있습니다. 여러분 혼자 힘으로 먼저 문제에 도전해 본 후, 어려움이 있다면 14장 3절을 참고하세요.

CHAPTER 13

머신러닝 프로젝트 템플릿 활용하기

01 머신러닝 프로젝트 템플릿에 대해 알아봅시다

02 머신러닝 프로젝트 템플릿을 활용하여 프로그래밍해 봅시다

03 워크시트와 스크래치 프로젝트 템플릿에 대해 알아봅시다

04 스크래치 프로젝트 템플릿을 활용하여 프로그래밍해 봅시다

요약

연습문제

학습목표

- 머신러닝 프로젝트 템플릿의 용도를 이해합니다.
- 머신러닝 프로젝트 템플릿의 활용 방법을 공부합니다.
- 워크시트를 활용하여 머신러닝 모델 만드는 방법을 경험합니다.
- 스크래치 프로젝트 템플릿을 활용한 프로그래밍을 경험합니다.

Preview

머신러닝 모델을 만드는 데 있어 가장 중요하면서 시간이 많이 소요되는 작업이 학습 데이터를 수집하는 일입니다. 양질의 학습 데이터를 충분히 수집할 수 있느냐 없느냐에 따라 머신러닝 모델의 성능이 결정됩니다.

'머신러닝 for 키즈'는 머신러닝 프로젝트 템플릿을 제공함으로써 머신러닝 모델 생성 작업을 지원합니다. 머신러닝 프로젝트 템플릿은 머신러닝 모델 생성에 필요한 레이블과 학습 데이터를 미리 만들어 놓은 것으로, 학습 데이터 수집의 어려움을 어느 정도 해결해 줍니다.

또한, '머신러닝 for 키즈'는 스크래치 프로젝트 템플릿과 워크시트를 제공하여 프로그래밍 작업을 지원하고 있습니다. 스크래치 프로젝트 템플릿은 머신러닝 모델의 활용 기능만 뺀 나머지 모든 기능을 미리 구현해 놓은 것입니다. 머신러닝 모델을 활용하는 기능은 관련된 워크시트에 설명해 놓았으므로 따라하기만 하면 됩니다.

이 장에서는 '머신러닝 for 키즈'의 머신러닝 프로젝트 템플릿과 스크래치 프로젝트 템플릿을 이해하고 실습해 보면서 활용 능력을 키워보겠습니다.

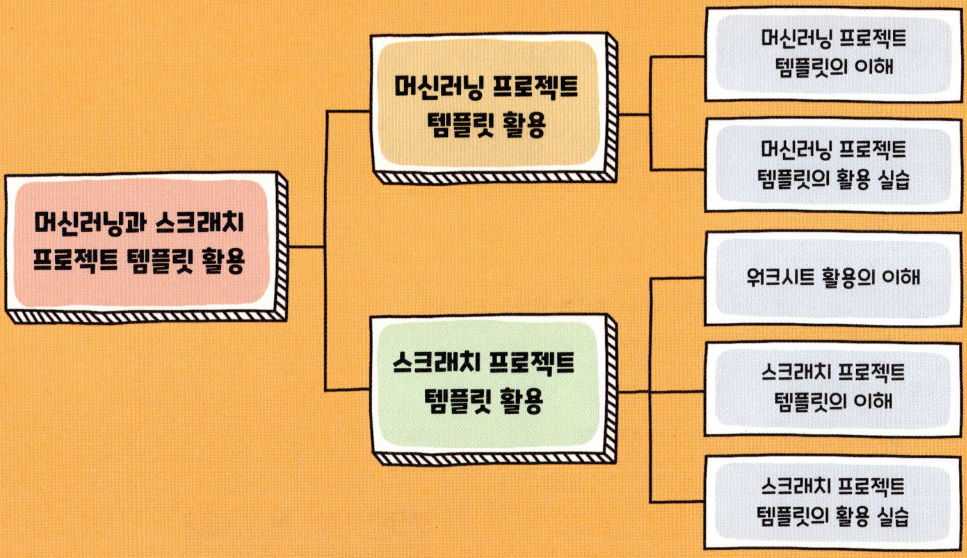

Section 01

머신러닝 프로젝트 템플릿에 대해 알아봅시다

1 머신러닝 프로젝트 템플릿의 개념

머신러닝 프로젝트 템플릿이란 특정 주제의 프로젝트에 사용할 수 있는 레이블과 학습 데이터를 미리 만들어 놓은 것입니다. 머신러닝 프로젝트 템플릿을 활용하면 다양한 머신러닝 모델을 좀 더 손쉽게 만들 수 있습니다. 이를 통해 여러분은 머신러닝 프로젝트에 관한 폭넓은 응용력을 키울 수 있습니다.

머신러닝 프로젝트 템플릿은 '머신러닝 for 키즈' 웹사이트에 로그인하여 [프로젝트로 이동]-[Copy template]을 클릭해 들어가면 사용할 수 있습니다. [그림 13-1]과 같이 머신러닝 프로젝트 템플릿을 모아 놓은 페이지가 나타나는데, 여러분이 경험해 보고 싶거나 개발하고자 하는 프로젝트와 유사한 템플릿을 [가져오기]하여 활용하면 됩니다.

그림 13-1 머신러닝 프로젝트 템플릿의 종류와 가져오기

2 머신러닝 프로젝트 템플릿의 활용

예를 들어 여러분이 고양이와 개 이미지를 구분하는 머신러닝 프로젝트를 수행해 보고 싶다면, [그림 13-2]와 같이 '고양이와 개' 머신러닝 프로젝트 템플릿을 활용하면 됩니다. '고양이와 개' 머신러닝 프로젝트 템플릿 하단의 [가져오기]를 클릭하면 새로운 머신러닝 프로젝트 템플릿이 복사됩니다.

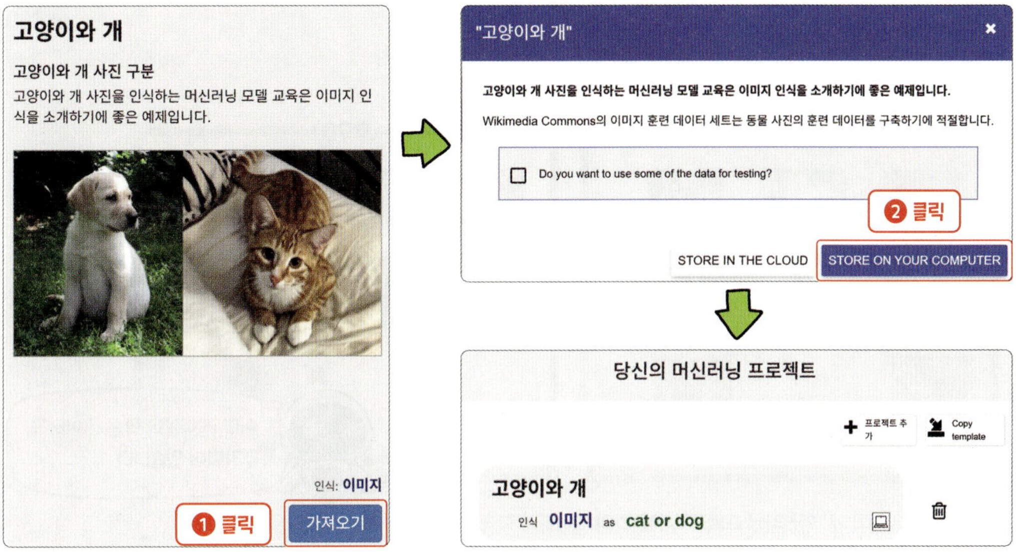

그림 13-2 **'고양이와 개' 머신러닝 프로젝트 템플릿 가져오기**

프로젝트 〈Cats and dogs〉가 추가된 후의 작업은 이전 장에서 작업했던 머신러닝 프로젝트 진행 방식과 동일합니다.

이제 프로젝트 〈Cats and dogs〉를 직접 작업해 봅시다. 앞서 머신러닝 프로젝트 템플릿은 레이블과 학습 데이터를 미리 만들어 놓은 것이라고 설명했는데, [훈련] 단계로 들어가면 이를 바로 확인할 수 있습니다. [그림 13-3]과 같이 [훈련]을 클릭하면 레이블 〈cat〉과 레이블 〈dog〉에 고양이와 개 사진이 들어 있습니다. 여러분은 머신러닝 프로젝트 템플릿이 제공하는 레이블과 학습 데이터를 그대로 사용할 수도 있지만, 학습 데이터를 추가하여 머신러닝 모델의 능력을 좀 더 향상시킬 수도 있습니다.

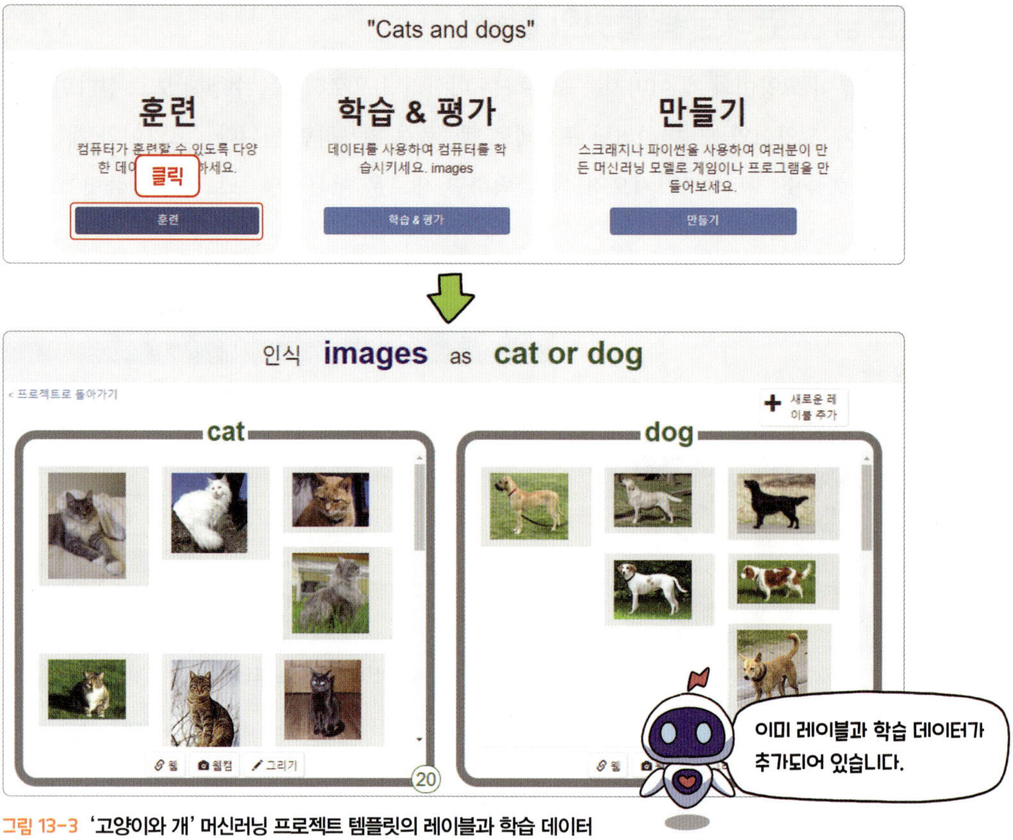

그림 13-3 '고양이와 개' 머신러닝 프로젝트 템플릿의 레이블과 학습 데이터

[훈련] 단계에서 학습 데이터 입력이 완료되었다면, 이제 학습 데이터를 이용하여 머신러닝 모델을 학습시켜 봅시다. [학습 & 평가] 단계로 들어가서 [새로운 머신 러닝 모델을 훈련시켜보세요.]를 클릭합니다.

그림 13-4 프로젝트 〈Cats and dogs〉의 이미지 분류 머신러닝 모델 학습시키기

Section 02

머신러닝 프로젝트 템플릿을 활용하여 프로그래밍해 봅시다

1 스크래치 프로그래밍 환경 실행하기

이번에는 앞에서 만든 머신러닝 모델을 활용하여 스크래치 프로그래밍을 해보겠습니다. 머신러닝 프로젝트 템플릿은 레이블과 학습 데이터까지만 제공하기 때문에, 이 머신러닝 모델을 활용한 프로그래밍은 여러분이 직접 해야 합니다.

머신러닝 모델의 훈련이 마무리되면 [만들기] 단계로 넘어와서 스크래치 프로그래밍 환경을 실행시킵니다. 이 작업은 앞에서 여러 번 반복하였기 때문에 절차에 대한 자세한 설명은 생략합니다. 스크래치 프로그래밍 환경이 실행되면 [스크립트 작업 창]-[코드] 탭의 메뉴 바에 [Images] 메뉴와 [Cats and dogs] 메뉴가 보입니다.

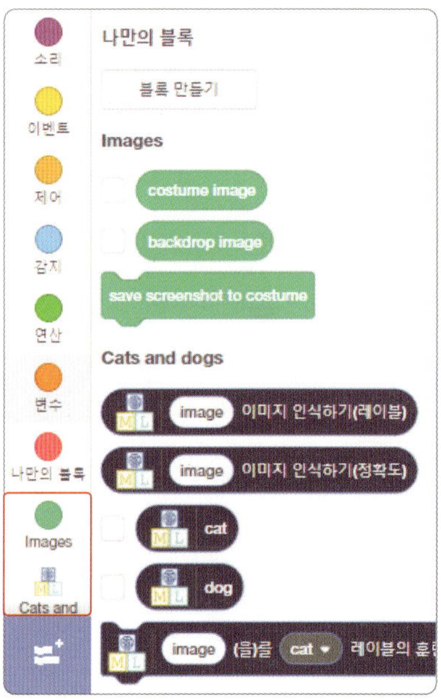

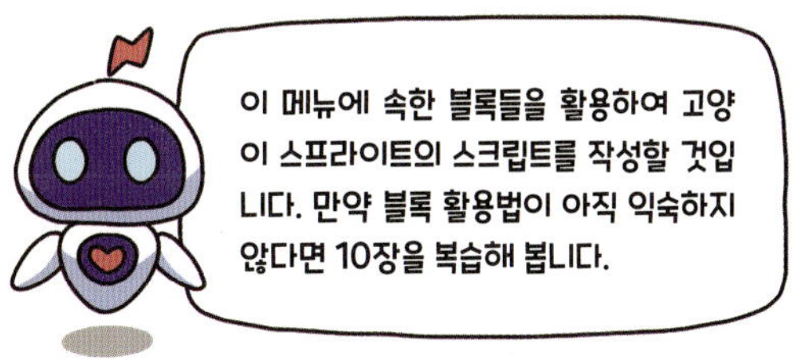

그림 13-5 프로젝트 〈Cats and dogs〉의 이미지 분류 머신러닝 모델 활용 블록들

2 스크래치로 프로그래밍하기

이제 프로젝트 〈Cats and dogs〉의 이미지 분류 머신러닝 모델을 활용하여 스크래치 프로그램을 만들어 보겠습니다. 이미지를 인식하여 고양이인지 개인지를 구분하는 고양이 스프라이트는 프로그램을 실행하면 다음과 같이 행동합니다.

- 고양이 스프라이트를 클릭하면 도화지 스프라이트의 현재 모양이 고양이인지 개인지를 구분합니다. 만약 도화지 스프라이트의 현재 모양이 고양이라면 "너는 고양이구나!"라고 말하고, 개라면 "너는 개구나!"라고 말합니다. 고양이인지 개인지 분명하지 않으면 고양이 스프라이트는 "너는 도대체 누구니?"라고 말합니다.

도화지 스프라이트 생성

[스프라이트/무대 관리 창]–[스프라이트 고르기]를 클릭하여 'Button1' 스프라이트를 추가하고 이름을 '도화지'로 수정합니다. 그 다음 [프로그램 실행 창]에 있는 스프라이트들의 위치를 적당히 조정합니다. 도화지 스프라이트가 놓인 자리에 고양이 또는 개 이미지가 나타나게 됩니다.

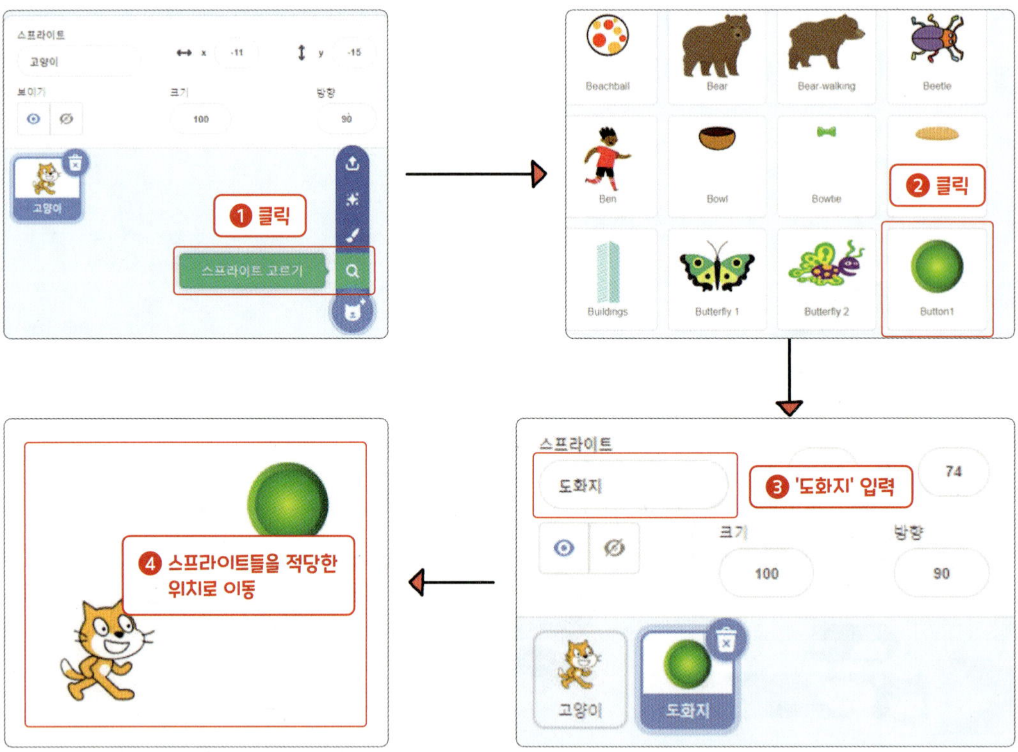

그림 13-6 **도화지로 사용할 스프라이트 생성하기**

이제, 도화지 스프라이트의 모양으로 등록할 고양이와 개 이미지들을 준비합니다. 이미지 파일의 확장자명은 JPG 또는 PNG 형식이어야 합니다.

그림 13-7 **고양이와 개 이미지 준비하기**

이미지가 모두 준비되었다면 도화지 스프라이트를 선택한 후 [스크립트 작업 창]-[모양] 탭을 클릭합니다. 그리고 [모양 업로드하기]를 클릭하여 준비한 고양이와 개 이미지들을 도화지 스프라이트의 새로운 모양으로 추가합니다. 도화지 스프라이트의 원래 모양은 삭제됩니다.

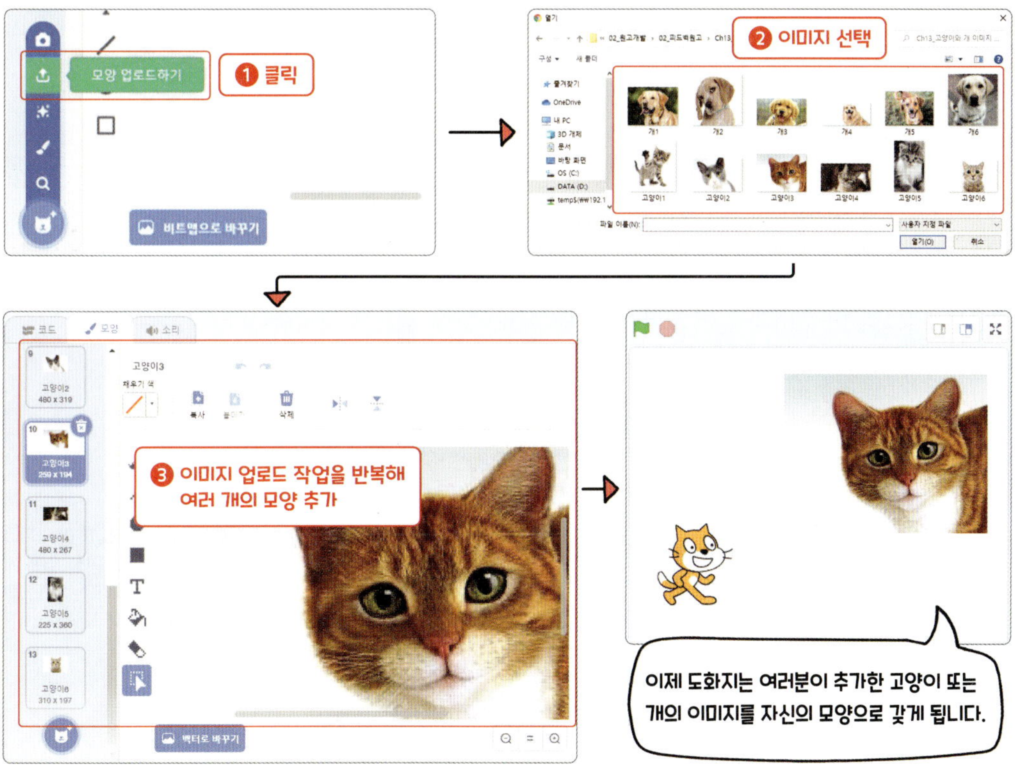

그림 13-8 **도화지 스프라이트의 모양 추가하기**

도화지 스프라이트와 고양이 스프라이트의 행동 프로그래밍

이제 도화지 스프라이트를 선택한 후 도화지 모양의 인식 정확도를 담을 변수 [인식 정확도]를 만듭니다. 변수 [인식 정확도]의 값을 실행 화면에 보이도록 설정하면, 도화지 모양을 인식할 때마다 인식 정확도를 바로바로 확인할 수 있습니다. 도화지 스프라이트의 스크립트는 [그림 13-9]와 같이 작성합니다. 도화지 스프라이트의 행동은 메시지 방송 기능을 활용합니다.

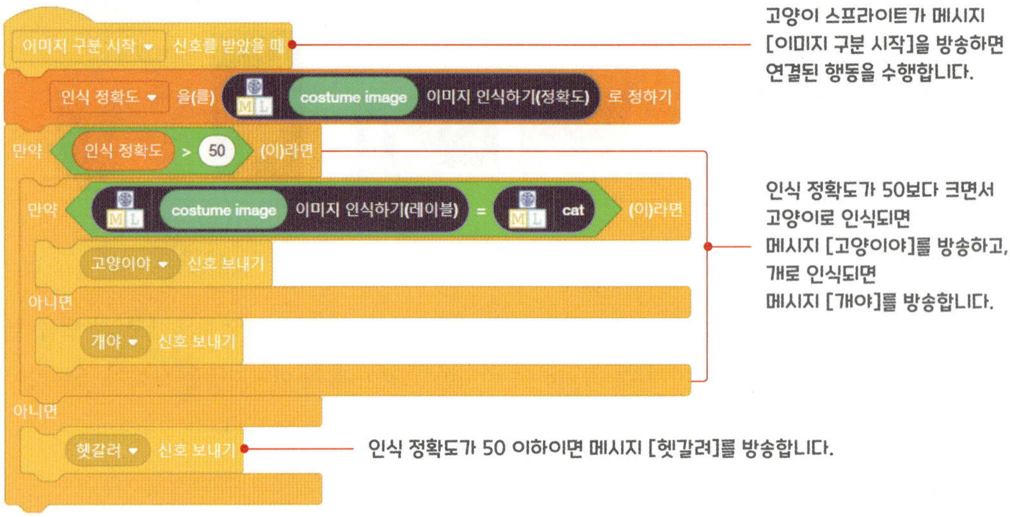

그림 13-9 **도화지 스프라이트의 스크립트 작성하기**

> '메시지 방송' 기능은 7장에서 자세히 다루고 있으므로, 아직 '메시지 방송' 기능에 익숙하지 않다면 7장의 내용을 다시 한번 복습하기를 권장합니다.

다음으로 [그림 13-10]과 같이 고양이 스프라이트의 스크립트도 작성합니다.

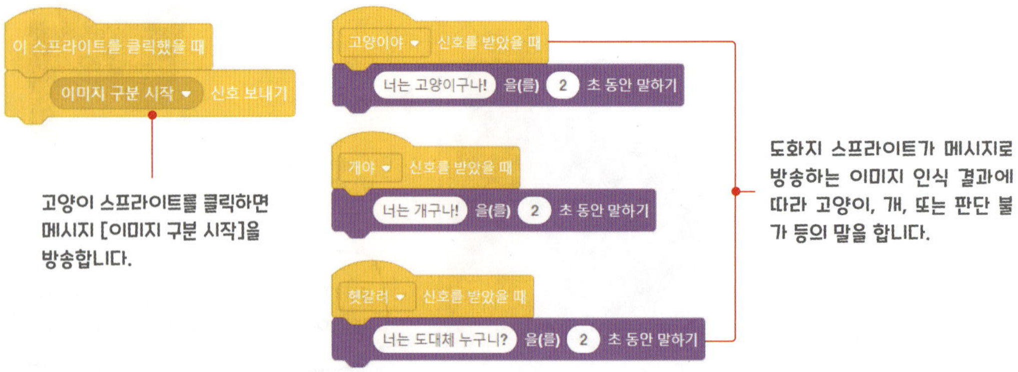

그림 13-10 **고양이 스프라이트의 스크립트 작성하기**

스크래치 프로그램 실행 방법

스크립트가 완성된 프로그램은 [그림 13-11]과 같이 실행하면 됩니다.

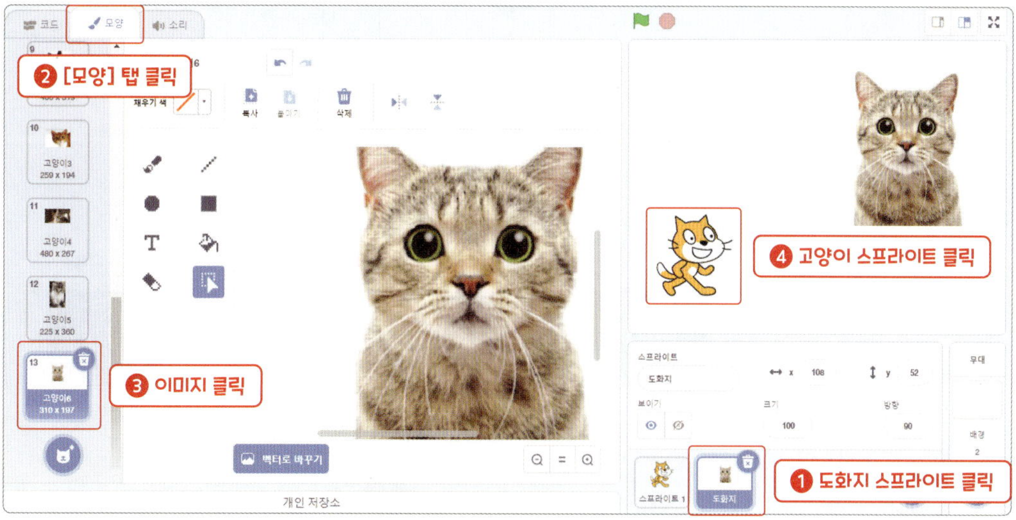

그림 13-11 **스크래치 프로그램 실행하기**

프로그램이 실행되면 고양이 스프라이트는 도화지 스프라이트의 현재 모양을 인식한 결과에 따라 적절한 말을 합니다. 새로운 이미지를 인식하고 싶다면 도화지 스프라이트의 현재 모양을 다른 모양으로 선택한 후 다시 고양이 스프라이트를 클릭하면 됩니다. [그림 13-12]는 다양한 이미지 선택에 따른 프로그램의 실행 모습입니다.

(a) 이미지의 인식 정확도가 50보다 크면서 레이블 〈cat〉으로 분류될 때

(b) 이미지의 인식 정확도가 50보다 크면서 레이블 〈dog〉로 분류될 때

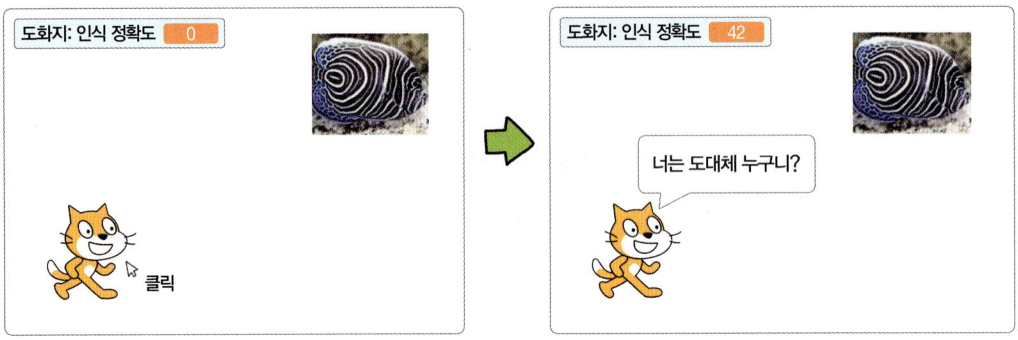

(c) 이미지의 인식 정확도가 50 이하일 때

그림 13-12 **프로그램 실행의 다양한 예**

Section 03

워크시트와 스크래치 프로젝트 템플릿에 대해 알아봅시다

1 워크시트와 스크래치 프로젝트 템플릿 활용 방법

앞에서 배운 바와 같이 머신러닝 프로젝트 템플릿은 머신러닝 모델을 만들 수 있는 레이블과 학습 데이터만 제공하므로 스크래치 프로그램은 사용자가 스스로 만들어야 합니다. 반대로, 머신러닝 모델은 지원하지 않고 스크래치 프로젝트 템플릿만 제공하는 경우도 있는데, 이럴 때는 워크시트(WorkSheet)도 함께 제공하여 머신러닝 모델을 만들 때 필요한 정보를 알려줍니다.

스크래치 프로젝트 템플릿은 스프라이트의 행동을 미리 구현해 놓았지만 머신러닝 모델이 존재하지 않아서 머신러닝 모델을 활용하는 기능이 미완성으로 남아 있습니다. 그래서 워크시트를 보면서 머신러닝 모델을 만들어야 미완성인 스크래치 프로젝트 템플릿이 완성됩니다. 워크시트는 스크래치 프로젝트 템플릿의 미완성 부분, 즉 머신러닝 모델을 활용하는 기능을 어떻게 구현해야 하는지에 대한 정보를 포함하고 있습니다.

2 워크시트 내려받기

'머신러닝 for 키즈' 웹사이트에 들어가면 화면 상단 [메인 메뉴 바]에 [워크시트]라는 메뉴가 있습니다. 이 메뉴를 클릭하면 다음과 같이 워크시트를 제공하는 다양한 머신러닝 프로젝트가 나타납니다.

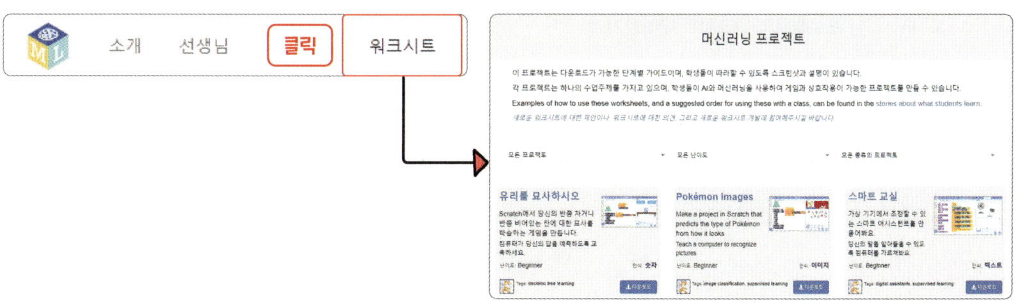

그림 13-13 워크시트를 제공하는 다양한 머신러닝 프로젝트

제공된 워크시트 중 여러분이 작업해 보고 싶은 워크시트를 다운로드하면 프로젝트 수행에 필요한 학생용 워크시트를 얻을 수 있습니다. 교사용 워크시트도 있긴 하지만, 학생용 워크시트에는 머신러닝 모델을 만드는 방법과 머신러닝 모델을 활용한 스크래치 프로그래밍 방법까지 포함되어 있어 여러분이 활용하기에 더 적합합니다.

[그림 13-14]는 머신러닝 프로젝트 〈유리를 묘사하시오〉를 선택하여 그 프로젝트의 학생용 워크시트를 내려받는 과정을 보여줍니다.

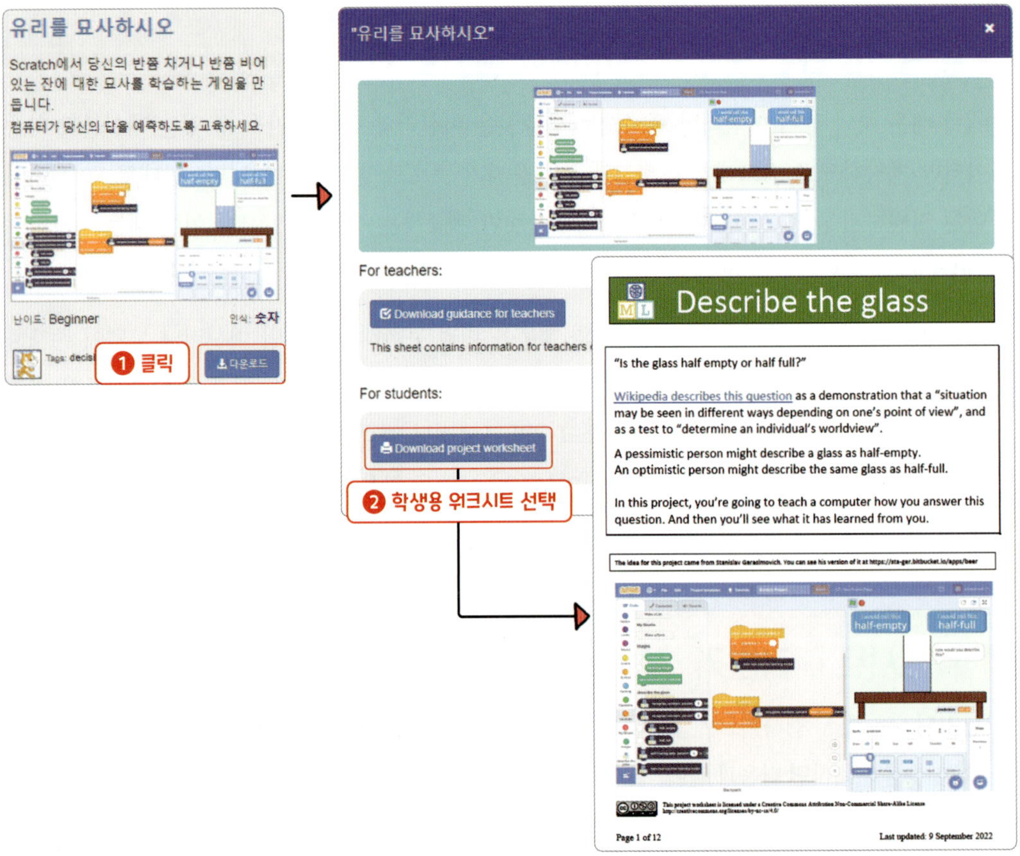

그림 13-14 **머신러닝 프로젝트의 워크시트 내려받기**

3 워크시트를 활용한 머신러닝 모델 만들기

[유리를 묘사하시오] 워크시트에서 소개하는 프로젝트는 숫자 분류 머신러닝 프로젝트입니다. 참고로, '머신러닝 for 키즈'에서 제공하는 모든 워크시트는 영어로 되어 있습니다. 다운로드한 [유리를 묘사하시오] 워크시트의 내용을 따라서, [그림 13-15]와 같이 프로젝트 〈describe the glass〉를 만들어 봅니다.

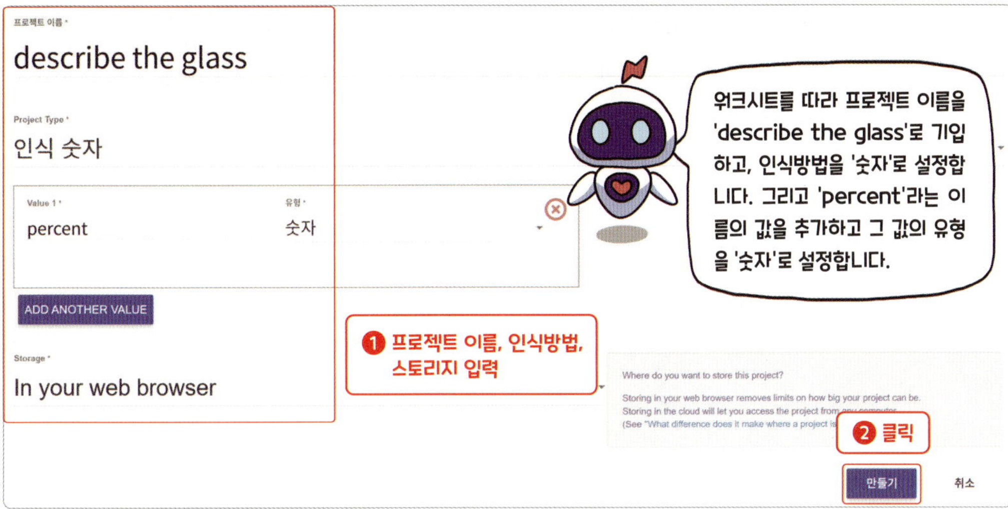

그림 13-15 워크시트에 포함된 머신러닝 프로젝트 생성 정보에 따라 프로젝트 만들기

이번에는 [유리를 묘사하시오] 워크시트를 따라 [그림 13-16]과 같이 〈half_empty〉와 〈half_full〉의 이름을 가진 두 개의 레이블을 생성합니다.

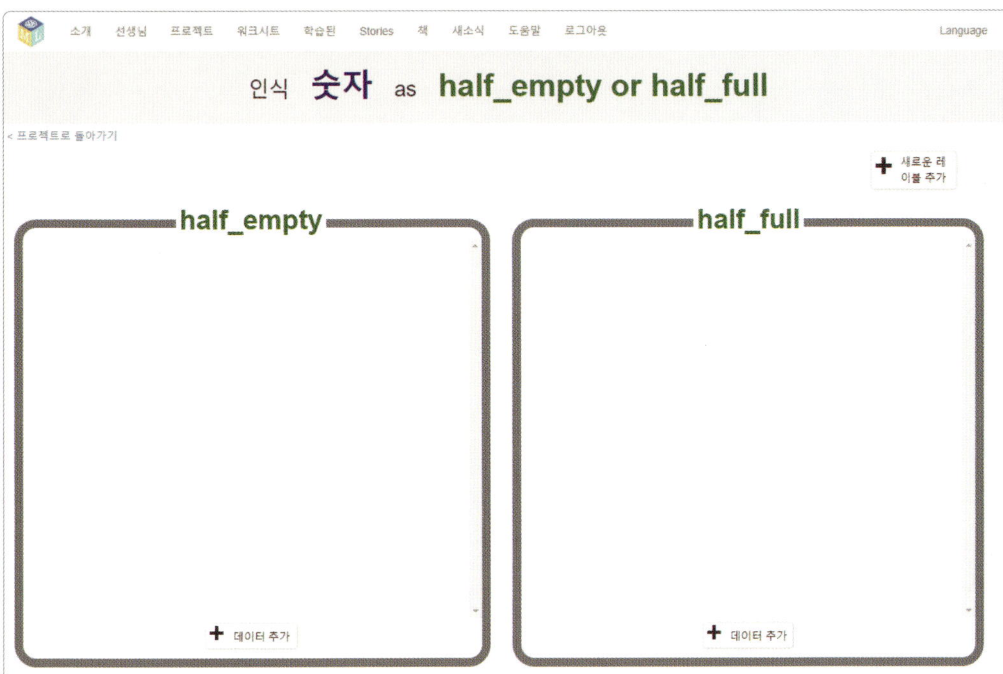

그림 13-16 워크시트에 포함된 머신러닝 모델의 레이블 생성하기

레이블 생성이 완료되면 이제 [만들기] 단계로 넘어갑니다. 이어지는 절에서 스크래치 프로젝트 템플릿을 활용하여 프로그램을 작성합니다.

Section 04

스크래치 프로젝트 템플릿을 활용하여 프로그래밍해 봅시다

1 스크래치 프로젝트 템플릿 불러오기

스크래치 프로젝트 템플릿을 활용하면 프로그래밍 작업량을 대폭 줄일 수 있습니다. [그림 13-17]은 워크시트를 따라 프로젝트 〈describe the glass〉의 두 레이블 〈half_empty〉와 〈half_full〉을 생성한 후, 스크래치 프로그래밍 환경을 실행하는 모습입니다. 여기서 주의할 것은 비록 레이블은 생성했지만 실제로 레이블에 데이터를 추가하여 머신러닝 모델을 훈련하지 않았다는 것입니다. 따라서 스크래치 프로그래밍 환경을 실행할 때 '아직 훈련된 모델이 없다'라는 경고가 뜹니다. [그림 13-17]을 따라 머신러닝 모델이 없는 상태에서 스크래치 프로그래밍 환경으로 실행시켜 봅시다.

그림 13-17 머신러닝 모델이 없이 스크래치 3.0 프로그래밍 환경 실행하기

스크래치 프로그램 화면 상단의 메뉴 바에 있는 [프로젝트 템플릿]을 클릭하고, 머신러닝 프로젝트 템플릿 중 [Describe the glass]를 클릭합니다.

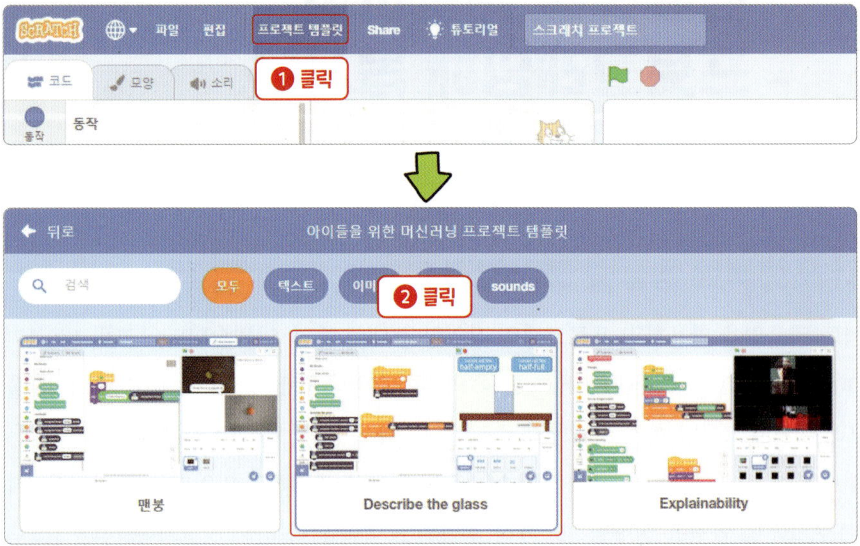

그림 13-18 [Describe the glass] 프로젝트 템플릿 선택하기

[Describe the glass]를 선택하면 해당 템플릿에 포함된 스프라이트와 각 스프라이트의 스크립트가 화면에 나타납니다. 템플릿에 포함된 스프라이트의 스크립트는 머신러닝 모델이 존재하지 않은 상태에서 구현된 것입니다. 그래서 스크립트 일부는 머신러닝 모델의 기능을 활용해야 할 곳이 미완성으로 남아 있습니다. 이 부분은 워크시트를 참고하면서 머신러닝 모델 활용 블록들을 적절하게 활용해 완성시킬 수 있습니다.

[describe the glass] 메뉴를 클릭하면 머신러닝 모델 활용 블록들을 확인할 수 있습니다. 숫자 분류 머신러닝 활용 블록들에 대한 자세한 설명은 10장을 참고하세요.

그림 13-19 프로젝트 〈Describe the glass〉의 숫자 분류 머신러닝 모델 활용 블록들

2 스크래치 프로젝트 템플릿 완성하기

[그림 13-20]은 스크래치 프로젝트 템플릿 [Describe the glass]의 스프라이트 모음입니다. 열 개의 스프라이트 prediction, half-empty, half-full, liquid, bubbles-1, bubbles-2, bubbles-3, glass, labels, table을 포함하고 있습니다.

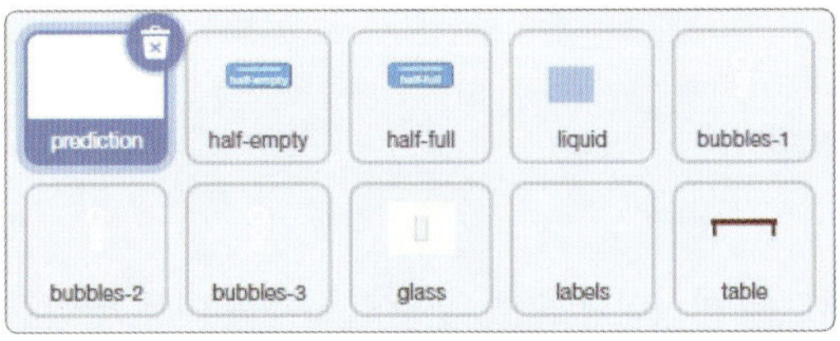

그림 13-20 **스크래치 프로젝트 템플릿 [Describe the glass]에 포함된 스프라이트**

열 개의 스프라이트들 중에 half-empty, half-full, prediction의 스크립트를 머신러닝 모델 활용 블록을 이용하여 변경해야 합니다. 참고로 우리가 학습하고자 하는 것은 워크시트와 스크래치 프로젝트 템플릿의 활용법이기 때문에 각 스프라이트 스크립트의 자세한 설명은 생략합니다.

우선 half-empty와 half-full의 스크립트를 변경하겠습니다. half-empty를 선택한 후 [이 스프라이트를 클릭했을 때]로 시작하는 스크립트를 [그림 13-21](a)와 같이 변경합니다. 이와 비슷하게 half-full을 선택한 후 [이 스프라이트를 클릭했을 때]로 시작하는 스크립트를 [그림 13-21](b)와 같이 변경합니다.

이와 같이 변경 작업을 완료하면, 이제 여러분이 유리잔에 채워진 물의 양을 보고 'half empty'로 선택하면 그 물의 양은 앞에서 생성한 레이블 〈half_empty〉의 훈련 데이터로 추가됩니다. 마찬가지로 'half full'로 선택하면 그 물의 양은 레이블 〈half_full〉의 훈련 데이터로 추가됩니다.

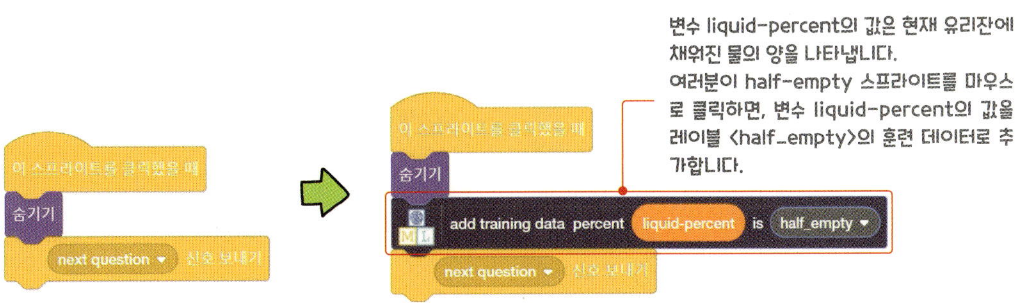

(a) half-empty 스프라이트의 스크립트 변경

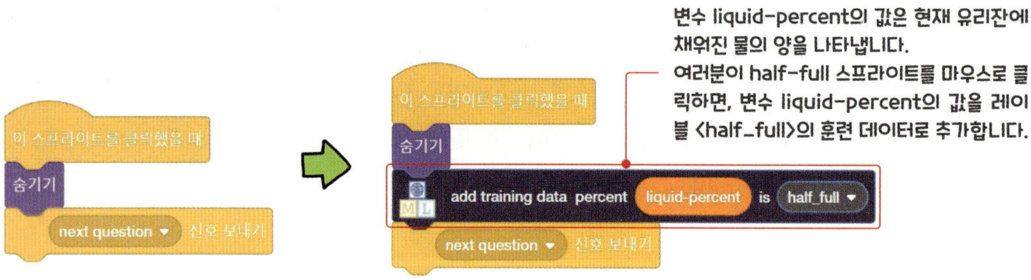

(b) half-full 스프라이트의 스크립트 변경

그림 13-21 **half-empty와 half-full 스프라이트의 스크립트 수정하기**

[그림 13-22]는 prediction 스프라이트의 스크립트를 머신러닝 모델 활용 블록들을 이용해 변경한 것입니다. 먼저 prediction 스프라이트를 선택합니다. 그리고 [question 신호를 받았을 때]로 시작하는 스크립트를 숫자 분류 머신러닝 모델이 현재 유리잔의 물의 양이 'half-empty'인지 아니면 'half-full'인지 분류하고 그 결과를 변수 prediction에 대입하도록 변경합니다.

두 번째 변경 작업 전에, [그림 13-21]에서 현재 유리잔의 물의 양이 'half-empty'인지 'half-full'인지 선택할 때마다 그 결과를 레이블의 훈련 데이터로 추가하도록 스크립트를 변경하였습니다. 두 번째 변경 작업은 인공지능 프로그램이 다음 문제를 여러분에게 낼 때 새롭게 추가된 훈련 데이터로 숫자 분류 머신러닝 모델을 다시 훈련하는 것입니다. [next question 신호를 받았을 때]로 시작하는 스크립트를 찾아 다음 문제를 여러분에게 낼 때 새롭게 추가된 훈련 데이터로 숫자 분류 머신러닝 모델을 훈련하도록 변경합니다.

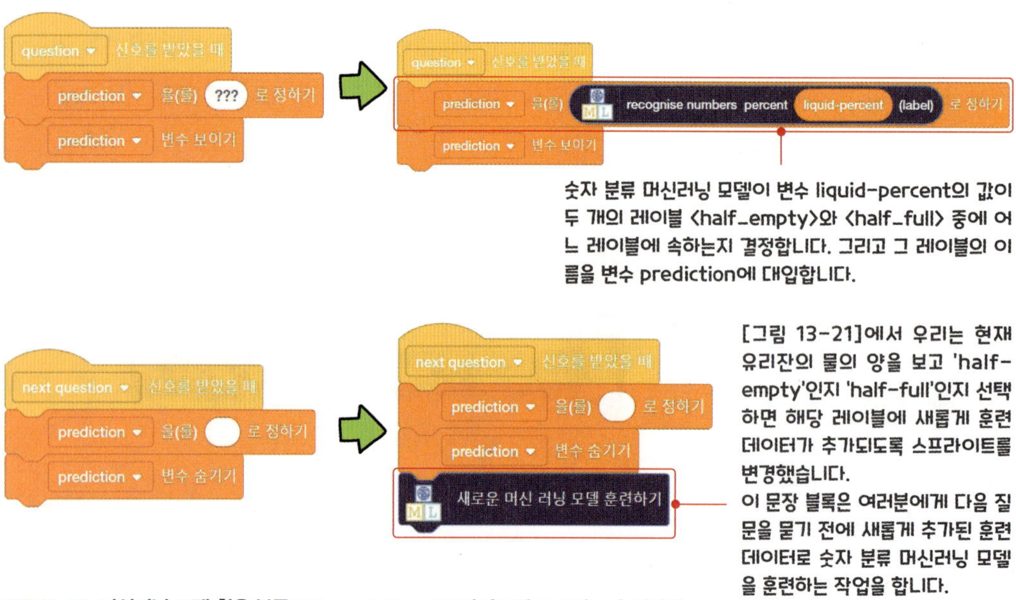

그림 13-22 **머신러닝 모델 활용 블록으로 prediction 스프라이트의 스크립트 수정하기**

사실 스크래치 프로젝트 템플릿 〈Describe the glass〉의 스크립트를 세세하게 이해하는 것은 상당히 어렵습니다. [그림 13-23]은 〈Describe the glass〉의 행동을 간략하게 설명한 것입니다. 본 장의 학습 목표가 워크시트와 스크래치 프로젝트 템플릿의 활용법을 실습하는 것이므로 [그림 13-23]의 수준으로 〈Describe the glass〉의 행동을 이해해도 문제가 없습니다.

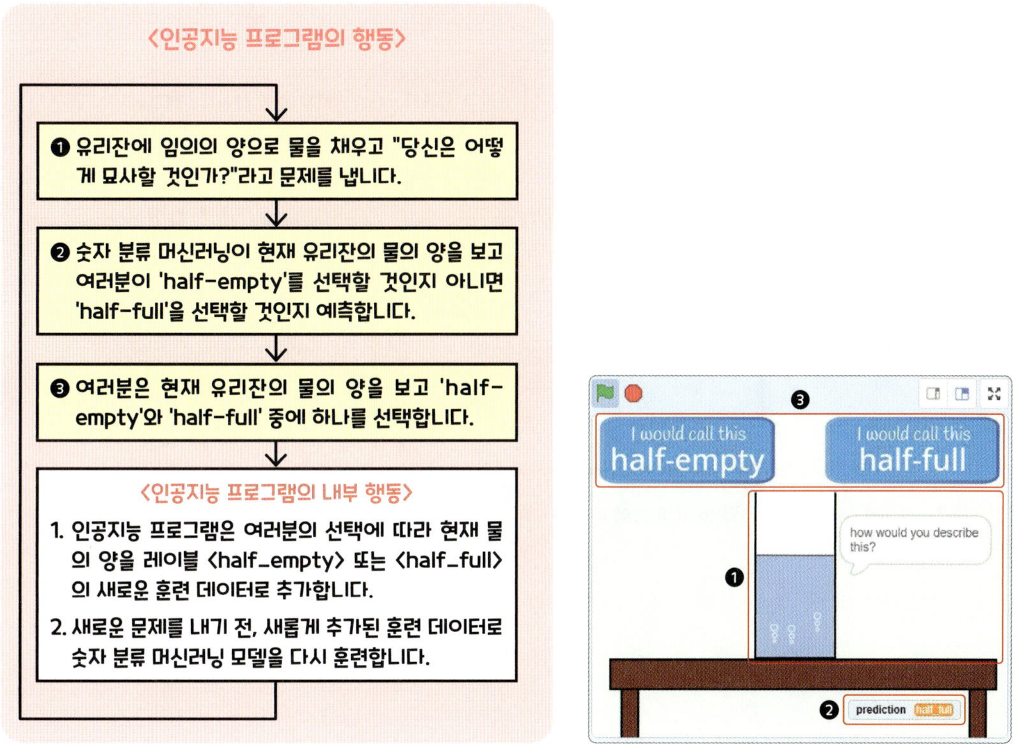

TIP 문제를 풀 때마다 선택한 결과로 새롭게 숫자 분류 머신러닝 모델을 훈련합니다. 따라서 문제를 많이 풀수록 여러분의 판단을 잘 예측하는 훌륭한 인공지능 프로그램으로 발전합니다.

그림 13-23 **스크래치 프로젝트 템플릿 〈Describe the glass〉의 행동 요약**

[그림 13-24]는 〈Describe the glass〉를 실행하면서 레이블 〈half_empty〉와 〈half_full〉에 추가된 훈련 데이터의 모습을 보여줍니다. [그림 13-16]을 보면 알 수 있듯이 여러분이 워크시트를 따라 숫자 분류 머신러닝 모델을 만들 때 레이블 〈half_empty〉와 〈half_full〉에 훈련 데이터를 아무것도 추가하지 않았지만, 〈Describe the glass〉를 실행하면서 선택한 결과가 레이블의 훈련 데이터로 추가된 것입니다.

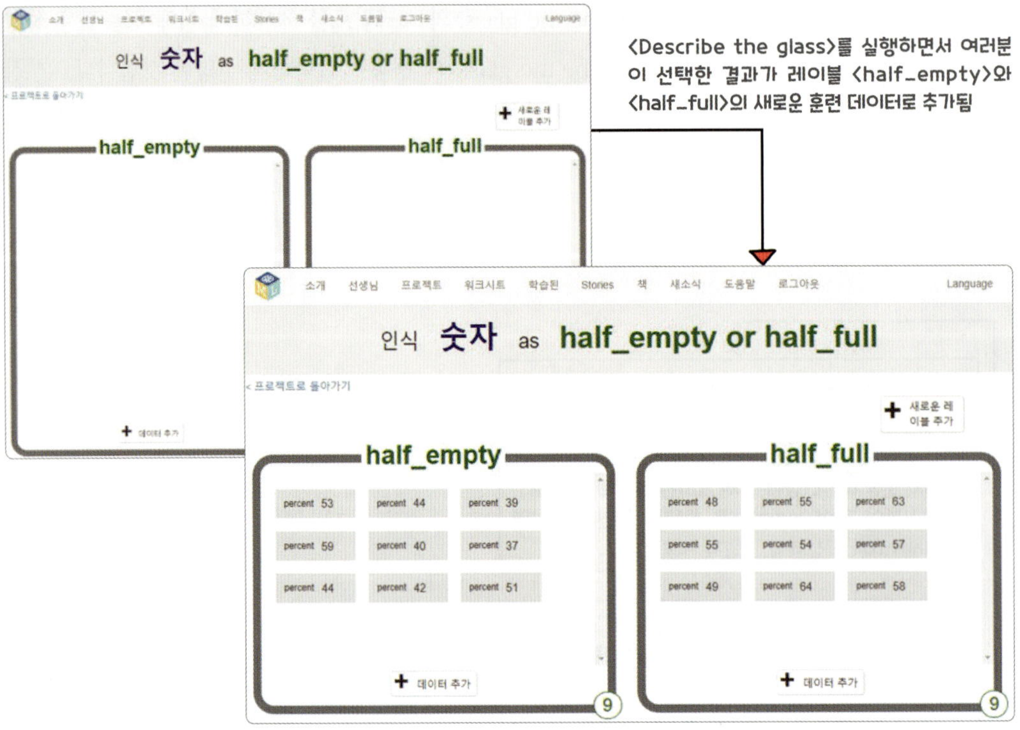

그림 13-24 레이블 〈half_empty〉와 〈half_full〉에 추가된 훈련 데이터 모습

요약

01 머신러닝 프로젝트 템플릿이란 특정 주제의 프로젝트에 사용할 수 있는 레이블과 학습 데이터를 미리 만들어 놓은 것입니다. 스크래치 프로그램은 제공하지 않으므로 사용자가 직접 만들어야 합니다.

02 머신러닝 프로젝트 템플릿을 활용하면 다양한 머신러닝 모델을 손쉽게 만들 수 있고, 이를 통해 머신러닝 프로젝트에 대한 폭넓은 응용력을 키울 수 있습니다.

03 '머신러닝 for 키즈' 웹사이트에서 [프로젝트로 이동]–[Copy template]을 선택하면 머신러닝 프로젝트 템플릿을 모아 놓은 페이지로 이동합니다. 여러분은 이 페이지에서 원하는 머신러닝 프로젝트 템플릿을 자유롭게 활용할 수 있습니다.

04 스크래치 프로젝트 템플릿은 머신러닝 프로젝트 템플릿과 달리 스크래치 프로그램만 제공하고 머신러닝 모델 생성에 필요한 레이블과 학습 데이터는 제공하지 않습니다. 이런 경우에는 워크시트(WorkSheet)도 함께 제공되어 머신러닝 모델을 만들 때 필요한 정보를 알려줍니다.

05 스크래치 프로젝트 템플릿은 스프라이트의 행동을 미리 구현해 놓았지만 머신러닝 모델이 아직 존재하지 않아 머신러닝 모델을 활용하는 기능은 미완성으로 남아 있습니다.

06 워크시트는 스크래치 프로젝트 템플릿의 미완성 부분, 즉 머신러닝 모델을 활용하는 기능을 어떻게 구현해야 하는지에 대한 정보도 함께 제공합니다.

연습문제

01 다음의 머신러닝 프로젝트 템플릿에 대한 설명 중 옳지 <u>않은</u> 것을 고르세요.

① 템플릿을 기반으로 한 새로운 머신러닝 프로젝트를 만들 수 있습니다.

② 머신러닝 모델 훈련에 사용할 레이블과 학습 데이터를 제공합니다.

③ 머신러닝 모델을 활용하는 프로그램도 함께 제공합니다.

④ 템플릿이 제공하는 학습 데이터를 사용자가 추가, 삭제할 수 있습니다.

02 다음의 두 그림은 머신러닝 프로젝트 템플릿 [타이타닉호 생존자]와 이 템플릿을 활용해 생성한 머신러닝 프로젝트입니다. 이 그림들로부터 얻을 수 있는 정보로 옳지 <u>않은</u> 것을 고르세요.

① 머신러닝 프로젝트의 이름은 〈Titanic survivors〉입니다.

② 이 프로젝트는 숫자 분류 머신러닝 모델을 활용합니다.

③ 레이블로 〈survived〉와 〈did_not_survive〉를 사용합니다.

④ 텍스트 형태의 학습 데이터를 활용하여 머신러닝 모델을 훈련시킵니다.

03 다음은 스크래치 프로젝트 템플릿에 대한 설명입니다. 이 중 옳지 <u>않은</u> 것을 고르세요.

① 스크래치 프로젝트 템플릿을 불러오면 프로젝트에 활용될 머신러닝 모델도 함께 제공됩니다.

② 스크래치 프로젝트 템플릿에는 스크래치 프로그램에 사용될 스프라이트들과 각 스프라이트의 행동 스크립트가 프로그램되어 있습니다.

③ 스프라이트의 행동 중 머신러닝 모델을 활용하는 기능은 미완성으로 남아 있습니다.

④ 일반적으로 머신러닝 프로젝트와 머신러닝 모델 생성 정보를 담고 있는 워크시트가 함께 제공됩니다.

04 '머신러닝 for 키즈'가 제공하는 머신러닝 프로젝트 템플릿 중 하나를 선택하여 프로젝트를 완성해 봅시다. 이 문제를 통해 여러분은 다음과 같은 과정을 경험하게 될 것입니다.

1. '머신러닝 for 키즈'가 제공하는 머신러닝 프로젝트 템플릿을 가져와 자동으로 머신러닝 프로젝트 생성하기

2. [훈련] 단계를 클릭해 템플릿에 추가되어 있는 학습 데이터를 확인하고, 데이터가 부족하다고 판단되면 학습 데이터 보강하기

3. [학습 & 평가] 단계에서 머신러닝 모델을 훈련시키고 평가하기. 만일 머신러닝 모델의 수준이 미흡하면 [훈련] 단계로 돌아가 학습 데이터 보강하기

4. 머신러닝 모델이 완성되면 [만들기] 단계로 넘어가 머신러닝 모델을 활용한 스크래치 프로그램 완성하기

05 '머신러닝 for 키즈'가 제공하는 워크시트와 스크래치 프로젝트 템플릿을 활용하여 프로젝트를 완성해 봅시다. 이 문제를 통해 여러분은 다음과 같은 과정을 경험하게 될 것입니다.

1. '머신러닝 for 키즈'가 제공하는 워크시트 중 스크래치 프로젝트 템플릿도 함께 제공하는 것을 선택하기 위해 학생용 워크시트 다운로드하기

참고 스크래치 프로젝트 템플릿의 목록을 확인할 수 있는 간단한 방법은 다음과 같습니다. 임의의 프로젝트를 생성한 후, 바로 [만들기] 단계를 진행하여 스크래치 3.0 프로그래밍 환경을 실행시킵니다. 그러면 아직 머신러닝 모델이 만들어지지 않았기 때문에 경고문이 뜹니다. 이때 [straight into Scratch]를 클릭하면 스크래치 프로그래밍 환경이 실행됩니다. 실행 창이 열리면 화면 상단에 있는 [프로젝트 템플릿] 메뉴를 클릭합니다. 그러면 '머신러닝 for 키즈'가 제공하는 스크래치 프로젝트 템플릿 목록을 볼 수 있습니다.

2. 워크시트를 활용하여 머신러닝 프로젝트와 머신러닝 모델 만들기

3. [만들기] 단계에서 스크래치 프로젝트 템플릿을 불러와 미완성 상태인 머신러닝 모델 활용 기능 완성하기

CHAPTER 14

머신러닝 프로젝트 실습하기

01 이미지 분류 머신러닝 프로젝트를 실습해 봅시다
02 숫자 분류 머신러닝 프로젝트를 실습해 봅시다
03 소리 분류 머신러닝 프로젝트를 실습해 봅시다

학습목표

- 이미지 분류 머신러닝 프로젝트를 실습합니다.
- 숫자 분류 머신러닝 프로젝트를 실습합니다.
- 소리 분류 머신러닝 프로젝트를 실습합니다.

Preview

이번 장에서는 3부에서 학습했던 '머신러닝 for 키즈'를 이용하여 종합 프로젝트를 실습해 보겠습니다. 실습을 통해 그동안 배운 내용을 총정리할 수 있습니다.

1절에서는 이미지 분류 머신러닝 모델을 만들어 봅니다. 이 절에서 만들 프로젝트 〈Cats or Dogs〉는 이미지 속의 동물이 고양이인지 개인지 구분하는 인공지능 프로젝트입니다.

2절에서는 숫자 분류 머신러닝 모델을 만들어 봅니다. 이 절에서 만들 프로젝트 〈Guess Major〉는 대학교를 지원하는 학생들의 국어, 수학, 영어점수를 토대로 학생들이 A, B, C 중 어느 전공을 선택할지 예측하는 인공지능 프로젝트입니다.

3절에서는 소리 분류 머신러닝 모델을 만들어 봅니다. 이 절에서 만들 프로젝트 〈Move as I Say〉는 사용자가 말하는 방향을 듣고 그 방향대로 움직이는 인공지능 프로젝트입니다.

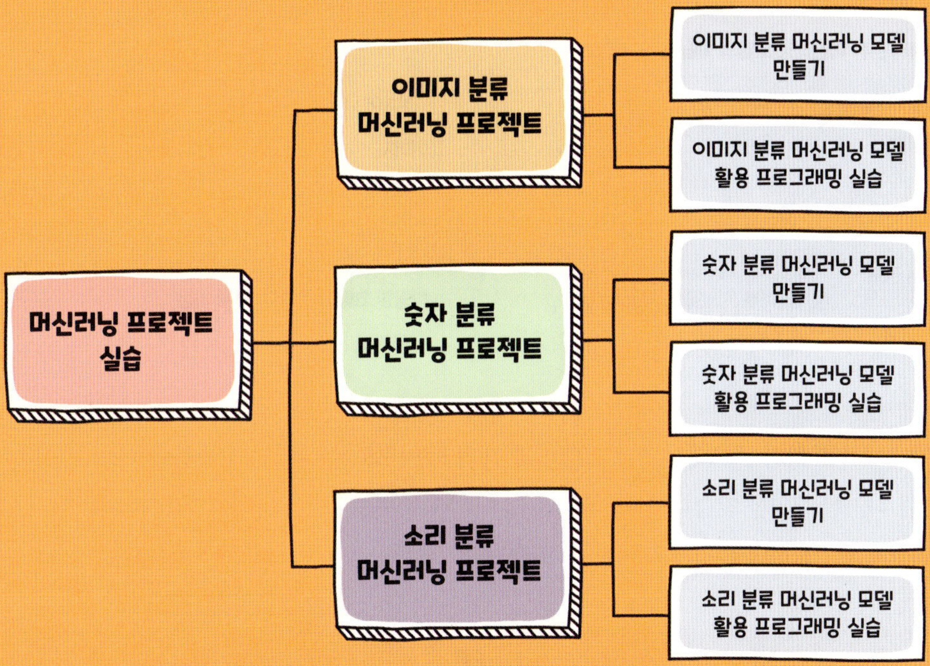

Section 01 이미지 분류 머신러닝 프로젝트를 실습해 봅시다

1 이미지 분류 머신러닝 프로젝트의 개요

이번에는 이미지 분류 머신러닝 모델을 이용하여 이미지 속의 동물이 고양이인지 개인지를 구분하는 도화지 스프라이트를 만들어 보겠습니다. 머신러닝 프로젝트를 생성하고 머신러닝 모델을 훈련시키기 위한 학습 데이터 정보는 [표 14-1]과 같습니다. 이미지 분류 머신러닝 모델 훈련에는 레이블별로 10개 이상의 학습 데이터가 필요합니다.

표 14-1 이미지 분류 머신러닝 모델의 학습 데이터 정보

이미지 분류 머신러닝 프로젝트 정보	프로젝트 이름	Cats or Dogs
	인식방법	이미지
학습 데이터 정보	레이블	Cats
		Dogs
	레이블 〈Cats〉의 학습 데이터	다양한 고양이 이미지 10개 이상
	레이블 〈Dogs〉의 학습 데이터	다양한 개 이미지 10개 이상

이 프로젝트에서 도화지 스프라이트는 고양이와 개의 이미지로 이루어진 모양을 갖는데, 준비한 이미지만큼 다양한 모양을 갖습니다. 고양이와 개 이미지 준비는 [그림 14-1]과 같이 구글 웹사이트에서 이미지를 검색하면 손쉽게 준비할 수 있습니다.

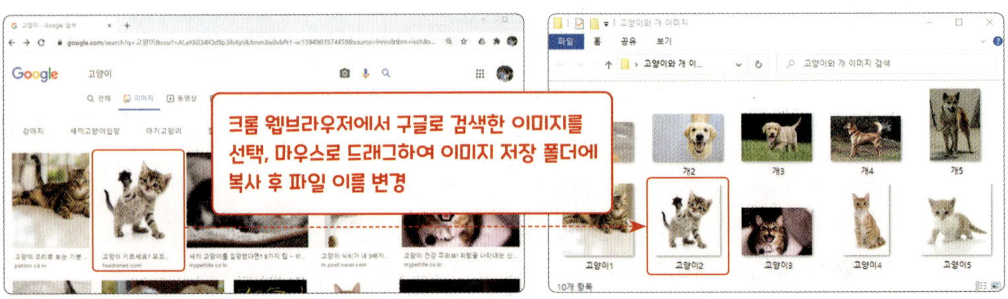

그림 14-1 도화지 스프라이트의 모양으로 등록할 이미지 준비하기

해당 머신러닝 프로젝트는 스크래치 3.0을 이용하며, 완성된 프로그램은 [그림 14-2]와 같이 구현됩니다.

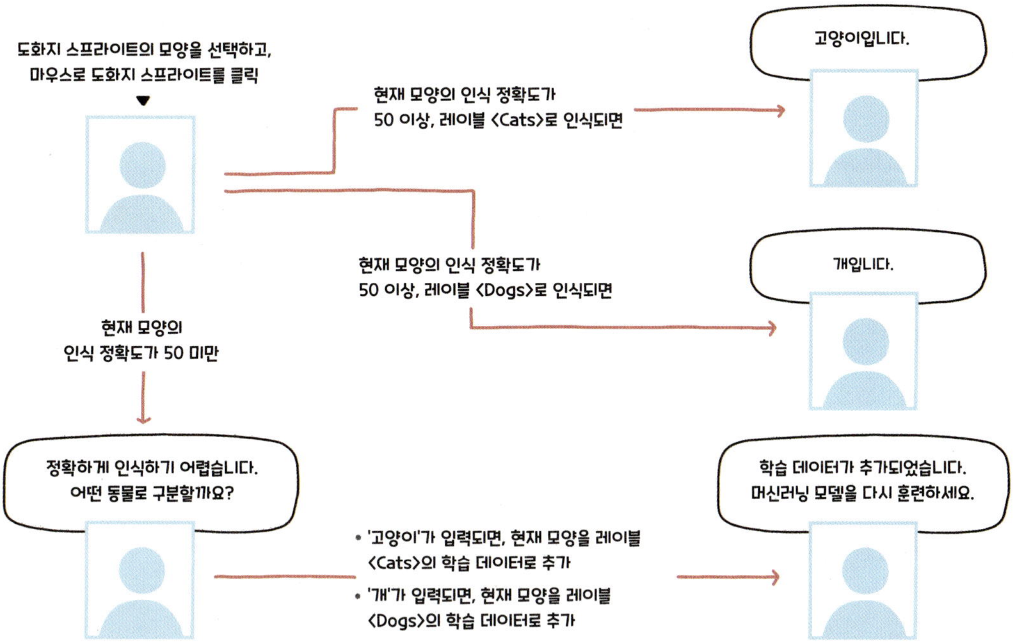

1. 도화지 스프라이트의 모양을 하나 선택한 후 마우스로 클릭하면 자신의 현재 모양이 어느 레이블에 속하는지 인식합니다. 인식 정확도가 50 이상인 상태에서 레이블 〈Cats〉로 인식되면 도화지 스프라이트가 "고양이입니다."라고 말하고, 레이블 〈Dogs〉로 인식되면 "개입니다."라고 말합니다.
2. 현재 모양에 대한 인식 정확도가 50 미만이라면, 도화지 스프라이트가 "정확하게 인식하기 어렵습니다. 어떤 동물로 구분할까요?"라고 묻고 여러분의 대답을 기다립니다.
3. 여러분이 '고양이'라고 입력하면 도화지 스프라이트는 자신의 현재 모양을 레이블 〈Cats〉에 추가하고, "개"라고 입력하면 레이블 〈Dogs〉에 추가합니다. 그리고 "학습 데이터가 추가되었습니다. 머신러닝 모델을 다시 훈련하세요."라고 말합니다.

그림 14-2 **이미지 머신러닝 프로젝트 실행 시 도화지 스프라이트의 행동**

이미지 머신러닝 프로젝트는 스크래치 프로그램 내부에 머신러닝 모델을 학습시키는 블록이 없으므로, 항상 [학습 & 평가] 단계에서 머신러닝 모델을 훈련시켜야 합니다.

2 이미지 분류 머신러닝 프로젝트 만들기

이제 '머신러닝 for 키즈' 웹사이트에 로그인하여 [그림 14-3]과 같이 프로젝트 〈Cats or Dogs〉를 생성합니다.

그림 14-3 **이미지 분류 머신러닝 프로젝트 만들기**

3 머신러닝 모델의 학습 데이터 추가하기

머신러닝 프로젝트가 생성되면 프로젝트 수행 단계 중 [훈련] 단계를 선택합니다. 레이블 〈Cats〉와 〈Dogs〉를 만들고, [그림 14-4]와 같이 학습 데이터들을 추가합니다.

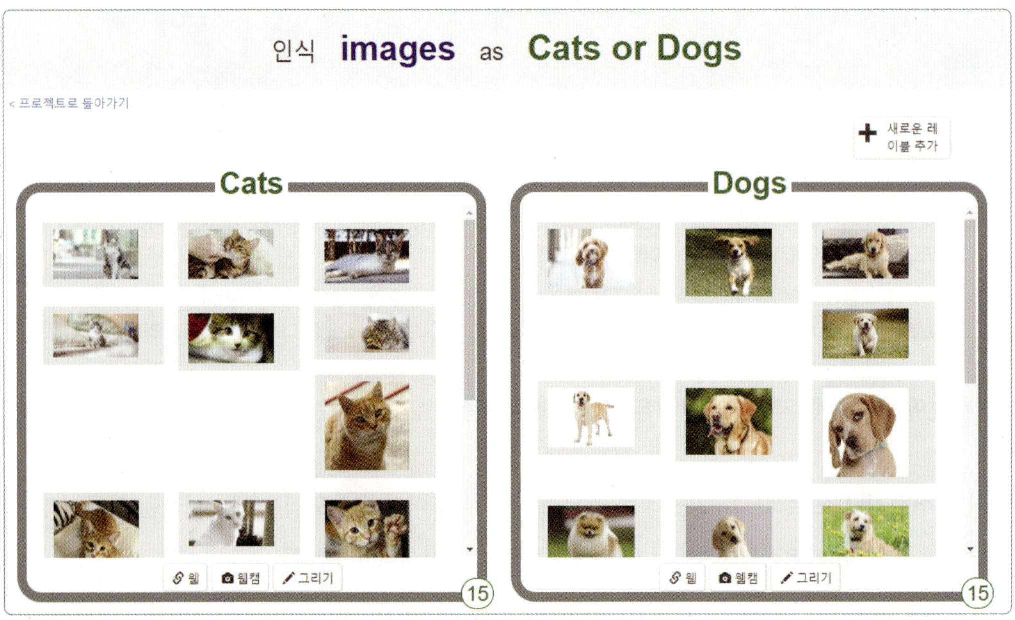

그림 14-4 **이미지 분류 머신러닝 모델의 학습 데이터 추가하기**

학습 데이터를 추가할 때는 [그림 14-1]과 같이 구글 웹사이트에서 이미지를 검색한 후 이미지를 마우스로 드래그하면 레이블의 학습 데이터로 입력됩니다.

4 머신러닝 모델 학습시키기

각 레이블에 학습 데이터 입력이 완료되면 이제 학습 데이터를 이용하여 머신러닝 모델을 학습시켜 봅니다. [학습 & 평가] 단계로 들어가 화면 아래에 있는 [새로운 머신 러닝 모델을 훈련시켜보세요.]를 클릭합니다.

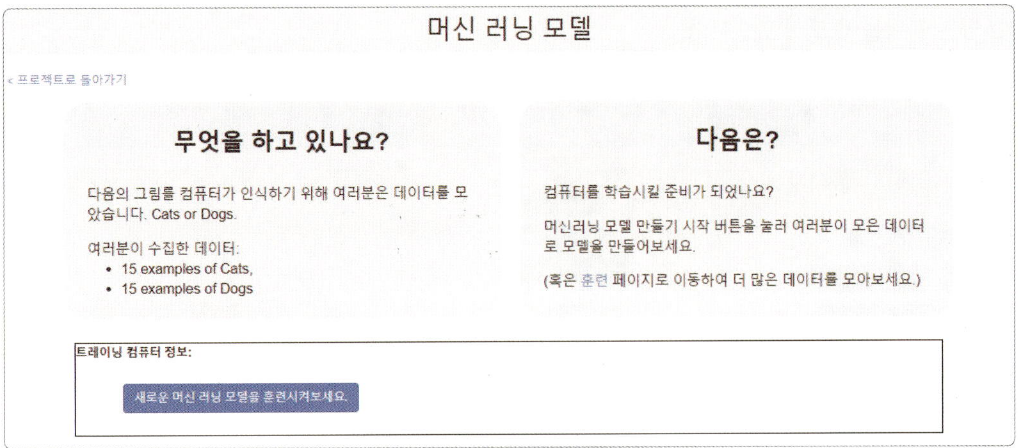

그림 14-5 **이미지 분류 머신러닝 모델 학습시키기**

머신러닝 모델의 학습이 완료되면 모델이 잘 학습되었는지 평가할 수 있는 창이 나타납니다. 모델을 평가할 때는 학습 데이터로 사용하지 않은 새로운 데이터를 이용합니다. 만약 머신러닝 모델의 평가 결과가 만족스럽지 않다면 [훈련] 단계로 되돌아가 학습 데이터를 보강한 후 다시 [학습 & 평가] 단계를 수행합니다. 이 작업은 머신러닝 모델이 원하는 수준에 도달할 때까지 반복합니다.

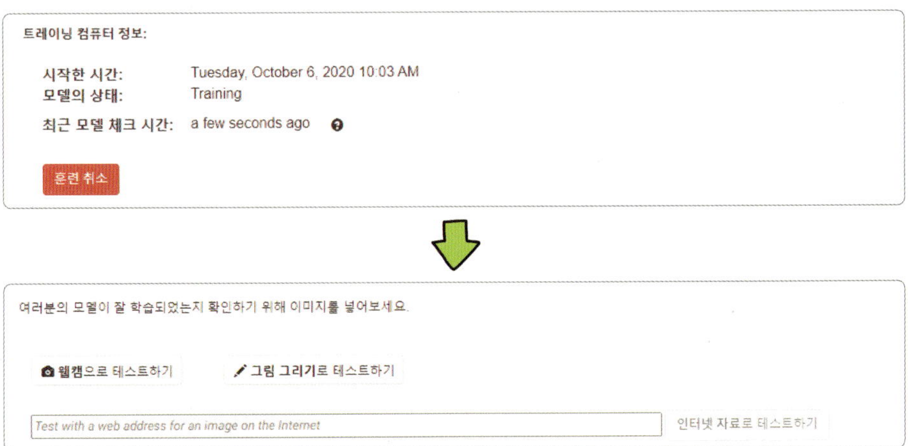

그림 14-6 **이미지 분류 머신러닝 모델 학습 완료 후 평가하기**

5 스크래치 3.0 프로그래밍 환경 실행하기

머신러닝 모델의 학습이 마무리되면 [만들기] 단계를 진행합니다. 프로그래밍 언어로 [스크래치 3]을 선택하여 스크래치 프로그래밍 환경을 실행합니다. 스크래치 프로그래밍 환경이 실행되면 [스크립트 작업 창]-[코드] 탭의 메뉴 바에 현재 작업 중인 프로젝트와 같은 이름인 [Cats or Dogs]와 [Images] 메뉴가 보입니다. 이 메뉴에는 머신러닝 모델과 스프라이트/무대의 이미지를 활용할 수 있는 블록들이 모여 있습니다.

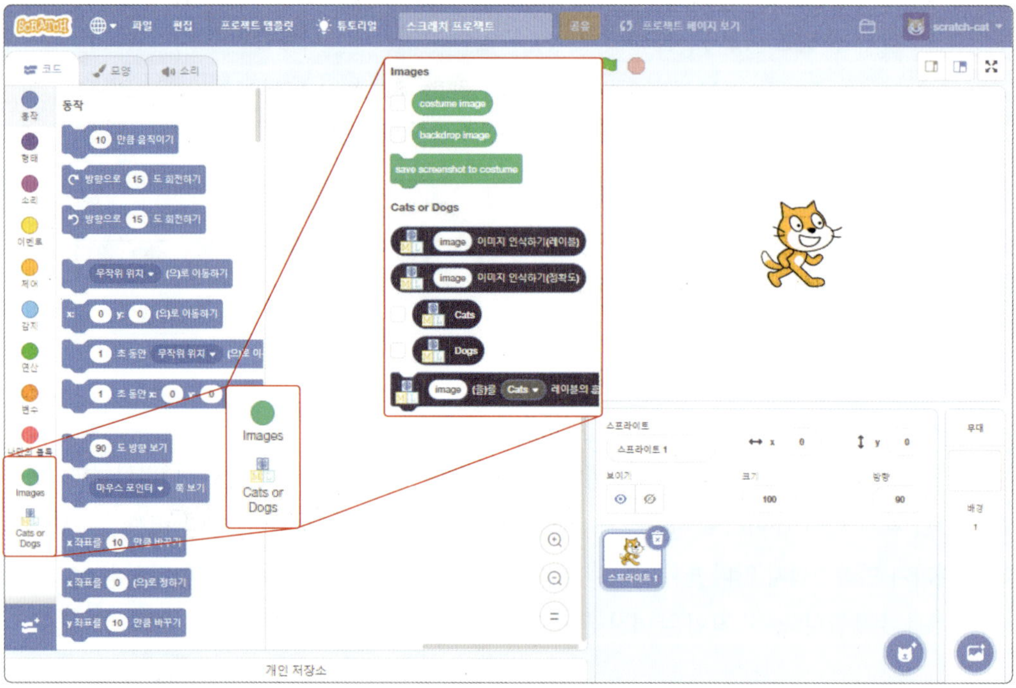

그림 14-7 **스크래치 프로그래밍 환경 실행하기**

6 스크래치로 프로그래밍하기

이제 프로젝트 〈Cats or Dogs〉의 머신러닝 모델을 활용하여 스크래치 프로그램을 만들어 보겠습니다. 입력된 모양을 인식하여 고양이인지 개인지를 판단하는 도화지 스프라이트입니다. 프로그램 실행 시 도화지 스프라이트의 자세한 행동은 [그림 14-2]에서 설명하였습니다.

우선, 이미지의 인식 정확도를 담을 변수인 [인식 정확도]를 만들어 실행 화면에 보이도록 설정합니다. 그러면 여러분은 도화지 스프라이트를 클릭할 때마다 이미지 인식 정확도를 바로 확인할 수 있습니다.

해당 프로그램은 [표 14-2]와 같이 2개의 프로시저를 사용합니다.

표 14-2 프로젝트 〈Cats or Dogs〉에 사용되는 프로시저 종류

프로시저	설명
새로운 학습 데이터 추가하기 (새롭게 훈련할 이미지) 정의하기	매개변수 [새롭게 훈련할 이미지]를 추가할 레이블을 결정하고 데이터를 추가합니다.
이미지 구분하기 (고양이인지 개인지 구분할 이미지) 정의하기	매개변수 [고양이인지 개인지 구분할 이미지]가 속하는 레이블을 인식하여 적절한 대답을 합니다.

이제 앞에서 설명한 변수와 프로시저를 사용하여 도화지 스프라이트의 스크립트를 [그림 14-8]과 같이 작성합니다.

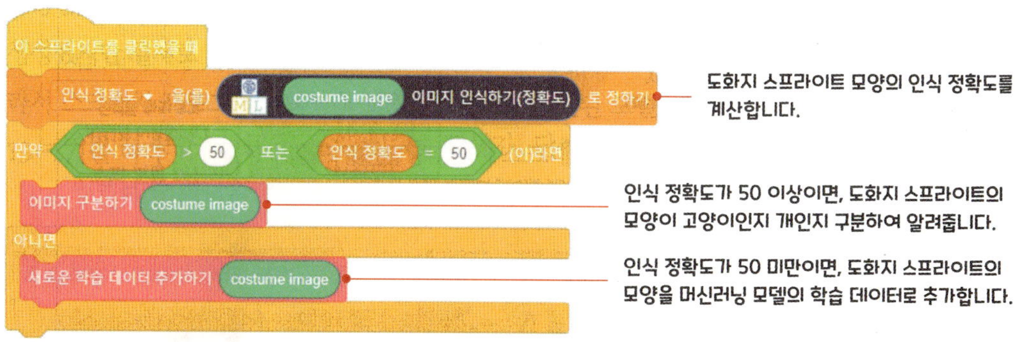

(a) 도화지 스프라이트의 스크립트

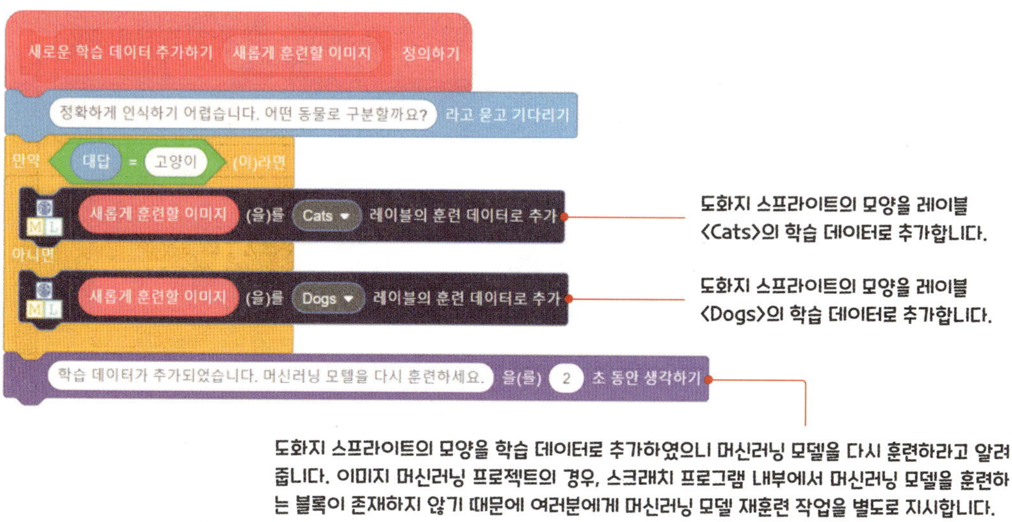

(b) 프로시저 〈새로운 학습 데이터 추가하기〉의 스크립트

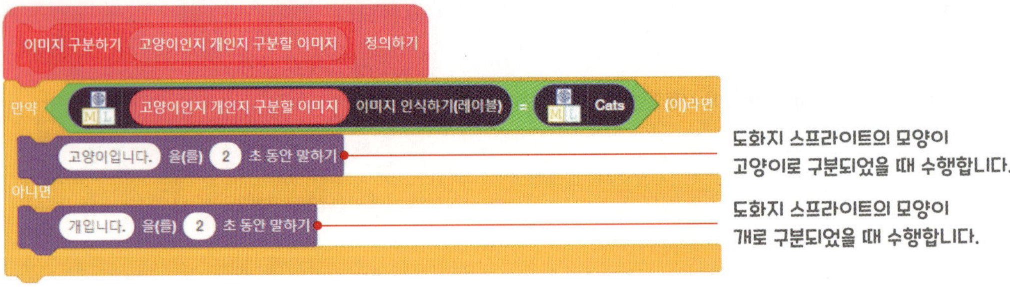

(c) 프로시저 〈이미지 구분하기〉의 스크립트

그림 14-8 스크립트 작성하기

7 스크래치 프로그램 실행하기

완성된 프로그램은 [그림 14-9]와 같은 방식으로 실행됩니다. [프로그램 실행 창]에서 도화지 스프라이트를 클릭할 때마다 현재 모양을 인식한 결과에 따른 적절한 대답이 도출됩니다.

그림 14-9 이미지 분류 머신러닝 프로젝트의 프로그램 실행 방법

TIP

도화지 스프라이트의 모양을 바꾸고 싶다면, [스크립트 작업 창]-[모양] 탭에서 원하는 모양을 선택한 후 [프로그램 실행 창]으로 가서 도화지 스프라이트를 클릭하면 됩니다.

Section 02

숫자 분류 머신러닝 프로젝트를 실습해 봅시다

1 숫자 분류 머신러닝 프로젝트의 개요

숫자 분류 머신러닝 모델을 이용하여 대학교를 지원하는 학생들의 국어, 수학, 영어점수를 토대로 학생들이 A, B, C 중 어느 전공을 선택할지 예측하는 고양이 스프라이트를 만들어 보겠습니다. 머신러닝 프로젝트를 생성하고 머신러닝 모델을 훈련시키기 위한 학습 데이터 정보는 [표 14-3]과 같습니다. 숫자 분류 머신러닝 모델 훈련에는 레이블별로 5개 이상의 학습 데이터가 필요합니다.

표 14-3 **숫자 분류 머신러닝 모델의 학습 데이터 정보**

숫자 분류 머신러닝 프로젝트 정보	프로젝트 이름	Guess Major
	인식방법	숫자
	항목(유형)	Korean(숫자)
		Math(숫자)
		English(숫자)
학습 데이터 정보	레이블	Major_A
		Major_B
		Major_C
	레이블 〈Major_A〉의 학습 데이터	전공 A에 입학한 기존 학생들의 국어, 수학, 영어점수를 정리한 5개 이상의 학습 데이터
	레이블 〈Major_B〉의 학습 데이터	전공 B에 입학한 기존 학생들의 국어, 수학, 영어점수를 정리한 5개 이상의 학습 데이터
	레이블 〈Major_C〉의 학습 데이터	전공 C에 입학한 기존 학생들의 국어, 수학, 영어점수를 정리한 5개 이상의 학습 데이터

숫자 분류 머신러닝 프로젝트의 학습 데이터는 Korean, Math, English 등의 항목으로 구성되며, 각 항목은 점수를 의미하는 숫자를 값으로 갖습니다.

해당 머신러닝 프로젝트는 스크래치 3.0을 이용하며, 완성된 프로그램은 [그림 14-10]과 같이 구현됩니다.

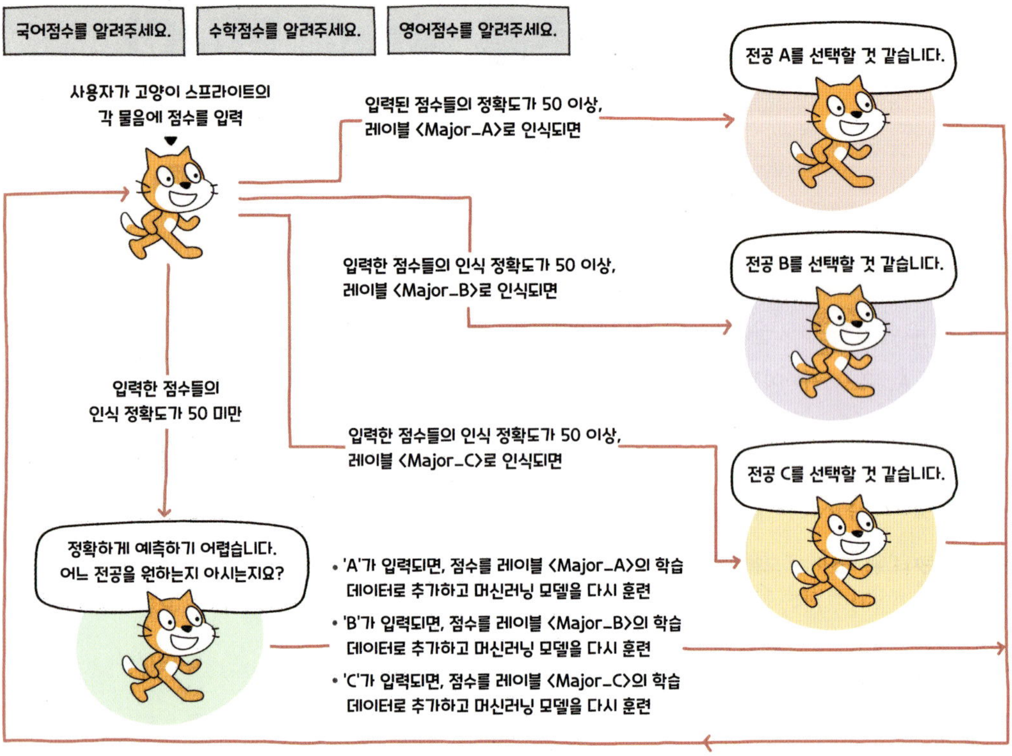

1. 프로그램을 실행하면 고양이 스프라이트가 "국어점수를 알려주세요.", "수학점수를 알려주세요.", "영어점수를 알려주세요."를 차례대로 묻습니다. 물음마다 여러분의 대답을 기다립니다.
2. 여러분이 입력한 점수의 인식 정확도가 50 이상인 상태에서 레이블 〈Major_A〉로 인식되면 고양이 스프라이트는 "전공 A를 선택할 것 같습니다."라고 말합니다. 레이블 〈Major_B〉로 인식되면 "전공 B를 선택할 것 같습니다."라고 말하고, 레이블 〈Major_C〉로 인식되면 "전공 C를 선택할 것 같습니다."라고 말합니다.
3. 여러분이 입력한 점수의 인식 정확도가 50 미만이라면, 고양이 스프라이트가 "정확하게 예측하기 어렵습니다. 어느 전공을 원하는지 아시는지요?"라고 묻고 여러분의 대답을 기다립니다.
4. 여러분이 'A'라고 입력하면 고양이 스프라이트는 **1**번 절차에서 입력한 점수들을 레이블 〈Major_A〉에, 'B'라고 입력하면 레이블 〈Major_B〉에, 'C'라고 입력하면 레이블 〈Major_C〉에 추가합니다. 그리고 머신러닝 모델을 새롭게 훈련시킵니다.
5. 머신러닝 모델의 훈련이 완료되면 **1**번 절차 행동을 다시 반복합니다.

그림 14-10 숫자 분류 머신러닝 프로젝트 실행 시 고양이 스프라이트의 행동

숫자 분류 머신러닝 모델의 훈련 시간은 매우 짧으므로, 고양이 스프라이트가 새롭게 훈련 중이라는 말을 할 필요가 없습니다.

2 숫자 분류 머신러닝 프로젝트 만들기

이제 '머신러닝 for 키즈' 웹사이트에 로그인하여 [그림 14-11]과 같이 프로젝트 〈Guess Major〉를 생성해 보도록 합니다.

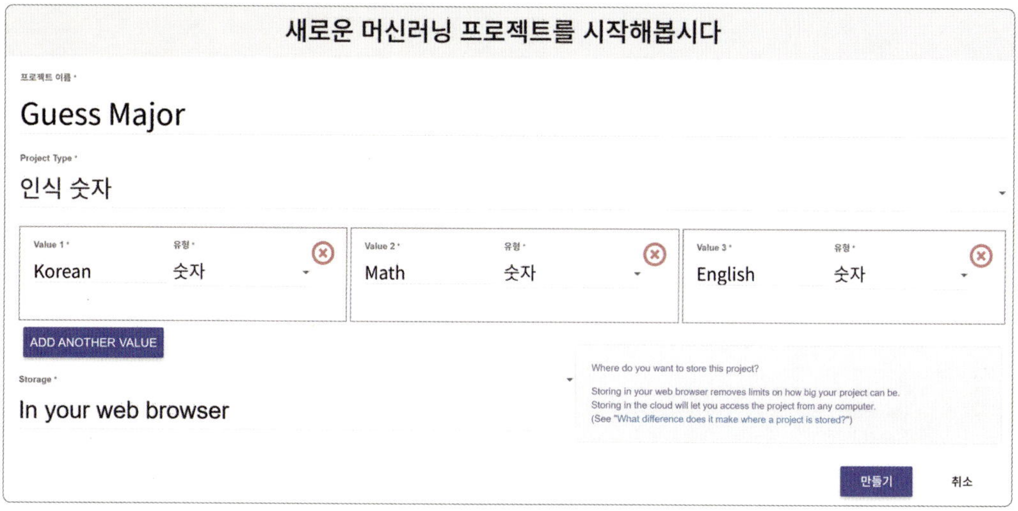

그림 14-11 **숫자 분류 머신러닝 프로젝트 만들기**

3 머신러닝 모델의 학습 데이터 추가하기

머신러닝 프로젝트가 생성되면 프로젝트 수행 단계 중 [훈련] 단계로 넘어갑니다. 레이블 〈Major_A〉, 〈Major_B〉, 〈Major_C〉를 만들어 [그림 14-12]와 같이 학습 데이터들을 추가해 봅니다.

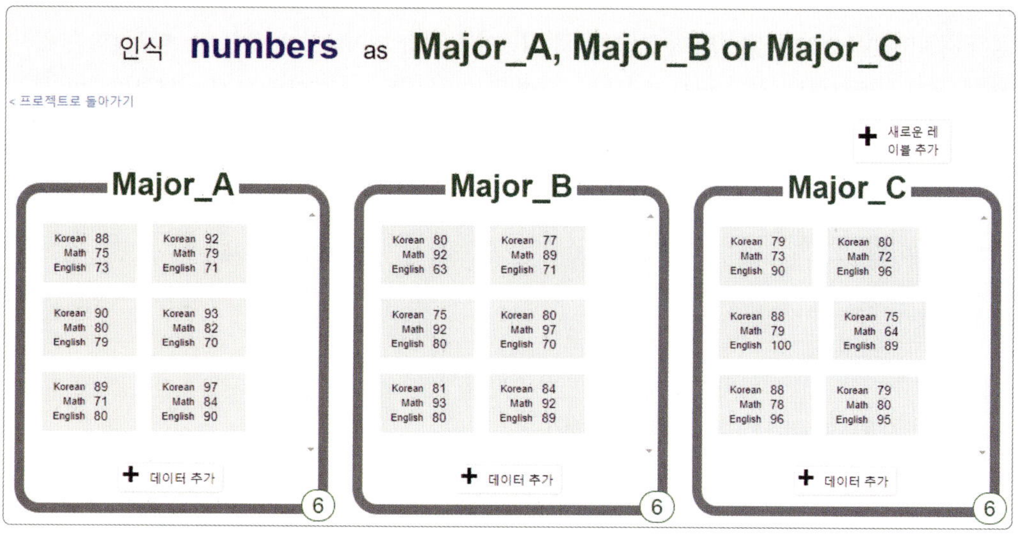

그림 14-12 **숫자 분류 머신러닝 모델의 레이블과 추가된 학습 데이터**

4 머신러닝 모델 학습시키기

학습 데이터 입력까지 완료되면 이제 학습 데이터를 이용하여 머신러닝 모델을 학습시킵니다. [학습 & 평가] 단계로 들어가 화면 아래에 있는 [새로운 머신 러닝 모델을 훈련시켜보세요.]를 클릭합니다.

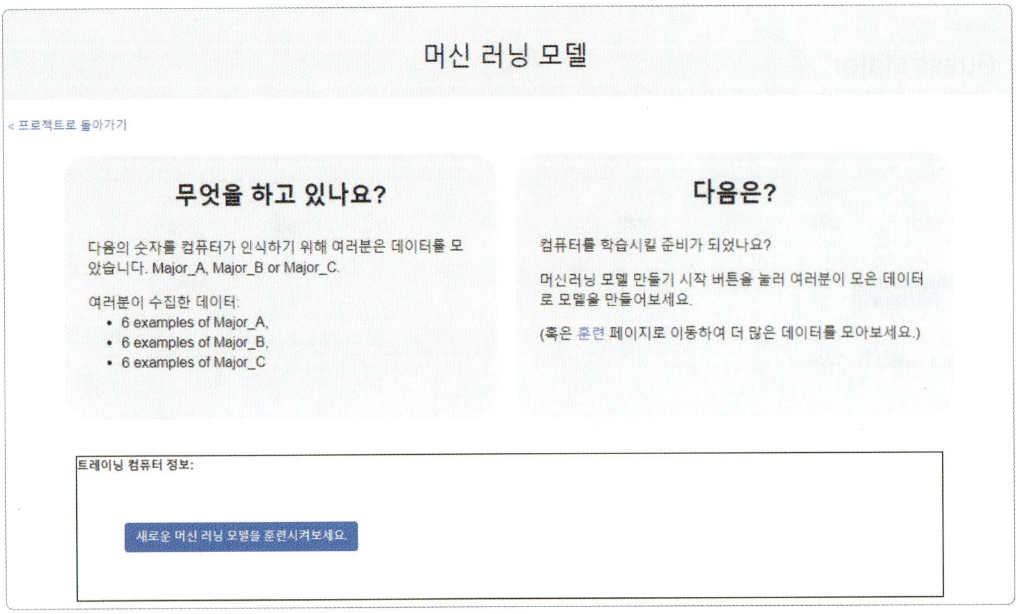

그림 14-13 **숫자 분류 머신러닝 모델 학습시키기**

머신러닝 모델의 학습이 완료되면 모델이 잘 학습되었는지 평가할 수 있는 창이 나타납니다. 모델을 평가할 때는 학습 데이터로 사용하지 않은 새로운 데이터를 이용해 봅니다. 만약 머신러닝 모델의 평가 결과가 만족스럽지 않다면 [훈련] 단계로 되돌아가 학습 데이터를 보강한 후, 다시 [학습 & 평가] 단계를 수행합니다. 이 작업은 머신러닝 모델이 원하는 수준에 도달할 때까지 반복합니다.

그림 14-14 **숫자 분류 머신러닝 모델 학습 완료 후 평가하기**

5 스크래치 3.0 프로그래밍 환경 실행하기

머신러닝 모델의 학습이 마무리되면 [만들기] 단계를 진행합니다. 프로그래밍 언어로 [스크래치 3]을 선택하여 스크래치 프로그래밍 환경을 실행합니다. 스크래치 프로그래밍 환경이 실행되면 [스크립트 작업 창]-[코드] 탭의 메뉴 바에 현재 작업 중인 프로젝트와 같은 이름인 [Guess Major] 메뉴가 보입니다. 이 메뉴에는 머신러닝 모델 활용 블록들이 모여 있습니다.

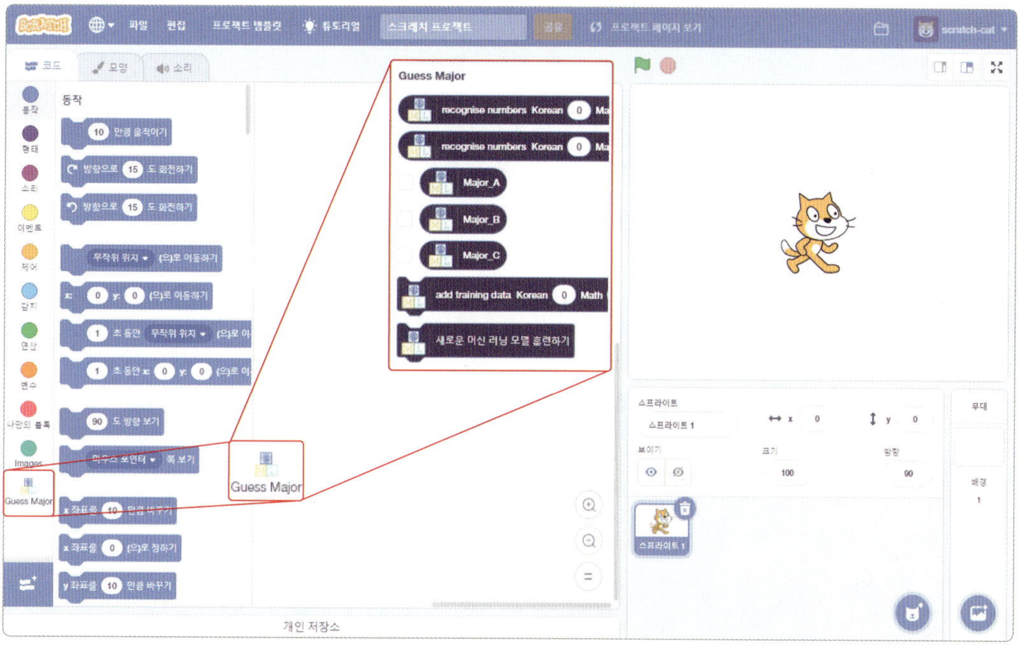

그림 14-15 **스크래치 프로그래밍 환경 실행하기**

6 스크래치로 프로그래밍하기

이제 프로젝트 〈Guess Major〉의 머신러닝 모델을 활용하여 지원자의 성적에 따라 어느 전공을 선택할지 예측하는 고양이 스프라이트를 만들어 보겠습니다. 프로그램 실행 시 고양이 스프라이트의 자세한 행동은 [그림 14-10]에서 설명하였습니다.

우선, 성적의 인식 정확도를 담을 변수인 [인식 정확도]를 만들어 실행 화면에 보이도록 설정합니다. 그러면 성적을 입력할 때마다 인식 정확도가 얼마인지 바로 확인할 수 있습니다. 그리고 국어, 수학, 영어점수를 담을 변수인 [국어점수], [수학점수], [영어점수]도 만들어 둡니다.

해당 프로그램은 [표 14-4]와 같이 3개의 프로시저를 사용합니다.

표 14-4 프로젝트 〈Guess Major〉에 사용되는 프로시저 종류

프로시저	설명
점수 알아보기 정의하기	사용자로부터 국어, 수학, 영어점수를 입력받아 변수에 저장합니다.
전공 예측하기 국어점수 수학점수 영어점수 정의하기	매개변수 [국어점수], [수학점수], [영어점수]가 속하는 레이블을 인식하여 전공 선택을 예측합니다.
학습 데이터 추가하고 훈련하기 국어점수 수학점수 영어점수 정의하기	매개변수 [국어점수], [수학점수], [영어점수]를 추가할 레이블을 결정하여 데이터를 추가하고 새롭게 훈련을 수행합니다.

이제 설명한 변수와 프로시저를 사용하여 고양이 스프라이트의 스크립트를 [그림 14-16]과 같이 작성합니다. 스크립트를 따라 프로그램이 실행되면 실습은 끝이 납니다.

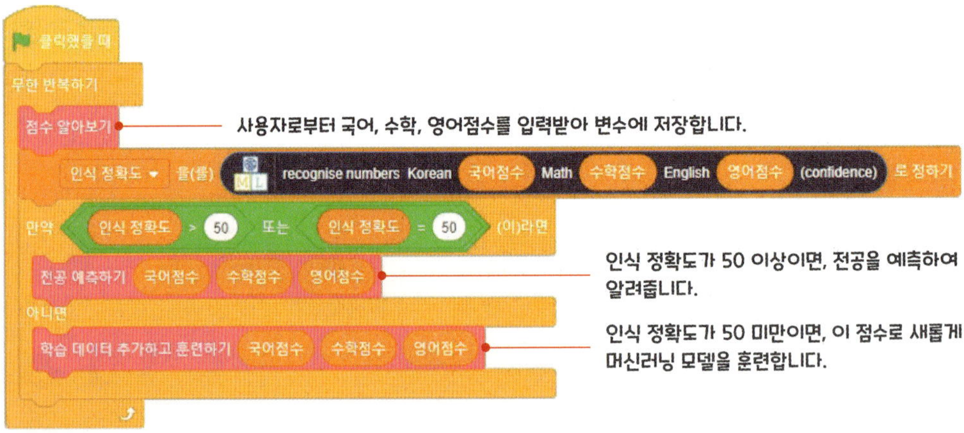

(a) 고양이 스프라이트의 스크립트

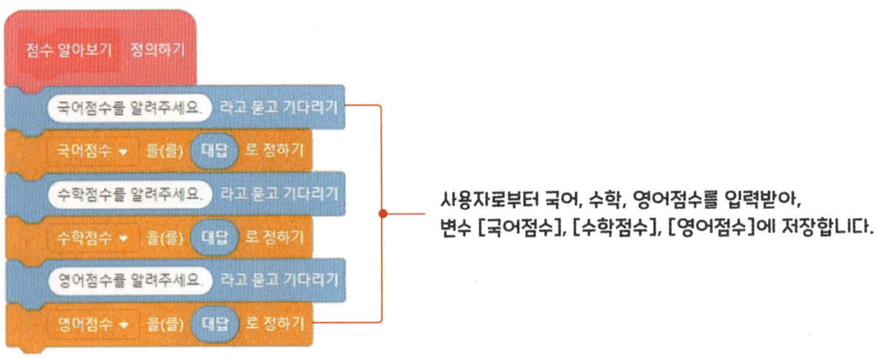

(b) 프로시저 〈점수 알아보기〉의 스크립트

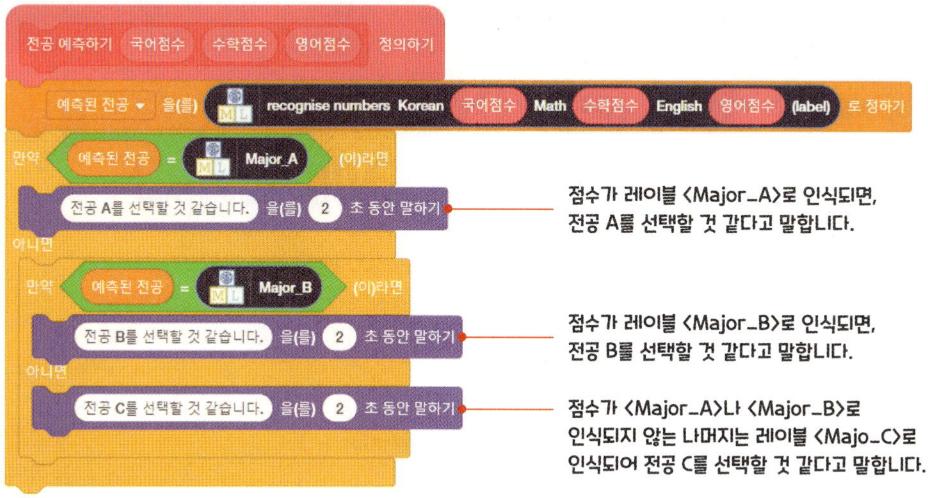

(c) 프로시저 〈전공 예측하기〉의 스크립트

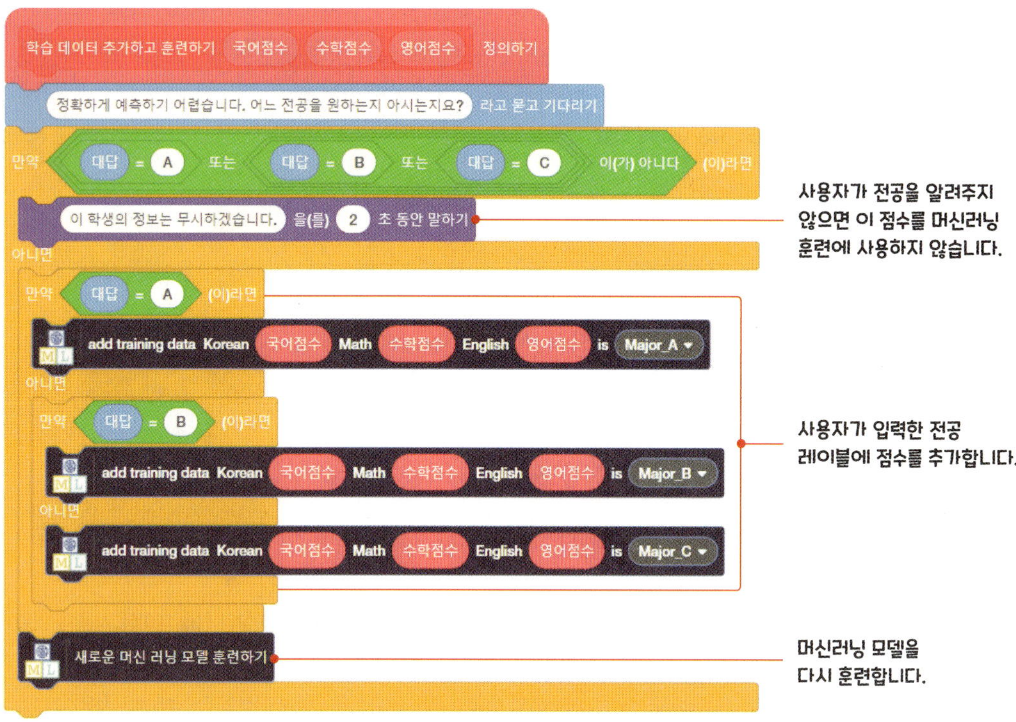

(d) 프로시저 〈학습 데이터 추가하고 훈련하기〉의 스크립트

그림 14-16 스크립트 작성하기

Section 03

소리 분류 머신러닝 프로젝트를 실습해 봅시다

1 소리 분류 머신러닝 프로젝트의 개요

마지막으로 소리 분류 머신러닝 모델을 이용하여 사용자가 말하는 방향을 듣고 그 방향대로 움직이는 고양이 스프라이트를 만들어 보겠습니다. 머신러닝 프로젝트를 생성하고 머신러닝 모델을 훈련시키기 위한 학습 데이터 정보는 [표 14-5]와 같습니다. 소리 분류 머신러닝 모델 훈련에는 레이블별로 8개 이상의 학습 데이터가 필요합니다.

표 14-5 **소리 분류 머신러닝 모델의 학습 데이터 정보**

소리 분류 머신러닝 프로젝트 정보	프로젝트 이름	Move as I say
	인식방법	소리
학습 데이터 정보	레이블	background noise
		Up
		Down
		Left
		Right
	레이블 〈background noise〉의 학습 데이터	마이크로 녹음된 2초 정도의 음원 8개 이상의 학습 데이터. 주변 잡음만 녹음될 수 있도록 최대한 조용한 상황에서 녹음
	레이블 〈Up〉의 학습 데이터	마이크로 녹음된 2초 정도의 음원 8개 이상의 학습 데이터. 사용자가 '위쪽'이라고 말하는 음성을 녹음
	레이블 〈Down〉의 학습 데이터	마이크로 녹음된 2초 정도의 음원 8개 이상의 학습 데이터. 사용자가 '아래쪽'이라고 말하는 음성을 녹음
	레이블 〈Left〉의 학습 데이터	마이크로 녹음된 2초 정도의 음원 8개 이상의 학습 데이터. 사용자가 '왼쪽'이라고 말하는 음성을 녹음
	레이블 〈Right〉의 학습 데이터	마이크로 녹음된 2초 정도의 음원 8개 이상의 학습 데이터. 사용자가 '오른쪽'이라고 말하는 음성을 녹음

해당 머신러닝 프로젝트는 스크래치 3.0을 이용하며, 완성된 프로그램은 [그림 14-17]과 같이 구현됩니다.

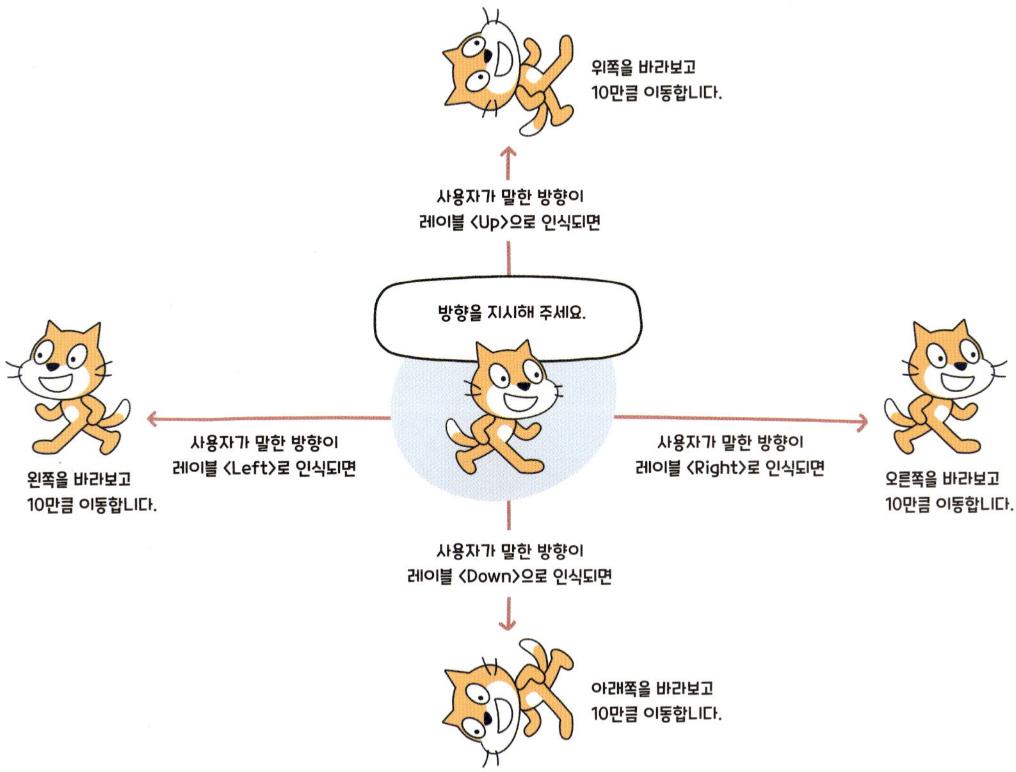

1. 프로그램을 실행하면 고양이 스프라이트가 "방향을 지시해 주세요."라고 말하고 여러분의 음성을 듣기 시작합니다.
2. 여러분이 "위쪽"이라고 말하면 고양이 스프라이트는 위쪽으로 10만큼, "아래쪽"이라고 말하면 아래쪽으로 10만큼, "왼쪽"이라고 말하면 왼쪽으로 10만큼, "오른쪽"이라고 말하면 오른쪽으로 10만큼 이동합니다.
3. 고양이 스프라이트는 프로그램이 종료될 때까지 여러분의 방향 지시에 따라 계속 움직입니다.

그림 14-17 **소리 분류 머신러닝 프로젝트 실행 시 고양이 스프라이트의 행동**

2 소리 분류 머신러닝 프로젝트 만들기

이제 '머신러닝 for 키즈' 웹사이트에 로그인하여 [그림 14-18]과 같이 프로젝트 〈Move as I Say〉를 생성해 봅니다.

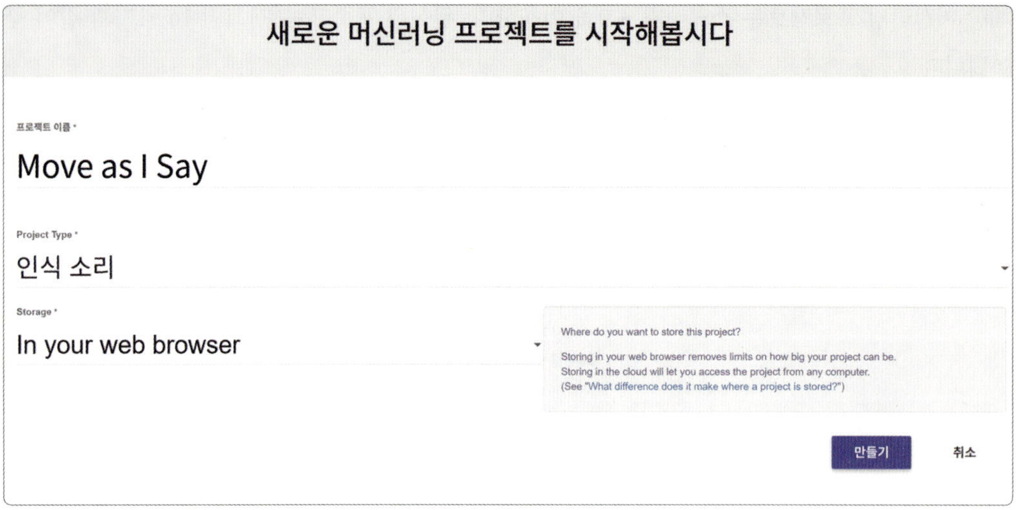

그림 14-18 **소리 분류 머신러닝 프로젝트 만들기**

3 머신러닝 모델의 학습 데이터 추가하기

머신러닝 프로젝트가 생성되면 프로젝트 수행 단계 중 [훈련] 단계로 넘어갑니다. 레이블 〈background noise〉, 〈Up〉, 〈Down〉, 〈Left〉, 〈Right〉를 만들어 [그림 14-19]와 같이 레이블별로 학습 데이터를 8개 이상 추가합니다. 레이블 〈background noise〉의 학습 데이터를 녹음할 때에는 주변 소리만 녹음되도록 주의해서 작업합니다.

그림 14-19 **소리 분류 머신러닝 모델의 학습 데이터 추가하기**

4 머신러닝 모델 학습시키기

학습 데이터 입력이 완료되면 이제 머신러닝 모델을 학습시킵니다. [학습 & 평가] 단계로 넘어가서 화면 아래에 있는 [새로운 머신 러닝 모델을 훈련시켜보세요.]를 클릭합니다. 머신러닝 모델의 학습이 완료되면 모델이 잘 학습되었는지 평가할 수 있습니다. 만약 평가 결과가 만족스럽지 않다면 [훈련] 단계로 돌아가 학습 데이터를 보강한 후, 다시 [학습 & 평가] 단계를 수행하면 됩니다. 이 작업은 머신러닝 모델이 원하는 수준에 도달할 때까지 반복합니다.

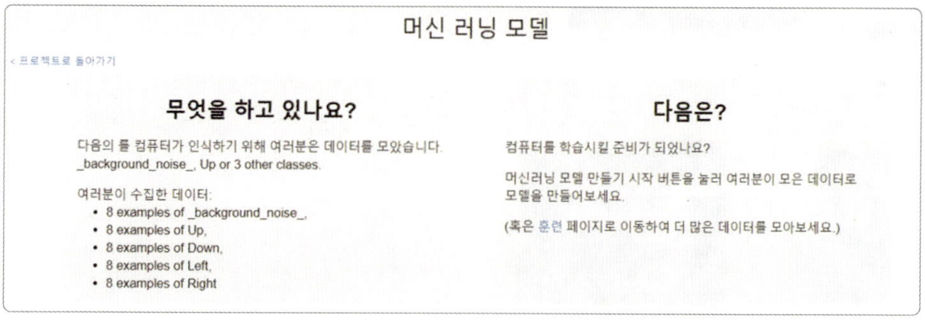

그림 14-20 **소리 분류 머신러닝 모델 학습시키기**

5 스크래치 3.0 프로그래밍 환경 실행하기

머신러닝 모델의 학습이 마무리되면 [만들기] 단계를 진행합니다. 프로그래밍 언어로 [스크래치 3]을 선택하여 스크래치 프로그래밍 환경을 실행합니다. 스크래치 프로그래밍 환경이 실행되면 [스크립트 작업 창]–[코드] 탭의 메뉴 바에 현재 작업 중인 프로젝트와 같은 이름인 [Move as I Say] 메뉴가 보입니다. 이 메뉴에는 머신러닝 모델 활용 블록들이 모여 있습니다.

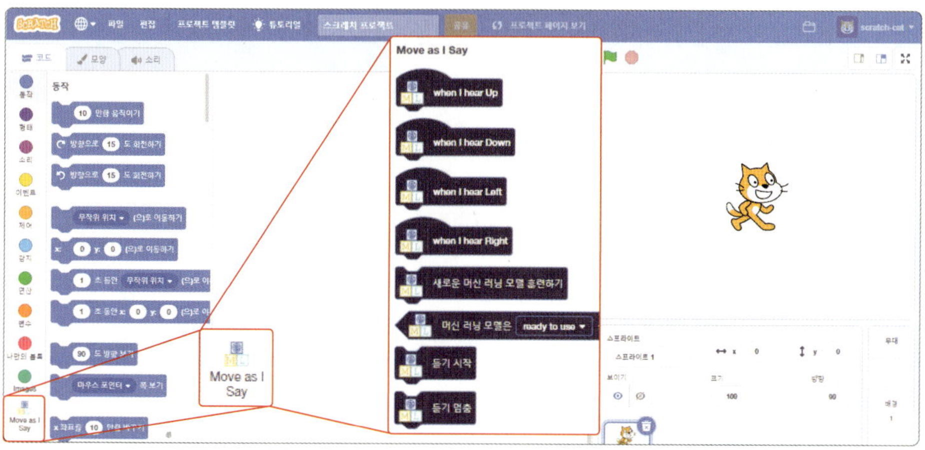

그림 14-21 **스크래치 프로그래밍 환경 실행하기**

6 스크래치로 프로그래밍하기

이제 프로젝트 〈Move as I Say〉의 머신러닝 모델을 활용하여 여러분의 방향 지시대로 움직이는 고양이 스프라이트를 만들어 보겠습니다. 고양이 스프라이트의 자세한 행동은 [그림 14-17]에서 설명하였습니다. 스크립트는 [그림 14-22]와 같이 작성합니다.

그림 14-22 **고양이 스프라이트의 스크립트 작성하기**

소리 분류 머신러닝 프로젝트의 스크래치 프로그램을 작성할 때 [그림 14-23]과 같이 소리 분류 머신러닝 모델이 존재하지 않는다는 에러 메시지가 나타나는 것에 주의합니다. 이는 스크래치 프로그래밍 환경을 실행할 때마다 소리 분류 머신러닝 모델을 새롭게 훈련시켜야 하기 때문에 나타나는 메시지입니다.

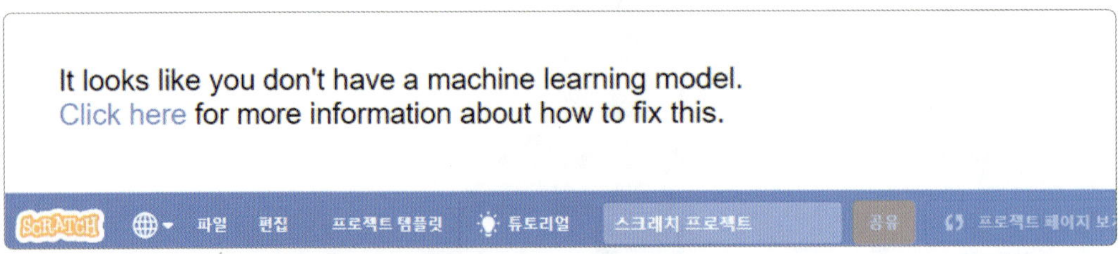

그림 14-23 **에러 메시지 : '소리 분류 머신러닝 모델이 존재하지 않음'**

이를 해결하는 방법은 [그림 14-24]와 같이 프로그램을 실행할 때마다 머신러닝 모델이 새롭게 훈련되도록 스크립트를 작성하는 것입니다. 머신러닝 모델의 훈련이 완료되면 [듣기 시작] 블록을 실행하도록 스크립트를 수정합니다. 이제 스크립트대로 프로그램이 실행되면 실습은 끝이 납니다.

그림 14-24 고양이 스프라이트의 스크립트 수정하기 : 머신러닝 모델 훈련 후 실행하기

찾아보기

찾아보기

찾아보기